佛教哲学

方立天文集 第4卷

中国人民大学出版社

1993年秋，与夫人郑品安，摄于人大图书馆前。

2005年12月，与夫人郑品安在重庆大足石刻前留影。

1994年秋，与首届博士毕业生张风雷合影。

2006年3月，在云南腾冲参加“普贤与佛教文化”学术研讨会时与早年研究生合影。左华方田，右俞学明。

科全书出版社，1987）、《哲学大辞典》（上海辞书出版社，1992）、《哲学大辞书》（辅仁大学出版社，1993 年后陆续出版）、《孔子大辞典》（上海辞书出版社，1993）、《中国哲学大辞典》（中国社会科学出版社，1994）、《中国哲学大辞典》（上海辞书出版社，2010）等，撰写过中国哲学和中国佛教的条目。《中国哲学通史》第二卷（中国人民大学出版社，1988）中的魏晋玄学和隋唐佛学部分为我所写，《中华的智慧——中国古代哲学思想精粹》（上海人民出版社，1989）一书，我撰写了葛洪、僧肇、法藏、慧能、韩愈、柳宗元、刘禹锡七篇。这些为集体著作撰写的稿子，均不收入本文集中。此外，有一些与他人合作而非我执笔的文章也未予收入。

新编十卷本文集的内容，反映了我半个世纪以来学术探索的方方面面，记录了我漫长学术生涯的前进足迹，也从一个小小的侧面展示了中华文化的丰富多彩，折射出了社会和时代的变迁、进步。借此作序的机缘，回顾和总结个人学术生命的历史因素、生涯规划、耕耘布局、治学方法、主要收获、经验教训以及人生体悟等，是我十分有兴趣的。

1949 年我初中毕业。不久，家乡（浙江永康）解放。1950 年春，我到上海，在华东税务学校（后与华东粮食学校合并，更名为华东财政学校）学习，随后留校工作。约在 1953 年，我由从事行政工作转为政治理论课的教学工作，先后讲授或辅导过中共党史、联共（布）党史、政治经济学和哲学（辩证唯物主义与历史唯物主义）。在教学过程中，我逐渐对哲学的思辨性、抽象性产生了兴趣，幻想日后能遨游在自由的思维天地之间。1956 年党中央号召向科学进军，鼓励年轻在职干部报考高校，我考取了北京大学哲学系，从此我的生命开始真正和哲学结缘。学习期间，我又对中国哲学最为喜好，内心默默地许下心愿，期盼毕业后能从事中国哲学的教学和研究工作。

1961 年北京大学毕业后，我被分配到中国人民大学哲学系中国哲学史教研室工作，这为我实现从事中国哲学教学和研究的夙愿提供了最佳的舞台。此后，我又想中国哲学历史很长，必须确立一个时段作为研究重点。经过反复思考，我确定以魏晋南北朝隋唐时期的哲学

总序

这部集子的缘起是，今年（2011）9月17日在中国人民大学举行的一次学术研讨会茶歇期间，中国人民大学校长助理、出版社社长贺耀敏教授和我面谈，约我重新编一部个人文集出版。自上世纪80年代以来，中国人民大学出版社先后出版了我的五部专著和六卷本文集，现在又约我重编一部文集出版，对于人大出版社的这种盛情雅意，我极为感动，深为感激。

五年前出版的六卷本《方立天文集》，约结集了我的一半著述；现在这部文集，收集了迄今为止我撰写的绝大部分作品，并根据著作的性质，分别按中国佛教、魏晋南北朝佛教、法藏与《金师子章》、佛教哲学、中国佛教哲学、中国佛教与传统文化、中国佛教文化、中国文化与中国宗教、中国古代哲学以及杂著等不同内容，统编为十卷十二册，约五百万言。十卷本比六卷本增加了约一倍的篇幅，新增内容是《中国佛教哲学要义》一卷二册，中国佛教和中国佛教文化新增的文章较多，各成一卷，关于中国文化和中国宗教的著述则合成一卷，杂著一卷包括多年来撰写的序言、前言、创刊词、书评、追念前贤、治学等内容。

自上世纪80年代以来，我先后为《简明不列颠百科全书》（中国大百科全书出版社，1986）、《中国大百科全书·哲学卷》（中国大百

2000年夏，与部分研究生黄德远、朱岚、王公伟、彭自强等在一起。

2009年，与博士生合影。左起：金刚、谢军华、魏农、杨勇、韩剑英、牛延锋。

2010年春，与部分博士毕业生合影。前排左一朱岚，右二俞学明。后排左起：刘威、张风雷、华方田、谢路军、魏德东、韩剑英。

2011年9月17日，在学术研讨会上接受早年研究生徐绍强、俞学明献花。

为学术研究的重心。这一时期的哲学广泛涉及儒家、道家、道教和佛教等多个领域，我又选定其中的佛教哲学作为研究重点。我之所以这样选择，一是深感佛教哲学内涵丰富，与中国文化、哲学的关系密切；二是受家乡、家庭传统佛教信仰的影响，对佛教有一种自然的亲和感；三是在治学取向上，个人比较偏爱冷门，好攻难点，不畏艰苦。也就是说，理智的判断、情结的作用和性格的特征，决定了我开始研究当时被喻为“险学”的佛学，且是勇往直前，义无反顾，永不走回头路了。

经过上世纪60年代初数年间的探索、运思、实践，我确定了个案研究与整体研究、微观研究与宏观研究交叉结合、互动互补的佛教学术研究方案，并粗略地制定了近期、中期研究规划和长期目标。个案研究主要是佛教代表人物的研究。我认为，一部佛教史就是佛教代表人物和广大信徒的信仰修持史，一部佛教思想史主要是佛教代表人物的思想成果史。研究历史上的佛教代表人物，就能展示佛教尤其是佛教思想演变、发展的途径和内容。根据这一思路，我从魏晋南北朝时期的佛教代表人物如道安、支道林、慧远、僧肇、道生、梁武帝萧衍等着手开展佛教的研究。在日后的研究中，也始终倾心于对不同佛教代表人物如华严宗创始人法藏、禅宗创始人慧能等的关注和研究。

佛教文献是佛教思想研究的基础，把握佛教文献的文字、结构、内涵、实质，对于佛教思想的研究具有关键性的意义。在整个佛教研究工作过程中，我比较重视资料的积累，参加了《中国佛教思想资料选编》（中华书局，1983—1992）的整理工作，并对部分佛教文献做了标点、校勘、注释、今译，有的已整理成书出版。

在若干个案微观研究和一定资料积累的基础上，上世纪80年代，我又开展了对佛教的宏观研究。重点工作从两个方面展开：一是佛教哲学的整体研究，也可以说是佛教哲学的现代化研究。我撰写了《佛教哲学》一书，在书中我着重论述了佛教的人生价值论、宇宙论（要素论、结构论、生成论和本体论）和认识论的丰富内涵，力求用现代语言表述佛教哲学理念，运用现代的多元方法进行分析研究，并力图立足当代社会背景，发掘和评判佛教的价值与弊端，贡献与缺陷。二是佛教文化的比较研究，也可以说是佛教文化的中国化研究。在《中国佛教与传统文化》专书和《佛教中国化与中国化佛教》等有关论文中，我把佛教中国化界定为“三化”，即民族化、本土化和时代化，并叙述了佛教中国化的不同阶段、途径和方式，还通过与中国的政治理念、哲学思想、伦理道德、文学艺术、民间信仰、社会习俗等的互动关系，揭示出佛教中国化的实质，总结出有别于印度佛教的中国佛教的六个重要特点：重自性、重现实、重禅修、重顿悟、重简易、重圆融。

我研究佛教秉持的是“中国本位”立场，我认为中国人是以先前本国文化结构去理解佛教的，是以中国人的实际需要和精神需求去对待佛教的，是以中国儒、道本土文化去改造佛教的。也就是说，我是在中国文化、思想、哲学的演变、发展的历史背景下，研究中国佛教文化、思想、哲学的流传、兴衰。因此，在我的学术生涯中，也分外重视对中国哲学的研探，在上世纪 80 年代后期撰写了《中国古代哲学问题发展史》（上、下册），由中华书局出版。我研究中国哲学的重要目的，其一是为了阐扬中华智慧，其二就是为了更好地研究中国佛教哲学。

在以上微观和宏观的学术研究取得相应成果的基础上，我开始全力专攻自己学术生命中的“重点工程”，开展对中国佛教哲学思想的系统、整体研究。我从中国僧人的佛教著作出发，在与中国儒道思想、印度佛教思想的互动、比照中，千淘万漉，吹沙觅金，历时十五年，先后撰写百余篇文章，尔后形成了九十余万言的《中国佛教哲学要义》（上、下卷）一书。全书设为绪论、总论、人生论、心性论、宇宙论、实践论（修持论）和结语七个部分，除绪论和结语外的五编三十二章为全书的主体，心性论与直觉论为中国佛教哲学思想的两大要点，由此而初步构筑了中国佛教哲学思想体系。在该书的“绪论”中，我分述了研究中国佛教哲学思想的具体方法：结合现代哲学发展的要求，筛选、归结中国佛教的重大哲学问题，构筑中国佛教哲学的思想体系；运用现代语言，诠释中国佛教哲学的概念、范畴；寻究中国佛教哲学思想的原来意义；体会中国佛教某些哲学语言的言外之意；探索中国佛教哲学思想的发展规律；总结中国佛教哲学理论思维成果；进行比较研究，以把握中国佛教哲学的思想特色；阐发中国佛教哲学的现代价值与意义。这八条是我的中国佛教哲学问题研究方法的初步归纳和总结。

从上述可见，我对佛教的研究主要从五个方面展开：中国佛教思想家的个案研究、中国佛教典籍的整理、佛教哲学的现代化研究、佛教文化的中国化探索、中国佛教哲学思想体系的构筑。这五个方面的研究，大体上体现了我的佛教研究轨迹，构成了我迄今为止学术生涯的基本内容。

20世纪90年代以来，随着社会发展和时代前进，我的学术视野有所扩大，研究领域也有所延伸。在中国佛教和中国哲学“双耕”的基础上，我对中华文化精神和中国宗教理论产生了兴趣，并结合实际工作需要，做了一些探求性和探讨性的研究。

探求中华文化精神，是为了弘扬中国优秀传统文化，提高国民素质，建设中华民族共有的精神家园。为此我撰文探求中华文化的传统和核心问题，提出了中华文化三大传统（儒家的人本主义、道家的自然主义、佛家的解脱主义）的看法，并认为人生价值观是中华传统文化的核心，人文精神即关于人的精神生活的方式、态度、思想、观点是中国国学之魂，自强不息是中华民族的主要精神，还强调思维方式对一个民族思考问题和推动社会进步的重要意义。

在中国宗教理论领域，我近年来一直在思考，正确研究和总结中国传统宗教观、马克思主义宗教观和中国化马克思主义宗教观，有着特殊的重要的现实意义。我把中国化马克思主义宗教观归结为宗教本质观、宗教价值观、宗教历史观和宗教适应观。我认为，对宗教的本质和功能缺乏科学认识，会导致宗教学和宗教工作得不到应有的重视。长期以来在宗教领域里流行的是“鸦片论”和“斗争论”，而毛泽东主席生前多次指出宗教是文化，后来中国共产党人又积极倡导宗教与社会主义社会相适应，提出要“积极引导宗教与社会主义社会相适应”的新命题。中国化马克思主义宗教观的主要脉络，就是从“鸦片论”、“斗争论”发展为“文化论”、“适应论”、“引导论”，这是中国共产党人在马克思主义宗教观领域的最伟大的理论创新，最重大的理论贡献；这对于发挥宗教界人士和信教群众在促进经济社会的发展、和谐社会的构建和社会主义文化大繁荣大发展中的积极作用，具有巨大的指导意义和推动作用。

清代散文家姚鼐说：“天下学问之事，有义理、文章、考证三者之分。”“义理”，指的是研求经义、探究名理的学问。回眸以往岁月，我在中国国学这块丰腴的田野里默默耕耘，主要是走探索义理之路，也就是着力探索中国哲学思想，尤其是中国佛教哲学思想。这是一个探索真理、追求真理的求真过程，也是一个体悟智慧、增长智慧的求智过程。每当回忆起驰骋独立思考、直抒胸臆的心路历程；每当回想起爬梳剔抉、笔耕凝道、学思有得、开心明目的收获时刻；每当联想起漫漫人生征途，深涧、峻岭，大川、坦途，独木小桥，阳光大道……此时此刻，不免心潮澎湃，难以自已！

光阴荏苒，人生无常。虽然如今我已近耄耋之年，但是“莫道桑榆晚，为霞尚满天”，今后我仍将在力所能及的前提下，尽自己的能力和努力，争取有所撰述，从而为我们伟大祖国的文化大繁荣大发展，做出自己绵薄的贡献。

在即将结束序文时，我要再次感谢中国人民大学出版社社长贺耀敏教授的盛情约稿，我还应该深深地感谢中国人民大学出版社杨宗元、李红、符爱霞、吴冰华、吕鹏军、许微微、胡明峰诸同志，感谢他（她）们认真、细致、严肃的编辑工作态度。没有他（她）们的辛勤劳动，这部文集在半年时间里出版问世，是不可想象、绝无可能的。

方立天

2011 年 12 月 8 日初稿，19 日定稿

目录

增订本前言

早在1984年，中国人民大学出版社约我写一本简要介绍佛教的学术性通俗读物，结果形成的是约17万字的《佛教哲学》。该书于1986年出版后，受到读者欢迎，出版社的负责同志又建议我，在原书的基础上加以适当的增订。这是符合我的愿望的，我很高兴有这个机会补充我原打算写而没能写上的一些内容，弥补某些缺憾。

有关这次增订的内容，大体上有以下三个方面：

第一，增加了介绍佛教认识论的内容。按照历史与逻辑相统一的原则，设为两章，分别论述印度佛教与中国佛教的认识论，对佛教认知系统的方法、方式、过程、标准和特色等基本内容进行了扼要的阐述。这是此次增订的重点所在。我用了约10万字的篇幅来论述原本想写而未写的问题，使《佛教哲学》一书的容量得以扩大，内容得以充实。这样，除了介绍佛教哲学的构成、流派、历史和著作外，还从佛教的人生论、宇宙论和认识论三个方面揭示了佛教哲学的内涵，大致地勾勒出了佛教哲学的体系，这对于读者的帮助也许会更大一些。

第二，适当地增补了论述人生哲学的内容。主要是从人类生存发展史的角度，运用价值论的观念，分别阐述了佛教对人生价值、人生理想价值，以及如何实现人生理想价值等方面的基本看法。希望读者能从中比较准确地把握佛教人生哲学的根本要义。

第三，对原书的宇宙论部分也作了适当的调整。有些内容或移入了认识论部分，或略作补充，以求各有关部分的相对协调、平衡。

此外，还对原书的疏漏舛误之处尽可能地作了补充修正。

毋庸讳言，笔者撰写《佛教哲学》是着眼于现实的理论及有关实践的需要。在中国以往的历史舞台上，各种宗教都以其独特的面貌扮演过不同角色。在这些宗教中，我以为历史作用最大的还数佛教。中国佛教是中国历史的一个侧面，中国佛教文化已成为中国文化的组成部分，同样，中国佛教哲学也是中国哲学的十分重要的内容。中国佛教的价值观念和思维方式，长期地积淀在中华民族的心理意识结构之中，成为一种强大的传统力量。这种佛教传统文化及其哲学在当前我国的物质文明和精神文明的建设中究竟应该如何对待，在中外文化交流和比较中的地位如何，都是我们有关工作者应当重视的现实问题。我希望《佛教哲学》增订本的出版，能够对读者在宏观上把握佛教哲学思想有所帮助，并进而有助于正确对待和处理佛教与现代化、佛教与西方文化的关系。

萧萐父教授和郭齐勇教授在评论拙著《佛教哲学》的《佛教哲学研究的现代化》① 一文中，强调了“佛学研究现代化”的重要性，这确是真知灼见。他们在文章中指出，佛学研究的现代化要求用现代科学语言表述佛教的内容，以便使人们了解其思想实质。对重要的佛教典籍的整理，也应当在校点、注释的基础上进行今译。又指出，佛学研究的现代化，要求用现代的多元方法对佛教进行创造性的研究，如“运用现代的心理学、人类学、文化学、价值学、符号学、诠释学、系统论、结构主义、发生认识论、语言哲学的方法等等，我们将可以从各个侧面发掘出不曾为人们认识的佛家文化的价值，并产生出丰富多样的佛学研究新成果。方法多元，成果多样，是佛学研究现代化的需要。如果我们借鉴新方法，变换一下参照系，不仅可以把佛学约化为认识史、范畴史，还可以从文化史、比较文化和中外关系史等角度进行多层次、多角度的研究，还可以专门研究佛教中的自然科学、医

① 载《中国图书评论》，1987（3）。

学、音乐、美术、建筑艺术、文学、语言、音韵及其传播等等”。同时还提及了佛学研究的现代化，要求立足于新的时代和社会背景，运用现代科学观点发掘和评判佛教的价值或弊端，贡献或缺失。萧、郭两位所讲的这些确实是十分艰巨复杂而又有重要意义的科学工作，笔者也有志于此道，然而自知离佛学研究现代化的要求相距尚远，今后应坚持不懈地努力追求。

《佛教哲学》问世后，得到了师友们的鼓励。北京大学周一良教授赐函，谓该书可以作为“了解佛教的入门书”。此书后来还经过评选，获得 1986 年“中国图书奖”荣誉奖。这些都是对我的巨大鞭策，推动我在学术研究的道路上继续前进。

在写作过程中，我曾广泛参阅了前辈学者如梁启超、汤用彤、陈垣、陈寅恪、吕澂和胡适等先生的有关著作，其中汤先生的《汉魏两晋南北朝佛教史》，吕先生的《印度佛学源流略讲》、《中国佛学源流略讲》，对我启发尤多。本书在引用他们的论点和资料时，凡重要和突出者均随文注明，但限于本书的体例，有些则为照顾阅读的方便而没有一一加注，这是我要特意申明的。

在我增订本书的过程中，又一次得到中国人民大学石峻教授和王颖编审的热情帮助，谨此致谢。

本书虽经过这次增订，但缺点错误还是不少，希望读者不吝指教。

作　者
1988 年 6 月 10 日于北京
中国人民大学哲学系

前　言

奉献在读者面前的这本小书，是应中国人民大学出版社约稿写作的。它的目的主要是向文科大学生，同时也向人文社会科学工作者和宗教工作者简明扼要地介绍佛教哲学概论。它是一本侧重于知识性和学术性的读物。

笔者撰写本书，具体说，一是为了适应文科大学生和研究生，尤其是宗教、哲学、历史、文学、社会学等专业学生了解宗教的需要。从世界与中国的社会现实状况和文科大学生、研究生的知识结构两方面来说，帮助大学生和研究生具备一定的宗教基本知识，从而得以正确地认识、分析和评价宗教，是十分必要的。二是佛教是一个有2 500多年历史的世界宗教，是人类历史上最宏大的宗教哲学思想体系。佛学作为东方文明史上的一个巨大的哲学思想库存，蕴藏着思想财富和学术价值。笔者主张“对佛教哲学思想中的某些辩证法颗粒和唯物主义因素，尤其是某些体现人类智慧的范畴和命题，也应该努力发掘，对于它所包含的理论思维的教训，则应当认真总结，这都是人类认识史的宝贵财富，需要我们批判地继承”（《魏晋南北朝佛教论丛·前言》）。对于佛教哲学思想这一具有特异色彩的思维花朵，简单地摘除，义愤地丢弃，都是无济于事的，也是不正确的。

本书的中心内容在于，以佛教哲学问题为纲，按照佛教历史的发展进程，叙述佛教哲学的演变，从而简略地勾勒出佛教哲学的传统体系。全书以佛教哲学的重大问题和基本思想为重点，为了体现重点，笔者在写作时作了这样的限制和规定：(1) 佛教作为宗教，包括了僧团、仪式、信仰和观念、道德规范和情感体验等诸多因素，本书则侧重于佛教的信仰和观念方面的论述，也就是着重论述思想，尤其是哲学思想，其他方面都略而不论。笔者认为，只有通过剖析佛教哲学的意蕴，才能揭示整个佛教的宗教实质。(2) 佛教哲学从其出发点和归宿点来说，重在人生哲学，是一种宗教人生观。在佛教发展历史过程中，佛教哲学家们为了说明人生的解脱问题，逐渐扩展到对宇宙的看法，形成了佛教的世界观。在多数的佛教典籍中，人生观和世界观是交织在一起的，人生价值论、人生理想论、宇宙要素论、宇宙结构论、宇宙生成论和本体论，以及伦理学、认识论等并没有区分开来。本书以阐述佛教哲学思想为重点，而在哲学思想方面又以阐述佛教世界观为要点。因为正是佛教世界观比佛教人生观具有更浓烈的哲学色彩，而且也较多地包含和积淀了人类认识客观世界方面的理论思维的经验教训。至于书中所作哲学问题的区分，是为了便于叙述，自然也是为了便于读者能够比较明快而系统地把握佛教哲学的各个方面。(3) 佛教跨越不同的国度，历史悠久，派别庞杂众多，文献浩如烟海，每一个哲学问题、命题、概念和范畴，几乎都具有多重的含义，甚至是相互矛盾的观点，本书选取了最有代表性的典型论点加以论述，其他则付之阙如。这些是笔者希望读者也能十分明确的。

本书的结构，分为三大部分。第一部分是关于佛教哲学的综合性论述，其中包括对佛教哲学的构成、流派、历史和著作的介绍，以便读者对佛教哲学有一总体观念和历史感受，也便于读者日后的进一步研究。第二部分是阐述早期佛教的基本理论，侧重于介绍早期佛教的人生观，也兼论部派佛教和大乘佛教对这些理论的发展。第三部分是全书的要点，着重阐述佛教的世界观，其中包括宇宙要素论、宇宙结构论、宇宙生成论和本体论，也较多地联系着认识论。这部分以介绍大乘佛教的观点为主，同时也介绍有关的小乘佛教的观点。第二、三部分，大小乘佛教论点各有侧重，是由这两大派自身的哲学内容决定的。

在写作方法上，本书试图贯彻历史与逻辑相统一的原则，以尽力揭示出佛教哲学问题的历史演变。笔者也注意表述力求深入浅出，并以此作为一项自我义务和努力方向要求自己。与此相关，如何用现代科学语言表述佛教的名词、术语，避免行文的重复，也是于心念念不忘的。但是，囿于主客观诸多因素的限制，结果是自己也并非满意。

我非常感谢中国人民大学哲学系教授石峻先生，他为我反复地斟酌全书的框架，过细地看了本书的初稿，并且提出了十分宝贵的意见和建议。我也十分感谢中国人民大学出版社副总编辑王颖同志，他为本书的出版付出了巨大的热情和精力。

古人云："文章千古事，得失寸心知。"笔者学力不逮，深知书中之"失"一定不少。本书只是一个尝试，是为正在开展的佛教哲学研究提供铺路的一块小石子。凡是书中乖戾舛误之处，敬请读者批评、指正。

方立天

1985年12月于北京

中国人民大学哲学系

附记：在收入本书时，"前言"部分个别地方有所调整，全书也作了一些评价和文字上的修改。

2012年4月6日

第一章

佛教哲学的构成和流派

佛教与基督教、伊斯兰教并称为世界三大宗教。相传佛教为公元前 6 世纪到前 5 世纪古北印度迦毗罗卫国（今尼泊尔南部）净饭王的儿子悉达多·乔答摩所创立。悉达多是名字，乔答摩是姓氏。后世佛教徒尊称他为释迦牟尼。释迦是种族名，牟尼是尊称，释迦牟尼也就是“释迦族的圣人”的意思。释迦牟尼是在古代东方历史上提出了独特的价值标准的思想家，是具有世界性影响的宗教家。

佛教历史悠久，影响深广。自从释迦牟尼创立佛教以来，至今佛教已经延续了 2 500 多年。它曾经广泛地辗转流传于印度、巴基斯坦、尼泊尔、阿富汗、中国、朝鲜、日本、越南、斯里兰卡、缅甸、泰国、老挝、柬埔寨等国家，蔚为大观。它对上述国家的政治、经济、哲学、道德、文学、艺术、医学、风俗习惯等各个方面，都有着深刻和广泛的影响。近代以来，佛教也流传到欧美等国。佛教是人类历史上一种十分重要的社会现象，也是一种巨大的社会力量。

为了准确地把握佛教哲学的内容，必须明确佛教、佛法、佛学与佛教哲学的联系与区别，分清它们的不同含义。

第一节　佛教、佛法与佛学

佛教是指包括教主、教义、教徒组织、清规戒律、仪轨制度和情感体验等复杂内容的综合体。佛教经过长期的流布，在不同的国度形成五花八门、风格各异的流派，各派自立门户，别树一帜，异说纷纭。但是，各国的佛教流派都声称崇奉三件物事：佛、法、僧。这三者被称为佛教的"三宝"。三宝就是构成佛教整体的三大支柱。"佛"，指佛教的创始者、祖师释迦牟尼，也泛指一切佛。"法"，指释迦牟尼传授的教理，实际上是包括释迦牟尼以及后代佛教学者所阐发的佛教教义，是教化、开悟众生的理论学说。"僧"，指释迦牟尼建立的教团，泛指信奉、弘扬佛教义理的僧众。佛、法、僧包含了佛教的信仰对象、信仰理论和信仰徒众，由此三者又展开和形成为更复杂、更全面的系统结构，如由对佛的信仰而有各种礼仪制度，由法的演变而形成若干派别，由僧众而有各种清规戒律等。佛、法、僧正是反映了佛教的内涵和外延的规定。简单地说，佛教就是由佛、法、僧三者综合构成的宗教实体。

佛法，就是上述三宝中的"法"，即佛教的各种教义和学说。佛法的"法"有两层意义：一是轨持的意思，凡持有自性的现象，均称为"法"。佛教认为佛所说的法门，能令众生获得解脱，故称为"法"；二是道理的意思。佛法分为四种，即四种道理：教法、理法、行法、果法。教法的教，指教典。教法是指佛教的全部典籍。理法的理，即道理。理法指教法中所阐明的义理。行法的行，指修习践行。行法指依理法而进行的戒、定、慧三学，也就是关于如何持戒、如何修禅定、如何获得"大智"的宗教践行。果法的果，指结果。果法即修行圆满后而证得的所谓菩提、涅槃等圣果。佛法虽称有八万四千法门，但其大纲是教、理、行、果四法。所谓"因教显理，依理起行，由行克果"，就囊括了全部佛法。与教、理、行、果四法相应而言，是佛教常说的信、解、行、证四法。信，是信顺教法；解，是解悟义理；行，指依教理而起的修行；证，指修行所得的圣果。全部佛教学说，是论证人们如何从痛苦中解脱出来的问题，也就是解脱论。解脱论可以分为两大部分：一是达到解脱目的的方法、功夫、条件；二是解脱境界。前者是因，后者是果。佛法中的教、理、行和信、解、行属于因，果和证属于果。概括起来说，佛法包括解脱的原因和结果两方面的内容。

佛学的含义，佛教界和学术界的理解都各有不同，主要有两种看法：一种是认为佛学与佛法的含义相同，包括了教、理、行、果，即学理和实践两个方面；一种认为佛学是专指佛教的学理、学说而言，不包括行持实践方面。根据佛教的传统论述，联系佛教学说的实践性特征，我们以为佛学应该是指戒、定、慧三学而言。戒学，戒指戒律，是防止人们作恶业的。定学，定即禅定，修持者思虑集中，观悟佛理，以断除情欲。慧学，慧即智慧，谓能使修持者断除烦恼、迷妄，以获得解脱。所谓“依戒资定，依定发慧，依慧断除妄惑，显发真理”，就概括了佛教修持者全部的修学内容。戒、定、慧三学是互相联系、依次推进的连续性过程，是佛教学说的不可分割的组成部分。三学包括戒学和定学的实践部分和慧学的理论部分，所以佛学也是包含实践和理论两个方面的。

第二节　佛教哲学的构成

哲学是研究自然、人类社会和思维发展的一般规律的学说，是关于世界观的学问。佛教三学中主要是慧学包含了哲学内容。三学中的戒学和定学主要是属于道德修养学说，戒学中戒体部分也含有少量的哲学内容，慧学则既贯穿着佛教道德学说的内容，也广泛涉及对人生和宇宙的看法，从而包含了更多的哲学内容。佛教的根本目的是力图超脱和超越现实生活而求得所谓解脱。为了达到这样的目的，佛教始终在寻求人生乃至宇宙万象的真实本质。为了适应对信徒说教和跟外学斗争的需要，并随着佛教理论思维水平的不断提高，历代佛教思想家日益从人生观和世界观的高度阐明教义，从而也日益增添了佛教的哲学色彩，丰富其哲学内容。佛教的理论一般是从境、行、果三方面进行论述的。境，即所观的对象，也就是认识的对象。行，是修行。果，是修行所得的果。也可以这样说，境是佛教对世界的认识，行和果是佛教的实践活动。佛教哲学思想主要表现在对境这一范畴的论述上，也就是对境的所谓真实本质的各种说法上。佛教认为，对于认识对象的真实本质的认识，构成了佛教真理。其实这种真理并不是人们对客观事物内在规律的正确反映，而包含了对世界的虚幻反映。正是这些理论在大乘佛教学说中占有十分重要的地位。佛教哲学是佛教全部教义的思想基础，换句话说，就是佛教教义中的人生观、世界观和方法论部分。由此看来，佛教哲学的对象、范围比佛学要窄一些，它是佛学中的一部分，是其中的思想核心部分。

佛教是独断的说教、虔诚的信仰，哲学是智慧的追求、理性的思索。佛教不等于哲学，哲学也不足以概括佛教。但是，佛教中包含了哲理，以哲理为理论基础。宗教信仰和哲学智慧奇异地结合于佛教之中。由此又可说，佛教既是宗教，也是哲学。也就是说，“佛教即宗教即哲学。”那种“佛法非宗教非哲学”的说法，是不符合佛教实际情况的。

佛教哲学是怎样构成的呢?

佛教哲学既是对客观存在的一种反映，也是对社会存在的一种反映，也就是说，它既属于认识的范围，又属于社会意识形态。从历史上看，佛教哲学的范围有一个发展演变的过程。上面提到，佛教的理论轴心是寻求人生乃至宇宙万象的“真实”，为求得解脱作论证。“真实”，佛教也称“真性”、“真实性”，是佛教哲学对象的中心范畴。为了寻求这种“真实”，佛教经历了内容由简到繁，范围由小到大，程度由浅到深的思想历程。起先是着重考察人生现实问题，随之是探索人与宇宙交涉的问题，最后则扩展和深入到全体人生、整个宇宙，着力探求人生的真义、宇宙的实相。这也就是佛教哲学发展的基本脉络和主要线索。

佛教寻求人生的“真实”，是着重对人生作出价值判断，即以为人生的意义是苦，人生的理想在于断除现实生活所带来的种种痛苦，并求得解脱。这是一种独特的价值判断、独特的人生观。佛教寻求人生的“真实”，这个“真实”，正如著名的佛教史研究专家吕澂先生所指出的，并不是从知识和科学方面讲的真实，而是从伦理道德方面讲的所谓“善”。① 真的意义就是善，真就是善。“真实”的反面是“虚妄”，真与妄相对，真就是善，妄就是恶。善又和“净”相联，“净”，清净，断除烦恼。恶也和净的反面“染”相联，“染”，染污，也就是妄念、烦恼、过失。净、善就是真，染、恶就是妄。这里善和恶属于道德范畴，净和染也基本上属于道德范畴。可见，这是以道德作为区分、检验真与妄的尺度。佛教提倡去恶从善，诸善奉行，诸恶莫作，这都涉及伦理学的内容。

佛教由探寻人生的“真实”进到探寻宇宙的“真实”——“性空”，后一个“真实”是相对于“境”即认识对象来讲的。境也称“所知”。所知作为认识对象，既是感性活动的对象，又是理性活动的对象，这其间就有心和物的关系问题，有认识主体、认识活动和认识对象的关系问题，也就是说，里面包含了思维与存在的关系问题。佛教所讲的“真实”与“所知”的关系问题，是思维与存在的关系问题的具体形态，这是世界观、认识论的根本问题。

佛教对全体人生和整个宇宙的“真实”的探求，归结为缘起说，即人生和宇宙事象都是多种原因和条件的和合而生起的。缘起说是佛教全部教义的理论基石。从缘起理论加以推衍，进而就得出一切现象都是刹那变化、永远变化的“无常”的观点。再者，既然一切事物都是因缘和合而起的，也就是不能自我主宰的，没有永恒不变的实体（“无我”），人生和宇宙万物都是“无我”的，即所谓“人无我”和“法无我”的理论。由此而构成了佛教区别于其他一切流别的基本理论特征。佛教的缘起说和从它推衍出的“无常”论和“无我”论，涉及哲学上的宇宙生成论、本体论和动静观等重大理论问题。

佛教探求人生和宇宙的“真实”，还涉及主体的认识活动、对象、内容、形式、方法和标准等认识论问题。首先，佛教认为对于“真实”的认识并不是一般的思维活动（佛教称一般的思维活动为“识”、

① 参见吕澂：《印度佛学源流略讲》，255页，上海，上海人民出版社，1979。

“了别”）所能达到的，不是一般人的聪明智慧所能获得的，只有佛教的特殊智慧（也称为“般若”）才能真正认识“真实”。也就是说，所谓对“真实”的认识就是“智慧”，就是“般若”。但是，佛教又认为，佛教智慧也不是脱离一般思维活动的特殊的心理活动，而是把一般思维活动加以精练并进一步升华的“高级”认识。这样就产生了佛教“般若”智慧与一般认识活动的关系问题。其次，人们的思维活动进行到一定阶段必然形成概念，概念具有分别事物的作用。哲学上的概念，佛教称为“名言”。对于概念，有的佛教流派认为是实在的，有的则认为是虚假的，即所谓假名。也有的认为有些概念是“戏论”，即对佛教道德实践起有害作用的概念。这又涉及概念的构成、性质、意义和价值等一系列理论问题。再次，关于人们如何把握、体证人生和宇宙的真实，有的佛教学者主张“渐悟”，认为一个人的烦恼、障碍很多，必须经过逐渐的甚至累世的修行，才能证悟。有的佛教学者则主张“顿悟”，认为对“真理”是顿然觉悟，悟是一切悟。这是关乎认识的步骤、形式等的重大理论问题。还有，怎样知道某种认识是真实可靠的？为什么说是真实可靠的？怎样知道某种认识是错误和不可靠的？为什么说是错误和不可靠的？这种区分又有什么根据？这又涉及认识标准与论证形式等认识论和逻辑学问题。

佛教探求人生的“真实”，归根到底是为了说明人为什么能成佛和如何成佛的问题。这就必然要探讨人有否成佛的内在根据（“佛性”），人的本性是善是恶等问题。也就是说，人性问题成为佛教所着重阐述的一大问题。印度佛教普遍认为人的心性是寂净的，即所谓“心性本寂”，强调人有成佛的内在可能性；一般也都倾向于人的本性是善的。但有的流派认为有一种人不能成佛，有的流派则主张人人都能成佛。中国佛教学者深受中国固有思想文化背景的熏陶和影响，尤为重视对人的本性的探讨，并倾向于认为人的心性是本来觉悟的，即所谓“心性本觉”，人们只要向内心追求，显示固有的觉悟，就能成为佛。也有的流派主张人的本性具有善恶两种因素，但多数流派普遍强调人的本性是善的，为人人皆能成佛的口号提供直接的论据。

由上可见，佛教学说涉及人生观和宇宙观、伦理学和认识论等多方面的哲学领域，这就是佛教哲学的构成，就是佛教哲学的基本范围。

应当强调指出，上述佛教哲学的几个方面内容，在佛教著作中是密切联系着的，是统一不可分割的。佛教著作都是从其宗教道德实践要求出发的，都是为了论证人生寻求解脱的因与果的理论。它的宇宙观和认识论归根到底都是为解脱论提供论据的。所以，佛教的宇宙观和认识论是包融于佛教的人生观和伦理学之中的。虽然有些佛教典籍比较突出宇宙观方面的论述，但是，在佛教哲学中，宇宙观和认识论是作为人生观和伦理学的论证工具与构成要素而被重视和强调的。我们把佛教哲学的内容分解为几个方面，仅仅是为便于分析和叙述而已。

第三节　佛教哲学的基本流派

佛教哲学理论主要蕴涵在印度佛教和中国佛教两大密切联系的系统之中。印度佛教自兴起至衰落，前后约为 1 500 年。其间由早期佛教到部派佛教，后来又发展了小乘佛教乃至产生大乘佛教，形成了不同的阶段。综观印度佛教哲学，以小乘有部（婆沙）、说经部、大乘的中观学派（空宗）和瑜伽行派（有宗）四大宗最为重要，哲学思想也最为丰富。可以说，这四大宗基本上概括了印度佛教哲学的主要内容。

佛教自两汉之际传入中国以后，其间东晋、南北朝、隋唐时代，颇为繁荣兴盛，约 600 年光景。在此期间，中国佛教经历了由成立学派到宗派林立的过程。学派是指专门研究和弘传某一部佛典并不实行传宗定祖的流派。南北朝时期涌现了成实、涅槃、三论、毗昙、地论、摄论和楞伽等学派，盛况空前。宗派以判教为基本标志，判教是对佛教的各种佛典和各种派别加以统一的安排，并突出本宗派所尊奉的经典，抬高本宗派的地位。中国佛教宗派中，隋唐时代的天台宗、三论宗、法相唯识宗、华严宗和禅宗是最富哲学色彩的宗派。在这些宗派中，天台宗、华严宗和禅宗又是最富创造性的宗派，是中国化的佛教宗派。这三个宗派的佛教哲学，既不同于印度佛教的哲学思想，也不同于中国传统的哲学思想，而是吸取印度佛教思想又参酌中国传统思想，经过消化融会后构成的新的哲学理论。这三个宗派的哲学思想，乃是中国佛教哲学思想的主体。

中国佛教哲学虽然和印度佛教哲学不同，但是两者的基本哲学路线是一致的。综观印度和中国的大乘佛教，就其哲学思想的类型来说，可以分为两大系统或两大基本派别，即空宗和有宗。空宗，因宣扬“一切皆空”而名。印度大乘空宗即中观学派，是由于批判小乘有部的思想而创立的。小乘有部主张，世界一切事物和现象在过去、未来和现在的时间里，都有实体。大乘空宗反对这种说法，认为一切事物和现象都没有实体，没有自性，是空的。不仅如此，甚至连佛教徒所追求的最高理想境界、最终归宿——“涅槃”，也是空的。空宗理论贯彻到底，势必陷于理论与实践的矛盾：在理论上宣扬涅槃是空的，在实践上却一心追求解脱。后来大乘有宗理论家反对空宗的观点，肯定涅槃境界的存在，肯定世界一切现象都有最后的实体——“识”。此派正因主张“识”有，而名“有宗”，也称“瑜伽行派”。印度大乘佛教空、有两宗在对世界的基本看法上是一致的，即都否定客观世界的实在性。空宗也讲“有”。它认为，一方面从佛教的观点来看，客观世界是空，空的意义不是什么也没有，而是指无实体、无自性而言；另一方面从世俗的观点来看，客观世界是有的，只是假有，而不是真有。这也就是真空俗有说。有宗也讲无，讲空（无和空的意义相同）。它认为众生有“识”或“心”，是内在的实存，至于外境，即客观世界是无，是空。这也就是内有外无说。空、有两宗的区别，主要是有宗肯定“识”的实存，肯定涅槃境界，而空宗则认为“识”和涅槃境界都是空的。

印度佛教大乘空宗的典籍经鸠摩罗什等人的传译，而在中国流传。中国佛教空宗理论主要有两次思潮，一是晋代形成的般若学派，二是隋唐时代的三论宗。这些学派和宗派对印度空宗的理论有所发展，但发展比较有限，所提供的新鲜见解并不太多。

印度佛教大乘有宗的典籍经玄奘等人的传译，而在中国流传。玄奘及其弟子窥基还创建了法相唯识宗。此宗就现象论的角度说，着重分析事物和现象的相状、性质，以阐明本宗的教义，称为法相宗，简称相宗；就本体论的角度说，着重论述一切现象唯识所变，称为唯识宗。中国法相唯识宗对印度有宗的理论基本上是移植，创造性较少。

大乘佛教在中国的最大发展，是出现了法性宗，简称性宗。“性”，是指一切现象的自体、现象的体性，也称为“法性”，与“真如”、“佛性”等概念的意义相通。性宗因主张“法性”为一切现象的本原、本质而得名。相宗和性宗合而构成中国佛教的有宗。中国佛教有宗相对于印度佛教有宗来说，在含义上增添了新内容，即肯定所谓“真如”、“法性”、“佛性”等最高精神实体的存在和作用。“真如”、“法性”、“佛性”的观念，渊源于印度佛教大乘经典，但是阐扬这些观念的《法华经》和《华严经》，在印度影响并不大，而在中国则影响极大，分别形成了以《法华经》为宗经的天台宗和以《华严经》为宗经的华严宗。因为这两个宗派都主张“一切众生皆有佛性”，而且认为宇宙万有都以“真如”、“法性”、“佛性”为本原，一切现象都从“真如”、“法性”、“佛性”发源，又统归于“真如”、“法性”、“佛性”，所以称为性宗。禅宗的基本思想和性宗相近，也肯定人人都有佛性，也含有以“真如”为一切现象的本原的观念，所以也属于性宗。相宗和性宗的区别在于，相宗反对“一切众生皆有佛性”的说法，认为有一种人是决定地不能成佛的，再是不同意以“真如”为世界本质的观点，认为一切都是主观的唯识所变。

应当指出，性宗虽然归属于有宗，但性宗的思想也来源于空宗[①]，空宗的基本典籍如《中论》、《十二门论》和《百论》等都是天台宗、华严宗和禅宗的立宗的重要根据。所以，天台宗和禅宗的某些流派在一定意义上又可归入空宗。事实上，从否定客观世界的实在性来说，佛教绝大多数流派都把整个世界看成是空的，都属于空派。可以简略地说，大乘佛教都是空派。

从思维与存在、意识与物质的关系问题来考察，佛教最初并没有

---

① 佛教史上也有的学者把印度中观学派和中国三论宗称为法性宗。他们认为中观法门以真空为法性，广破一切差别相，从而显示现象的自体，所以也是法性宗。

直接涉猎这个问题。后来逐渐涉及整个人生、宇宙的范围，也就这样那样地涉及思维与存在、意识与物质的关系问题了。小乘佛教有二元论的倾向，相对于大乘佛教来说，小乘的某些流派有着较多的唯物主义因素，但其主流仍是唯心主义。至于大乘佛教空、有两宗，其哲学路线都是唯心主义的。贯穿于整个佛教各派理论的中心基调是，人的行为可以由心来支配，而不应受外界的影响。外界的影响是对人的系缚，解除系缚在于悟解外界的虚幻，专注于内心的追求、维持。就是说，人生的解脱目的必须也可以由心来实现。这是佛教唯心主义学说的根本特征所在。虽然佛教内部在一定时期和特定领域也有过唯物主义与唯心主义斗争的现象，如部派佛教正量部学者反对瑜伽行派的斗争就是一例，但是，这在整个佛教思想史上只是短短的一页，不占重要的地位。就哲学的基本倾向来说，佛教内部并不存在唯物主义和唯心主义两条路线的斗争，而各种不同形态的唯心主义路线则贯穿于佛教各种流派，并贯彻于佛教的全部历史。

第二章

佛教哲学的历史演变

第一节　印度佛教哲学略史

印度佛教哲学的发展是印度佛教发展的一个方面。印度佛教的发展大致可以分为四个阶段：一是公元前 6、5 世纪至前 4 世纪中叶，为释迦牟尼创教及其弟子传教时期，称早期佛教阶段。二是公元前 4 世纪中叶以后至公元 1 世纪，由于对教义、戒律理解的不同，佛教内部分裂为上座和大众两部，并从中演化出许多教团，后称为 18 部或 20 部，是为部派佛教阶段。三是从公元 1 世纪左右至公元 7 世纪的大乘佛教阶段。“乘”，车辆，乘载，也有“道路”的意思。学佛法者乘之行道以达到彼岸，乘是佛法传统的代称。大乘佛教以普度众生到彼岸世界为标榜，号称“大乘”，同时又贬低早期佛教和部派佛教只着眼于追求个人的解脱的是小乘。大乘佛教后来又分成两大派，即中观学派，也称空宗；瑜伽行派，也称有宗。四是公元 7 世纪后，大乘佛教部分派别与婆罗门教混合而成密教，至 13 世纪初，因受到外来的侵略，佛教在印度被消灭。下面，我们按照印度佛教的几个发展阶段，略述一下印度佛教哲学的历史演变。

一、早期佛教的哲学思想

佛教创始人释迦牟尼生活的时代，和我国的春秋战国时代一样，当时在古印度大地上也出现了百家争鸣的局面，对于宇宙、社会和人生问题的求索，涌现出数以百计的不同见解。① 归结起来，主要是两大对抗的思潮，即婆罗门的守旧思潮和沙门（道人）的革新思潮。婆罗门教是当时居于统治地位的正统宗教。它以《吠陀》为天书，视之为神圣不可更改的经典。奉梵天、毗湿奴和湿婆为三大主神，是所谓分别代表宇宙的“创造”、“护持”和“毁灭”的。它提出吠陀天启、祭祀万能和婆罗门至上的三大纲领。它宣扬整个宇宙是一个统一体，自我和世界，个人的灵魂和宇宙的灵魂，都结合在这个统一体中，人们所认识的世界并没有内在的实体，内在的实体属于“神我”——大梵，神我是永恒不变的无始无终的真实存在，人的灵魂是这个存在的一部分。它宣称社会四大等级的存在是合理的，因为都是“梵”生的：“梵”从口里生出婆罗门（祭司），从肩上生出刹帝利（武士），从脐处生出吠舍（农民、手工业者和商人），从脚下生出首陀罗（奴隶和雇工等），因此社会也就有高低贵贱不等的种姓差别。婆罗门教宣扬善恶报应、生死轮回的信仰理念，认为人的灵魂不灭，转世的形态则取决于是否按婆罗门教教义行事。如虔诚奉行婆罗门教，死后可投生天界，相反就会变为畜生，甚至于下地狱。它还宣扬只有属于前三个种姓的人才有信仰宗教、祭祀鬼神和死后灵魂升天的资格，而首陀罗则根本没有举行宗教仪式的权利，当然死后也更谈不上灵魂升天了。这就是说，首陀罗不仅在社会生活方面没有出路，而且在宗教方面也是毫无出路的。

当时反对婆罗门教的派别，重要的有耆那教、顺世论和佛教等。如耆那教，信奉业报轮回、灵魂解脱、苦行主义和清净与染污的伦理学说。他们认为，人的现世命运是由前世的行为（“业”）决定的，要求得解脱，必须经过宗教的修持。又认为无所不在的灵魂（植物和无机物也有）是半物质性的实体，和其所依附的体积相当，并随体积的增长而增长。他们强调要使灵魂获得解脱，必须道德清净，而道德上

① 当时流行的宗教哲学观点，据佛教的传说，有 62 种或 90 余种；据耆那教的传说，有 300 余种。

的染污，是由不洁净的细微物质从皮肤毛孔中进入灵魂内部所引起的。要获得道德上的清净，就必须堵塞进入不净物质的孔道，以使灵魂最后证得“涅槃”，即获得解脱。为此，耆那教反对祭祀，主张严守五条戒律：(1) 不杀生；(2) 不欺诳；(3) 不偷盗；(4) 不奸淫；(5) 戒私财。并提倡穿白衣或完全裸体，以及诸如绝食、身卧钉床、日晒、火烤、投岩、拔发、熏鼻等苦行，折磨自己的肉体，以为这也是解脱的道路。再如顺世论，是古代印度著名的唯物论，它反对梵天创造世界的说法，认为构成世界万物的独立常存的元素是地、水、火、风（“四大”），人和世界都由四大合成，人死后复归四大。否认灵魂的存在，认为人的肉体死亡后，不可能有不死的灵魂再去轮回转生。它主张种姓平等，认为人生的幸福不在天堂，也不在下世，而在今生。强调人生的目的，是以求得快乐为满足，即在于满足肉体的各种欲望。反对轮回、业报、祭祀、苦行。这种学说是对婆罗门教最激烈的批判和反抗。还有一种直观主义学派，此派对一切问题都持相对主义立场，都不作决定说。例如，对于有无来世，有无果报，他们认为，说有就有，说无就无，也可说亦有亦无，还可说非有非无，由此人们称之为难以捉摸的如泥鳅的学说。此派还主张踏实的修定，以获得真正的智慧。此外，还有学说相近似的三家，一是“七元素”说，认为人身由地、水、火、风、苦、乐和灵魂（命）七种元素所构成，七种元素一离散，人也就死亡。元素并不由其他东西所创生，也不创生别的东西，元素是永存的。二是“命定论”说，认为人生的一切都受命运的支配，个人的意志是无能为力的，伦理道德是毫无意义的，修行是无用的，业报是不存在的。三是“偶然论”说，认为世界上一切事物的产生和发展都是偶然的、无因无缘的，因此主张纵欲。这是一种伦理的怀疑论和宗教的否定论。以上这些学说的具体观点虽然各不相同，但是反对婆罗门教的政治思想统治则是一致的。

释迦牟尼创立的佛教思想也是当时沙门思潮的一种，是对抗婆罗门思潮的一种重要学说，它受当时其他沙门思潮的影响，同时又是一种创新的立说。后来，释迦牟尼创立的佛教人生哲学思想压倒了婆罗门哲学，从而获得了越来越广泛的流传。

从现存的佛教典籍资料来看，释迦牟尼深切地感受到当时在奴隶制度压迫和自然界威胁下人们的苦难，他最关心的是解脱人生的苦难和宗教道德实践问题，也就是人生归宿即人生哲学问题。他对于当时思想界共同感兴趣和展开论争的本体论问题，如世界是常还是无常，世界是有边还是无边，以及生命和身体是一还是异，生命终结后是有还是无等，一概避而不谈。他认为这些问题与解脱人生的苦难无关，讨论这些问题是徒劳无益的，就像一个人中了箭，不是首先拔出箭进行治疗，而是先去问箭是由什么做的，弓是什么形状的，同样的本末倒置，毫无益处。可见，早期佛教的哲学基本上是一种人生哲学，是当时社会的分裂和人的本质的分裂在意识平面上的投影。

相传释迦牟尼出家后，就到深山幽谷去寻求解脱人生痛苦的途径。他先实行苦行，七天吃一餐（“自饿法”），穿鹿皮、树皮，睡在鹿粪、牛粪上面。六年后身体消瘦，形同枯木，仍一无所得。后来他决心重新进食，并在菩提树下结跏趺坐，沉思默想，一连七天七夜，终于意识到人生的痛苦来源于认识上的“无明”和心意上的“烦恼”，认识到世界万物是变化的，人生是无常的。只要抛弃对外在物质的追求，断除私心邪念，尤其是对爱情、生存、金钱、权力的欲望，多多行善，来世就会有好的命运。这样也就证得了“正觉”（大智慧），成为了“佛陀”（大彻大悟的觉者），简称为“佛”。

早期佛教的理论基础是“缘起”说，理论重心是“四谛”说。所谓缘起，即认为事物的产生和存在依赖于构成的主观与客观的条件。缘起同时也是“缘灭”，所谓缘灭，即认为离开事物构成的主客观条件事物也就不存在。事物本身既然不存在，自然也就没有事物的实体存在。佛教根据缘起的理论来观察和分析人生现象，认为人的肉体是由地、水、火、风四大元素构成的，人的精神是多种心理要素构成的，一旦四大元素和各种心理要素分离，人的肉体立即消亡，精神世界立即消失。人生是一个生（生成）、住（暂住）、异（变易）、灭（死亡）的自然过程，是没有独立不变的永恒实体的。整个早期佛教基本上保持了释迦牟尼生前宣传的教义，佛教内部没有产生分歧。

释迦牟尼认为，人生现象概括起来无非是相对立的两个方面、四种情况：一方面是染污的，包括苦和集；另一方面是清净的，包括灭和道。“苦”是痛苦的现象，“集”是产生痛苦的原因，“灭”是消灭痛苦的结果，“道”是消灭痛苦的途径。苦、集、灭、道四谛，最根本的是苦谛。释迦牟尼的人生哲学实质上可以说是“苦”的哲学，是探寻人生痛苦现象的原因和消灭这种痛苦的学说。史载，释迦牟尼第一遍宣讲四谛，曾反复地讲了三次：第一次是肯定四谛，讲解四谛的内容，如人的生、老、病、死都是苦等；第二次是强调四谛在人生实践中的意义，宣扬人们应当知道痛苦的现象，铲除产生痛苦的原因，努力修道，以求证得铲除痛苦的寂灭状态；第三次是申明自己已经做到“四谛”说所要达到的要求，也就是已经明白人生痛苦的现象，已经铲除产生痛苦的原因，努力修道，证得了灭除痛苦的理想境界。“四谛”说作为早期佛教的基本理论，一直为后来的佛教学者所承认和继承，是佛教各宗各派所共同信奉的根本教义。

释迦牟尼还用缘起说观察人生的过程，把人生分为许多部分，如五分、九分、十分和十二分等。其中讲得比较多的是十二分，也称为十二因缘。十二因缘的名称是后来固定的：（1）无明，（2）行，（3）识，（4）名色，（5）六处，（6）触，（7）受，（8）爱，（9）取，（10）有，（11）生，（12）老死。释迦牟尼是从老死开始推演出十二因缘来的。从十二因缘的序列结构来说，“无明”（无知）为缘就引起“行”，直至“生”为缘就引起“老死”。这就是说，十二因缘是彼此互为因果联系的一个序列，前因生起后果，后果为因又继续生起他果，人生是一个过程，是由这样 12 个前后彼此相连的环节所构成。由此就形成一个公式：“此有故彼有，此生故彼生。”这是“缘起”说的典型表述。释迦牟尼从分析人生过程出发，提出缘起说，认为世界上的一切现象，都是因果关系的体现，也就是互相联系、互相依赖、互为条件、互为因果的。释迦牟尼反对一因生多果的说法，也反对多因生一果的观点，主张一切事物都是互为因果的。在缘起说的理论基础上，释迦牟尼又提出了关于人生的三大命题：“诸行无常”、“诸法无我”和“诸受皆苦”。三者合称为“三法印”。这被认为是揭示人生本质的三个根本性论点，也是在理论上佛教与其他派别相区别的根本标志。由于缘起说涉及世界现象，因此也含有宇宙观的意义。从这个意义上也可以说，早期佛教的宇宙观是缘起论。

早期佛教的哲学带有显著的中道色彩。例如，释迦牟尼一方面主张出世，给现实世界以价值的否定——空，要人们追求涅槃——寂灭境界，宣传解脱出世的思想；另一方面，又讲布施、持戒，宣扬只要能乐善好施，来生就可得到好报，获致幸福。又如，在宗教实践上，释迦牟尼既批评苦行主义，也反对纵欲享乐，提出了不苦不乐的中道学说。释迦牟尼的中道学说，并不是对于极端的苦行和纵欲取折中的态度，而是否定苦行和纵欲两个极端，是一种内在的思想要求，一种以“四谛”说和“三法印”说为指导的修持行为。这种宗教修持主张给浮沉在无常苦海中的群众带来修行的方便和心灵的宁静，受到了一般群众的欢迎，这自然也有利于佛教学说的广泛流传。

早期佛教在理论上一方面吸取了婆罗门教的生死轮回、业报等学说，一方面又否认婆罗门教的梵神创造宇宙万有和主宰一切的说教，也否认有永恒不灭的灵魂。早期佛教在实践上提倡“中道”，反对极端自制、折磨肉体或沉湎酒色、放纵欲乐的行为，这也是和婆罗门教相对立的。早期佛教对婆罗门教的批评和对抗是有积极意义的。

早期佛教的哲学也包含了内在的理论矛盾。例如，早期佛教把佛教以外的各种哲学观点归纳为两种基本的观点——“常见”和“断见”（见《长阿含经》卷十四《梵动经》等）。“常见”是婆罗门哲学的核心，认为事物中存在着一个常存不灭的实体——梵（我）。梵的根本特性是常性，即无限性、永恒性、不灭性、绝对性，梵实质上就是绝对的精神实在。“断见”一方面是否定永恒性的精神实体的存在，一方面是肯定不灭的物质实体的存在。应当肯定，早期佛教的这种重要概括深刻地揭示了古代印度宗教哲学思想的根本分歧，是对古代印度宗教哲学思想的重要总结，具有重要的理论意义。而且早期佛教对“常见”的批判也是有巨大积极意义的。但是也应当指出，早期佛教对“常见”的批判是不彻底的，而其对“断见”的批判又使自身陷入理论上的困境。具体一点说，早期佛教宣扬人生“无常”，一切现象都是缘起的，互为因果的，但同时又宣称理想中的涅槃是超越缘起的永恒存在，这就前后矛盾，难以自圆其说了。又如它宣扬人生"无我"，否定自我存在，但又肯定人们业力即思想行为的作用。再如它否定自我存在，也就否定了轮回的主体，但是又宣扬生死轮回的主张。既然否定了轮回的主体，那么轮回还有什么意义呢？早期佛教没有也难以回答这样的一些问题。早期佛教的种种理论矛盾，主要是释迦牟尼的缘起理论的不彻底性造成的，也就是说，这些矛盾都是不彻底的缘起论的理论表现。所有这些矛盾便有可能导致后继者在理论上的分歧，也导致他们各自向着不同的方向发展，从而也就必然把佛教推进到异说纷纭、派别林立的部派佛教时期。

二、部派佛教的哲学思想

释迦牟尼逝世100多年以后，由于社会历史的发展所引起的政治经济条件的变化；由于佛教流传地区的扩大，不同地区的教徒使用不同的语言文字，引起内部的分歧；又由于当时佛教系凭口头传说，难免记忆有误，以讹传讹，这样就不可避免地产生了对于原来的戒律和教理的理解上的歧义，并使佛教逐渐分化为上座部和大众部两大派系。"部"，原意是"说"。上座部就是一些长老的主张，强调严守原来的教义和戒律，属于正统派。大众部是众多僧侣的主张，提出了教义的一些新说和开禁了部分戒律，是比较强调发展的流派。据世友著、唐玄奘译北传佛教《异部宗轮论》载，先是大众部分化出8部，后上座部又分化出10部，共为18部。大众部先后分为一说部、出世部、鸡胤部、多闻部、说假部、制多山部、西山部和北山部。上座部先分化为说一切有部和雪山部（原上座部），说一切有部又分化出犊子部，犊子部又分化出法上部、贤胄部、正量部、密林山部。说一切有部又分化出化地部，由化地部又演化为法藏部。说一切有部还分化出饮光部和说经部。以上派生的18部连同根本二部即上座部和大众部共为20部。[①] 20个部派中有些部派的理论基本上是一致的，只是

① 关于部派佛教，另据南传佛教史书载为18部，即去掉北传佛教所说的西山部和北山部。此外，部派名称和传承关系也有些差异。

所在地域有所不同而已。在这些众多的部派中，最主要的是上座部和大众部的分歧，史称佛教的“根本分裂”。变化最多、分化最快的是说一切有部（简称有部），这表明上座部系统没有也不能长期坚持正统的观念。在哲学思想上最重要的流派是说一切有部和说经部（经量部）。

部派佛教和早期佛教的区别以及部派佛教的内部分歧，表现在宗教实践、宗教理想和哲学理论等各个方面。我们侧重于论述的是哲学思想的演变，同时也兼及其他方面。

在宗教实践方面，由于有些教徒滋生出一种对于部分戒律的违抗，佛教为此曾多次举行结集，专门讨论是否放宽正统的戒律的问题。例如，随着布施范围的扩大，人们对寺院奉献的财物越来越多，原来规定比丘不准接受金银财物的施舍，大众部认为可以受蓄，上座部反对改变，大众部又拒绝服从，并被驱逐或开除，从而分别形成为相对独立的流派。

在宗教理想方面，上座部认为佛陀是历史人物，其所以伟大，主要是由于理想的崇高、思想的正确、智慧的精湛和精神的纯洁。一般人修行的最高果位不是佛果，只能是趋向佛果的阿罗汉，即能达到所谓断尽一切烦恼、不再生死轮回的果位。大众部则倾向于抬高佛陀的形象和人格，他们提出“超人间佛陀”或“超自然佛陀”的理论，吸取和加强神话创作，来烘托释迦牟尼的超凡神圣，并制定一套仪式，对释迦牟尼顶礼膜拜，也就是把佛陀看作超凡的或超自然的存在，是一位离情绝欲、神通广大的真正的“神”。他们还贬低阿罗汉果位，强调阿罗汉还有许多不足。大众部的这种观点，后来为大乘佛教所继承，并获得了进一步的发展。

在哲学思想方面，部派佛教已由早期佛教侧重于人生哲学扩展到宇宙观领域。由于早期佛教对于缘起说的阐述不明确、不彻底，而导致部派佛教内部对轮回流转、业果相续的主体问题和宇宙万物实有假有问题的严重对立。

一般地说，上座部各派偏重于说“有”，也就是认为精神现象和物质现象是实在的。例如，说一切有部，是部派佛教中最有力量、最重要的一派，所谓“说一切有”，就是承认精神和物质的存在，承认一切存在。从时间观念来说，就是承认过去、现在和将来的一切都普遍存在。说一切有部毗婆沙论师坚持认为，人们既然都具有事物在过去、现在和将来存在的观念，那就证明事物是实际存在的，因为如果事物不存在，人们就没有思想的对象了。再者，按照缘起说，过去的思想行为产生结果，由因而有果，果不能产生于空无，既然因能生果，那就说明因是实在的。由此也就证明过去的因是时时存在、永远存在的。说一切有部承认一切普遍存在的理论（三世实有）是和早期佛教的“无常”观念不一致的，是一种全新的哲学理论。

从说一切有部分化出来的犊子部把世界上的一切事物和现象分为过去、现在、未来、无为、不可说五类，认为都是实有的。它还特别强调“补特伽罗”（“我”）是“不可说”的，是实有的。“补特伽罗”与人身是“不即不离”的关系。这实质上是一种朦胧的、半真实的人，是一种实体性的灵魂，是轮回转世的承负者。犊子部承认“有我”也是和早期佛教的“无我”论相对立的一种新说。

从说一切有部分出的说经部又转而肯定佛陀的无常学说，否认说一切有部主张的一切事物永远存在的论点，强调一切事物仅仅是在目前存在，也就是反对三世实有说，主张刹那说。说经部认为，所谓事物的实有或存在，是就事物发挥某种作用而言，事物只有发挥作用才是真实的。事物也只能占有特定的时空位置，发挥其特定的作用。而所谓发挥作用，就意味着产生结果。也就是说，事物的实有只有在它产生特定的结果时才是真实的。而所谓事物产生特有的结果，就是转化成为下一种的存在方式。也就是说，任何事物只有在它转化为它下一种的存在方式时，才是实有的。说经部由此得出结论：事物的实有或存在是刹那间的，事物是刹那存在，而不是三世存在。说经部由此还否定涅槃是永恒幸福境界的观点，认为一切都是无常的，涅槃也仅仅是停止受苦、停止轮回的境界。这就是倾向于事物是空的说法。说经部的论点遭到毗婆沙论师的反对，被指斥为是一种带有虚无主义色彩的理论。

大众部各派偏重于讲“空”，或是只承认现在实有，认为过去和未来都是没有实体的。与此相联系，在心性及其解脱问题上，大众部和上座部虽然都主张"心性本净"，但是两派所讲的"心性本净"的含义却大相径庭。上座部所说的"心性本净"是指心本来就是净的，大众部则指心在未来可能是净的，心净是未来可能达到的境界，实际上是认为原来的心并不净，是染心，是强调染心可以得到解脱。可见两派的观点是对立的。

从宗教实践和宗教理想的角度来看，大众部对后来大乘佛教的影响比较深刻。从哲学思想的角度来看，大众部的理论与大乘空宗具有较多的渊源关系，而从上座部向说经部的演变，后来又在深受大乘空宗影响的基础上进一步发展为大乘有宗。

三、大乘佛教的哲学思想

公元 1 世纪左右，印度出现了大乘佛教的思潮，发生了大乘佛教与小乘佛教的历史性分裂。大乘佛教在发展过程中又演化为中观学派（空宗）和瑜伽行派（有宗）两大派别。① 中观学派主张观察问题要不落一边（如空与有、常与无常各为一边），即同时观察二边，以合乎中道，因而得名。由龙树（约 150—250）及其学生提婆（圣天，约 170—270）所创立，奉《大品般若经》为主要经典。龙树著的《中论》、《十二门论》、《大智度论》和提婆著的《百论》为此宗的基本理论著作。提婆的后继者是罗睺罗跋陀罗，罗睺罗系传至清辨及佛护，随后又分裂为不同的派系。约公元 4 至 5 世纪，大乘佛教又形成瑜伽行派，此派成为佛教的主流。"瑜伽"是相应的意思，指一种观悟佛教"真理"的修行方法。此派尊弥勒为始祖，以《解深密经》和《瑜伽师地论》等为主要经典。创始人是无著、世亲兄弟。无著著的《摄大乘论》，世亲著的《二十唯识论》、《三十唯识论》和《大乘百法明门论》等，在创宗方面作用最大。继世亲的有亲胜和火辨二家，相继发挥亲胜学说的有德慧、安慧和真谛，以上称为前期瑜伽行派。另外继承世亲、火辨一系的陈那，特别重视因明，即重视逻辑论证和认识论探讨。发挥陈那思想的有无性、护法、戒贤（玄奘的师父）和法

① 唐义净著《南海寄归内法传》对印度流行的部派和大乘空、有两宗有明确的介绍。

称等，为后期瑜伽行派。

龙树一系反对部派佛教某些流派的万物实有的观点，认为人生的痛苦在于，人们对世间的一切事物缺乏真正的了解，产生了颠倒分别的无益戏论。要解脱痛苦，最根本的是要体会一切事物的“实际”，认清一切事物并无实体，是无“自性”，是“空”。这就是空观。中观学派“空论”的根据是缘起说。此派认为万物既然是因缘和合而生，即依靠其他原因、条件而生，不是从它自身中产生，这就说明它不是真实存在的。因缘所生就证明事物的内在的不真实。任何事物只要是依靠先行的事物而得以存在，它就必定失去声称自己有内在真实性的权利。依赖的存在不是真正的存在。佛教原来的缘起说，是讲任何事物都是有原因的，否则就不是实有的事物，也就是说，由于事物是有原因的，因此是实有的。中观学派则认为，一切有原因的事物都是不真实的，正因为是有原因的，所以是不真实的。这是在原来的缘起说的基础上进一步发展为“缘起性空”、“一切皆空”的宇宙观。因此，中观学派又称为“大乘空宗”。

瑜伽行派继承了中观学派的空观思想，但又认为“一切皆空”的说法会导致否定成佛的主体和境界的理论危机，危及佛教自身的存在，于是此派提出万物唯识所变、识有境无的主张。众生的识是变现万物的根源，由于万物由识所变，因此，万物（境）是无（空）。由于识能变现万物，因此，识是有。瑜伽行派主张识有，所以又名“大乘有宗”。识能变现万物，识也是众生轮回转生的主体。由此瑜伽行派进一步提出“转依”的宗旨，用作“解脱”的代替语。所谓“依”，指人们的意识，“转依”就是从人们与生俱来的相续不断的意识状态着眼，认为人们意识、认识的转变会影响到行为，可以改变客观环境；主客观不断地交互影响，就会使整个的认识行为和环境都发生转化，众生也随着这种转化而成为佛。瑜伽行派还展开了认识论和逻辑学的论证，一方面为其唯识哲学作论证，一方面又推进了认识论和逻辑学。

中观学派和瑜伽行派后来都发生分化，形成不同派别。同时又出现中观瑜伽合流的趋势，至8世纪，寂护（700—760）更是正式创立瑜伽中观派。瑜伽行派主张唯心无境，识有境无，肯定心识，否定外境。中观学派主张境无心也无，心和境都不可得。瑜伽中观派认为，在世俗谛是唯心无境，在胜义谛是心境俱无，并且以为只有从唯心无境的观点出发，才能真正理解和把握“诸法无我”，即一切事物无自性的真谛。

大乘佛教思潮的出现，是继部派佛教之后佛教内部的第二次大分化，也是对早期佛教和部派佛教的最大冲击。从整个印度佛教史来看，是历史上最大的一次分裂。大乘佛教指斥前期佛教只求个人解脱，是“小乘”，标榜自己是普度众生，使众生渡过无边的苦海，到达幸福的彼岸，是“大乘”。前期佛教学者则不承认自己是什么小乘，认为自己是佛教的正统。他们指责大乘佛教的教义是杜撰的，认为“大乘非佛说”，大乘并不是佛教的正统。大小乘佛教并不是绝对对立的，大乘佛教是在批判继承小乘佛教的基础上的新发展，但是大小乘佛教在精神和实质上确又有很大的差别，这些差别主要表现在以下四个方面：

（1）在对佛的看法上，小乘佛教一般认为释迦牟尼是觉者、教祖、教主、传教师，而大乘佛教则强调依靠佛的愿力和他力得救，把佛视为超人的存在。大乘佛教在释迦牟尼身上罩上一团团迷雾，奉其为全智全能的最高人格神、神格化的救世主以及彼岸世界的统治者，后来更用造型艺术加以形象化的表现，为其建造宏伟的佛殿，对其顶礼膜拜。小乘佛教一般认为佛只有一个，就是释迦牟尼；大乘佛教则认为十方三世有无量无数的诸佛，如阿閦佛、阿弥陀佛、弥勒佛、药师佛等，进一步宣扬佛是整个宇宙力量的体现，佛是各方世界和极乐净土的主宰者。

（2）在追求的理想上，大乘佛教以成佛为目的，而小乘佛教则以“灰身灭智”、成就阿罗汉为最高目标。所谓阿罗汉就是烦恼已经消除、生死已获解脱、应当值得供养尊敬的圣者。小乘佛教偏重于个人解脱，大乘佛教则宣扬普度众生，致力于一切众生的解脱。大乘佛教还提出“菩萨摩诃萨”的名称，大菩萨是以上求佛道、下化众生为志愿的，即从事传教活动以拯救他人者，是成就正觉（佛）的准备，也就是候补佛。例如大乘经典注重宣扬、中国佛教所特别尊崇的“四大菩萨”观世音（“大悲”）、文殊师利（“大智”）、普贤（“大行”）和地藏（“大愿”），就是重要的菩萨，而小乘佛教则完全不承认这些菩萨。小乘佛教所求的解脱，偏重于断除烦恼，灭绝生死，而大乘佛教如空宗则认为应以菩提（觉悟、智慧）为目标。菩提是佛体。众生只要去掉无明（无知），就可进入究竟的境界——涅槃。普度众生的理想不在于寂灭，而在于永生。

（3）在修持的方法上，小乘佛教认为人生痛苦的原因在于人生的“业”和“惑”，即由于种种行为（“业”）和种种烦恼（“惑”）而产生了苦果，应当重“教”尊“闻”，追求断“业”灭“惑”，不使再生，由此主张个人远离社会，隐遁禁欲。也就是说，要实现自己的理想，非出家过禁欲生活不可。大乘佛教认为人生问题不应孤立解决，应当全面解决，不仅自己要解除痛苦，也要使他人解除痛苦，也就是强调众生的“共业”的共同转化。他们重“行为”，强调不应逃避现实世界，而要面对现实世界，理解现实世界，努力使自己的宗教实践不脱离世间的实际，在现实中求得解脱。因此，大乘佛教特别是在初期很重视在家，不提倡出家。事实上按照大乘佛教的主张，有些修持是出家人也难以做到的，例如，布施中的财施，只有在家且有钱财的人才能做到。

（4）在理论上，正如前面所讲过的，小乘佛教学者拘泥于佛说，认为佛说的都是实在的，佛说有某类概念，就有某类实在。他们偏于细密的思辨，着重于对生死问题的探求。他们一般只承认人无我，即人并没有独立的永恒的实体，人是空的，至于宇宙万有则不是空的，而是有的（“法有”），这就是所谓人空法有说。① 大乘佛教学者偏于融通、直觉，着重赞颂佛的功德，对于佛说带有自由解释、发挥的色彩。他们认为不仅人空，法也空，即宇宙万有也都没有独立的永恒的实体，也是空的，“一切皆空”，主体和客体都是空的，一切存在都如泡如影、如幻如梦。

---

① 小乘佛教中也有不同观点，如《成实论》不仅认为人是空的，还主张法也是空的。

大乘空宗和有宗将佛教唯心主义哲学发挥到极致，达到了宗教理论思维的高峰，可以说基本上标志着印度佛教哲学思想的完成和终结。

四、密教的哲学思想

大约公元7世纪至12世纪是密教时期。由于大乘佛教倾向于烦琐的空洞的理论论证，难以为一般群众所理解和接受，再者，此时印度教又日益兴盛，佛教为了争取群众，便采用印度教的方法，使佛教和印度教以及当地流行的迷信思想结合起来，形成为新的教派——密教。其所以称为密教，是因为主张身、语、意三密相应行，以求得出世的果报。也就是双手做各种姿势，手结契印，这种手势，称为“身密”，口诵真言咒语①，称为“语密”，心作观想，称为“意密”，三者相应，“即身成佛”。密教以咒术、仪礼、粗俗信仰为特征，哲学思想贫乏。它的主要哲学思想是“六大”缘起说。它宣传宇宙的本体和现象二而为一，两者都由“六大”（地、水、火、风、空、识）所构成，宇宙万有都是“六大法身”的显现，而“六大法身”就是佛的真身，也就是说，宇宙万有都是佛的化身、产物。印度佛教哲学最后就以这种极度的神秘主义说教宣告了它的历史的终结。

第二节　中国佛教哲学略史

中国佛教哲学是随着印度佛教的传入而后形成的一种宗教哲学。佛教传入中国后，和中国固有的传统思想，主要是儒家的思想，再是道家、玄学家的思想以及原有的迷信观念等，相接触、击撞、斗争、融合，导致自身的不断改造、不断变化、不断发展，从而形成了独具特质的新学说、新体系。这就是说，中国佛教哲学是既吸收了印度佛教理论，又摄取了中国固有的传统思想，并对其加以融合改铸而形成

① 密宗通常用“唵、嘛、呢、叭、咪、吽”六字真言，这是祈求往生极乐世界所唱念的六个字。密宗宣传信徒常念此六字真言可以超脱生死轮回。六字中的“唵”字，被视为真言中最为神圣、魔力最大的一种，密宗说此字最能与佛相应、相通。

的新思想。它既有别于印度的佛教思想，也不同于中国的儒、道等固有思想；同时它又作为中国化的佛教哲学而注入于中国哲学思想洪流之中，从而又成为中国传统哲学思想的一部分。

中国佛教哲学的发展是中国佛教发展的一个方面。中国佛教的发展可分为三个阶段：一是汉三国两晋南北朝阶段，这是佛教由传入到日趋兴盛的阶段；二是隋唐阶段，这是中国佛教的鼎盛时期，也是中国佛教哲学最为繁荣的时期；三是宋元明清阶段，这是佛教日趋衰落的时期，也是佛教哲学被吸收于理学之中，与儒家伦理道德学说等融会的时期。下面我们按照上述三大阶段，略述一下中国佛教哲学的历史演变。

一、汉三国两晋南北朝佛教的哲学思想

佛教约在两汉之际传入中国，此后直至整个三国时代，佛教的流传都还是微弱的、缓慢的。它起初只在皇室宫廷的狭小天地内获得信奉，到西晋时才逐渐推及于民间。此时佛教的主要活动是译经，着重译出的是禅经和般若经。相应地流传的佛教主要是两派：一派是以安世高为代表的小乘禅学；一派是以支谶（支娄迦谶）、支谦为代表的大乘般若学，即空宗学说。前者偏重于宗教修持，标榜默坐专念，构成所谓“心专一境”的精神境界。后者则偏重于教义的研究和宣传，以论证现实世界是虚幻的。由于汉代黄老之学和神仙方术流行，中国人往往视佛教和黄老之学为同类，禅学被看作学道成仙的方术之一。如东汉光武帝刘秀的儿子楚王刘英“诵黄老之微言，尚浮屠之仁祠”（《后汉书·光武十王列传·楚王英传》），就是把黄老学说和佛教学说等量齐观。东汉时期佛教是在与道术方士思想相结合的过程中发展起来的。

东晋十六国时代，南北分立，长期战乱，社会动荡不安，这就为佛教的滋长提供了肥沃的土壤。与以往的缓慢发展情况不同，此时佛教得到了空前的发展：佛典的大量翻译，中国僧侣佛学论著的纷纷问世，般若学不同学派的相继出现，民间信仰的日益广泛和深入，由此而汇合成中国佛教的第一个高潮。

东晋十六国时代，在佛教哲学上有着不同程度建树的主要是道安

和慧远、鸠摩罗什和僧肇。最重要的佛教哲学思潮，一是般若学的“空”论——这样那样否认事物的真实性的思想，二是因果报应论和神不灭论。

般若学“空”论思潮，集中地表现为“六家七宗”的形成和僧肇“不真空论”的建立。自东汉末年支谶传译《道行般若经》以来，西晋东晋的佛学理论的主潮是般若性空学说。由于《道行》、《放光》、《光赞》诸本般若经的文义并不十分畅达，而魏晋又盛行有无（空）之辩的玄学，以至于佛教学者往往以玄学的观点去理解和阐释《般若经》的思想，对《般若经》所谓“空”的意义理解不一形成了“六家七宗”：（1）本无家——道安主张无在万化之前，空为众形之始；竺法深、法汰也说从无生有，万物出于无。（2）即色家——支道林主张即色空，“色”指物质现象。就是说，物质现象没有自体，本性是空的。（3）心无家——主张对外物不起执著有无之心。（4）识含家——于法开谓世界万物都是妄惑的心识所变现。（5）幻化家——道壹认为世界万物都如幻如化，是不真实的。（6）缘会宗——于道邃认为世界万物都由因缘和合而生，都无实体。又因在以上六家之外，本无家分化出竺法深的本无异家，故还合称为“七宗”。“六家七宗”就其基本观点来说，主要是本无、即色和心无三家。从一定意义上说，这些般若学流派实际上是魏晋玄学不同流派的变相。般若学正是在与玄学的结合中得到广泛传播的。

般若学“六家七宗”的形成，反映了中国佛教哲学前进的足迹，但它并不完全符合印度大乘佛教中观学派的正统观点。鸠摩罗什系统地译出了《中论》、《十二门论》和《百论》等般若佛典后，他的高足僧肇（384—414）在充分理解、把握般若学经论原义的基础上撰写了《不真空论》等文，准确地阐发了空宗的要义。僧肇集中批评心无、即色和本无三家，指出心无家是“得在于神静，失在于物虚”（《肇论·不真空论》），就是说，心无家正确的方面是主张主观精神（心）的清静空寂，错误的方面是在外物虚无的问题上，没有懂得“不真空”的道理，没有真正否认外物的存在。他批评即色家说：“夫言色者，但当色即色，岂待色色而后为色哉？此直语色不自色，未领色之非色也。"（《肇论·不真空论》）意思是说，所谓物质现象，应当自身就是有物质性的，何尝是把物质性的自体赋予物质现象后才算是物质现象呢？即色家只说物质现象没有自体，而没有认识到物质现象本身就是非物质性的。僧肇对本无家的批评是："本无者，情尚于无多，触言以宾无。故非有，有即无；非无，无亦无。寻夫立文之本旨者，直以非有非真有，非无非真无耳。何必非有无此有，非无无彼无？"（同上）这是说，本无家过于偏重无，在言论上抬高无的地位，非有是无，非无的无还是无，寻求佛教圣者立言的本旨，是讲非有不是真有，非无不是真无，何必说非有就没有这个有，非无就没有那个无呢？僧肇认为本无家把有和无的相即关系变成相离关系，进而过于强调无，是错误的。他以为正确的说法应该是"非有非真有，非无非真无"，也就是"非有非无"，或者说"非真有非真无"，这便叫做"不真空"。所谓"不真空"，就是说万物没有真实性，但不是不存在，万物是虚妄不真而空，是不真的存在。僧肇的"非有非无"的"不真空"论，既是对佛教般若学六家七宗的批判总结，也是对魏晋玄学的有无之辩的批判总结。此外，僧肇还针对人们通常认为万物不断运动的观点，撰写了《物不迁论》，阐述了动静观，强调"动静未始异"，主张"即动而求静"。他还作《般若无知论》，指出有两种本质截然不同的智慧：一种是"圣智"，即圣人（佛）的智慧认识，叫做"般若"；一种是"惑智"，是一般人迷惑于事物的本性而产生的荒诞认识。所谓般若无知就是无"惑智"，就是洞照无相的真理而无所不知。实际上就是非通常认识的神秘主义直观。由于僧肇的文章在自然观、动静观和认识论方面蕴涵深邃精巧的唯心主义思辨，因此也就把当时的般若学中观学说推向了新的高峰。

宣扬因果报应论和神不灭论的典型代表人物是道安的高足慧远（334—416）。慧远是东晋后期的佛教领袖，他隐居江西庐山30多年，聚徒讲学，撰写文章，阐发佛教哲学思想。他的《沙门不敬王者论》、《明报应论》和《三报论》，是几篇比较重要的佛教哲学论文，着重论证和发挥了佛教教义的基本问题——因果报应论和神不灭论。

慧远根据印度佛教的业报轮回的学说，吸取我国原有的信仰观念，但又和我国古代由上帝司善惩恶，从外面主宰人的命运的说法不同，直接从人自身的主体活动中建立因果报应说。他说："三业体殊，自同有定报。"（《三报论》）"业"，指身、口、意三方面的活动。"三业"就是指人的行为、言语和思想活动。三业的性质不同，有善、恶和无记三种。无记是指不善不恶、无所谓善恶的活动，可见三业的性质主要是善、恶两种。慧远强调有因必有果，业发生后不会消除，不同性质的业必有不同的报应："业有三报：一曰现报，二曰生报，三曰后报。"（同上）所谓现报就是今生作业，今生便受报应；生报是今生作业，下一世受报应；后报是今生作业，经数生乃至千百生，然后受报应。由于人们要受报应，人死后就要依据生时所作业的善恶而转生为较高于或较低于今生的东西，这也就是轮回。这样，人的生命就不只是限于现在这一生，还有所谓前生和后生，后生不止是一次而是无数次，所以就有"三生"或"三世"。人有三业，业有三报，生有三世，这就是因果报应说和轮回转生说。慧远宣扬，因果报应和轮回转生是人生的最大痛苦，人应当信仰佛教，努力修持，以超出报应和轮回，求得永远的解脱，获得永恒的幸福。

因果报应理论逻辑地要求阐明一个果报的承受者问题，但是印度早期佛教在这个问题上的观点是含混模糊的。它宣称"人无我"，否定人有一个绝对的永恒的实体，这样，也就逻辑地否认了灵魂的存在。同时，它又宣扬轮回转生的学说，认为人生而复死，死而复生，生生死死轮转不已，这又逻辑地包含了轮回转生的连续性精神实体的存在，从而也等于承认灵魂的存在。佛教传入中国后，由于受中国传统的神不灭思想的影响，一般人都认为灵魂不死不灭是佛教轮回报应说的当然的理论前提。慧远也继承了这种传统观念，进一步论证了神不灭论，为佛教的因果报应三世轮回说充实了理论内容。他说："夫神者何耶？精极而为灵者也。精极则非卦象之所图，故圣人以妙物而为言。虽有上智，犹不能定其体状，穷其幽致。"（《沙门不敬王者论》）意思是说，所谓神是一种非常精灵的东西，没有形象，也难以穷尽它的奥妙。神的作用是十分神妙而巨大的，它和情欲密切联系着，推动了人生的轮回流转。慧远宣扬情欲是人生流转变化的原因，精神是情欲的根子。情欲能执著融合万物使之流转变化，精神则借这种流转变化而不断地传递延续。这就是说，精神、灵魂是人生死轮回的主体，是不随人的形体的死亡而消灭的。他还援引薪火之喻来论证说："火之传于薪，犹神之传于形。火之传异薪，犹神之传异形。"(《沙门不敬王者论》)神可以从这一形体传到另一形体，永恒不灭。慧远的神不灭论和印度早期佛教的理论并不完全一致，和中国传统的神不灭论也不完全相同，是一种和幻想成佛的学说直接相联系的灵魂不灭的理论。这既是对印度佛教业报轮回说的重要发展，也是中国神不灭论的新形态。

南北朝时期继东晋十六国的分立状态，又持续分裂169年，此时佛教也获得进一步的发展。和东晋十六国时代主要是出现般若学学派不同，此时随着各类佛典的纷至沓来，专攻某一经论之风益盛，独尊一经一论的经师、论师各立门户，相互争鸣。这些经师、论师虽重师承关系，但并没有传宗定祖的世系，他们是基于对不同经论的理解而形成的学派。在南朝，先是涅槃师代般若学派而出，到梁代涅槃学派盛极一时，同时三论师出，并和成实师各立门户，到陈代三论师更受推重。在北朝以涅槃师、毗昙师、成实师、地论师、摄论师最为重要。从佛教风气的转变和佛学潮流的变化来说，此时最重要的是涅槃学。涅槃学主要是阐发佛性学说。"涅槃佛性"的问题是南朝时代佛教理论的中心问题。当时涅槃学流派之多，佛教史载有12家和13家之别。在由般若学转到涅槃学、由谈"空"转到讲"有"的转折时刻，鸠摩罗什的另一高足竺道生（355—434），早年精于般若，后来盛唱涅槃，"真空""妙有"，契合无间，独立思索，有所突破，历史地成为了上接般若下开涅槃，宣扬佛性说的最著名的代表人物。

道生的学说主要有两方面：涅槃佛性说和顿悟成佛说。佛性是指成佛的原因、根据、可能，是所谓成佛的根本前提。晋宋期间一些佛教学者往往把般若学和涅槃学对立起来，以般若的"空"否定涅槃的"有"，以"人无我"否定"佛性我"；也有的学者根据般若学"识神"（承受果报的精神实体）性空的观点，把佛性常住视为因果报应的神明（灵魂）不灭而加以指责。正是在佛教众说纷纭的情况下，道生把涅槃学和般若学调和起来，强调众生都有“佛性我”。他说：“理既不从我为空，岂有我能制之哉？则无我矣。无我本无生死中我，非不有佛性我也。”（《注维摩诘经》）意思是说，“理”（佛性、本体）并不因为“我”这个实在自体而空，难道“我”能制止“理”的存在吗？所以，这种实在自体的“我”是不存在的，是“无我”。但是，“无我”是指由“四大”（地、水、火、风）构成的、有生死的人“我”并不真正存在，而不是没有“佛性我”，佛性这种实在自体是有的。进而他又说，“佛性即我”，“本有佛性，即是慈念众生也”（《大般涅槃经集解》）。众生都有佛性，众生都能成佛。“一切众生，皆当作佛。”（《妙法莲华经疏》）道生把佛性真我和般若无我统一起来，强调涅槃和生死不二，众生都能成佛，反映了中国佛教哲学思想的重大变化。

道生在涅槃佛性说的基础上又提出了独创性的顿悟成佛说。“顿悟”是关于所谓成佛的步骤、方法问题。在中国佛学界，对于成佛的步骤、方法问题一直存在分歧。如上面提到的，安世高一派的小乘禅学主张渐悟，而支谶、支谦一派的般若学则接近于顿悟。东晋时代般若学者对于顿悟又有两种不同的说法：一种认为，在渐悟过程中达到一定阶段就获得彻悟，然后再进修就能成佛，这称为小顿悟；另一种认为，在渐悟过程中不能获得彻悟，只有真正悟解佛理、体认本体的时刻，才能成佛。道生正是后一种观点的鼓吹者。这种神秘主义的直观理论、直觉思维，对于尔后的佛教思想和宋明理学都有深刻的影响。

二、隋唐佛教的哲学思想

佛教在中国经过四五个世纪的流传，到了隋唐是为大成时期。此时南北政治统一，国家经济发达，文化交流融合，佛教也随着组织异说求同求通的趋势，走向综合，由南北朝的学派进而形成为若干新的宗派：天台宗、三论宗、法相唯识宗、律宗、华严宗、密宗、净土宗和禅宗。在这些宗派中，哲学色彩比较浓厚的是天台、三论、法相唯识、华严和禅诸宗。三论宗和法相唯识宗的基本理论分别搬自印度大乘中观学派和瑜伽行派，理论创造不多，而天台宗、华严宗和禅宗则是中国化的佛教宗派。所以，下面着重叙述后三宗的哲学思想演变，同时也兼及前两宗的哲学思想演变。

天台宗。天台宗是在隋代形成的，也是最早创立的佛教宗派。因系智𫖮在天台山（今浙江省天台县境）所开创，故名。又因此宗以《法华经》为教义的根据，也称法华宗。此宗的重要先驱是慧文和慧思，实际创始人是智𫖮，智𫖮之后的重要代表人物是灌顶和湛然。天台宗的重要著作有《法华文句》、《法华玄义》和《摩诃止观》，系由智𫖮口述弟子灌顶笔录成书，后世称为“天台三大部”。再是湛然的《金刚錍》和《始终心要》等。

北齐禅师慧文（约 6 世纪）根据印度中观学派的著作，发挥了“一心三观”的禅法，认为一心可以同时观事物的空、假和中，即同时既看到空无的一面，又看到假有的一面，还能将此两面统一起来而观察到非空非有的中道。慧文将这种方法传给南岳慧思，慧思（515—577）又结合《法华经》的义旨，提出了“十如”实相的学说。认为佛能穷尽的境界，即一切现象的真实相状包括如是相、性、体、力、作、因、缘、果、报、本末究竟十个方面。慧文和慧思的思想对于智𫖮后来创立以《法华经》为中心的天台宗学说，产生了决定性的影响。

智𫖮（538—597）继承和发展了慧文的一心三观的思想，进一步以空、假、中为一切事物的真实相状，称空、假、中为三谛。三谛并不存在于认识的先后过程之中，而是于一心中同时存在的，即空、即假、即中，彼此圆融，互不妨碍，完全统一，是为“三谛圆融”的学说。智𫖮又继承和发展了慧思的“十如”思想，提出“一念三千”的理论。“一念”，即一心，“三千”，指宇宙的整体。宇宙的整体就存在于心念活动之中，谓之“一念三千”。这两个学说，是天台宗的两大理论支柱，也是天台宗区别于其他宗派的主要哲学思想。

湛然（711—782）对于天台宗的中兴作出了重要的贡献。他对天台宗的基本著作“天台三大部”都作了注解，并加以阐发，使之更加条理化，特别是使“三谛圆融”的学说更加深刻化。他还直接批判其他各宗的学说，为了反对华严宗人的无情之物无佛性的说法，作《金刚錍》。金刚錍是印度医治眼翳的工具，他以此喻作需要刮治为无知所蒙蔽的华严宗人。湛然应用《大乘起信论》的真如（本体、本性、佛性）随缘不变说，强调常住的真如和变化的事物是一体，有情众生和无情之物都不在事物之外，那就说明彼此真如同一，即有情和无情的本体、本性是相同的。《金刚錍》说："万法（一切事物）是真如，由不变故。真如是万法，由随缘故。子信无情无佛性者，岂非万法无真如耶？"佛性遍于一切事物，不隔有情无情，一草一木、一砾一尘，都有佛性。这是湛然的独特学说，是对佛性说的重大发展。

三论宗。此宗因以印度佛教中观学派的"三论"（《中论》、《十二门论》和《百论》）为主要典据，故名。"三论"由鸠摩罗什译出后，研究者群起。其中，僧肇在罗什门下被称为"解空第一"。僧肇学说原来流行于北方，后来传入江南，出现僧朗、僧诠、法朗依次相传的摄岭相承的学说。法朗的门徒吉藏发扬这一学说而建成一大宗派——三论宗。吉藏（549—623）写了《三论疏》，阐扬"三论"，著作《三论玄义》、《大乘玄论》，树立了自己的宗要。

三论宗和天台宗产生的时代相近，也都创宗于南方，思想渊源也相通，都上承中观学派龙树的阐发事物真实本相的实相学说，以龙树为祖师。但是天台宗依《法华经》，着眼于《中论·观四谛品》的"三是偈"文①和《大智度论》的"三智②一心中得"一语，阐明现象即实体的圆融学说。三论宗吉藏则注重《般若经》，尤重《中论》的八不颂文③，采用否定的方式，以论证"无所得"。由此形成了同源于中观学派而思想相异的两大思潮。

三论宗的哲学理论中心是，强调一切事物都是因缘和合而生起的，因而是无自性的，即性空的，无所得的；但为引导众生而用假名以说有。这样，不离性空而缘生的一切现象历然可见，但有假名仍是无所得。不生不灭，不断不常，不一不异，不来不去，破尽迷妄，这"八不"被认为是一切事物的真实本相。吉藏在阐明空无所得道理的

---

① "三是偈"文是："因缘所生法，我说即是无（空），亦为是假名，亦是中道义。"

② "三智"，指道种智、一切智和一切种智。

③ "八不颂文"，即"不生亦不灭，不常亦不断，不一亦不异，不来亦不出（去）。"（《中论·观因缘品第一》）

过程中，发展了中观学派理论的某些细节。吉藏以后，三论宗的学说没有多大发展。吉藏的再传弟子元康也对“三论”作了注疏。此外，现存的元康《肇论疏》，是理解僧肇学说的重要参考资料。此宗在中国流传时间不长，由于其他宗派兴起，对它或吸收，或批判，它也就失去了存在的意义而逐渐衰微了。

法相唯识宗。因用一系列佛教名相对各种物理现象和心理现象进行概念的分析、解释，宣扬一切事物“唯识”所变的观点，故名。又因创始人玄奘、窥基常住长安（今西安）慈恩寺，窥基后来还被称为慈恩大师，故又名慈恩宗。此宗被看作是最接近于印度大乘佛学的，这是由于玄奘（600—664）曾求学于印度，从当时瑜伽行派大师戒贤学习，回国后译出了大量瑜伽行派的典籍，并将印度十家注释《三十唯识论》的著作，加以统一编纂，糅译为《成唯识论》。后来窥基（632—682）据玄奘的解说为《成唯识论》作《述记》，又作《枢要》以发挥要义，从而奠定了此宗的基础。可见，此宗学说基本上是继承印度瑜伽行学派的。法相唯识宗认为，一切事物都是缘起的，而缘起的“缘”，主要是指人们意识中的种种习气，也就是人们积累的经验。所谓缘起就是一切事物依靠人们的自身经验而生起，一切客观现象都是依存于经验的。这也就是唯心主义的“唯识”缘起说。法相唯识宗还强调心和理的不同。心指心思，理指道理。认为人们只有使心思寄托在道理上，才能得到解脱。这与天台宗以及后来的华严宗、禅宗等都持心与理为一回事的观点不同，由此而形成彼此在理论上的重要分歧。① 由于法相唯识宗认为心与理不同，又坚持众生中有一族类的心是没有佛性的，永远不能成佛，也招致了其他宗派的反对和攻击，加之其论述异常烦琐，以致影响到自身难以在中国畅行，仅三数传也就消沉歇绝了。这里顺便指出，玄奘法师是一位严肃、认真的译经大师，他的翻译忠实于原文，是十分值得称道的。但和这种优点相联系的是，思想创造较少。相反，几乎是不识经文的慧能，却大立新说，创立禅宗，使中国佛教发生极大的变化。这种历史现象是值得深

① 参见吕澂：《中国佛学源流略讲》，189 页，北京，中华书局，1979。

思的。

华严宗。因依《华严经》立宗，故名。又因女皇武则天赐号此宗创始人法藏为“贤首”（《华严经》中菩萨名），后人称法藏为“贤首大师”，故也称“贤首宗”。又因此宗发挥“法界缘起”的旨趣，还称为“法界宗”。华严宗的学统传承，一般作杜顺（法顺）、智俨、法藏、澄观、宗密。法藏的师父智俨撰《华严经搜玄记》、《华严一乘十玄门》和《华严孔目章》等，纲要性地阐发《华严经》文，创立教观新说。后来法藏予以详尽的发挥，才成为完整的组织。华严宗的实际立宗者不能不首推法藏。法藏（643—712）立宗的哲学理论是法界缘起说。“法界”，指现象和本质。所谓法界缘起，是说世界一切现象都是互为依持、互为因果、相即相入、圆融无碍的。他还用四法界、六相、十玄等法门（详后）来阐明法界缘起的意义，建立了独具特色的理论体系。

法藏的学说后来一度被上首弟子慧苑所修改，以致未能得到广泛的传播。但是，不久澄观（737—839，一说738—839）以恢复华严的正统为己任，批评了慧苑的说法，重新发扬法藏的教义。他将法藏散见于有关著作中的四法界说，系统地加以组织，使之更加条理化。他还吸取禅宗荷泽一系的说法，即主张人人都具有一种“灵知之心”（先天的智慧），只要在主观上掌握了这一点，经过修持，就能很快成佛。他认为“灵知之心”就是心性，就是《大乘起信论》的“心性本觉”。也就是说，人人都具有先天的智慧。此外，澄观还向天台宗人湛然问学，并采用了天台宗的一念三千说，从而又偏离了法藏的法界缘起论。法界缘起论认为，只有净心才能达到一切现象圆融无碍的境界，即所谓佛的境界，而一念三千说则不同，在佛心中，净染善恶等无所不具。澄观采用天台宗的说法，也就将性恶说引入华严一派理论中来，宣扬佛不断性恶，“一阐提”（通常指断了善根的人）不断性善，并以此论证有情有佛性，无情无佛性的观点。但是，天台宗的一念三千的“三千”是指宇宙的整体，一切有情无情都包括在内，由此又引发出天台宗人湛然对澄观的无情无佛性说的批判。

澄观的高足宗密（780—841），进一步发展了澄观的思想，他除运用《大乘起信论》外，还援引了《圆觉经》。《圆觉经》的要点是以圆觉附会灵知本觉。宗密认为一切众生都有空寂真心，无始以来性自清净，灵知不昧，这种灵知之心就是人的本原。宗密是华严宗的大家，也是禅宗的大师。他以灵知本觉为理论基点，统一了当时的禅与教之说，宣扬禅教一致论，并且进一步会通了儒道两家的学说。

禅宗。因主张以禅定概括佛教的全部修习而得名。还因自称“传佛心印”，以觉悟所谓众生心性的本原（佛性）为主旨，又名“佛心宗”。相传其传法世系是菩提达摩、慧可、僧璨、道信、弘忍。弘忍的弟子神秀和慧能，前者主张渐悟，后者主张顿悟，并分别在北方和南方两地弘法，形成了“南顿”、“北渐”两派，史称为“南北禅宗”，或“南北宗”。后来慧能（638—713）的南宗取代了北宗，成为中国禅宗的主流。所以说，慧能是禅宗的实际创始人。慧能嗣法的弟子中，南岳怀让和青原行思两支法系到唐末特别繁衍。唐末五代间，南岳一系又分出沩仰、临济两宗，青原一系分出曹洞、云门、法眼三宗，合称禅宗五家，也称五宗。慧能禅宗是中国佛教中流传时间最长、影响最大的宗派。

慧能禅宗的基本著作是《坛经》，此经系慧能在韶州大梵寺为大众说法，后由门人法海整理而成。《坛经》的中心思想是注重净性，强调自悟，提倡顿教。他说：“我于忍（弘忍）和尚处，一闻言下大伍（悟），顿见真如本性。……今学道者顿伍（悟）菩提，各自观心，令自本性顿悟。”（敦煌本《坛经》）又说：“如是一切法，尽在自姓（性）。自姓（性）常清净。日月常名（明），只为云盖覆，上名（明）下暗，不能了见日月星辰，忽遇惠风吹散，卷尽云雾，万象参罗，一时皆现。世人性净，犹如清天。……忘念浮云盖覆，自姓（性）不能明，遇善知识（善于开导使人悟入佛道者）开真法，吹却名（迷）妄，内外名（明）彻。于自姓（性）中，万法皆见。一切法在自姓（性），名为清净法身。”（同上）这是说，人的本性本来清净，具有先天的智慧，只是因为一向被妄念的浮云所盖覆，所以未能自悟。只要得到善知识的开导，灭除妄念，就能内外明彻，顿见真如本性，自成佛道。所以，慧能又说：“自性迷，佛即众生；自性悟，众生即是佛。”“前念迷即凡，后念悟即佛。”（敦煌本《坛经》）迷悟是一念之差，本性只要一念相应，众生自我认识本心，就能成佛。成佛并非另有佛身，自性就是佛。这就把心外的佛变成心内的佛，把佛变为举目常见的平常人，或者说把平常人提高到与佛相等的地位。这也就是所谓“见性成佛”或“顿悟成佛”的学说。

慧能禅宗主张不立语言文字，教外别传，不仅和包括神秀北宗在内的以往禅学不同，也和中国其他佛教宗派不同，更和印度佛教有别。如此特殊的佛教宗派，却在中国佛教史上扮演了最重要的角色，这显然是和后期中国封建社会的特点以及禅宗自身的宗教哲学思想及其简易明快的方法直接相关的。

三、宋元明清佛教的哲学思想

唐代以后，佛教总的情况是高潮已过，大势已去，开始转向衰落了。在宋元明清时代，佛教的各个宗派以及佛教在不同地区的发展变化并不平衡。在这漫长的历史阶段中，主要是禅宗还在流传，其次是净土宗，此外，天台宗、华严宗曾一度中兴，律宗等也余绪未绝。宋代以来，佛教各宗的界限愈来愈模糊了，佛教学者虽以某某宗相标榜，实际上往往是诸宗思想的融合者。这也是区别于唐代佛教的最大的思想特点。

禅宗。慧能禅宗的根据地在南方山区，受当时政治冲击较少，在五代时继续有较大的发展。法眼宗创始人延寿（904—975）主张禅教兼重、性相融合，他曾约集天台、华严、法相唯识诸宗的佛教学者，就佛教的基本问题进行讨论，并以禅宗的观点进行折中。他还广泛征引300多种文献资料，编成长达百卷的巨著《宗镜录》，以肯定禅教一致的主张。宋初，禅宗不同流派发生重大变化，五家中的沩仰宗已不传，曹洞宗和法眼宗也都委靡不振，而临济宗和云门宗却盛行于各地。北宋时临济宗人楚圆门下慧南和方会在江西分别开创了黄龙和杨岐两派，和原来的临济等五家合称为“七宗”。至南宋，黄龙派趋于衰落，杨岐派成了临济宗的正统。杨岐派大慧宗杲提倡“看话禅”，即把前辈祖师用以判断是非迷悟的言论（“公案”）中的某些语句当作“话头”（即题目）来进行内省式的参究，影响久远。云门宗人雪窦重显著《颂古百则》，一度大振宗风。又灵隐契嵩（1007—1072）一反当时禅教一致的常见，重新强调教外别传。同时，又作《辅教篇》，竭力调和佛教和儒家的矛盾。云门宗至南宋时代又趋于衰微。此外，曹洞宗人正觉与宗杲交谊颇深，但因反对“看话禅”，提倡静坐看心的“默照禅”，而引起与宗杲的彼此非难，互不相下。此后，禅宗在学说思想方面也就趋于停滞了。

天台宗。唐会昌灭佛以来，天台宗典籍散失。五代时，吴越王钱弘俶遣使高丽访求天台宗教典，后得智顗的大部分著述和若干论疏，由此典据大备，推动天台宗在江浙一带呈中兴的气象。宋代天台宗人知礼和庆昭、智圆争论智顗《金光明玄义》广本的真伪问题，而分为山家（本宗）、山外两派。后来知礼一系的山家派影响超过山外派，代表了天台宗，流行于南宋、元代。在明代，智旭为天台最后的一大家。

华严宗。唐会昌灭佛后，华严宗一直比较沉寂。至宋初，长水子璿继承唐代宗密一系的教禅一致的思想，重兴华严学，弟子有净源等。后来高丽王子义天来华师事净源，带来了散失在异域的唐代华严宗人的大量章疏，极大地帮助了华严宗的复兴。到了南宋，华严宗也比较活跃。宋以后，华严宗的典籍仍为一些佛教学者所重视，但此宗流传的势头是愈来愈衰弱了。

中国佛教哲学发展到唐代，已达到了顶峰。但是在宋代，由于当时从海外陆续返流回来已经散失了的天台、华严二家著述，也由于在衰落中图求佛教生存的需要日益迫切，又激发了一些佛教学者研究的兴趣，从而使佛教哲学思想也发生了一些变化。宋元明清时代，佛教哲学思想最可注意者有三：（1）心性问题为哲学理论的核心；（2）各宗的融通趋势；（3）调和儒、道思想的鲜明倾向。

宋代以来，佛教各宗和宋明理学遥相呼应，都重视心性问题，如禅宗讲自性，华严宗讲真心，天台宗重观心等，并且愈来愈用“自心”来统一佛教各派，调和儒佛道三教。入宋以来，佛教内部在理论上的主要争论是真心观妄心观和性善性恶两个问题。前面提到的天台宗山家、山外两派之争，是以智顗的《金光明玄义》广本的真伪为争论的起点，而争论的中心是观境的真心、妄心问题。山家派主妄心观，认为所观的境是妄心，即六识（眼、耳、鼻、舌、身、意）。因为此派认为真如本体和“无明”（无知）是众生无始以来就具有的，心一定意义上说是妄心，妄心呈现出外境，所以，观心是把所要观的道理集中在心上来观，以求悟解。山外派主真心观，认为所观的境是真心，即真如本体。因为此派认为真如本体随缘而变为各种现象，现象的真实（实相）就是真如，也就是真心，所以要观现象的实相，应当直接观之，不必经过观心。山外派认为，所谓观实相，就是观真心，而山家派离开实相以观心，只能是观妄心而已。山外派的观点接近华严宗的缘起论，山家派批评山外派，反映了捍卫天台一家宗义、贬低华严理论价值的倾向。就哲学思想来说，天台宗两派的分歧，实际上反映了天台宗和华严宗在万物缘起理论上的某些差别。

关于性善性恶问题，唐代天台宗人强调性是先天具有的，有善有恶，佛的心也如此。这种观点影响颇大，不仅天台宗学者，如宋代知礼（960—1028）继续坚持这种观点，认为众生的本体真如本来具有愚痴无知的“无明”，是众生生死轮回的基因，而且一些禅宗学者也赞成这种观点，如五代宋之际禅宗法眼宗人延寿，深受天台宗的影响，把先天具有的性和后天行为的修分为善恶两种，认为佛和一阐提都有善性和恶性，只是后天行为有所不同。他说：“若以性善性恶凡圣不移，诸佛不断性恶，能现地狱之身；阐提不断性善，常具佛果之体。若以修善修恶，就事即殊；因果不同，愚智有别。修一念善，远阶觉地；起一念恶，长没苦轮。”（《万善同归集》）这种理论和唐代以来儒家的性三品说与灭情复性说，颇有异曲同工之妙，是符合当时思想统治的需要的。同时，这种佛和一阐提都有善性恶性的说法，对于生活在苦难中的广大人民，也确实具有较大的思想吸引力。

自唐代后期起，中国佛教各宗派的融通趋势愈来愈显著，大体上先是禅教相互融通，次是各宗分别与净土宗相合一，再是以禅净合一为中心的各派大融合。率先大力消除禅教对立的是唐代宗密，他强调佛内心的意向（“禅”）和佛言说的教义（“教”）是完全一致的。宋代延寿对于禅宗学人空疏不通教理、指鹿为马的现象深感不安，强调

"经是佛语，禅是佛意，诸佛心口，必不相违。"（《宗镜录》）他为统一各宗学说而编定的巨著《宗镜录》，对尔后影响颇大。"明代四高僧"即佛教四大师袾宏、真可、德清和智旭，也都是兼修各宗学说于一身的人物。如智旭（1599—1655）说："禅者佛心，教者佛语，律者佛行……不于心外别觅禅、教、律，又岂于禅、教、律外别觅自心？如此则终日参禅，看教，学律，皆与大事大心正法眼藏相应于一念间矣。"（《灵峰宗论・法语三》）把禅、教、律三学融通并归于一念，正是后期佛教趋于诸宗合一的历史演变的典型表现。

佛教传入中国以后，大体上一直处于中国固有思想文化的附庸地位。随着历史的发展，它的调和儒道思想的倾向也愈来愈明显了。北宋天台宗学者智圆（976—1022）自号"中庸子"。他宣称自己晚年所作是"以宗儒为本"，因为"非仲尼之教，则国无以治，家无以宁，身无以安"，而"国不治，家不宁，身不安，释氏之道何由而行哉？"（《中庸子传・上》）这里包含了把儒置于释之上的倾向。又如契嵩作《辅教篇》，宣扬"古之有圣人焉，曰佛，曰儒，曰百家。心则一，其迹则异。夫一焉者，其皆欲人为善者也；异焉者，分家而各为其教者也"（《辅教篇・中》）。孔子和释迦牟尼都是圣人，儒和佛都是为了使人向善，因而是一致的。他作《孝论》十二章（《辅教篇・下》），系统地论证了佛教和儒家孝道的关系，竟说佛教最重孝，"孝为戒先"。他撰《中庸解》五篇，盛赞儒家的中庸之道。契嵩认为许多道理"皆造其端于儒，而广推效于佛"（《上仁宗皇帝万言书》），实际上是把佛家理论归结为儒家学说。明代佛教四大师也都提倡儒佛道融合。袾宏（1535—1615）宣扬"儒主治世，佛主出世"（《云栖法汇・手著》），并认为佛教可以"阴助王化之所不及"，儒教可以"显助佛法之所不及"，儒和佛可相互辅助，相得益彰。真可（1543—1603）认为儒佛道三家是"门墙虽异本相同"。德清（1546—1623）撰有阐发儒与道的思想的多种著作，竭力调和儒道佛三教，说："为学有三要：所谓不知《春秋》，不能涉世；不精《老》《庄》，不能忘世；不参禅，不能出世。"（《憨山大师梦游全集・说・学要》）他宣扬"孔、老即佛之化身"，实是以儒和道代佛。智旭也著《四书蕅益解》、《孝闻说》、

《广孝序》等文，大力赞扬儒家思想。他还提出三教同源在于“自心”的观点，说：“自心者，三教之源，三教皆从此心施设。”（《灵峰宗论·金陵三教祠重劝施棺疏》）“三教圣人，不昧本心而已。”（《灵峰宗论·法语三》）“自心”即“本心”，是三教的共同的根本。智旭就这样把三教安置在“自心”基础上而使三者统一起来了。这些都生动地反映了中国佛教后期哲学思想的重要特点。

第三章

佛教哲学的重要著作

第一节　佛典概论

佛教典籍通常称为佛书，主要包括古印度佛教的经、律、论三部分典籍，再是印度以外中国、朝鲜、日本等地佛教学者的撰述。“经”是以佛祖释迦牟尼口气叙述的典籍。“律”即戒律，是对于佛教徒生活和行为细节的规定与解说。“论”是从理论上解释“经”的著作。佛典也称为“藏经”。“藏”是取其能收藏包容各种佛教典籍的意义。“经”是线的意思，取其能贯串摄持各种佛教义理的意义，也含有依照儒家“五经”的名称，用“经”称佛典，以示尊崇的意思。佛典也称“契经”，表示佛典契合道理和众生的要求，故名。佛典因包含经、律、论三个部分，又名“三藏经”。还因其卷帙浩繁，为形容其量多、量全，而称“众经”、“群经”、“大藏经”、“一切经”。“藏经”，广义地说，包括经、律、论三部分，狭义地说，是专指“三藏”之一的“经藏”部分，其中包括相传为释迦牟尼所说而为后世门徒结集的经典，以及历代以“如是我闻”（即“我闻如是”）形式创制的经典。在中国，隋唐时代已由“三藏经”改称为“大藏经”了。佛教通常还讲“十二部经”、“十二分经”或“十二分教”，这是把佛教经典按经文的形式和内容分为十二类而得名的。所谓“十二部经”等名称也就是一切佛经的别名。佛教还从内外有别的角度，称自己的典籍为“内典”，称佛教以外的，即所谓世俗的和外道的典籍为“外典”。

现有几种文字的佛教典籍，重要而完整的是三大系：一是巴利文系佛典。这是小乘佛教的经典，代表印度佛教早期的思想，流传于斯里兰卡等东南亚国家。二是汉文系佛典。梵文佛典是汉译佛典所依据的主要原本。汉文佛典包括了经由西域传入的早期佛教经典，但主要是大乘佛教的作品，代表印度佛教中后期的思想。此外也有中国僧人的大量创作，因而是各种文字佛典中最为完备的佛典，流传于中国、日本、朝鲜和越南等地。三是藏文系佛典。约于12世纪依据梵文佛典开始译出，偏重于大乘佛教经典，尤其是密教的经典，代表印度佛教后期的思想，后来其中有的又译成蒙古文。此外，还在中亚细亚地区发现一些其他文字的译本，但多是残卷。

佛教典籍中，中国撰述占有显要的地位。随着印度佛典翻译和介绍的增多，中国僧人对佛教义理的领会能力逐渐提高，自两晋以来不断有所创作，丰富了“三藏”的内容。据吕澂先生所作的编目①，中国僧人撰述的汉文佛典共为582部，4 172卷，其中包括现存的唐代以前的大部分撰述和唐代以后的重要撰述，也包括少量在中国流行的古代高丽和新罗学人的著作。从撰述的体裁来看，有章疏、论著、语录、史传、音义、目录、杂撰、纂集等。从撰述的数量来看，章疏部分居于首位，数量最多，反映了佛教徒崇信经典，热中于注经解经的性格。其次是论藏部分，数量也不少，反映了隋唐佛教宗派的创作热情和独特见解，体现了佛教中国化的风格和历程。史传部分的数量也很可观，表现了中国古代佛教学者深厚的历史观念，重视历史的研究和编纂。在所有的撰述中，唯一称“经”流传的是唐代禅宗实际创始人慧能的《坛经》，这是禅宗学人突出中国祖师学说的典型表现。

佛教“三藏”中，蕴涵哲学思想比较丰富的是“论藏”。佛典的“论”通常分为“释经”和“宗经”两类，释经论是阐释佛经的论典，

① 详见《新编汉文大藏经目录》，124～154页，济南，齐鲁书社，1980。

宗经论是阐发各宗各派学说的论著。“论”多数是对外宣传的教义，也有部分是属于内部辩论的专著。“论藏”比较集中地阐明了佛教对宇宙和人生的根本看法，比较集中地批判了各种反佛教的思潮和观点，比较集中地汇合了佛教内部各派相互论战的内容，因此，“论藏”中保存了较多的佛教哲学的专著。另外，某些“经藏”也包含了比较丰富的哲学思想，也是具有哲学性质的著作。至于“律藏”，其少量的哲学思想则主要包含在阐发戒体的论述之中。

所谓佛教哲学著作是相对而言的，佛教的纯粹哲学著作比较少，更多的著作是其中包含了部分哲学内容。我们把较多地涉及宇宙和人生的根本观点的著作，也归属于佛教哲学著作之列。

佛教哲学著作，基本上可以分为印度的佛教哲学著作和中国的佛教哲学著作两大部分来介绍。

第二节　印度佛教哲学的重要著作

印度的佛教哲学著作宏富可观。早期佛教基本经典的汇集是《阿含经》。现北传佛教有《长阿含经》、《中阿含经》、《杂阿含经》和《增一阿含经》四部。南传佛教巴利文经藏有《长部》、《中部》、《相应部》、《增支部》和《小部》五部，前四部和北传佛教四部《阿含经》在内容上大体相应。《阿含经》的基本内容是论述四谤、八正道、十二因缘、五蕴、四禅和善恶报应、三世轮回等小乘佛教的基本教义，包含了人生哲学的丰富内容，是十分重要的著作。此外，南传佛教巴利文佛经《弥兰陀王问经》，大体上相当于汉译《那先比丘经》（译者不详，2 卷）。这两本经的基本内容是，通过弥兰陀王（公元前 3 世纪统治古印度西北部的希腊国王）和那先比丘的问答，着重阐明缘起、无常、无我和业报轮回等佛教教义，具有重要的哲学意义。古印度觉音（佛音）著巴利文《清净道论》，是南传佛教上座部的重要论著。此书共 23 品，依次叙述戒、定、慧三学的内容，在叙述慧的部分，系统地介绍了四谛、五蕴、八正道、十二因缘等内容，还概述了无常、苦和无我三法印的学说。早于觉音的优波底沙曾著巴利文

《解脱道论》，被认为是觉音《清净道论》的重要理论根据。

从整个印度佛教的演变发展历史来看，佛教哲学思想主要集中在小乘有部（婆沙）、说经部（经量部）和大乘的中观学派、瑜伽行派的论著中。其中说经部的重要著作《大乘阿毗达磨经》，阐述了一系列的重要哲学思想，和大乘佛教声气相通，关系极为密切，可惜原本不存在了，只在其他著作中保留了片段资料。所以，下面只介绍其他三派的著作。附带地说，有些佛教学者认为，《成实论》也是说经部的著作，这是不准确的。此论实是依据说经部的前驱譬喻师说而结构成的著作。《成实论》很重要，它系从多闻部出家的诃梨跋摩（师子铠）著，后秦鸠摩罗什译，20 卷（或 14 卷）。“实”指“四谛”的“谛”，“成实”即成立“四谛”。“四谛”是释迦牟尼所说，但各部派解说各异，所以要成立“四谛”的确实所指，以评论各部派的主张。全书主要讲人没有真性实体，兼讲一切事物和现象也没有真性实体。这是由小乘向大乘空宗过渡的重要著作。

一、说一切有部

（1）《发智论》，全称《阿毗达磨发智论》。约释迦牟尼去世后 300 年时，迦旃延尼子著。唐玄奘译，20 卷。因被认为是说一切有部的根本著作，所以又称《发智身论》。“身”喻为根本。全书阐发该部的基本学说，兼及当时部派佛教斗争的各种问题。东晋时僧伽提婆译的 30 卷《阿毗昙八犍度论》是异译本。

（2）《大毗婆沙论》，全称《阿毗达磨大毗婆沙论》，简称《毗婆沙论》。系迦旃延尼子的弟子们解释和宣传《发智论》的大型著作。唐玄奘译，共 200 卷。此书一方面按《发智论》的分类，进行详细论释，系统总结说一切有部的理论主张，一方面对佛教内部和外部的其他派别的异说进行破斥，宣传一切事物和现象都是实有的根本观点。此论重逻辑论证，带有经院哲学的色彩，使说一切有部的思想定型化。此论还带有早期佛教百科全书的性质，是研究部派佛教思想的宝贵资料，因而在印度佛教哲学史上占有重要的地位。异译本有北凉浮陀跋摩译的《阿毗昙毗婆沙论》60 卷（一作 80 卷）。因《大毗婆沙论》过于庞大，印度佛教学者法胜乃选其要义编成《阿毗昙心论》一书。东晋时僧伽提婆译，经慧远校订，共4卷。异译本有北朝北齐那连提耶舍译《阿毗昙心论经》6卷。另有南朝宋僧伽跋摩等译《杂阿毗昙心论》11卷，系作者法救用自己的观点夹杂在《阿毗昙心论》中间而成，它扩展了《阿毗昙心论》的内容。

(3)《异部宗轮论》。世友著，唐玄奘译，1卷。著者站在说一切有部的立场，概括地叙述了小乘部派佛教分裂的原因、经过以及各派的主张，是现存最早的部派佛教思想资料之一。窥基撰有《异部宗轮论述记》。异译本有《十八部论》(失译，一说后秦鸠摩罗什译)、南朝陈真谛译《部执异论》。

(4)《阿毗达磨俱舍论》，简称《俱舍论》。世亲著，唐玄奘译，30卷。此书系对《大毗婆沙论》不满而作，是批判性、总结性的论著。全书对于当时流行的说一切有部、毗婆沙、说经部等小乘学说做了统一的工作，因而盛行一时，几乎取代了《大毗婆沙论》的地位而被认为是说一切有部的代表作，是一部历来被重视的教科书式的著作，书中将构成宇宙万有的基本要素归纳为五位七十五法，对后来佛教思想的发展影响很大。作者世亲原信小乘，反改宗大乘，此论实为小乘向大乘有宗(瑜伽行派)的过渡著作。异译本有南朝陈真谛所译《阿毗达磨俱舍释论》22卷。

(5)《顺正理论》，全称《阿毗达磨顺正理论》，简称《正理论》。众贤著，唐玄奘译，80卷。所谓“正理”，指说一切有部的正统观点。全书根据说一切有部毗婆沙师的正统学说对修正说一切有部观点的《俱舍论》进行了批判。在批判中发展了说一切有部的一系列哲学观点，被称为新说一切有部说。

以上著作又以《大毗婆沙论》和《阿毗达磨俱舍论》最为重要。

二、中观学派

此派最重要的哲学著作是“四论”，即《中论》、《十二门论》、《百论》和《大智度论》，其中尤以前三论更为重要。这里也附带介绍作为大乘佛教理论基础的《大般若波罗蜜多经》。

(1)《中论》，全称《中观论》。龙树著，青目注释，后秦鸠摩罗什译，4卷。此论主要阐述“缘起性空”和“八不中道”的中观学说，并对小乘部派以及其他学派进行彻底的破斥。此书是佛教大乘空宗（中观学派）主要奠基人龙树的基本理论之所在，也是中观学派的第一部重要著作。

（2）《十二门论》。可能为龙树作，后秦鸠摩罗什译。此论系概要地解释《中论》基本道理的入门书，其内容分为十二门，以阐明宇宙万物性空的理论，故名。

（3）《百论》。提婆著，世亲释，后秦鸠摩罗什译，2 卷。此论系佛教大乘空宗另一奠基人提婆所作《四百论》的入门之作。全书力主破斥一切外道，对当时印度势力强大的哲学流派数论和胜论的观点进行彻底批驳，以证明世界万物“毕竟空”的中观道理。

（4）《大智度论》，略称《智度论》、《智论》、《大论》，也译称《摩诃般若释论》。龙树著，后秦鸠摩罗什译，100 卷。此论系解释和发挥《大品般若波罗蜜多经》的论书。此“大品”相当于唐玄奘译的 600 卷《大般若经》第二分。全书主要宣传宇宙万有都是因缘和合而成，假而不实，只有通过佛教智慧“般若”对世俗认识的否定，才能把握佛教“真理”，达到解脱境界。关于般若部经典，在玄奘以前就有多种选译本和节译本，其中如后秦鸠摩罗什译的《金刚般若波罗蜜经》（简称《金刚经》）一卷，可以视为《般若经》的一个略本，包含了《般若经》的主要论点。它宣扬一切现象“性空假有”的道理，强调对现实世界不应留恋和执著，要尽力做到不著事相（“无相”）、情无所寄（“无住”），对中国佛教的思想影响极大。

三、瑜伽行派

此派学者的著作颇富有哲学色彩，如史称其奠基人无著的“八支”（内包括无著弟世亲的著作），即八部著作：《二十唯识论》、《三十唯识论》、《摄大乘论》、《大乘阿毗达磨集论》、《辨中边论》、《缘起论》、《大庄严经论》和《成业论》，大多数都可说是佛教哲学著作。无著、世亲的后学也有一些重要的哲学著作。另外，此派所宗奉的《瑜伽师地论》以及六经中的《解深密经》和《楞伽经》也都包含有重要的哲学思想。

（1）《瑜伽师地论》，又称《十七地论》。相传为弥勒口说，无著笔述。唐玄奘译，100卷。是瑜伽行派所依据的根本论书。书中宣扬世界万有是心识的暂时显现，要人们离弃有无等各种名相，悟入“中道”。

(2)《摄大乘论》，亦称《摄大乘论本》，无著作。此系总括大乘义理的纲要性著作，书中论述了成立唯识的理由，影响深远。汉译本有三：南朝陈真谛译，3卷；唐玄奘译《摄大乘论本》，3卷。此两种译本影响较大。此外，北魏佛陀扇多译，2卷，题为阿僧佉作。

(3)《二十唯识论》，也称《唯识二十论》。世亲作，唐玄奘译，1卷。异译本有北魏菩提流支译《唯识论》(一名《破色心论》)，1卷；南朝陈真谛译《大乘唯识论》，1卷。

(4)《三十唯识论》，也称《唯识三十论》，又称《唯识三十颂》。世亲著，唐玄奘编译。《成唯识论》就是此书的注释。《成唯识论》简称《唯识论》。古印度护法等十大论师对世亲的《三十唯识论》各作注释，玄奘回国后本拟分别译出，后按弟子窥基的建议，改为以护法之说为主，糅译其他各家的注释，集成此书，共10卷。其内容主要是论述“三界唯心”、“万法唯识”的思想。

《二十唯识论》和《三十唯识论》两书，都是用心、识来说明唯识理论，宣扬识生起以后有一种作用，即能把识的一部分转变成为心的对象，由此而推论出“三界唯心”、“唯识无境”的总结论，是为无著、世亲学说的最高峰。两书中，《三十唯识论》对瑜伽行派的全部哲学作了系统的说明，因此，该书的注释《成唯识论》也成了瑜伽行派最重要的哲学著作。

(5)《百法明门论》，全称为《大乘百法明门论略录》，简称《百法论》。世亲作，唐玄奘译，1卷。此书着重论述瑜伽行派的五位百法学说，是研究佛教宇宙观要素论的重要资料。

(6)《集量论》。陈那著，唐义净曾译出，但不久即亡佚。现存金铠、信慧与宝持护、狮子胜两种藏译本。近年法尊法师编译了汉文《集量论略解》一书。《集量论》系佛教因明即逻辑学和认识论的重要著作。

(7)《因明正理门论》，也称《正理门论》、《理门论》、《大论》。

陈那著，现存唐玄奘和义净两种汉译本，各1卷。

(8)《因明入正理论》，简称《入论》、《小论》。陈那弟子商羯罗主作，唐玄奘译，1卷。

以上两书均对佛家的逻辑规则和认识原理有所论列，而中国法相唯识宗的创始人之一窥基大师的《因明入正理论疏》，则是关于因明学的最具权威性的论著。

(9)《解深密经》。此经是瑜伽行派所依据的根本经典。全书以抉择的形式，对于大乘经的凡属深奥隐秘的义理都加以解释决定，进而系统地论述了唯识无境、三自性和三无性等宗教哲学问题。此经由唐玄奘译出，5卷。异译本有北魏菩提流支译《深密解脱经》，5卷；南朝宋求那跋陀罗译《相续解脱经》，1卷；南朝陈真谛译《解节经》，1卷。

(10)《楞伽经》。此经着重阐发了世界万物由心所造，认识对象不在外界而在内心的唯心论系统。通行本为南朝宋求那跋陀罗译《楞伽阿跋多罗宝经》，4卷。异译本有北魏菩提流支译《入楞伽经》，10卷；唐实叉难陀译《大乘入楞伽经》，7卷。

此外还应当提到，东晋法显著的《佛国记》(《历游天竺记》)以及唐玄奘述、辩机编的《大唐西域记》和唐义净撰的《南海寄归内法传》，都是作者赴印度求法取经期间所记述的有关历史、地理、宗教的实际情况，是研究印度佛教史的十分珍贵的资料。尤其是《大唐西域记》，记述了玄奘赴印度游学所经历和得自传闻的138个以上的国家、城邦和地区的情况，不仅保存了公元7世纪中亚和南亚等地区的大量的古代史、中外关系史的珍贵资料，也保存了佛教史的重要资料。由著名学者季羡林教授等校释的《大唐西域记校注》(中华书局1985出版)，在广泛吸收前人研究成果的基础上，对该书进行了全面的校勘和注释，提出了不少新见解，是迄今为止最为权威的校释本。

我国西藏古代著名佛教史家布敦著有《佛教史大宝藏论》(《善逝教法史》)，多罗那他撰《印度佛教史》，胜巴著有《如意宝树史》，也都是研究印度佛教哲学史的重要著作。布敦的《善逝教法史》成书于1322年，是论述印度佛教和西藏佛教的史书。多罗那他的《印度佛教史》成书于1608年，系统地叙述了印度佛教特别是密教的历史，自问世以来一直被推崇为研究印度佛教史的权威性著作。

第三节　中国佛教哲学的重要著作

中国佛教哲学著作，主要是天台宗、华严宗和禅宗三大宗派的论著，同时在汉至宋明期间，其他一些佛教学者也间有佛教哲学著作问世，同样也值得介绍。

一、汉魏晋南北朝时代的佛教哲学著作

(1)《理惑论》，全称为《牟子理惑论》，也简称为《牟子》。传为东汉末年牟子作，见《弘明集》卷一。全书阐发佛教原理，并广引《老子》和儒家经典，宣扬佛道儒三家一致的观点。

(2)《肇论》。后秦僧肇著，系僧肇的佛教论文集，是中国古典哲学的重要著作，书中《不真空论》、《物不迁论》和《般若无知论》三篇论文，系统地阐发了佛教中观学派的宇宙观、动静观和认识论。

(3)《沙门不敬王者论》、《三报论》和《明报应论》。东晋慧远作，见《弘明集》卷五。前一文宣扬神不灭论，后两文结合中国传统观念，着重阐述佛教因果报应的理论。

(4)《辨宗论》。南朝宋谢灵运作，见《广弘明集》卷二十。全文会通儒佛两家的思想，以论证和发挥竺道生提出的顿悟成佛说。

(5)《神不灭论》。南朝宋郑鲜之（道之）作，见《弘明集》卷五。全文直接发挥神不灭论的思想。

(6)《明佛论》，一名《神不灭论》。南朝宋宗炳作，见《弘明集》卷二。全文以神不灭为理由，宣扬人定可以成佛的观点。

(7)《出三藏记集》，简称《祐录》。南朝梁僧祐所著佛教经录，15卷。“出”即翻译，“三藏”指经、律、论，“记集”即记载东汉至梁所译三藏的目录、序记和译者传略等。书中收经序和后记120篇，集中体现了此阶段中国佛教学者对佛教的理解，具有中国佛教哲学思想史料的重要价值。

(8)《弘明集》。南朝梁僧祐编，14卷。选辑从东汉末到南朝梁

代颂扬佛教的论著，以及少量反对佛教的论著。后来，唐道宣续编成《广弘明集》30卷，选辑自南北朝至唐代有关佛教义理和佛道之争等的著作。这两部书保存了佛教和反佛教的斗争以及儒佛道三教的关系的大量思想资料，具有重要的价值。

二、隋唐时代佛教宗派的哲学著作

（一）天台宗

天台宗的重要著作有所谓“天台三大部”，即此宗创始人智顗的《法华文句》、《法华玄义》和《摩诃止观》，其中又以后两种尤为重要。此外，《小止观》，亦称《童蒙止观》，则是比较简明的读物。智顗的后继者也续有创作，其中有的也是哲学著作。《法华经》是本宗的宗经，也在此附带略作介绍。

（1）《法华玄义》，全称《妙法莲华经玄义》，简称《玄义》。智顗讲述，弟子灌顶笔录，10卷，或作20卷。此书详释《法华经》的经题，概说此经的要旨，反映了智顗对于《法华经》的最成熟的思想，具有天台宗学说的概论和导言的性质。

（2）《摩诃止观》。智顗讲述，弟子灌顶笔录，10卷，或作20卷。系论述天台宗禅观学说的主要著作，其中阐发了一念三千和三谛圆融的禅法，表述了天台宗的独具特色的世界观和认识论。

（3）《金刚錍》。湛然作。全文为了反对华严宗的只主张有情有佛性的说法，特别强调无情之物如草木瓦砾也有佛性的主张。

（4）《法华经》，全称《妙法莲华经》。印度佛经，后秦鸠摩罗什译，8卷。此经的中心思想是：依据“般若”智慧，采用中道正观的方法，以求得一切现象的真实相。再一重要思想是，宣扬一切众生都有佛性，都能成佛。异译本有：西晋竺法护译《正法华经》，10卷；隋阇那崛多和达摩笈多译《添品妙法莲花经》，7卷。

（二）三论宗

此宗的主要哲学著作是创始人隋吉藏的《大乘玄论》和《三论玄义》两书。《大乘玄论》，5卷，阐述了二谛、八不和佛性等哲学理论。《三论玄义》，1卷，主要是阐发印度佛教中观学派的奠基性著作《中论》、《十二门论》、《百论》三论的大义，以宣扬一切事物和现象性空（无自性）和非有非空的中道之理。

（三）法相唯识宗

主要哲学著作是唐玄奘弟子窥基所著的《成唯识论述记》，也称《成唯识论疏》，略称《唯识述记》，10卷，或作20卷、60卷。此书系根据唐玄奘编译《成唯识论》的注释而成，着重阐发《成唯识论》的宇宙万有唯识所变的思想。此外，窥基所撰《大乘法苑义林章》，亦颇重要。

（四）华严宗

华严宗人的哲学著作比较丰富，其中以法藏和宗密的几部著作最为重要。对于作为此宗宗经的《华严经》，这里也略作介绍。

（1）《华严五教章》，全称《华严一乘教义分齐章》或《华严一乘教分记》，简称《五教章》。唐代法藏著，4卷，或作3卷。全书除全面论到各教派的地位（即“判教”）之外，主要是阐发华严宗的“无尽缘起”说的原理和内容，具有颇高的理论思维水平。

（2）《华严金师子章》，简称《金师子章》。唐代法藏著，1卷。此书以金师子为比喻，着重阐述“无尽缘起”的思想，宣扬宇宙现象大调和的理论。

（3）《华严原人论》，简称《原人论》。唐代宗密著，1卷。此书对儒道佛三教进行全面的评判总结，并对世界和生命的起源、社会对立的根源提出了新见解。

（4）《华严经》，全称《大方广佛华严经》。此经阐发宇宙中一切事物互相贯通渗透，互为因果，毫无窒碍，万物大圆融；还宣扬佛土无尽，佛法无尽，世界是毗卢舍那佛的显现的“法界缘起”论。此经还大力赞叹菩提心，宣扬唯心论。译本有三：东晋佛驮跋陀罗译的60卷本，称《六十华严》或《旧译华严经》；唐实叉难陀译的80卷本，称《八十华严》或《新译华严经》；唐般若译的40卷本，称《四十华严》或《贞元经》。

（五）禅宗

禅宗标榜不立文字，教外别传，一度著作较少。但后来也重视文字宣传，有不少别出心裁、独具一格的哲学著作。

(1)《坛经》。记载禅宗六祖慧能的语录和事迹，是中国僧人著作中唯一称“经”的重要典籍，被尊为禅宗的宗经，在中国佛教史和中国哲学史上具有极其重要的地位。此经的主旨是宣说“明心见性”，“顿悟成佛”，提倡单刀直入的顿教。版本有四：敦煌写本，全称为《南宗顿教最上大乘摩诃般若波罗蜜经六祖慧能大师于韶州大梵寺施法坛经》，慧能弟子法海集记，1卷，是《坛经》的最早版本；日本兴圣寺本，题为《六祖坛经》，晚唐僧人惠昕改编，2卷，南宋晁子健翻版，流传于日本，由兴圣寺再行刻印；曹溪原本，全称《六祖大师法宝经曹溪原本》，1卷，2万多字，字数超过敦煌写本一倍；元代僧人宗宝改编本，题为《六祖大师法宝坛经》，1卷，此为明代以来常见流行本。

(2)《禅源诸诠集都序》。唐代宗密撰，4卷。宗密既是华严宗五祖，又是禅宗荷泽系的禅师。他为调和禅与教的矛盾，而编《禅源诸诠集》100卷，现仅存“都（总）序”。“都序”内容是，将禅宗和禅宗以外的宗派，加以分类比附，力主禅教一致。全文以心性本觉的论点为主导，以心统一禅教各派的说法，阐发了佛教心性哲学思想。

(3)《五灯会元》。宋代普济编，20卷。所谓“五灯”是指《景德传灯录》、《天圣广灯录》、《建中靖国续灯录》、《联灯会要》和《嘉泰普灯录》，共150卷。因语多重复，普济乃删繁就简，会五为一，并以灯灯相传、光明灿烂为标榜，故名。全书以语录形式，汇辑历代各派禅僧的言论，包含了丰富的哲学思想。

(4)《古尊宿语录》。宋代赜藏主集，48卷。广集禅宗南岳怀让以下40余家唐宋禅师即所谓“尊宿”的语录，其内容多为《景德传灯录》所未载，是研究南岳以下禅宗哲学思想的重要资料。

三、其他著作

(1)《大乘起信论》。传为古印度马鸣著。现存汉文译本有两种，一是南朝陈真谛译，1卷；另是唐实叉难陀译，2卷。前者较为流行。自隋代始就有人怀疑此书的作者和译者（真谛），而将其列入疑惑之部。近代日本一些著名学者曾就《大乘起信论》的真伪问题展开过激烈的辩论，中国学者也对此书进行考证，然结论不一，有的坚持是马鸣作，真谛译，有的则认为是中国人的托名之作。《大乘起信论》提出“真如缘起”说，认为世界万有都是真如本体的显现，真如随缘而生起世界万有，从而与法相唯识宗的“唯识缘起”，即世界万有都是阿赖耶识种子的变现的理论相对立，在中国思想史上影响颇大。

（2）《辅教篇》。北宋契嵩撰，3 卷。此书系针对唐代韩愈排佛言论而作，其特点是集中阐发佛儒一致的理论，包含了重要的佛教道德哲学内容。

（3）《佛祖统纪》。南宋志磐作，54 卷。此书系着重记载天台宗传法世系的佛教史书，但其中 31 和 32 两卷的《世界名体志》却集中讲佛教的宇宙结构论，是研究佛教宇宙观的重要思想资料。

（4）《法界安立图》。明代沙门仁潮编集，3 卷。此书系汇集佛典中关于世俗世界和佛国世界的结构学说而成，全书配有图解，集中地阐发了佛教的宇宙结构论，具有一定的哲学和自然科学的价值。

第四章

佛教的人生价值论

佛教创始人释迦牟尼的创教学说，主要内容包括四圣谛说、十二因缘说、业力说、无常说与无我说等。这些学说是相互交织、密切联系着的，其大纲是四圣谛说和三法印说，核心是阐发佛教的人生观。所谓佛教的人生观，是释迦牟尼对人生现象和真相的总看法，它的内容有两个方面：一是对人生价值和意义作出判断——一切皆苦，并揭示产生痛苦的原因；二是指出人生应当追求的理想价值，怎样生活才有价值和达到理想境界的道路与方法，实质上就是强调去恶从善、由染转净的宗教道德价值判断。后来的佛教学者对早期佛教的学说虽有很大的发展，但基本观点一直是被恪守的。下面，我们着重以四圣谛说和三法印说为纲，结合部派佛教和大乘佛教对这些问题的发展，概括地叙述佛教的人生价值论——人生哲学。

第一节　四圣谛说

四圣谛，也称四真谛，简称为四谛，即前面已提到的苦谛、集谛、灭谛和道谛四种所谓神圣的“真理”，也就是关于生死和涅槃的因果的理论。苦、集两谛分别阐明人生的逼迫性和招感性，共同说明人生的缘起道理。也就是说，苦是迷的结果，集是迷的原因，苦、集两谛是为生死流转的因果。其具体内容主要是十二因缘说。灭、道两谛分别阐明人生的可证性和可修性，即人生理想境界和实现理想境界的途径，共同说明人生的解脱理论。也就是说，灭是悟的结果，道是悟的原因，灭、道两谛是为涅槃还灭的因果。见苦、断集、证灭、修道就是四圣谛的内容，下面分别加以具体的论述。

一、苦谛

苦谛的意思是讲，包括人在内的众生的生命就是苦，生存包含着烦恼、不安、困惑、痛苦。苦的含义，主要不是专指感情上的痛苦，而是泛指精神的逼迫性，即心理意识上的逼迫恼忧的意思。佛教认为，一切都是变迁不息的、无常的，广宇悠宙，不外苦集之场。由于众生不能自我主宰，为无常患累所逼，不能自主，因此没有安乐性，只有痛苦性。生命的无常，是生命的痛苦的根本原因和基本标志。佛教通常讲的苦，有二苦、三苦、四苦、五苦、八苦乃至一百一十种苦等无量诸苦。所谓二苦，是指内苦和外苦。内苦又包括两个方面，即身体生理病痛和感情、意志、思想等自相矛盾的心理活动；外苦则指来自外界的各种灾难祸殃。所谓三苦，一是苦苦，谓遭受到苦事而感觉痛苦，如受饥渴寒热等逼迫而产生的苦。二是坏苦，乐也是苦，乐事会变迁，如众生由富贵变为贫贱，犹如好花不常开，好景不常在一样，变坏带来了痛苦。三是行苦，“行”是迁流的意思，众生由于事物迁流无常不能久留而引起的痛苦。四苦是指生、老、病、死。五苦是将生、老、病、死合为一苦，再增列怨憎会苦、爱别离苦、求不得苦和五取蕴苦而成。八苦则是将五苦中的生、老、病、死重新分为四苦，再加五苦中后四苦而成。八苦是最常见的说法，其具体内容为：

生苦：人的出生，经十月住胎，如关在黑暗的地狱里面，母亲喝热汤，胎儿就要备受煮烧。人出生时，冷风触身，犹如刀刮。住胎出胎，都受逼迫。形成人身出生之后也是苦，老、病、死等众苦接踵而至。

老苦：人至老耄，头白齿落，肌肉松弛，五官失灵，神智昏暗，生命日促，渐趋死亡，非常痛苦。

病苦：一是身病，从头到脚，从里到外，“四大”不调，众病交攻，十分痛苦；一是心病，内心忧愁悲切，十分苦恼。

死苦：一是生命无常，命终寿尽而死；一是因意外事故或遭遇灾难而死。死亡是一种莫大的痛苦。

怨憎会苦：人们在主观和客观两方面都有所不爱，对于怨仇憎恶的人或事，本求远离，但是，冤家路窄，仇人相遇，互相怨恨的人往往会聚集在一起，憎恨的事偏偏要纷至沓来，不得不联结在一起，这都形成了烦恼、痛苦。

爱别离苦：人们在主观和客观两方面都有所喜爱，但是偏要分离，难以相爱。如父子、兄弟、夫妇、朋友，情爱浃洽，欢乐相处，后来终不免是父子东西，兄弟南北，骨肉分离，甚至祸起非常，造成生离死别的莫大痛苦。对于喜爱的事物，也难免离别，产生悲伤。

求不得苦：人们的要求、欲望、喜爱，往往得不到满足，求之而不能得，甚至所求愈奢，愈不能得到，痛苦也愈大。人们也不能完成自己的愿望，甚至愿望愈大，愈容易落空，也愈悲痛。

五取蕴苦：也称“五蕴盛苦”、“五盛蕴苦”。这被认为是一切痛苦的汇合点，即所有痛苦都归纳到五蕴的苦。“蕴”，也作“阴”，聚积的意思，即同类相聚。内容复杂、性质相同的合为一类，称为“蕴”。“五蕴”包括身心两个方面，共五类：“色”，物质，指人的肉体；“受”，指感官生起的苦、乐、喜、忧等感情、感觉（名曰“情”）；“想”，是指理性活动、概念作用（名曰“智”）；“行”，专指意志活动（名曰“意”）；“识”，统一前几种活动的意识。五蕴与“取”（指一种固执的欲望、执著贪爱）联结在一起就产生种种贪欲，称为“五取蕴”。这里，“取”即执著是关键。有了五取蕴就会产生苦，生、老、病、死、憎会、爱离、所求不得七苦，人的身心盛贮众苦，称为“五蕴盛苦”。佛教宣扬求不得苦是前六种痛苦的总原因，而求不得之所以成为苦，又是由于五取蕴。五取蕴是因中之因。在八苦中，五取蕴苦既是其他苦的根源，又是一切苦的聚集。中国僧人更是附会说，人的面容就是“苦”字形：眼眉是草字头，两眼和鼻子合成十字，嘴就是口字。

八苦分为两大类，前四苦是自然生理现象，是个人身心的苦，也就是说，人生的过程就是连续不断产生痛苦的过程。第五苦至第七苦，即和憎恨的事物联结在一起的厌烦、和所喜爱的事物离别的悲伤、不能满足所求的痛苦，是着重就社会现象、社会生活、人与人的关系讲的，是人生在社会生活中的苦。求不得苦也包含了自然现象、自然环境带来的苦。佛教把前面七种苦最后归结为五取蕴苦，是为了说明，五蕴就是苦，执著、贪欲就是苦，人的生命就是苦，生存就是苦。

佛教还在时间和空间两方面把人生的苦加以扩大化、绝对化，宣传人生的过去、现在和未来三世皆苦，人生所处的广大世界也是苦，“三界无安，犹如火宅”，人间世界是火宅，是无边苦海。芸芸众生，囚陷于熊熊火宅之中，备受煎熬；沉沦在茫茫苦海之中，受尽苦难。

苦谛是四谛中最关键的一谛，是佛教人生观的理论基点。佛教以对现实人生痛苦的感受、认识和思考为基点，也正是由于佛教创立者把人生涂抹为苦难的历程，视大千世界，红尘滚滚，从而奠定了超脱世俗的思想立场。

佛教把人生看为痛苦的过程，宣扬一切皆苦、苦海无边的观念，是古印度人深受社会、自然和个体身心的压迫或约束的产物。它反映了当时古印度东北地区的奴隶社会乃是一座人间地狱。正是由于奴隶主的庸俗贪欲、粗暴情欲、卑下物欲，由于种姓制度所造成的严重不平等，给广大人民带来了无限的苦难。同时印度地处热带，气候炎热，被称为“炎土”，旱季干旱成灾，雨季大雨成灾，人民生活艰难，医学水平又低，人们的健康没有保障，死亡率高。苦谛学说的实质，主要是社会奴隶制和自然地理环境所造成的痛苦的一种曲折反映，是人民在社会和自然的双重压迫下的悲痛呻吟。

这里也应当着重指出的是，苦是人类一种带普遍性的主观感受，苦谛正是人类心理上有限与无限、瞬间与永恒的矛盾的反映。人类心灵存在着深潜的生存意欲、生命意识。追求快乐，逃避痛苦，企求生活幸福、生命延长，是人类心灵深处最强烈的愿望，但是，人不可能万寿无疆，人生的衰老、疾病和死亡是人类不可避免的弱点和局限，是不以人的意志为转移的自然规律。人生在宇宙中如流星一现，转瞬即逝，这种生命的局限性是人的最终局限性，由此也标志人在一切方面都有其局限性。死亡既然是人的一切局限性的归结，也就成为人生的最严峻、尖锐的问题，成为人类心灵深处最根本的忧患。生命的逼迫感和对死亡的恐惧感，是人类最深刻的一种痛苦。“生老病死”四苦说，反映了人类对于幸福、自由、永恒、无限的渴望、追求，以及对痛苦、死亡、短暂、有限的悲唱、哀叹，这也是人类在无限的宇宙和永恒的历史长河面前，对人的短暂、渺小的省悟、怅惘。

人类心灵存在选择意识、情感需要，人总是贪恋所爱、舍弃所憎。佛教突出宣扬“爱别离苦”和“怨憎会苦”，正是意识到人不是孤立的，而是处在人际关系之中，有怨有爱，有怨会爱离之苦。这种主体情感的分裂、冲突，确是人生的重大痛苦，也是人类心灵世界的永恒主题之一。在社会关系中感情失去平衡，是人生的莫大痛苦，也是人们追求虚幻的来世幸福、彼岸天堂的导因之一。

人与动物不同，人有比动物更完善的感受能力，人有一般动物所没有的认识能力、想象能力和创造能力。人是以心理、感情、思维、实践等文化媒介来利用、适应和改造自然，以补偿自身的缺陷、满足自我的需要的，这样人的需要就不仅包括生理需要，而且包括不同层次的心理、文化和社会的需要，并形成经常变化的复杂结构。同时人的心理等文化媒介，在流动不居的历史发展进程中，既是改造客观世界的主观手段，也是需要不断改造的客观对象，这就会导致人的各种需要的不协调，难以把握自身，并陷入自身的分裂、异化，没有依归感。此外，人类的生理、情感、意志、理想的追求，往往受到客观的限制，客观不能完全为主观所左右，人又有自身的局限，即使求得幸福、满足、享受，也是暂时性的，转瞬即逝的，由此感受到的是一种极大的痛苦，并且消极地以为人的行为、活动、追求是没有价值，甚至是负价值的。这样个人对他自己也成为陌生人，因为他不仅不能把握人生的价值和意义，而且他所追求的也都成为他的否定。佛教讲的“求不得苦”是人类的主观与客观的矛盾的心理表现，是人类孤独感、失落感的表现。人有自身的功能、生理、心理活动，人又要探索和追求人生的价值与意义，但是人的活动和追求并不能得到满足，各种愿望和理想的实现存在着种种困难，这又导致否定人的生命价值和欲望需求的“五取蕴苦”。

佛教的八苦说是人在现实生活中的种种矛盾的反映。宇宙万物（包括人在内）的无常变化，使短暂、有限的人生形成一种精神的逼迫性，使人产生了恐惧感、孤独感，由恐惧感、孤独感而形成一种依赖感，也产生了消除恐惧感、孤独感的需要。这就是说，人在心理上“失衡”，就要求在精神上寻找一个支撑点，以便使虑有所定，神有所归，心有所寄，灵有所托，即获得心理的平衡。同时，人类的生存意识、自尊自信，又想超越自然、社会和个人身心对自身的压制，产生一种超越感。由依赖感和超越感，又进而形成对理想、信仰的追求。佛教企图摆脱人生的这种固结着的畏惧感、孤独感，但它把人们的希望、努力引向超越人生，引向来世，引向彼岸，无疑并不能真正解决人生的现实痛苦。

佛教看到人生的痛苦，也是人类的一种深刻觉醒，也有某种积极意义，启发人们去克服、摆脱、超越人生的痛苦，同时也是导致人们同情受苦者的激励因素。但是，应当指出，佛祖释迦牟尼对人生本质所作的判断是消极的、片面的。人生也有欢乐，这种欢乐来自感官欲望的满足，来自劳动和创造的欣慰，来自克服困难的喜悦，来自正确理想的实现。释迦牟尼没有也不能认识生老病死的生理机制，没有也不能揭开人生之谜，他把生理的痛苦和社会的苦难并提，并且把生理的痛苦置于首位，这就片面夸大了生理的痛苦，掩盖了社会苦难和阶级压迫的严重性。他把劳动者和剥削者说成是有同等的痛苦，也就模糊了奴隶社会阶级对立的严峻事实。他歪曲了社会苦难的实质内容，抹杀了阶级压迫和剥削是造成人民苦难的基本原因这一根本事实。总之，超阶级观念和消极低沉思想是苦谛学说的基本理论缺陷。

二、集谛

集谛的“集”，是集合的意思。集谛是讲一切事物和现象都是由条件集合而成，就苦来说，也是由诸条件集合而成的。探求苦的原因、根源，就是集谛的内容。集谛说的展开主要是十二因缘说①，十二因缘说又和轮回说相联系，而十二因缘说和轮回说也都同神灭神不灭说相关联，因此，下面分三个问题来论述。

（一）十二因缘说

人的痛苦从何产生，人的生命由何而来，人的命运由何而定，人生将来的归宿究竟是什么，关于这些问题，早期佛教不同意当时印度思想界所说的，人生的一切都是由天神的意旨所主宰的观点，也不同意那种一切由前世决定，后天不能改变的观点，还反对那种人生的一切都是无因无缘的观点。释迦牟尼认为这些都是对自己的行为不负责任的论点，他主张一切事物都由因缘和合而成，都生于因果关系，同样，人的痛苦、人的生命和人的命运，也都是自己造因，自己受果。

前面提到，早期佛教把人生痛苦的根源归结为“五取蕴”，即构成人身的五种成分（“五蕴”）和执著（“取”）相联系，形成了苦。同时，它又从过程的角度，把人生划分为许多部分，犹如互相结合的连锁，并以此阐明人生的痛苦及其根源。关于这方面，佛经中记载的有五分、九分、十分和十二分等。“分”也称为“缘”，如五分即是五缘。其中论述得较多的是北方所传的十二分，也称“十二因缘”或“十二有支”，是为后来大乘佛教所肯定的。十二因缘即无明、行、识、名色、六处（六入）、触、受、爱、取、有、生、老死。十二因缘的具体内容和关系是：

无明缘行：“无明”指愚痴无知（后来佛教特指不懂得佛教的四谛学说和缘起法道理），有碍于智慧的开发，使人迷蒙。例如，人生是无常的、终归要死灭的，而人们往往企求它“常”，是一种“常见”。人生是由“五蕴”结合而成、没有自体的，即是无我的，而人们往往相信“我”——永恒的不变的实体是实有的，是一种“我见”。无明中最根本的是不能理解缘起的性质——无常性和无我性，即常见

① 十二因缘说也和苦谛相关，如生老病死等就属于苦谛。同时，佛教认为，逆观十二因缘也就是灭、道两谛。如十二因缘灭，是为灭谛。如真知十二因缘的实相，是为道谛。为了叙述的方便，在此处集中论述。再者，关于十二因缘的解说，有各种不同的说法，这里取国内外权威学者比较通行的解释。

和我见，尤其是我见更是直接迷蒙众生自身的，被认为是众生生死的根本。“行”指行为意图，意志活动。“无明缘行”，是说由于无知而有种种世俗的意志活动生起。

行缘识：“识”指托胎时的心识、精神活动。由意志活动作牵引力，使识向与意志活动相应的处所投生。

识缘名色：“名”指心、精神，“色”指色质、肉体。“名色”就是指胎中的精神和形体。“识缘名色”，是说在母胎中身心得到发育。

名色缘六处：“六处”也作“六入”，指眼、耳、鼻、舌、身、意，即“六根”。这里指胎儿由身心混沌状态发育出不同的认识器官，也就是胎儿即将诞生的阶段。

六处缘触：“触”指刺激、触觉。这是指胎儿出生后，各种认识器官与外界事物相接触而产生视、听、嗅、尝、摸等触觉。相当于幼儿的阶段。

触缘受：“受”指感受。由于年龄增长，心识渐次发达，认识器官与外境相接触时，能够领受外界的反作用，而产生苦、乐、不苦不乐三种感受。相当于童年阶段。

受缘爱：“爱”包括渴爱、情爱、欲爱、挚爱，指渴望、贪爱、贪欲。人进入青年阶段，就会对外界事物产生感受并进而产生贪爱，如贪求生命和繁殖生命的乐趣，追求财富、权势和名望等。

爱缘取：“取”指追求执取。成年以后，贪欲转盛，对外界可享受的一切，周遍驰求，执著不放。

取缘有：“有”指“业”，即思想行为。由于执取而有种种思想行为，这些思想行为是能产生当来果的善恶业，故名为“有”。

有缘生：“生”指来世之生。由于前面的爱、取、有所生起的迷惑和所造的善恶业，必然产生果报，从而导致来世的再生。

生缘老死：由生必有老死。

上述十二个环节，辗转感果，所以称为因；互为条件，所以称为缘。合称为十二因缘。十二因缘是说明众生生死流转的因果联系的，它强调十二个环节按顺序组成因果循环链条，任何一个有情识的生命体，在获得解脱前，都依此因果律，“生生于老死，轮回周无穷”。十二因缘是依据人生的相续发展的不同特性所作的阶段性的区分。从无明缘行一直到生缘老死，并不是时间的直线式的前后，而是如环无端的前后，因与果是前后相续、无始无终的，众生的生死也是无始无终的。

佛教宣传，十二因缘是生命现象的总结，也是生命痛苦的因由。据佛教史载，释迦牟尼在快得道成佛时，逆观十二因缘，即从后往前推，由老死逐渐逆观到无明，得出了这样的结论：人生现象的真正原动力和人生痛苦的最后总根源是“无明”，即对人生实相的盲目无知。如果正确认识人生的实相，认识十二因缘的实相，就能灭尽无明。没有无明也就没有行，直至没有老死。没有生死，一切痛苦也就都没有了，也就达到了所谓超脱生死、获得解脱的涅槃境界。

十二因缘的理论枢纽是：无明、爱、识和有。“无明”是十二因缘中极端重要的环节。十二因缘的次序可以从顺向和逆向两方面加以观察，如果从原因往结果方面顺推，无明是众生一系列流程的起点；如果从结果往原因方面逆推，无明也被归结为造成生死的始因。因此，世俗认识的转变，愚痴无知的克服，始终被认为是一切众生的首要的、根本的任务。这也正是佛教一整套宗教说教的出发点和根据。

“爱”，即贪爱，被认为是众生生死流转的根本性原因。无明和贪爱相互作用，使众生不断在六道中流转，永远不得解脱，“于无始生死，无明所盖，爱结所系，长夜轮回，不知苦之本际。”（《杂阿含经》卷十）众生的生死就是无明和贪爱相依和合而成。所谓“无明为父，贪爱为母”的说法，也是指两者是众生生死痛苦的共同原因。至于说无明是众生过去和现在二世生死的根本，贪爱是众生现在和未来二世苦迫的主因，这是就无明和贪爱两者的不同特点说的，无明是形成众生意志活动的起因，而贪爱则是推动众生追求执取的动力，这是把两者加以区别的说法。

“识”由行而缘起，表示识由意志活动而生。“识缘名色”，表示由识使五蕴结合成为有生命的个体。识被看作是形成生命的精神和形体的直接原因和条件，甚至被认为是众生生死的根本。这是一个非常重要的观点。识是一种精神活动，强烈地执取名色，和名色互相依赖、互相结合而形成人的生命。早期佛教主观上并不认为识是不灭的灵魂，识是无常的，识确实和常住的灵魂也有区别，但是识作为名色的依赖者、原因，识能向相应处投生，这就很难和灵魂划清界限了。

识和“有”具有互相彰明的意义。有是指思想行为，即业，其作用是能引起来世的果报，转生为其他层次的众生，这里把有作为来世转生的原因和条件，逻辑地包含了转生的实体内容，因而和灵魂说也是相通的。

应当指出，十二因缘所揭示的众生生死流转的因果关系带有神秘性。虽然，十二因缘学说的某些部分，如自六入起相继引起触、受、爱、取，也一般性地反映了人的感觉、感情、欲望、行为的产生过程，由生到老死也反映了生命体的变化过程，但是，在理论上也存在问题。首先，在十二因缘的因果关系的分析上，如以无明为人的生命不断循环的起点，以识和有为来世转生的原因，正如前面说过的，这必然导致灵魂不灭论。其次，在十二因缘说中，除强调认识上的无明是始因外，还片面地强调爱欲的恶的性质和作用，错误地认为，由五官生起的追求享乐和追求成就的贪欲，必然引起再生。早期佛教反对人们贪求生命和繁殖生命的天性与乐趣，反对贪求财富、权势和名望，这种主张在当时古印度的社会意义虽然十分复杂，但是它把剥削者的贪得无厌和劳动者的正常生活要求混为一谈，统称为贪欲，而且视贪欲为人们的一种心理活动状态，还以此作为众生轮回流转的原因，这都是不正确的。佛教强调无明的作用，这表明了它的理智因素，但是它贬低、否定世俗知识，也就否定了人类的知识价值。佛教重视人的心理分析，但是它否定情欲。人有情才有审美意识，否定情欲也就否定了人的审美价值。佛教否定人的知识和情欲，要人的言行完全纳入教义的轨道，这就必然消灭人的个性、灵性。佛教要求人们根除无明，断绝贪爱，并以此来奠定和展开它的认识论与宗教伦理论，也就不能不具有唯心主义的性质。再次，生和死虽是互相依存的，生也必然转化为死，但不能笼统地说生是死的直接原因，互相依存关系不等于因果关系。死的直接原因应是疾病和衰老等。

十二因缘说宣扬众生生存两次甚至多次的多生多世观念。在十二因缘中，前两个因缘即无明和行是作为现在生存的原因，是属于过去（前世）造业所招的果；中间八个因缘即从识至有是就现在的存在说的，其中识、名色、六处、触和受是由过去的无明和行所招的现在五果，是现实心身的活动过程，不是生死流转的根源，爱、取、有是现在的三因，即招未来果的原因；而最后两个因缘即生和老死则属于未来，表示由于此生贪着生存即爱、取、有所招的下一生的果。十二因缘不超出过去、现在的因果和现在、未来的因果两重，可列表为：

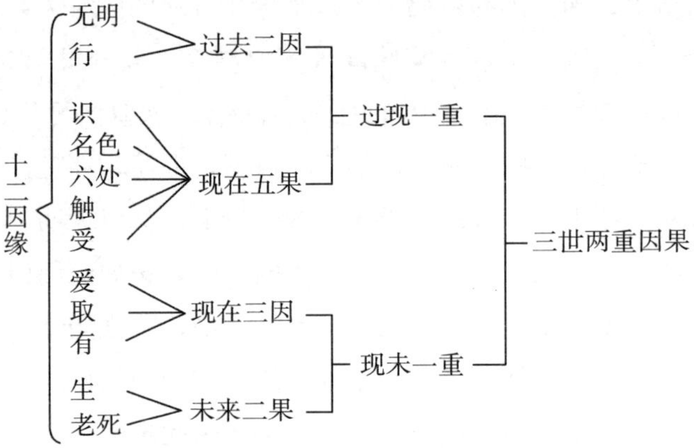

这样，十二因缘包含过去、现在、未来三世，有两重因果，称为三世两重因果。这是小乘佛教的主张。后来大乘佛教又发展为两世一重因果说，也就是以十二因缘的前十个因缘为过去的因，后两个因缘为现在的果；或者以前十个因缘为现在的因，后两个因缘为未来的果，合为两世一重因果说。这些理论宣扬众生都有三世，是佛教因果报应理论的重要内容。

（二）业报轮回说

释迦牟尼还把十二因缘和轮回、业力的思想联系、统一起来，提出业报轮回学说，来说明众生的不同命运。

释迦牟尼时代，在印度的思想界中有轮回说与反轮回说两种尖锐对立的学说。所谓轮回，轮是车的轮盘，回指车的转动。轮回是譬喻众生的生死流转，永无终期，犹如车轮旋转不停一般。当时主张轮回说的主要有三种观点：一是，婆罗门教宣传梵神是创世主，人的灵魂是梵赋予的，梵是“大我”，人的灵魂是“小我”。灵魂属于心脏。人若信奉婆罗门教，能在森林中修习禅定，净化灵魂，以苦行排除各种物质欲望，并以祭祀向梵赎罪，那么死后灵魂就能和梵同住，否则下世就会落到比现世更为低下的境地。二是，瑜伽行派反对灵魂从梵神转变而来的说法，认为人的灵魂是独立的、不依附于神的，称为“神我”。如果一个人现在纵任欲乐，下世神我就会堕到更加痛苦的趣处，相反，如果静修瑜伽行派的禅定，身如枯木，心如死灰，制止神我所起的爱欲，死后就可超出轮回，获得解脱。三是，机械命定论者认为，不仅今生的苦乐祸福、吉凶寿夭是由过去的业所规定的，而且今生举手投足等一切行动也是由过去的业所规定的。人应当听任命运的安排，等到过去的宿业消灭了，灵魂也就随之得到解脱了。反轮回说是古代唯物主义顺世派的主张，此派认为，人体由地、水、火、风“四大”元素构成，人体产生感觉思想。死时形体复归于“四大”，同时也停止感觉思想。死后并没有灵魂，更没有轮回。释迦牟尼与上述各种观点不同，他把灵魂不灭、轮回不断的主张称为“常见外道”，认为是一种将灵魂和轮回视为恒常实有的错误理论；又把否定灵魂和轮回的主张称为“断见外道”，认为是一种断灭身心的错误理论。他从主体的行为和道德责任的角度出发，吸取与改造了其他流派的思想，把业力说和轮回说结合起来，阐发了业报轮回的主张。

释迦牟尼宣扬业力是众生所受果报的前因，是众生生死流转的动力。众生的行为和支配行为的意志，从本质上说就是业力。“业”，梵语为“羯磨”，就是做事的意思，也就是行动、行为，并被认为是一切众生流转生死的动力。做一件事先有心理活动，是意业；后发之于口，为口业；表现于身体上的行动，为身业。身业和口业又分两种，一种是由言行表现出来的，为“表业”；一种只是潜在思想，言行上没有表现出来的，为“无表业”。释迦牟尼认为，众生的身、口、意三业往往是由无明即无知决定的。人生是无我的、无常的，没有自体，终归要消灭的，众生却要求有我，要求恒常不变。众生的行为往往就是这种无知的表现。众生由于这种无知而发生的行为，就是苦的总根源。业，体现着力量和作用、功德和过失，是决定再生的形态和性质的法则。释迦牟尼认为业力的影响是不会消除的，众生所作的善业和恶业都会引起相应的果报。比如，当人的生命终结时，其一生动作或行为的总和（这一总和在许多方面等于是个人的性格）会作为一个整体产生效果，并且决定转生的生存者的性格。按照佛教的说法，也可以这样说，业好比是现代科学术语中的信息概念，众生某个体死后，他生前的所想所说所为会留下一个总信息，这个总信息会转到死者将转生的个体上发生作用，产生另一个新的个体、自我意识。由于业的性质不同，所得的报应也就不同，来世就会在不同的境界中轮回。释迦牟尼还宣扬，众生如果真正认识了无我，就不会再产生业，也就可以脱离生死之苦了。

佛教宣传，根据众生生前善恶行为的不同而有五道轮回，后来犊子部北道派于第四位加“阿修罗”，为六道轮回。“道”，道路的意思，指众生轮回往来的道途。六道也称“六趣”，“趣”，趋往的意思，指众生的所归趣处。所谓六道轮回，是指地狱、饿鬼、畜生、阿修罗、人和天，其具体的内容和意义不断得到补充和发展，可概略地作如下解释。

地狱：指受罪处。佛教通常描绘地狱里面烈火熊熊，布满炽热的铜床铁柱，堕落在地狱者要受火焚烧。地狱有三类，第一类是根本地狱，其中又有八热地狱和八寒地狱。如八热地狱中的第八阿鼻地狱，也称无间地狱，罪人受苦永无间断，最为痛苦。第二类是近边地狱。第三类是孤独地狱，罪人住在山间、旷野、树下、空中等地方。

鬼：恐怯多畏，名为鬼。依赖子孙的祭祀，或拾取人间遗弃的实物而生活。鬼也有若干类，如大财鬼、小财鬼、多财鬼、少财鬼等。鬼中的夜叉罗刹是有大威德者，而饿鬼则是鬼中最苦的鬼，因常受饥渴苦迫，千年万载也不得一食，即使得了也立即化为猛火烧成灰烬，故名。鬼类中饿鬼最多，所以通常讲的鬼也就是指饿鬼而言。饿鬼属于六道之一，与中国的“人死为鬼”的说法不完全相同。

畜生：也作“傍生”，谓傍行的生类。指飞禽走兽，以及蜎飞蠕动、水游地藏的各种动物。

阿修罗：梵文音译，略称“修罗”。意译为“非天”，是魔神。阿修罗的能力像天，本在天国，但多怒、好斗，失去天的德性，被撵出了天界。

人：人类。原是发光的气体，并无固定的形态，后来因为在世界上食用香土和植物，逐渐形成了粗糙的物质身体，并且逐渐有了肤色和性别的不同。人没有永恒的实体，只有暂时的性质。

天：因天然自然，清净光明，非人类世间所能比拟，故名。指一般的神，也称“天神”。如中国道教所说的玉皇大帝就相当于佛教所讲的天神。天神居住于美妙的空间，那里没有粗笨的东西，没有固体食物，享受着高级生活。天神体态美丽，没有疾病，健康长寿，但也服从生死的规律。佛教把天分为许多层次，人依所修功德的大小，死后可以上升，生活在高低不同的天界中。佛教通常说的四天王是最接近人世的，忉利天即三十三天是人世间上面较高的天，帝释天就是此天的主人，住此护持佛法。天虽是六道中最优胜高妙的，但其生命不是持久不变、永恒不灭的，也有终了之时，也就是还有升进与堕落，还有生死轮回，还没有获得彻底的解脱，要根据行为的善恶，投生他处。

上述六道又合称为“众生”。六道是佛教对众生的分类，其中前三道称“三恶道”，后三道称“三善道”。最低的、最痛苦的是地狱，最高的、最清净的是天。人被置于天之下，阿修罗之上，在六道中也算是地位较高的。天神与人同属众生，体现了神与人的某种平等性观念。佛教宣传，众生在善恶因果的严密关系中，修善的随福业而上升，作恶的随罪业而下堕。如此上升下堕，死此生彼，生生延续，世世升沉，不断地在苦海中沉浮，在六道轮回中流转，永无了期。只有皈依佛教，弃恶从善，虔诚修持，才能跳出六道的樊笼，求得超出生死的解脱。

这里涉及人的价值、尊严的问题，以及人类在宇宙中的地位、作用的问题。人不是宇宙的主人，不处在宇宙的中心地位，人的上面有天和其他更高的圣界，人属于凡界，如果行为不良，还将堕入更加恶劣的环境中。人类所处的现实世界也是没有价值、意义的，是应当超脱的，这就是说，个人的人格价值、人类的价值是不高的，但是人类又高于畜生等更低下的动物，如果行为善良，人可以成为阿罗汉，乃至成为佛。人与神并没有绝对的界限，人可以变为神，这又表现了佛教对人类的重视和期望。

业报轮回说，一方面具有宿命论的成分，宣扬今世的境遇、命运是由前世所造的业决定的，是绝对无力也不可能改变的；另一方面，又重视发挥主体的主观能动性，强调个人作“业”的作用，强调人的命运都是自作自受，这和由上帝从外部主宰人的命运的说法不同，客观上对人们（包括某些信教的统治阶级和剥削阶级的成员）的行为有一定的劝诫和约束作用。它主张人们的活动会带来一定的后果，得到报应，这在一定范围之内、一定意义上也有其合理的一面。比如，人们从事善良的正义的事业会得到历史的肯定，而为非作歹，祸国殃民，则会受到历史的谴责。但是应当说，这是有条件的，不是无条件的。在阶级社会里，个人的命运主要是决定于所处的阶级地位。在剥削阶级居统治地位的社会里，荣华富贵是剥削阶级的特权，卑下贫贱则是被剥削阶级的命运，在阶级地位不发生变化的条件下，这种格局是很难改变的。在阶级社会里，行善者蒙祸，行恶者获福，是司空见惯的现象。佛教把现世的祸福归结于前世所作的业，而现世所作的善业恶业死后由神明裁判，赏善罚恶，丝毫不爽。但这实际上也等于承认现实中的善恶与祸福是不一致的。

佛教还巧妙地把业报轮回说和鼓动人们信仰佛教直接结合起来，它宣传施建塔庙，可以得千倍报，布施僧侣，可以得百倍报；诋毁佛教则不仅永远不能成佛，而且会受到严厉的惩罚，堕入阿鼻地狱，受无间苦难。佛教一面诱人以富贵千百倍之报，一面胁人以地狱无穷尽之苦，竭力把人推上信仰佛教的道路。事实上，在一般人心目中，业报轮回说就等于是佛教的基本观念。我国东晋时佛教信仰者王谧曾作《答桓太尉》，说：

> 夫神道设教，诚难以言辩，意以为大设灵奇，示以报应，此最影响之实理，佛教之根要。今若谓三世为虚诞，罪福为畏惧，

则释迦之所明，殆将无寄矣。(《弘明集》卷十二)

在中国佛教界看来，因果报应和业报轮回是佛教的实理和根要，否定了因果报应和业报轮回，就等于摒弃了佛教。事实上，因果报应和业报轮回确是佛教的基本理论，没有这种理论，佛教关于众生的行为、归宿和命运的立论就失去评判准绳，佛教的功能也就无法实现。

（三）无神论与有神论

早期佛教宣传的十二因缘和业报轮回的学说中，既体现了无神论的思想，又贯穿着有神论的观念。释迦牟尼被称为佛，所谓佛，在早期佛教看来，既不是宇宙万物的创造者，也不是自然界和人类社会的主宰者，而是对宇宙万物和人生的真理的觉悟者。释迦牟尼强调“无我”，前面已提到，“我”是主宰、实体的意思，“无我”就是无主宰、无实体、无灵魂的意思。早期佛教也不重视神通。应当承认，这都是明确的无神论观点。按照释迦牟尼的说法，众生的生命并不与死亡同时绝灭，虽然一般精神活动由于形体的破坏而休止，但是生存的盲目意志、观念（“无明”），以生时的活动、经验（“业”）为其性格，留下深刻印象而继续不停。这种盲目的生存意志、观念发生作用，就具备了形成形身的可能性，并产生出与以往业力相适应的色身。由于这种无明的作用是不占空间的，因此也是“无我”。这可说是半无神论、半有神论的观点。至于五道或六道轮回所说的天（神）和饿鬼，则是明确的鬼神观念。应当指出，早期佛教虽然不承认有至高无上的梵神的存在，但是毕竟承认有一般性质的神的存在，把神，包括梵神，看成是像人一样受因果报应、业力轮回支配的。可见，从总的方面来看，早期佛教中有神论还是占重要地位的。

最为尖锐的问题是早期佛教整个思想体系所包含的理论矛盾和理论危机：无我与轮回如何统一呢？人们的认识活动需要统一，由谁来主持呢？人们的记忆又由谁来保存呢？人们的行为和获得果报，又由什么来负责和承受呢？今生的我又如何与下世的我联系呢？这种种理论上的问题、缺陷、漏洞，势必引起后来佛教继承者们的分歧和争论。部派佛教犊子部一系就主张有我，“我”就是“命”，就是生命的主体。它还在五道轮回外加上“阿修罗”和“中有”两道，成为七道轮回。中有是在轮回流转中，离此道至彼道的中间过渡的道。犊子部所讲的我和中有，从本质上说是和灵魂同属一个范畴的东西。

佛教传入中国以后，中国僧人一开始就奉佛为神，视犊子部的有我说为神灵不灭论。在中国佛教界看来，有神论是佛教的理所当然的主张。东晋、南北朝时期著名的佛教学者和佛教信奉者，如慧远、郑鲜之、梁武帝萧衍、曹思文、沈约等，纷纷撰写文章，阐明神不灭论。如慧远在《沙门不敬王者论·形尽神不灭》中，对精神、灵魂的特点作了全面的阐述，系统地论证了形尽神存的观点。他说：

> 化以情感，神以化传；情为化之母，神为情之根；情有会物之道，神有冥移之功。

“情”，情欲。“化”，形，生命。生命的流转是由于情欲感召的结果，而精神因生命的流转而连续传递。情欲是生命流转的产生者，而精神又是情欲的根子。情欲有攀缘外物的途径，精神有在冥冥之中传化迁移的功能。有神才有情，有情才有化。神在情欲和形体之前、之外。慧远所讲的不灭的神，就是轮回转世的灵魂，生死流转的主体。这是对印度佛教犊子部的“人我”思想的重要发展。整个东晋、南北朝佛教神不灭论思潮是对印度佛教有神论思想的巨大发展。佛教有神论思潮的泛滥，又与中国传统的唯物主义无神论思想发生矛盾，以致在南朝时酿成空前的论战。以范缜为代表的无神论者继承荀子、桓谭、王充等人的思想，全面而深刻地阐发了形质神用和形尽神灭的思想。另一方，梁武帝萧衍也亲自敕命臣下，著论辩驳。当时，显宦名士高僧参加辩驳者达 60 多人。这一场无神论和有神论的大论战，是佛教史上的一大奇观，也是无神论史上蔚为壮观的一幕。

三、灭谛

佛教把人生的趋向归结为两条相反的途径：一是人生的需求常常和环境不协调而产生种种痛苦，人们又不了解它的原因，找不出解决的方法，只好随波逐流，听任环境的安排，陷入轮回之中，称为“流转”。二是对“流转”的生活采取相反的方法，破坏它，变革它，使之逆转，称为“还灭”。这是佛教所谓人生行事的两个相反系列。还灭就是达到人生的最高理想境界，灭谛就是要阐述这方面的内容。

灭谛的“灭”，是指人生苦难的灭寂、解脱。这是人生的理想归宿、最高境界、最终目的，也就是佛教教人追求的方向、目标。灭谛也称为“爱灭苦灭圣谛”和“苦尽谛”。“爱”，即贪欲。灭尽贪欲就是灭除痛苦的根源，而灭尽贪欲也就灭除了痛苦。灭谛是阐述灭尽贪欲，灭除痛苦，不再生起的道理。

早期佛教借用婆罗门教的涅槃概念来标明佛教的最高理想境界。涅槃，Nirvāṇa 的音译，也译为“泥日”、“泥洹”。涅槃的最初意义就是寂灭，也就是彻底消灭。鸠摩罗什意译为“灭”或“灭度”，唐玄奘则译为“圆寂”。所谓灭，灭度，是谓灭烦恼，灭生死因果，故名。所谓圆寂，圆者圆满，不可增减；寂者寂静，不可变坏。圆寂是说涅槃体周遍一切，真性湛然。在中国，玄奘以前，多用灭或灭度，玄奘以后，多用圆寂。涅槃的分类很多，通常分为有余涅槃（有余依涅槃）和无余涅槃（无余依涅槃）两种。有余涅槃是指断除贪欲，断绝烦恼，即已灭除生死的因，但作为前世惑业造成的果报身即肉身还在，仍然活在世间，而且也还有思虑活动，是不彻底的涅槃。无余涅槃相对于有余涅槃而言，是比有余涅槃更高一层的境界。在这种境界中，不仅灭除生死的因，也灭尽生死的果，即不仅原来的肉体不存在了，而且思虑也没有了，灰身（死后焚骨扬灰）灭智，生死的因果都尽，不再受生，是最高理想境界。小乘佛教宣传有余涅槃是阿罗汉的境界。阿罗汉是破除贪欲，消除烦恼，终结邪恶，不再受生，获得解脱的，是极可尊敬的。阿罗汉虽已解脱，但为了教化世人，仍留在世间。阿罗汉逝世以后，进入无余涅槃的境界。这两种涅槃有区别也有联系，无余涅槃是有余涅槃的继续和发展。

大小乘佛教对于涅槃的解释，差别颇大。也就是说，佛教涅槃学说有一个历史的演变过程。

小乘佛教的涅槃学说厌恶人间，视人生为大苦难，由此出发，以解除人生的痛苦为目的，以为人体消灭了，痛苦也就结束了。因此把经过修持，消除烦恼，人死后焚骨扬灰，不留痕迹的消灭状态，作为追求的目标。如同灯火被吹熄了，灯光火焰也就消失了，没有痕迹一样。至于人们修道成阿罗汉果，进入涅槃境界，他们死后是什么情况，以后是存在还是不存在，小乘佛教认为这是人类的心灵和语言难以讨论与描述的问题，这个问题犹如只供旅行者漫游的森林，一台仅供世俗娱乐而无益的木偶戏，只能产生争论、纠缠和痛苦，而无助于获得觉悟和证得涅槃。

对于证得涅槃境界的时间问题，在早期佛教经典中，有两种相反的说法：一种是今生证得，即肯定释迦牟尼在今生证得了超脱生老病死、没有痛苦的涅槃境界；另一种是认为求证涅槃要继续努力几个世代才能达到。

涅槃说还和缘起说存在着理论上的矛盾：人们是怎样从有因有缘的现实世界解脱出来，进入无因无缘的涅槃境界的呢？佛教认为人们必须借助某些条件，如信奉佛、法、僧三宝，经过修持而达到涅槃境界。但是，按照缘起说的观点，条件是会离散的，这样，条件消灭时是否还能保持涅槃呢？佛教为了摆脱这个难题，用所谓“退”与“不退”来加以解释。说修行人在一定阶段中，如果条件消灭了，是要退转的；而达到一定阶段后，即使条件消灭了，也是不会退转的，如阿罗汉就这样。但是，为什么达到一定阶段后就可以不退转呢？这仍然是难以自圆其说的。部派佛教曾就这些问题争论不休。

大乘佛教中观学派创始人之一龙树，反对小乘佛教以无余涅槃当作追求的最高境界，他突破小乘佛教的思想模式，超越以往关于涅槃问题的种种争论，另辟蹊径，选取一种新的角度来解决这些问题，提出了新的主张。他认为涅槃和世间的本性是一致的，无差别的，两者都是“空”，也都是不可言说的“妙有”。他批评小乘佛教不懂得这个道理，厌恶和离弃世间，去追求超世间的涅槃，这样就永远也不能真正达到涅槃。龙树还结合发展缘起论，发展了涅槃理论。他认为众生所追求的目标应该是正确认识一切事物的“实相”（本来面目），并加以运用，也就是要去掉一切戏论，“显示实相”。实相是涅槃的内容，涅槃境界就是对实相的认识和运用，这种涅槃称为“实相涅槃”。

实相涅槃的内容主要有两个要点①：一是从实相看，世间事物是流转生灭的，而涅槃是超出流转生灭的，但世间一切现象是毕竟空，以空为实相，涅槃本性也是毕竟空，两者都是空，由此可以说世间事物的实相就是涅槃的内容，还可以说世间与涅槃是一回事，即由实相把两者统一起来了。这就是龙树所说的：

> 涅槃与世间，无有少分别，世间与涅槃，亦无少分别。涅槃之实际，及与世间际，如是二际者，无毫厘差别。（《中论·观涅槃品》）

龙树认为，人们如果没有真正的智慧，就会对事物产生颠倒分别，从而招致人生的无穷痛苦；相反，如果能够真正体会一切事物本来和人们的主观执著无关，没有一般人认识所勾画的那样的实体，即体会到“空”（无自性），还事物以本来的寂静的面目，也就达到了涅槃境界。二是强调为了达到实相涅槃必须永远不能停顿。因为一切事物是互相联系的，人也是如此。人类是一个整体，不只是个体，不能单独行动，而要全体都行动起来，自利利他，甚至要以他为己，把自己融合在众生的汪洋大海中。这样在趋向涅槃的道路上，也就会觉悟到有许多事要做，普度众生的事情永远做不完，绝不能中间停下来。由于发愿要普度众生，即使自身的觉悟已达到佛的境地，可以进入无余涅槃了，也绝不进入。这就是所谓以大智故，不住生死；以大悲故，不住涅槃。这也称为“无住涅槃”。中观学派的无住涅槃思想后来也成为密教的肉身成佛和我国藏传佛教活佛转世的重要理论根据。

龙树一系根据世间的实际就是涅槃的理论，认为按照世间的实际而行动就是和涅槃相应，而这种践行趋向涅槃是一个过程，是一个逐渐由染污转为清净、驳杂转为纯粹的过程。这方面的道理后来为无著、世亲一系的瑜伽行派所阐扬，并另创一格。无著、世亲提出了“转依”的范畴以代替解脱。所谓转依，“转”，转变，转化；“依”，“所依”，指与生俱有而相继不断的意识状态（“藏识”）。转依就是要

① 参见吕澂：《印度佛学源流略讲》，第三讲第二节。

在意识方面解决认识问题，也就是通过转变认识，以影响行为，进而改变客观环境。人们在修持过程中，若果使清净的概念、认识逐渐代替染污的概念、认识，进而使整个认识改变，就会带来行为的改变，而行为的改变又会带来环境的改变。这样人生也就从染趋净，逐渐转变，终至染尽净满，身心面貌完全改观，也就实现了转依，达到了涅槃境界。这是继中观学派之后的又一重要的涅槃学说。

大乘佛教的一些派别，还反对小乘佛教否定常、乐、我、净为人生的基本要求的看法，强调涅槃境界具有常、乐、我、净四种美好属性，甚至有常、恒、安、清凉、不老、不死、无垢、快乐八种行相，主张追求和实现人生真正的常、乐、我、净，这又为人生理想开辟了另一新的宗教途径。

从上述可知，印度佛教各派的涅槃说差别很大，有的甚至是相互对立的。同时，从涅槃学说演变的总趋势来看，大体上是从根除痛苦向转变认识的方向发展，这是和印度社会历史以及佛教流派的演化相适应的。

小乘佛教以“虚无绝灭”为涅槃的内容，这是轻视人生在宇宙中的地位和意义，贬低现实人生应有的积极奋斗的精神，表现了对人生的悲观估计和消极无为的态度。大乘佛教中观学派以一切事物的实相为涅槃的内容，而实相被归结为非有非无的毕竟空，这是拐弯抹角地否认客观世界的真实性。他们以悟解客观世界的不真实为最高的精神境界，但是中观学派又把世间与涅槃打成一片，取消现实世界与彼岸世界的鸿沟，缩短人与佛的距离，这实际上又增加了涅槃学说的现实内容。大乘佛教学者主张研究为世间服务的知识，如天文、地理、医学、工艺等，这不仅影响了佛教的方向，也影响了文化的发展。

中国佛教学者尤其是涅槃师，对于涅槃学说有了重要的发展。这种发展主要是从对涅槃境界的描绘转向对成佛的根据和方法的探讨，而这种转变又是和《涅槃经》的翻译直接相关的。东晋时法显和佛驮跋陀罗（觉贤）译出《大般泥洹经》6 卷，为《大般涅槃经》初分的异译。北凉时昙无谶来华，先后译出大本《涅槃经》初、中、后三分，40 卷，称《北本涅槃经》。南朝刘宋初慧观和谢灵运等又以昙无谶译本为主，对照法显译本，增加品目，修饰润文，改为 36 卷 25 品，称《南本涅槃经》。此经宣扬“泥洹不灭，佛有真我；一切众生，皆有佛性”。但是 6 卷本《大般泥洹经》说一阐提没有佛性。经文的异义引起中国僧人的兴趣和思索，研究者遍于南北各地。在北方，道朗曾列席昙无谶的译场，他作《涅槃义疏》等，提出“非真非俗中道”为佛性说。在南方，竺道生首唱“阐提皆得成佛”说，认为一阐提也属于众生，为什么唯独他没有佛性呢？大胆批评《大般泥洹经》的经义并非圆满。道生还著《顿悟成佛论》(已佚)，反对当时流行的“积学渐悟成佛”说，从而和同出于鸠摩罗什门下、持渐悟说的慧观发生分歧，形成了南方涅槃师的两大系。在整个南北朝时期，涅槃学者就一阐提有无佛性，佛性是什么，成佛的觉悟是顿还是渐等问题，展开了长期的争论。但是，总的趋势是，道生的涅槃佛性论和顿悟成佛说愈来愈为佛教界所接受，并受到最高统治者的赞赏，如宋文帝和孝武帝都提倡顿悟说，梁武帝亲撰《制旨大涅槃经讲疏》101 卷，宣传佛性就是灵魂，灵魂就是成佛的实体，影响极大。隋唐佛教宗派，尤其是天台、法相唯识、华严和禅诸宗，一般地说也都以心性问题为本宗的理论重心，禅宗的明心见性和顿悟成佛的学说，更是以往涅槃师和其他宗派的涅槃佛性学说的总结与发展。中国佛教学者的心性理论是对印度佛教涅槃学说的创造性发展，为灭谛学说增添了新的内容；同时也给宋明理学的创立和发展以重大的思想影响，丰富了中国古代的心性学说。

佛教的灭谛学说，实质上是关于人生理想价值和价值标准问题的理论。佛教主张人生应当以追求涅槃为最高理想境界，并且认为人生通过学习佛法，坚持修炼，建立功德，是可以达到涅槃境界的。这表明，虽然佛教认为人生是痛苦的、不幸的，应当摆脱、超越人生，带有贬低乃至否定生命乐趣、人生价值的明显倾向，但是又认为人生是可以达到理想涅槃境界的，现实人生也是超越人生的基础，从这一层意义上说，人生又不是无价值的，而是有重要价值的。佛教认为人而为人是高于畜生、鬼和地狱的，更有条件听闻佛法，获得觉悟，求得解脱。人生的价值取决于自我解脱的程度，越解脱价值就越大，反之则价值就越小。佛教提倡追求涅槃境界，是一种适应一些人们心理需求的宗教归宿。它反映了人类心灵深处的愿望：追求生命的延续，企求更高形态的生命，渴求生命的永恒存在。它作为解决有限人生与无限宇宙的矛盾，人生的痛苦、不幸与追求快乐、幸福的矛盾的方式，在所设计的方案中，强调作为有限者、短暂者的人可以转化为无限者、永恒者，在自身获得无限、永恒的同时，又把握、体认宇宙的无限、永恒。佛教为人们提供了一种精神解脱法，使人们获得某种心理平衡，在主观情感、心理体验上获得把握有限的、短暂的人生和无限的、永恒的宇宙的统一的满足。佛教的这套方案，为一些人所接受，也为一些人所批评，还为一些人所反对。

四、道谛

道谛的“道”，指道路、途径、方法。所谓道谛就是引向灭除痛苦、证得涅槃的正道。前面已提到，释迦牟尼时代，印度各派信徒出家修道，早已蔚然成风。释迦牟尼不赞成当时其他流派的种种解脱人生痛苦的主张，他不相信苦行主义的自我虐待，认为单纯的禁欲是无价值的，也是无益的；他也反对纵欲主义，认为这更不能摆脱痛苦的纠缠；他也不要求人们信奉天神、祈祷和祭祀，认为这对于解除现实的苦难无济于事；他还认为冥思玄想，诸如探求宇宙和万有的始末问题，是无用的，并不能带来解脱。释迦牟尼在初次说法时提出了不苦不乐的中道主张，共八项，称为“八正道”。后来随着佛教的发展，又增加了四念处、四正断、四神足、五根、五力、七觉支，合称为“七科三十七道品”。“道品”，又作“菩提分”、“觉支”。三十七道品也称三十七菩提分。就是说，达到成佛的觉悟，证得涅槃的途径，共为七类三十七项。在七科中，最重要的是八正道，八正道又被归结为戒、定、慧三学。后来大乘佛教还提出“菩萨行”——“四摄”、“六度”的学说。为了叙述的方便，我们先简要地介绍七科三十七道品中的六科二十九道品，再介绍八正道和三学，最后介绍四摄和六度。

（一）六科二十九道品

1. 四念处，也称“四念住”。“念”，观照的意思，“处”、“住”，指所观的境。所谓“念处”或“念住”，是指以智慧观察和思虑对象，慧力能令心念于所观的对象明记不忘的意思。佛教认为，众生往往对身、受（感受）、心和法（事物、现象）四境，生起四种颠倒妄见，以为身体是清净的，感受是快乐的，心是恒常的，现象是有自体的，由此又产生了贪爱无明。为了对治这四种颠倒妄见，众生应当在精神专注的状态中，以高度的智慧去观察和思虑身之不净，受之不乐，心之无常和法之无我，破除那种以不净为净，以苦为乐，以无常为常和以无我为我的四种颠倒，并使之永志不忘，这称为“四念处”。后来，大乘佛教从空观的角度又对小乘佛教的四念处说加以发展，强调身如虚空，受是内外空，心但是名，法为善恶俱不得。也就是说，空寂思想的色彩愈来愈浓烈了。

2. 四正断。“正断”是能根除懈怠的意思。四正断也作“四正勤”，“正勤”是专心勤修的意思。所谓“四正断”或“四正勤”就是四种精勤修习：（1）对于已经生起的恶，应当努力断除；（2）对于未生的恶，要努力防止它产生；（3）对于已经生起的善，应当坚持到底，使之圆满；（4）对于未生的善，要努力使它生起。

3. 四神足。“神”谓神通。“足”，如身依足立，意为赖以产生的凭借或基础，此指禅定。四神足也作“四如意足”。“如意”，是禅定和神智均等，所愿都得满足的意思。所谓“四神足”或“四如意足”，就是四种可以达到神通的禅定：（1）“欲如意足”，由希求达到神通的欲力引发生起的禅定；（2）“念如意足”，也称“心如意足”，由心念之力发起的禅定；（3）“精进如意足”，由努力止恶进善的勤力发起的禅定；（4）“慧如意足”，也称“观如意足”、“思维如意足”，由思维佛理的慧力发起的禅定。释迦牟尼以后，佛教开始宣扬，修行这四种禅定，就能具备神通变化如意自在的能力。

4. 五根。“根”是根源的意思。所谓“五根”就是五种能产生一切善法的内在条件。具体指：（1）信根，对佛教的坚定信仰；（2）精进根，勇猛进修，又名“勤根”，指“四正断”；（3）念根，于境忆持为念，指“四念处”；（4）定根，专注所缘为定，指“四禅”；（5）慧根，简择得失名慧，指“四谛”。佛教宣传，五根对于众生的断恶生善有重大的促进作用。

5. 五力。指由五根的增长所产生的五种维持修行、达到解脱的力量：（1）信力，信根增长，信仰虔诚，可以破除一切疑惑；（2）精进力，精进根增长，能破除种种身心懈怠；（3）念力，念根增长，能破邪念，获得正念；（4）定力，定根增长，能破除各种杂乱惑想；（5）慧力，慧根增长，能破除迷惑，成就智慧，达到解脱。

6. 七觉支，也作“七等觉支”、“七觉分”、“七菩提分”等。“觉”，觉悟、觉了；“支”，品类。七觉支就是达到佛教觉悟的七种类别：（1）念觉支，于境明记不忘；（2）择法觉支，根据佛理观察得失，辨别是非真伪善恶；（3）精进觉支，努力修善，坚持不懈；（4）喜觉支，因悟善法，于意适悦；（5）轻安觉支，也称“猗觉支”，因断除烦恼，身心调畅；（6）“定觉支”，心注一境，思悟佛法；（7）舍觉支，舍弃一切分别，平等寂静，心无偏颇。

（二）八正道

八种合乎正确的成佛途径，称为“八正道”，也称“八圣道”、“八直圣道”、“八圣道分”、“八支圣道”等，是七科中最重要的一科。其具体内容是：

（1）正见。离开邪非的正确知解，也就是具有佛说的四谛知识，以及四谛中包含的业报轮回学说的知识，远离唯神、唯我、唯物等见解。简单地说，正见就是佛教的智慧和知识。

（2）正思维，也作“正思”、“正志”。指离开世俗的主观分别，离开邪妄迷谬，舍弃欲乐，端正思想，作佛教的纯真智慧的思索。

（3）正语。纯正净善的语言，合乎佛法的言论，也就是不妄语，不慢语，不恶语，不谤语，不绮语，不暴语，远离一切戏论。

（4）正业。合乎佛教要求的正当的活动、行为、工作，也就是不杀生，不偷盗，不邪淫（或不淫），不作一切恶行。

（5）正命。正当的生活，即按佛教的标准谋求衣食住的必需品，远离一切不正当的职业，尤其是对各种生物会引起伤害或危险的职业，如贩卖奴隶，马帮商贩，屠夫，卖酒，出售毒品，诈现奇特，自说功德，星相占卜等，都应反对。

（6）正精进，也作“正方便”。谓正确的努力，止恶修善，向解脱精进。也就是要努力防止恶心生起，已经生起的要使它断除；要努力使善心生起，并使它发展臻于完善。总之，是要按照佛教的标准辨别善恶，去恶从善，强调自觉努力，反对懈怠与昏沉。

（7）正念。正确的念法，即忆持正法，明记四谛等佛教真理。强调要精勤自觉，专心致志，脱离贪欲和愚痴，以自知来进行自制，自己主宰自己。

（8）正定。正确的禅定，即正身端坐，专心一志，身心寂静。注心一境，远离散乱心，思想集中，深入沉思，以佛教的智慧观察整个世界，洞察人生的真实，领悟四谛的意义，了解贪著欲乐、生存和愚痴这些恶事的起源与终止，这样，个人就和此生没有什么关系。这样的人就有真正无限的知识，用这种知识观察世界，犹如一池清水，其中鱼群和石砾都清晰可见，从而也就获得了身心的解脱。

八正道可以分为两类：一是精神生活，以正见为主，正思、正念、正定为辅；二是物质生活，以正命为主，正业为辅。正语、正精进是双关的。正见和正命分别为佛教徒的精神生活和物质生活的主要点，在八正道中具有最重要的意义。后来大乘佛教又特别强调正思维的智慧作用，认为正思维是获得一切善、根除一切恶的法门，是进入涅槃境界的关键。八正道只重个人解脱，不多谈对他人的慈悲。大乘佛教不同，强调慈悲。

从八正道来看，早期佛教修行方法有其显著的特色，它特别重视健全宗教精神生活，除正业、正命两条以外，其余六条都是涉及精神修养的，强调见解、认识、思想、言论的正确，强调专心和努力。还在物质生活方面规定正当的活动、生活、职业，这都体现了它的重视理智和道德的可贵精神。在八正道中既排斥了纵欲、苦行的偏见，也没有对神灵的祈祷和对偶像的崇拜，没有仪式主义的任何规定，这在各类宗教中是值得注意的。但是，八正道作为宗教实践，又在一定程度上忽视、贬低、排斥生产劳动、社会斗争和科学活动，这不仅压抑了人在现实社会生活中的广泛的主观能动作用，对于人类社会的进步也是不利的。

（三）三学

八正道可以归结为戒、定、慧三学，其中正语、正业、正命属于“戒”，正念、正定属于“定”，正见、正思属于“慧”。正精进是就学佛的态度而言，是全面的，但正精进也是慧的一种表现，可以归属于“慧”。戒、定、慧三学通常被认为是学佛者修持的全部内容。戒是纯洁行为，庄严操守，为定慧打下基础，再通过定即调练心意的功夫，而生起智慧。这也就是所谓依止于戒，心乃得定；依止于定，智慧才生。三学中，慧是根本，以慧为主体，戒定为方便。戒、定、慧三学不是孤立的，是相辅相成的关系，三者是有内在联系的。同时，大小乘佛教对于三学的态度也并不一致。小乘佛教严格区分戒、定、慧，大乘佛教则将戒和定都归属于慧，三学合成一体。小乘佛教讲戒和定是作严格的规范，大乘佛教则强调提倡方便，灵活地运用戒和定。

1. 戒学

戒，作为三学之一，是指佛教为出家和在家的信徒制定的戒规，借以防非止恶，从是作善。对于出家僧众而言，它既是生活纪律，也是道行标准。戒按其内容分为止持戒和作持戒两大类。所谓止持戒，“止”，防止、止息，意指防非止恶的各种戒，如五戒、八戒、十戒和具足戒等。所谓作持戒，“作”，修习善行，意指奉持一切善行的戒，如二十犍度等。止持戒和作持戒分别止恶作善，相辅相成。戒和律二字还经常连用，称为戒律。一般地说，戒也是律，指为出家和在家信徒制定的一切佛教戒规，但律和戒也有区别，单言律是指专为出家比丘、比丘尼制定的禁戒，是所谓能制伏诸恶的，在家佛教信徒不得闻知。

戒学作为佛教徒的道德实践和生活准则，其根本要求是止恶从善。佛教所讲的善恶，通常有所谓十善业和十恶业之说，对善和恶作出了基本的规定。所谓“十善业”，简称“十善”，是佛教的基本道德信条，其内容是：不杀生、不偷盗、不邪淫（或不淫），此三者属于身业；不妄语、不两舌（离间语）、不恶口、不绮语（杂秽语），此四者属于口业；不贪欲、不瞋恚、不邪见，此三者属于意业。所谓“十恶业”，简称“十恶”，与“十善”相对。具体指杀生、偷盗、邪淫

（或淫）、妄语、两舌、恶口、绮语、贪欲、瞋恚、邪见。佛教的戒律规定就是针对这些善恶表现而作的，以收消极防止和积极提倡之效。

相传释迦牟尼认为，在世俗社会中要实践八正道是困难的，他要求人们出家，即“走出”现实社会而“进入”僧团生活。僧团有一定的组织原则，没有私有财产，有比较充分的民主和平等，后来还逐渐形成了僧侣日常生活的行为准则。适应这种生活的需要，释迦牟尼亲自制定了戒律。后来的佛教学者又根据僧伽集团的生活变化，逐渐增制戒律，以至发展成为三藏中的律藏，对于戒体、戒法、戒行、戒相和受戒仪式等各方面都有详细的说明和规定。小乘重视专门用抑制的手段来养成不致产生恶行的习惯，为此根据信徒的在家和出家、男和女的区别，制定了五戒、八戒、十戒和具足戒等。大乘则强调不避烦恼和积极克服烦恼，虽然也遵循小乘佛教的戒规，但又另行制定大乘戒加以补充。佛教各派对戒律的具体主张各有不同。下面简要地介绍一些常见戒律的内容和意义。

五戒。指在家男女佛教徒终身应当遵守的五条戒律，即：（1）不杀生——尊重一切有生命的东西，尊重个体的生存，不可杀害；（2）不偷盗——也作“不与取”，不能擅取他人的东西；（3）不邪淫——尊重所有的异性，不能发生不正当的男女关系；（4）不妄语——对自己不知道的事情，不能随便乱说，要努力做到句句实言，诚实待人，也不要挑拨是非，不能刻薄谩骂；（5）不饮酒——不能饮用带有刺激性的、易于麻痹神经、扰乱心态的饮料，以随时保持心神的宁静状态。

五戒是教徒的根本性的德行，从人类学的角度来说，首先是要维护众生的生命，所以“不杀生”被列为第一条。众生的生存需要物质条件，如果被抢夺侵占，生存就失去保障，由此“不偷盗”列为第二条。人类的生命由男女夫妇的结合而产生、延续、繁衍，“不邪淫”就是为了保持夫妇的和睦。为了维护人与人之间的和谐共处，又规定“不妄语”。最后为了防止迷心乱性，坚持佛教修炼，还规定“不饮酒”。这都是从维护人类生存和推动佛教修行而确定的佛教基本道德准则。

八戒。佛教学者考虑到，一般在家信徒由于被俗务所缠，难以每天坚持五戒，为此又规定每个月有六天斋日，在家信徒在此六天内要远离一切声色尘嚣，遵守五戒，此外还要遵守三戒，合为八戒。增加的三戒是：（1）不作任何赏心悦目的娱乐活动和不刻意装扮自己，也就是不观听歌舞音乐，不看戏剧，也不着花香，不敷擦油膏，不修饰、美化自己；（2）不坐不睡高广华丽的大床；（3）不食非时食，也就是正午过后不得再吃饭。三戒中一、二是戒，三是斋。连同前五戒，又合称为“八戒斋”或“八关斋戒”。八戒的要求比五戒更加严格，但它不像单是实行五戒那样需要终身受持，而是临时奉行，如一个月中奉行六天或几天，一天也行，可以灵活实行。受戒期间，过一种近似出家僧人的宗教生活。

十戒。指 7 岁以上 20 岁以下的出家男子（称为“沙弥”）和出家女子（称“沙弥尼”）奉行的十条戒规。其中一、二、四、五各戒的规定和五戒中相应戒条的内容完全相同，第三戒为不淫，即不能乱搞男女关系乃至娶嫁结婚。后五戒是将八戒中第六戒分为不涂饰香鬘和不观听歌舞两戒，其他不坐高广大床和不食非时食两戒完全一样，再增加不蓄金银财宝一戒，合为十戒。

具足戒。也称“大戒”。指出家僧尼奉行的戒条。戒条数目说法不一，通常依《四分律》所说，比丘戒 250 条，比丘尼戒 348 条，通常说为 500 条戒。戒律的内容对犯重戒、轻戒，以及应当如何防止过失，都作了非常详尽的规定。沙弥和沙弥尼因未年满 20 岁，难以忍受和坚持，不能授具足戒。因与沙弥、沙弥尼所受十戒相比，戒品具足，故名具足戒。出家人只有依戒法规定受持具足戒，才能取得正式僧尼的资格。

二十犍度。作持戒的重要内容。“犍度”是“聚”的意思，即按类编集的戒条，主要是关于僧团的修法仪式和僧尼生活的礼仪制度的规定。《四分律》列为二十类，称“二十犍度”。即：（1）受戒犍度——受具足戒法；（2）说戒犍度——僧尼每月说戒忏悔；（3）安居犍度——在印度雨季（约 5 月至 8 月）里，僧尼禁止外出，谓外出易伤害草木小虫，应在寺内坐禅修学，在中国每年 4 月 16 日至 7 月 15

日为安居期，僧人安住一起修习禅定；(4) 自恣犍度——安居结束时众僧互相揭发他人的过错罪恶，并进行自我反省；(5) 皮革犍度——对于应用由动物的皮革制成的器具的规定；(6) 衣犍度——衣着的规定；(7) 药犍度——因病用药的规定；(8) 迦絺那衣犍度——安居后受在家居士赠功德衣的规定；(9) 拘睒弥犍度——对于比丘之间的争斗，应如法制止；(10) 瞻波犍度——评论不正确的做法；(11) 呵责犍度——说七种惩罚的方法；(12) 人犍度——行忏悔法人数；(13) 覆藏犍度——治罚隐瞒犯罪的事；(14) 遮犍度——禁止罪人进入僧侣行列里来；(15) 破僧犍度——说佛陀弟子提婆达多背离僧团的事；(16) 灭诤犍度——灭七种争论；(17) 比丘尼犍度——对于比丘尼行事的规定；(18) 法犍度——对于比丘的种种行为仪则的规定；(19) 房舍犍度——关于僧房卧具的规定；(20) 杂犍度——其他种种有关杂事的规定。这都是关于修行善事的重要规定，其中包括衣、食、住、行、自我反省、处理与他人的关系等一系列准则。

大乘戒在小乘戒的基础上有了进一步的发展。小乘佛教重在解脱生死，推究生死的根源是贪欲，因此以断除个人的贪欲为戒规的基本内容。后来大乘佛教强调图谋一己私利而妨碍、侵害、毁坏他人，即自私的贪心是一切恶行的根源，戒律必须以根断私心、贪心为根本，并且相应地提出“摄众生戒”，也称“饶益有情戒”，以教化济度众生。大乘戒重要的是“十重戒”（“十重禁戒”）和“四十八轻戒”。十重戒有：(1) 杀戒；(2) 盗戒；(3) 淫戒；(4) 妄语戒；(5) 酤酒(卖酒) 戒；(6) 说四众（比丘、比丘尼和男女居士）过戒；(7) 自赞毁他戒；(8) 悭惜加毁戒，即吝啬施财施法，并加以诽谤诋毁的戒；(9) 瞋心不受悔戒，即仇恨与损害他人和不受对方忏悔的戒；(10) 谤三宝（佛、法、僧）戒。十重戒中，自赞毁他戒居于十分重要的地位，它是新增加的后六种戒的中心，其他几条戒都是这一条戒的展开。大乘佛教还强调这条戒要一直贯穿到智慧上去，注意心灵结构的完善。违犯十重戒的构成破门罪，要被开除并驱逐出僧团，所以是重戒。与此相对的四十八轻戒，是对轻罪的禁戒，其内容包括不敬师友戒、饮酒戒、食肉戒等。犯此种戒的均按戒律规定进行忏悔，不受开除的处分。大乘戒将饮酒作为轻戒，表明对佛教信徒的物质生活的约束放宽了，处置也比较灵活了。

佛教的戒学是通过对信徒的思想、言论和行为的约束，以形成合乎佛教要求的思维定势、言说定势和行为定势，进而形成合乎佛教善恶道德标准的心理定势，塑造独特的理想人格和超俗形象。

2. 定学

定学就是禅定。“定”，是梵文意译，音译为“三昧”、“三摩地”。是指心专注于一境而不散乱的精神状态，即调炼心意的功夫。定学是古印度各种宗教和绝大多数学派所共同提倡的学说，是一种如何超越现象世界和获得某种绝对的神秘心理状态与思想状态的方法。它被看作是一种获得最高智慧的修行方法，体现了古印度各种流派的普遍特征。其中著名的是瑜伽行派。瑜伽原意是结合、相应，是指一种修行方式。瑜伽行派提倡调息、静坐的修行方法，以达到灵肉的统一，获得解脱。释迦牟尼学习过瑜伽，也取得成效，但认为瑜伽只能使今世获得解脱，不能逃出生死网。为了追求超越生死的目标，他继承瑜伽的修行方法，提倡定学，并把它与戒学、慧学结合起来，也就是把禅定作为获得解脱的方法之一。

佛教宣传定有两种：一是“生定”，即人们与生俱有的一种精神功能，是与心相应而起的、专注于所对的境的状态；二是“修定”，是为获得佛教的智慧、神通、功德、果报而勤行修习的功夫。定学就是指修定而言。“禅”和定有区别，是静虑的意思，谓心注一境，正审思虑，即在静定中思虑。但中国佛教学者通常把禅和定合称，包含了更广泛的含义。中国禅宗还以“禅”命宗，特别重视“明心见性”，不再限于静坐凝心专注观境的形式，从而进一步改变和扩大了禅定的意义与范围。

佛教历来都十分重视禅定。早期佛教和部派佛教认为，教徒的宗教实践是先“见道”，即先了解明白四谛的道理，然后再“修道”。修道即修行，而修行的主要方法是禅定。后来大乘佛教又进一步把禅定作为证悟般若理论的方法。大小乘佛教都认为禅定是获得确定的认识、作出确定的判断、根治迷惑烦恼、成就各种功德的心理条件和修养方法，都强调在禅定上下功夫。佛教各派关于禅定的说法很多，下面简单地叙述印度小乘和大乘佛教以及中国佛教关于禅定学说的基本内容。

（1）小乘佛教的禅定。

禅定功法要求事先作好物质上和精神上的各种准备，以便排除烦恼、杂念等各种干扰，集中思想，专心致志地在安静的环境和正常的生活中，用调身、调息、调心的方法，进行不断的修习。调身就是调整身体的姿势，通常是主张结跏趺坐，即双足交叠于左右两股之下而坐，据说这种坐法最安稳，不易疲劳，并能使心不散乱。调息，息即呼吸，调息是将呼吸调柔入细，引短令长，也就是要使呼吸达到无声、不粗、无结滞的状态。调心是调伏妄想、乱想，使注意力高度集中，克服懈怠和昏沉。禅定是一种手段、方法，是人自觉地引发生理和心理发生变化的一种现象。佛教认为采用禅定方法，坚持不懈，逐步经历不同的禅定境界，就会使身心净化，人格完善，逐渐进入涅槃境界。

小乘佛教的禅定通常是“四禅”（“四静虑”、“四色界定”）和“四无色定”两类。

“四禅”被认为是对治迷妄、成就功德的四种基本禅定，其内容是：

初禅。思维形式是“寻”（寻求、觉）、“伺”（伺察、观），由寻求伺察而厌离“欲界”（具有食欲和淫欲的众生所居的境界），断伏欲界的烦恼，进而产生喜乐的心情。

二禅。思维形式是“内等净”，因进一步断灭以名言为思虑对象的寻、伺作用，形成内心的信仰和清宁状态，故名“内等净”。对这种禅定的感受，称为“定生喜乐”。

三禅。思维形式是“行舍”（非苦非乐）、正念（正确的记忆）和正知（正确的智慧活动）。因内等净而生大喜乐，因喜乐而产生执著和烦恼。只有舍去二禅所得的喜乐，住于非苦非乐的“行舍”境地，并运用正念、正知，继续努力修习，才能产生“离喜妙乐”，进入三禅而身受无喜之乐。

四禅。思维形式是“舍清净”、“念清净”。三禅所得的乐也还是不安稳、不持久的，如生贪著，也会成为苦患，也应舍弃。舍弃三禅的妙乐，名“舍清净”。唯念修养功德，名“念清净”。由这两种清净而得“不苦不乐”的感受。佛教还宣传在得到第四禅之后，再进修四无色定或其他的定，就十分容易了，所以第四禅是最根本的。

“四禅”通过特定系列的思维形式，引导众生把全部注意力严格地固定在佛教的信仰上，使之形成一种特殊的心理感受。佛教宣传修四禅死后可脱离欲界，升入由天（众生中最高等级）居住的色界四禅天。

“四无色定”。“无色”，没有任何物质性的东西。佛教宣传高于色界四禅天的是“无色界”，也称“无色天”。此天没有任何物质性的东西，住在此处的是无形体的高级生物。此天共分四处，是修习四种无色定者死后所住的境界。具体说是：

空无边处定。思想上排除对一切物质形态的想法，只对“虚空”作无边的思维。修此定者死后生于“空无边处（天)”。

识无边处定。舍去“空无边处”的思维，转到思维“识无边”所达到的心理状态，也就是以内识为对象，作超越空无边处的观想。修此定者死后生于“识无边处（天)”。

无所有处定。进一步觉悟到，不仅物质和虚空不存在，而且连识也不存在，一切思维的对象都不存在，从而死后得以进入“无所有处(天)”。

非想非非想处定。无所有处定是舍弃一切想法，叫做“非想”。“非想”也是一种“想”，也应当舍弃，叫做“非非想”。所谓“非想非非想处定”，就是要超越无所有处的观想而进入任何观想都不存在的绝对寂静状态。修此定者死后进住“非想非非想处（天)”。

四禅和四无色定合称为“八等至”，小乘佛教和后来的大乘佛教瑜伽行派对此都有繁杂的论述。佛教宣传众生修习这种种特殊的心理活动与其死后所居的境界有直接的因果关系，这也反映了佛教精神生活、心灵世界的重要特征。

（2）大乘佛教的禅定。

大乘佛教继承小乘佛教的传统，也重视禅定。在禅定的路数上取之于小乘佛教，并没有什么新的创造和发展。但是，小乘佛教的禅定拘泥于固定的形式，认为只有静坐才能集中心思，防止散乱，大乘佛教则扩大了禅定的意义，认为禅定不拘于动静，甚至散心也能发挥定力，影响行为。大乘佛教禅定的具体方法不少，其中最重要的是念佛禅和实相禅。

念佛禅。东汉末年来华的译经家支娄迦谶，首先译出菩萨乘禅经《般舟三昧经》和《首楞严三昧经》，“般舟三昧”和“首楞严三昧”是大乘禅法中最有代表性的禅法。“般舟”意即念佛。“首楞严”是健行、健步如飞的意思。“三昧”即定。《般舟三昧经》认为，借助于智慧，专心观想佛的 32 种相、80 种好①，就可使十方诸佛现立于前。《首楞严三昧经》则宣扬，修持首楞严可为成佛的行动增加力量，易于达到成佛的境界。

实相禅。所谓实相是指事物的本相。大乘佛教中观学派认为实相就是“空”。实相禅就是把禅法和空观联系起来，也就是在禅观中既要看到一切事物的空性，又要看到一切事物的作用，两者不可偏废。这是把禅法作为悟证大乘般若理论的方法。

大乘佛教禅定的目的是为了获得般若智慧，这种智慧和一般智慧的不同点之一是具有神通力。重视神通力是大乘佛教禅定的特征。所谓神通是指不可思议的自在的作用、功能。大乘佛教认为，修行者在禅定的基础上，长期坚持观想，就能在某一天获得神通。神通通常有五神通、六神通之说。早期佛教讲四神足，有此功夫就具有四神通，即天眼通、天耳通、他心通和宿命通。五神通和六神通是在四神通的

① 32 种相、80 种好：谓佛陀生来容貌神异，不同凡俗，其显著特征有 32 个，称为 32 种相，其微细隐秘难见之处有 80 个，称为 80 种好，合称“相好”。32 种相，如长指相、正立手摩膝相、金色相、细薄皮相、40 齿相、大舌相、真青眼相等。80 种好，主要讲佛陀的头、面、鼻、口、眼、耳、手、足等长相奇特。如第 1 好，指甲狭长薄润，光洁明净，如花色赤铜；第 28 好，唇色红润光泽，上下相称；第 33 好，鼻梁修长，不见鼻孔；第 80 好，手足及胸，皆有吉祥喜旋之相（即卍字）等。

基础上发展出来的。五神通指：

天眼通：由不同于人世的粗重物质的一种清净妙色构成的眼根，视力特别灵敏，对于六道众生的一切事物，或近或远、或粗或细，没有不能照见的。

天耳通：也是由特殊的清净妙色构成的耳根，能听闻天上、人间、地下的一切声音（语言）。

他心通：以自己之心度他人之心，察言观色，猜想他人的心思，乃至远距离的思想遥感，从而得知一切他人的心。

宿命通：对于自己过去世的生涯、经历都一清二楚。

如意通（神足通）：指身能自在飞行，如鸟飞无碍；能移远令近，不往而至；又能化石为金，变火为水等。

所谓六神通是在五神通以外再加漏尽通，这是指一切烦恼断尽，获得智慧，以至于自在无碍的极高通力。

佛教所讲的神通，不是毫无事实根据的，有些是属于稀见的自然现象，是一种超常（不是超自然）的能力。如现在有人倾向于肯定的皮肤识字、耳朵识字、遥视、思维遥感等特异功能，可能和天眼通、天耳通、他心通、如意通有着情况不同的相通之处。一些气功师长期坚持坐禅入定、调息、致静、放松、守意等练功，由此获得的功夫，出现的特异功能，也类似于由禅定得到的神通。如何发挥人体的特异功能，正是科学研究的一项重要课题。但是佛教说的人经过禅定能飞行自在，石壁无碍，能知生前的无限的过去，看来是夸张过分，令人难以置信的。

（3）中国佛教的禅定。

随着印度佛教的传入，禅定也在中国流传，并获得了重大的发展。姚秦时著名佛经翻译家鸠摩罗什，应弟子僧叡的请求，糅合印度佛教各家的禅法，编译了《禅秘要法经》，倡导五门禅观（详后），强调学佛者要根据具体情况讲究不同对治，采用相应的禅法。贪欲重的修“不净观”，瞋恚重的修“慈悲观”，愚痴重的修“因缘观”，散乱心重的修“数息观”，一般人修“念佛禅”。鸠摩罗什倡导的五门禅，融贯了大小乘禅法，重视禅智双运，影响深远。

隋唐时代天台宗提倡“止观双修”，也称“定慧双修”，作为佛教的修习方法。“止”是止息妄念，专心一境，不分散注意力，也就是禅定的意思；“观”是观照，即智慧的意思。“止观”就是禅定和智慧的并称。天台宗创始人智顗认为，止观虽说起来有先后，实际上两者是不能分离的，不是两回事。天台宗还提出，止观并不限于传统的静坐默想，而是要体现于日常生活的一切方面，即在日常生活中也要有止有观，随时随地做到止观双修。

继天台宗之后，慧能禅宗从体用角度阐发定慧关系。《坛经·定慧品》说：“我此法门，以定慧为本。”“定是慧之体，慧是定之用。”强调定的重要性。值得注意的是，慧能禅宗以般若智慧、明心见性为禅，宣扬佛性本有，觉悟不假外求，提倡单刀直入，直彻心源，见性成佛，即心是佛。后来经过南岳怀让和青原行思的传承，禅师们更是把禅法融合在日常生活里，宣传坐住行卧、搬柴挑水、日用操作都可体现禅的生活，从而构成一种随缘任运的主张。这是对佛教传统的禅定观念的最大变革，是和印度佛教以及中国其他教派的主张大相径庭的。

禅定是人的一种身心活动，是一种由特殊实践和独特经验形成的心理生理现象。它会使一些人产生、调动和释放出人体内部的某种特异功能，从而发生种种微妙的作用，如治病和保健的医疗作用；它能改变神经系统的调节功能，开发智能，制止通常的思想活动，排除对现实世界的种种感受与思维，主观地摆脱世间的枷锁和桎梏，趋向于超越世间的种种追求、想象，从而获得心理的愉悦、心态的清宁、心灵的解脱，使整个身心充满清净、安宁的感觉。因此禅修在佛教徒的修习和生活中起着重要的作用。由于长期修炼禅定，久炼发功，使人的特异功能得到发挥，进入异常状态，而被视为是一种神通力，是人与神相交通获得成功的证明。由于禅定中体验到某种宁静平和的心境，而以为是得到解脱的表现和进入涅槃境界的证明。由于禅定要求摆脱一切外界客观的东西，把心理意识活动完全缩进自身的主观领域，从而导致脱离现实的非分之想，陶醉于某种特殊感觉，是很自然的事情。

3. 慧学

慧，即智慧，谓能通达事理，决断疑念，观达真理，断除妄惑，从而根绝无明烦恼，获得解脱。为培养、增加佛教智慧而进修，称为“慧学”。佛教通常把智慧分为三种：（1）闻所成慧，指听闻佛法，学习五明①，即从听闻学习所得的智慧；（2）思所成慧，依前闻所得慧而进行深思熟虑，咀嚼融会，条理贯通，是得于自己思索的智慧；（3）修所成慧，依由闻和思所得的智慧，进而修习禅定，由定生明，证悟人生和宇宙的实理，是得于证悟的智慧。由此智慧而断绝一切无明烦恼，进入涅槃境地，成就为佛。慧学的内容极其庞杂丰富，其核心就是对于人生和宇宙的“真实”的论述，也就是佛教哲学所阐述的内容。为尽量减少重复，此处不再赘述。

上述内容，如七科三十七道品，组织重复，七科之间内容重叠，其他六科实际上是八正道的具体化。从方法的角度看，是突出地强调培养信徒的坚定的信仰和精勤的态度，对信徒的思想、言论和行为既有消极的防范，又作积极的引导，并采用神秘的直观，以对治一切不符合佛教的认识和思想，同时还十分重视调炼心意，以形成一种特异的心理状态。佛教的这些方法，对于树立和坚定教徒的信仰发挥了巨大的作用。

佛教的七科三十七道品和三学，其要义在于道德变革，要求道德的自我完善；在于心灵的宁静，追求安息的境界。它强调通过个人的努力来实现人生的理想境界。应当承认，从历史发展来看，佛教重视个人的道德责任和奉献精神，主张去恶从善，约束自我利于他人，这在道德领域是有某种积极意义的，但是，佛教的善恶是以其宗教需要为标准的，佛教不能正确了解人的社会本质和社会生活，不懂得人们要摆脱苦难，不能只靠什么消灭所谓无始以来盲目求生意志所造成的业力，而是应当改造社会，应当适应、利用和改造自然。佛教忽视改

① 五明：明指学问，五明即五类学问：（1）声明：声韵学和语文学；（2）工巧明：工艺、技术、历算之学；（3）医方明：医药学；（4）因明：逻辑学、认识论；（5）内明：佛学。

造客观世界，强调改变主观世界，重视内心的净化，这是与其世界观以及宗教实践紧密相联系的。

（四）四摄和六度

大乘佛教以上求佛道，下化众生为志愿，认为没有广大众生的解脱，就没有个人的真正解脱，为此它提出了“救苦救难”、“普度众生”的口号，相应地又将以个人修习为中心的戒、定、慧三学扩充为具有广泛社会内容的“菩萨行”——“四摄”和“六度”。

四摄，又称为“四摄法”、“四摄事”、“四事摄法”。“摄”，摄受，吸引。大乘佛教提倡以四种行为摄受众生，使众生产生亲爱之心，皈依佛教，故称。四摄是指：（1）布施摄，如众生需要财物的支援，就给他施财物，众生热爱佛法的，就给他施佛法，要根据众生的需要，有针对性地去布施。（2）爱语摄，根据众生觉悟高低的不同情况，善言慰喻和开导。（3）利行摄，做有利于众生的事，行为要合乎众生的利益。（4）同事摄，与众生共同相处，共同行动，以随时对众生进行教化。四摄是主张和众生相处，从财物、言说和行动等方面给众生以利益和教化，从而使众生热爱佛法，皈依佛教。

六度，“度”是梵文 Paramita（波罗蜜多）的意译。“波罗蜜多”，又译作“度彼岸”、“到彼岸”、“度无极”。“六度”，也作“六度无极”、“六到彼岸”。意思是使众生由生死此岸渡到涅槃彼岸的六种途径和方法。这是四摄的扩展，是大乘佛教修习的主要内容，菩萨行的大纲，其具体内容是：

1. 布施度：布施是指将自己的一切舍于众生，即用自己的财力、体力和智力去救济贫困者和满足求索者，是既为众生造福成智也使自己积累功德以至求得解脱的一种修行方法。布施通常有三种，以财物与人，称“财布施”，以说佛法度人，是“法布施”，以无畏精神救人的厄难，叫“无畏布施”。小乘佛教也讲布施，其目的在于破除个人的吝啬和贪心，以免除来世的困境，是从个人利益和解脱着眼的。大乘佛教的布施则与大慈大悲的教义相联系，用于超度众生，由此布施对象也大大超出人类的范围，扩大到飞禽走兽、虫豸鱼虾。大乘佛教十分重视布施，把布施置于六度之首。在大乘佛教的典籍中，有大量的诸如倾家荡产慷慨施财、慈悲救生、舍身喂虎，乃至太子不仅献出了自己的国家、田园和妻子，而且还自杀身亡献出自己的四肢五脏给众生的寓言故事。这种自我牺牲的道德行为，一方面体现了慷慨、勇敢和崇高，一方面也饱含了盲目、愚蠢和荒唐。佛教还宣扬向寺院和僧人布施，可以获得福祐，积累功德，甚至于成就正果，借以吸收社会财富，充实寺院经济。同时又从事一些社会救济活动，以收宣传教化的效果。这一些都表现了布施的多重性质和大乘佛教的复杂品格。

2. 持戒度：上述五戒、八戒和十重戒等是持戒的重要内容，是极严格的戒条，但是大乘佛教认为，在一定条件下，修行者必须随顺世间的杀、盗、妄、淫，才能体现真正的慈悲方便，才是契合真理。比如，对于残杀众生，使众生遭受苦逼的恶人，就应以慈悲心杀掉他，即使自己因此而堕入地狱，也毫不迟疑。这样做，一方面可以使多数众生免遭惨运，一方面也是对恶人的怜悯，可以使他不再作恶从而免受更坏的果报。又如，对于巧取豪夺，非法获取财富的所有者，也必须夺走他的财富，归还原来的被夺者，以免抢夺者因享用非法得来的财富而加深罪恶，从而有利于拯救他。再如，为了使众生不受杀害、偷盗、奸淫、欺诳，为了救护众生，非妄语不可时，也不妨妄语。还有为了引导异性去恶从善，归入正途，也不妨以悲悯心与之合好。大乘佛教认为，这样的犯戒就是合理的持戒，更彻底的持戒。同时，大乘佛教也放松了对于信徒的宗教生活和日常生活的约束，对于违反戒规的处置也比较灵活宽容。

3. 忍辱度：忍辱是要求忠于教义和信仰，安于苦难和耻辱。大乘佛教宣扬，忍受不可忍受的事，是万福之源。它要求信徒必须有坚定的忍耐，经得起各种迫害和苦难，宁愿忍受“汤火之酷，俎醢之患”，牺牲生命，也绝不做有害于众生的事，坚守难行得行、难忍得忍的德行。大乘佛教的这种忍辱观，在一定条件下是一种美德，在一定条件下又是一种非美德。事实上，忍辱有时有利于众生，有时则不利于众生，因此，它作为一种道德行为的普遍准则，也是难以行得通的。

4. 精进度：这是要求信徒在修善断恶、去染转净、喜济众难、普度众生的修行过程中，努力不懈，绝不退却，真正做到修学不厌，教化不倦。

5．禅定度：如前所述，大乘佛教的禅定不专注于静坐沉思，它认为坐禅静定只是一种初学者的方便，更重要的是应当与慈悲智慧相应，从各个方面去实践，做到静定动也定，行止坐卧都定。大乘佛教还强调要把禅定活动贯穿到普度众生的教化事业中去。

6．智慧度：大乘佛教一方面重视用缘起性空的理论去观察认识一切现象的实相，证悟万物性空的“真理”；一方面又越来越强调所谓“度脱世人”的“方便”，主张随机应变，以有利于教化众生为最高目的。为此也重视掌握世俗的知识，以利于教化众生。

大乘佛教在传统的修持方法之外，强调菩萨行要以大悲为动机，要等一切众生都成为佛以后，自己再成为佛，为此增加了布施和忍辱两项，并置于突出的地位，这是其悲天悯人的慈悲观念的突出表现。大乘佛教强调个人的精进努力，一往直前，绝不后退，也就是重视主体的自觉和作用。至于在持戒、禅定、智慧三个方面，其具体内容和重点也都有所变化。“六度”体现了大乘佛教的伦理道德观念，它以大慈大悲、济度众生为道德的出发点，以克制自我、救助他人为行为的准绳，以“自利利他”、“自觉觉人”，即以个人利益和众人利益的统一，一己的解脱和拯救人类的统一，作为社会伦理关系的基本原则，也作为人生解脱的最高理想。大乘佛教在修持方法上的这种显著变化，是佛教日益世俗化的结果，也是为了适应不同时代、不同民族和不同地区的情况和需要，以扩大佛教的势力和影响。由于这些修持方法所体现的伦理道德观念，如大慈大悲、自利利他、忍辱、精进等，同古代社会的理想化了的道德规范近似、相通，从而在历史上引发过人们的美好善良、利国利民的动机，在先进的人们中激励过英勇奋斗、自我牺牲的热情。这是应当给以历史的肯定的。

道谛是讲怎样生活才有价值、怎样才能实现理想价值的问题，在这方面佛教是充分肯定人生的价值，尤其是道德价值的。它强调人性可以通过精神修炼而变成为另一种东西，人生是可以改造、提高的。它强调要通过去恶修善来改变人生的命运，实现人生的理想人格和境界。佛教主张解脱的方法是辨别善恶观念，制止丑恶思想，根除丑恶行为，保持善良的心意，坚持善良的行为，也就是以思想和行为的善良为教徒修行的指针，而这种善良道德的基础是不自私，不损人。应当肯定，这是由对人类的天性的深刻反思而得出的具有积极意义的主张，虽然它带有宗教性的倾向。道谛认定一个人境遇、命运的好坏，都是由自己的思想、行为来决定的，这也是有其局部合理性的观点。当然也应当指出，佛教着眼的不是人们的政治、经济的解放，而是抽象的解放；着眼的不是社会的解放，而是个人的解脱；对于个人的解脱，也不是着眼于肉体的解放，而是追求心灵的解脱；对于心灵的解脱，也不是着重于现实的解放，而是追求来世的解脱。这也是一切宗教的普遍局限性，佛教自然也不能例外。

第二节　三法印说

前文讲到，早期佛教以为无明即无知是人生痛苦的最后根源，所谓无明就是不懂得人生“无常”、“无我”的道理。为了论证人生是无常、无我的，早期佛教提出了三个命题：“诸行无常”、“诸法无我”、“诸受皆苦”（“一切皆苦”）。这三条合称为“三法印”。“法”，指法理、佛理、理性。“印”，印证。以此三命题印证是佛法，称为“法印”。“法印”也就是印证、标志。中国佛经翻译家以为这三大义理是佛教同其他学说异流的分水岭，犹如公私文件里所用的印鉴，故称之为“三法印”。这也是后来衡量、判断佛教学说是否正确的标准，也是佛教学说与其他流派相区别的标志。三法印也称“三相”，“相”指特征，“三相”即佛教学说的三个特征。后来，有人在“三法印”之外，又加“涅槃寂静”，这样就成为“四法印”了。同时人们也都认为无常、无我中已逻辑地包括着“诸受皆苦”的原理，正如上面讲的，佛教所谓苦，主要不是指忧愁等情感上的痛苦和肉体上的痛苦，而是无常逼迫的意思，苦是无常的含义之一。佛教认为，人们的各种恬适、愉快、欢乐，不是一得永得的，而是不断变化，并终归要坏灭的。众生所依的色、受、想、行、识五蕴，众生所住的世界，都是无常的。既然世间的一切都在无常变化的过程中，也就没有什么美妙欢乐可言。可见无常是苦。再者，由无常又可以导致无我。世间的一切是不断无常变化的，对众生来说，也就是不自在的，难以主宰、控制、支配的，也就是无我的。对众生来说，无常是苦，无我也是苦，苦也是无我。① 众生不懂得这些道理，顽固地执著无常为常，执著无我为我，就永远只能在痛苦中沉沦，在轮回中流转。相反，众生若能洞察无常、无我的真谛，包括洞察无常故苦和无我即苦的道理，就能超脱痛苦和生死，获得解脱，进入涅槃境界。这样也就把“诸受皆苦”去掉，以“诸行无常”、“诸法无我”和“涅槃寂静”为三法印了。这“三法印”一直被认为是大小乘佛教的三大纲领，是整个佛学的理论枢纽，是佛法中不可动摇的根本原则。

一、诸行无常

行，是迁流转变的意思，也就是指一切辗转相依、生灭相续的无限活动。或者说，无限活动的发生、安住、变异、消灭的不同形态，无限活动过程的不断推移，这一切总称为“行”。行是正在进行的活动，没有不变性，也没有主宰性。佛教认为，世间一切事物都是因缘和合而生的，世间一切造作而生的现象，包括各种物质现象、心理活动和形式概念，无一不是迁流转变、不遑安住的，这称为“有为法”。有为法是迁流转变的，所以又称为“行”。也就是说，“行”由迁流转变的意思，进而指世间一切是由因缘和合而生的，因而是迁流转变的事物和现象。因万物和现象众多，故称为“诸行”。佛教认为，另外还有一种“无为法”，是并非由因缘和合而生的，是无造作的，如虚空和涅槃等，不属于诸行的范畴。“常”，恒常。“无常”，不恒常，即是变化的。所谓“诸行无常”，简单地说就是世间的一切事物和现象都是变化无常的，世界上没有湛然常住、永恒不变的事物和现象。佛书上所谓“一切有为法，如梦幻泡影”云云，就是这个意思。

---

① 《杂阿含经》卷一云：“色无常，无常即苦，苦即非我，非我者亦非我所，如是观者，名真实正观。如是受、想、行、识无常，无常即苦，苦即非我，非我者亦非我所，如是观者，名真实［正］观。”

诸行无常的含义有一个发展、扩大的过程。早期佛教提出诸行无常的命题是根据生活经验的实感而着重为人生痛苦的论断提供论据。这里所讲的世间诸行，着重讲的是人类以情爱为中心的一切活动。如五蕴中的行蕴，是构成人身的因素之一，也就是认为人身包含了一种意志活动，或者说由强烈的生存意志推动了人身的形成和生死的流转。又如十二因缘中的行因缘，是由于人生的无明而生起的意志活动，这种意志活动牵引着另一因缘“心识”向相应的投胎处投生，并推动了生死流转。行为人身形成的动力，是人生生死流转的原因，而行又是和色、受、想、识四蕴，及无明、识等十一因缘相依相续的活动，显著地表现了无常的性质。由于人生无常，因此一切皆苦。

佛教的十二因缘的理论更系统地阐明了人生变化无常、生死轮回的过程，其中既没有任何不变的事，也没有任何令人愉快的事，从而说明了人生是一个无限痛苦的过程。在早期佛教看来，人的欲望是无限的，一种需求得到满足，又会产生新的需求，可是这种变异不定的欲求，必然不会得到充分的满足，必定会使自身永远陷于需求难以实现的痛苦之中。再者，生活的要求是人之常情，人都希望美好生活能够保持恒常不变，但是保持恒常不变的愿望和变化不居的现实之间就有矛盾，矛盾得不到解决就会招致痛苦。所以，早期佛教从一切事物和现象都是变化无常的观点出发，也反对当时印度其他流派的两种见解：一是常见（有见），婆罗门教认为自我是常住不变的，早期佛教称之为“邪见”；二是断见（无见），有的沙门认为一切断灭，人死后一切都没有，“我”可以不受果报，早期佛教称之为“恶见”。

后来佛教各派阐述的无常理论，就不只是限于“苦”和着重论证“一切皆苦”，而是广泛涉及一切现象，成为论述世界万物的存在和常变的理论了。它们强调一切事物都不是单一的、孤立的、绝对的存在，而是和其他事物相依相成的，这样，一事物只要有一点变化，就会引起与其相联系的其他事物的变化，进而与其他事物相联系的更多事物也随之发生变化，一切因缘和合的事物时时在变，永远在变。企图使因缘和合而生的事物不变化，是完全不可能的。

无常还分为两种：一期无常和念念无常。一期无常是指一切事物在某一期间内，迁流转变，不断代谢，而最后归于坏灭。人的生、老、病、死，物的生、住、异、灭，世界的成、住、坏、空，虽经历的时间有长有短，但都是一期无常的显露。一期无常也称“相续无常”，谓某期限中相续变化的事物都必将归于坏灭。念念无常，“念”是梵文“刹那”的意译，“念念”就是刹那刹那。念念无常也称“刹那无常”。一切事物不仅有一期无常，而且在某一期间内又有刹那刹那生、住、异、灭的无常。也就是说，在没有坏灭之前，刹那刹那，念念之间，迁流不息，不得停住。有的佛典宣扬，一昼夜间就有6 400 099 980次刹那生灭。有的佛典说，无常迅速，念念迁移，石火风灯，逝波残照，露华电影，都不足以喻万物的念念无常。佛教还宣传，无常虽有两种，但无常是无始无终的。人有生、老、病、死，但生前仍有生命体，死后又转化为其他生命体，相续不绝。事物由因缘和合而生，因缘散离而灭后，又转化为其他事物。世界也按成、住、坏、空的过程，周而复始，不断循环。总之，世间一切事物永远生灭变化，无始无终。

佛教认为，包括人类在内的世间一切事物都是一种流，一切事物都只在永恒的流动中存在，犹如水流和火焰，处于迁流不息、瞬息即变、无始无终的过程之中一样。这无疑是一种卓越的辩证观念，是佛教在理论上最重要、最有意义的贡献之一。这种理论排斥了永恒不灭的灵魂、恒常绝对的本体和创造万物的上帝的存在。但是，佛教以事物的变化来说明人生的痛苦，显然是不完全确切的；以追求寂灭的涅槃境界为依归，也是不符合辩证法的。佛教主张一切变动不居，以“无常”反对“常”，成为佛教反对婆罗门教派的重要理论，它曲折地反映了当时印度思想界否定或肯定社会结构的斗争。但是，一切无常的相对主义和某种虚无主义倾向，最后又发展到相信“不可言说”、“不可思议”的“如来”，把破他人的“常”变成了立自己的神秘符号，从而又陷入了神秘主义的深渊。

二、诸法无我

法①是梵文 Dharma（“达摩”、“达磨”）的意译。按照大乘瑜伽行派的解说，“达摩”的本义是轨持。轨持的意义是“轨生物解，任持自性”。所谓轨生物解，是说有一定的规范，可以使人产生认识。所谓任持自性，是说任载摄持自身的特性或质的规定性。这就是说，作为“法”有两个方面的规定，即有自身的特性、形相和能为轨范而使人理解、认识。简单地讲，法就是事物、东西、存在。瑜伽行派从能知的意识和所知的对象的关系去考察，把法分为两类：别法和一切法。所谓别法是说，眼、耳、鼻、舌、身五识分别了知色、声、香、味、触五境，而第六识即意识了知受（感情）、想（认识）、行（意志）三种内心活动方式，因这三种心态只有意识才能了知，被称为“别法”。所谓一切法，是说意识不仅分别了知别法受、想、行，而且还能分别了知眼、耳等五识所知的一切，这样能知的眼、耳等五识也就成为了所知，也就是说，能知同样也具有“轨生物解，任持自性”的意义，也是法。这样能知所知都是法，一切都是法，也就泛称为“一切法”。一切法也称为“诸法”、“一切万法”、“一切诸法”。前面讲的诸行不包括佛教所讲的“无为法”，而诸法则包括无为法在内，是主观与客观、现象与超现象、此岸世界和彼岸世界的总称。“我”是灵魂、统一人格、主宰、自性、实质和实体的意思。“我”是恒常不变的实体，具有自我主宰的功能。也就是说，“我”是既无集合离散，又无变化生灭的实体，是独立自生的永恒不变的主宰者。所谓“诸法无我”，是说一切存在都没有独立的不变的实体或主宰者，一切事物都没有起着主宰作用的我或灵魂。换句话说，就是世界上没有单一独立的、自我存在的、自我决定的永恒事物，一切事物都是因缘合成的、相对的和暂时的。

早期佛教的“无我”观念，是针对当时印度一些派别的“我”的

① 关于法，佛教典籍通常有两种用法：一是指佛的教法、佛法，如“佛、法、僧”三宝里的“法”是佛教真理的意思；二是指成分、事物和现象。这里要讲的是后一层用法，和前一层用法无关。

理论，尤其是婆罗门教的梵我即神我理论提出来的。据《中阿含经》载，当时主张有神我存在的说法有三种：一是认为感觉是神我；二是认为神我是能够感觉的主宰；三是神我并无感觉，而神我的工具能够感觉。早期佛教对此一一加以驳斥，指出感觉有多种多样，有快乐的、痛苦的、不快乐也不痛苦的，不能都是神我，而且任何一种感觉都是生灭变异的无常存在，不可能是神我。感觉既非神我，神我也就不是能够感觉的主宰，也就不能有感觉。神我既然不能感觉，神我的工具也就不能有感觉。早期佛教也反对婆罗门教宣传大自在天（大神）创造世界的说法，认为世界有变化和毁灭，有烦恼和灾难，有仇恨和丑恶，这就证明了世界不是大自在天创造的，或者说大自在天也有烦恼和丑恶。早期佛教否定大自在天创造世界的说法，但并没有否认大自在天的存在，认为他也不过是受自身业力支配的高级众生而已。

佛教宣传我有两种：一是"人我"，二是"法我"。对我的执著，叫做"我执"，也叫做"我见"。我执也分为两种："人我执"（"人执"）和"法我执"（"法执"），这都是佛教所要着力破除的。和两种我、两种我执相对立，相应地无我也有两种：一是"人无我"，二是"法无我"。从无常必然推论出无我。"无常故苦"，"无常即苦"，人生既有苦恼，就是不自在，自己不能主宰自己，也就是无我，称为"人无我"。不仅如此，其他一切事物也都是无我。因为一切事物都是由各种因缘条件构成，时时刻刻在变化的，所以也不能说有一定的自体，这称为"法无我"。这种人、法二无我的理论是早期佛教的基本学说，也是其在思想上区别于当时印度其他流派的根本之点。

"诸法无我"是一个全称命题，其含义也有一个演变的过程。小乘佛教学者根据生活经验、生命事实，认为人类最容易把自身执著为实有，所以突出地强调人无我，众生无我。他们从缘起论的立场出发，认为应从人的构成与流转相续中去考察、分析，宣传人是心物和合相应的存在者，是形体和精神的集合体，是由色、受、想、行、识五种元素（五蕴）组成的。色蕴指眼、耳、鼻、舌、身，即生理机体，形体，身体，是"物质"；受蕴指情感作用；想蕴是认识作用；

行蕴指意志作用；识蕴是觉了分别作用。后四蕴是心理活动，是“精神”。五蕴分为两类，就是心和物、物质和精神。人就是物和心、物质和精神的相依共存体，是假名为人，虚妄不实，本无有我。离此心与物、精神和物质的共存活动，没有人的实体可得，犹如梁椽砖瓦和合而成房屋，离开梁椽砖瓦也就没有房屋。人是身心假合，离开五蕴和合也就不成其为人。人并没有实体，只是可变的诸蕴时刻在变化，如水涓涓，如灯焰焰，念念生灭，相续无穷。人的生理和心理的存在状态都是无常的，死亡就是人体生命因素的解散，就是无常的表现。人的死亡是五蕴的消散，同时在生命的贪欲的推动下，在前因必有后果的因果律的支配之下，一个新的聚合体又随之而成，这种新生命体同样是无实体的、无我的。但是世俗的人不懂得这个道理，在身体、情感、意志、认识各个方面生起贪著，把人执著为实在的我体，产生我的观念，热中于自他彼此的差别，产生和增长贪欲、瞋恚、愚痴，形成各种烦恼，进而造种种业，有业就有生死轮回。总之，有了贪著、系缚，就流转生死不已。所以我执是万恶之本、痛苦之源，必须全力破除。佛教宣扬人由五蕴和合而成，是人无我，否定人的实体价值。中国哲学认为，“人为万物之灵”，人是宇宙中最美妙、最值得赞颂的。健全的精神和健美的体魄的和谐一致，表现了人的智慧和力量，体现了人的生命实体的崇高价值。应当确定这样的观念：热爱生命，热爱人类，是追求、实现人生理想与人类理想的起点和前提。

早期佛教强调众生无常无我，并没有主张一切事物无常无我、世界无常无我。一般地说，部派佛教也并不否定物质世界，如山河大地的客观存在，只是后期有些部派才认为它没有永恒的实体。但是，这种把事物和实体对立起来的矛盾理论，为后来大乘佛教否定客观世界的真实性提供了基础。大乘佛教学者认为，人以外的其他一切事物也和人一样，即一切有机物和无机物，都是各种因素的集合体，也都没有独立自存的实体，世界上没有自我决定的永恒事物，是法无我。一切事物都是合成的、相对的和暂时的。但是众生不懂得这个道理，把事物执著为实在的我体，由此就妨碍了对佛教“真理”的理解。他们在破除人我执的同时，还特别重视破除法我执，从而也就把诸法无我的意义推广扩展到一切方面，成为典型的一切皆空理论的同义语。

早期佛教宣传诸法无我的理论，否定自我实体的存在，但是它又肯定众生业力的作用，提倡业报轮回说，这就留下了巨大的理论矛盾。后来部派佛教的某些学者就主张有“人我”，还提出了“中有”作为轮回转世的联系者、过渡者。大乘佛教瑜伽行派更是立“阿赖耶识”及其种子，作为生死流转和涅槃还灭的根据和立足点，这都是为了克服上述理论矛盾而提出的种种唯心主义答案。

按照诸法无我的理论，一切事物都无自性，那么，人的思维、认识又如何开展呢？纷繁杂陈、千差万别的事物又如何区分、如何识别呢？瑜伽行派提出了三自性（遍计所执性、依他起性和圆成实性，详后）的理论，就含有“法我”的思想因素。瑜伽行派宣扬“法有自性”，是出于认识的需要和目的，因为要认识事物就必须划清事物的不同的界限和范围，以便于思维活动的展开。否则，事物没有自性，没有互相区别的界限和范围，思维就会处于一种完全捉摸不定的状态之中，而认识无法进行，事物也就无从辨别。

三、涅槃寂静

涅槃寂静的含义、类别和演变，在上一节论述灭谛时已经讲过，这里从“法印”的角度，再略作补充。

和前两个法印不同，第三个法印是用肯定形式表述的。所谓寂静，就是涅槃的状态。远离烦恼，断绝患累，寂然常住，就称为“涅槃寂静”。涅槃寂静是三法印的终极。三法印是基于缘起论的学说，要人们从缘起法中体悟无常、无我，即从观察缘起中证悟无常、无我的必然理性，并归于涅槃。佛教提出诸行无常和诸法无我，最后是要显现涅槃寂静之理。由于一切因缘和合的事物都是无常的，众生就会产生厌世之苦，就会追求出离世间；再是若能厌恶世间，追求出离，就会进一步认识到一切事物都是无我，舍弃我执，离弃一切爱欲；离弃一切爱欲，就摆脱一切烦恼，也就必然会无所依止，归结于灭，证得涅槃解脱。也就是说，从时间上和空间上说明因缘和合事物的无常性和一切事物的无自性之后，就可进一步以涅槃寂静为归宿，从而为众生指明宗教的出路和未来的理想。

涅槃寂静作为佛教的最终理想，是大小乘佛教和各种佛典所着重论述的问题。从一定意义上说，佛教的种种学说，最终都是为了说明和论证涅槃寂静这一最高理想。这是佛教各种理论中最富于宗教神秘色彩的部分，充满了对彼岸世界的离奇神异的描绘。

涅槃寂静作为佛教的最终理想境界，也被认为是宇宙万物的实相，进而还被视为是宇宙万物的真理。佛教宣传这种真理是非语言思维所能表达和把握的，只有凭借神秘的内省式的直觉才能证悟。

佛教提倡追求人生的最终理想境界，这对于培养和健全理想人格是有意义的。通过宗教的特定修持，的确能在观念、道德、理想上发生种种变化，实现某种主观性的愿望。但是，佛教的涅槃寂静说，是通过否定现实而肯定精神理想，通过否定世间的“常”和“我”而肯定出世间的“常”和“我”。这是消极的、反常的，也是不能实现的。佛教讲有为法是生灭的、无常的，无为法涅槃是无生灭的、无常的，生灭的有为法又如何过渡到无生灭的涅槃无为法呢？这在理论上是很难讲清楚的。佛教认为涅槃也是无我的，并认为无我是统一有为法和无为法的基础，但是难道证得涅槃的果报者不就是“我”吗？这里也存在着难以自圆其说的理论矛盾。

诸行无常、诸法无我和涅槃寂静“三法印”学说，是就一切事物、现象对人生的实际意义角度立论的，是一个统一的整体学说。三法印的根本内涵是揭示一切事物和现象的绝对的真——共同实相，这种绝对的真——共同实相就是一切事物和现象的无有自性，即空性，空。三法印就包含了一切事物和现象的共同实相的内涵。三法印是一个认识依次递进的多层次学说。第一层，一切现象由同类因素的和合或异类因素的和集而成，都是由因缘和合而起的，缘起现象既然是互相关联、互相影响的，也就必然是刹那刹那生灭、变化不停的，没有常住，没有不变，一切都是“无常”的。第二层，一切现象既然都是无常的，也就没有一种恒常、绝对、自在的实体存在。人们着眼于变动的观念，通过对因缘和合而成的一切现象的分析，认识到一切现象都是相依的、无实体的，也就是空虚无主宰的，这就是“无我”。再进一层，人生有了“无我”的经验、认识，就会逐渐减少对自我和外界事物的执著贪爱，乃至根绝我执。这样原来使人产生烦恼和痛苦的心理、行为也就逐渐改变，直至于消失殆尽，也就最终归于“寂静”。所以，三法印既是带有逻辑性的认识过程，也是众生修行实践的过程，是由体认一切现象的空性，根除一切执著，最后达到完全清净境界的过程。

佛教的四圣谛说和三法印说，从根本上看是一种关于人的学说，是人类在生存发展的过程中，以人为本位，对人自身的生存本质和人类的发展前景进行探讨，进而阐发了关于人的本质、价值和理想等人生哲学根本问题的独特见解。其中，最根本的是对人类自身价值的深刻反思。我们认为，人生价值是由人的内在价值（潜在的才能和品德、独立人格）和外在价值（现实价值、成就和贡献）构成的，是一种在一定历史条件下对人类进步事业的效用性。佛教以对现实人生痛苦的感受、认识和思索为基点，对人生作出了一种严峻的评价，提出人类的两种生存方式和两种人生价值，一种是无常、痛苦，一种是寂静、幸福。佛教还构造出由前一种生存方式和人生价值转化为后一种生存方式和人生价值的道路、方法，强调通过自我的努力实现超越现实人生的理想价值。实质上这是人类面临生命有限的畏惧，面临认识、能力、实践的种种有限带来的怅惘，而转向追求主体的内在的心理、情感的体验，即进行自我心理调整而获得的一种精神满足，换句话说，这种心态转换，精神解脱，是对人生矛盾无法排解的排解。佛教的四圣谛说和三法印说，排斥了人类和人生是上帝与天神安排、主宰的说法，强调人是自己主宰、决定自己的命运的，这标志着一种觉醒。但是，佛教对现实人生价值的否定，提倡追求出世的理想价值，也会影响现实人生理想价值的实现。

第五章

佛教的宇宙要素论

印度佛教是着重探求解脱人生苦难的宗教。人生活在现实世界之中，无时无刻不和客观世界发生种种直接的密切的关系。佛教认为，现实世界是人的火宅苦海，对于人修炼成佛、解脱苦难是不利的。这样，佛教就必然要在理论上贬低现实世界对人类生活的意义，乃至否定现实世界的真实性。基于这种目的，佛教就要从理论上对世界作出多方面的、深层次的说明：世界是如何生起的，如何构成的，世界万象本身应如何分析，一切现象的本性应作何解说，现象与本体是什么关系，心与物又是什么关系，等等。这些问题，从科学史的角度看，可以说是佛教的特殊的天文学、地理学、地质学、生物学、心理学和原子论；从哲学史的角度看，就是佛教宇宙观的要素论、结构论、生成论（因果论、变常论）和本体论。佛教正是通过对这些问题的说明，来为其宗教信仰作论证的。

印度佛教对上述问题都有详细的阐发，中国佛教对宇宙生成和本体学说也有重要的发展。我们分四章论述佛教宇宙观的要素论和结构论、生成论和本体论。

佛教宇宙观的要素论，就是关于宇宙万有的分类和基本要素的学说。也就是对于现实世界和虚构的佛国世界即两种世界的一切，包括现象和本体、物质和精神、实有和虚无、众生和圣灵等加以分解和归类。这也可以说是微观宇宙论。由于佛教不同派别的立足点和侧重点不同，分法又有两种：一种是“三科”（五蕴、十二处、十八界）学说，以人为中心，侧重于对人、人格、人身、人的肉体与精神构成的分类，把统一的人生现象分为若干分立的要素。同时又以为人是类似大宇宙的小宇宙，人的分立的要素也就是宇宙的分立的要素，由此从分析人生现象扩展到分析一般宇宙现象，也就是以人的认识为重心，从对认识的官能和对象两方面考察出发，进而囊括人的构成要素和宇宙现象的全部分类。另一种是从全宇宙着眼，分析和排列分立的要素。如小乘佛教上座系以“处”来说明宇宙现象，分析“法处”有五十二种，《阿毗达磨俱舍论》又以五位七十五法来说明和统摄一切现象，《成实论》则主五位八十四法说，而大乘佛教瑜伽行派又讲五位百法，在现象分析的数量和排列的次序上有所不同。从佛教宇宙要素论思想的发展过程来说，“三科”说在前，“五位”说在后。前说较为简略，缺乏系统，后说则较为详尽，也较为系统。

第一节　三科——五蕴、十二处、十八界

早期佛教的理论重心是分析人生现象，认为人是由五蕴和合而成的，所以着重于对五蕴的分析。到了部派佛教阶段，从对人生现象的分析进一步扩展到对一般宇宙现象的分析，随之也就扩大为“三科”。“科”是“门”的意思，三科即三门，具体指五蕴、十二处和十八界。这是佛教对于万事万物的三类概括区分。三科是联系主客观在认识上的关系，侧重于认识与实践的，它要求信徒和众生从三方面观察、分析人及其所处的世界，其目的是为了根据所谓人们的不同的迷悟情况，破“我执”之谬，立“无我”之理。佛教各派都十分重视三科，借以说明生命的构成和功能、世界的要素和分类，从而为佛教教义奠定哲学理论基础。

一、五蕴

五蕴，梵文意译，又译为“五阴”、“五众”。“蕴”是积聚、类别、集合体的意思，也就是说积集同类法积称为蕴，所以蕴不是最后

的一个单位、分子，而是一个复杂的类集。“阴”，荫覆的意思。“众”，众多和聚的意思。五蕴、五阴、五众就是指构成人和万物的五种类别——色、受、想、行、识。五蕴又有广狭二义，广义是一切因缘和合的事物的总概括，即物质世界（色蕴）和精神世界（受、想、行、识四蕴）的总和；狭义为现实人的代称。小乘佛教的多数派别从狭义解说五蕴，认为“人我”是五蕴的暂时和合，唯有假名，并无实体，以论证“人无我”的论点，乃至如《成实论》更进一步论证“法无我”的论点。五蕴的具体含义是：

色蕴。定义为“变碍”，相当于物质概念。佛教认为，色有质碍、变坏、显现的意义。质碍是指有体积而占有空间，有体质而彼此相碍，有不可入性。变坏是因有质相碍，如遇刀砍杖击，就会变坏。显现是有方所形相，能表示出来。具体指人的身体，即眼、耳、鼻、舌、身五种感官（“五根”）以及和五根相应的色、声、香、味、触“五境”。此外，还包括“无表色”，指由身口作业而生于身内的一种无形的、不能表现于外的现象。

受蕴。定义是“领受”，即感受。外界作用于眼、耳、鼻、舌、身而产生的感受，也就是领略境界而受纳于心的情绪作用。佛教认为，由于外境对个人有有利（“顺”）、不利（“违”）和无利无害（“俱非”）三种情况，主观上也就领纳有“乐”、“苦”、“舍”（不苦不乐）三种不同的感受、情绪。

想蕴。定义是“取相”，指理性活动、概念活动。是说人于外境取种种相，如于境执取青黄、长短、大小、男女、苦乐等相，并形成种种名言概念，称为“想”。由于“想”和“名”的这种密切关系，佛教通常还把“名”、“想”或“名”、“相”并称，以表示事物的表象和概念。

行蕴。此指“造作”，即意志活动。从对境界引起主观活动，经过审虑、决断，形成相应的语言和行为。“思”也有造作的意义，也是“行”。思和身、口、意三业中的意业相当，是意向、动机等思维活动。又除了“受”、“想”以外的一切心理活动，也总称为行蕴。

识蕴。“识”，了别的意思，“了”谓觉了，“别”谓分别。能够就所对境界觉了分别，名为“识”。识也就是认识的功能和结果。识蕴具体指小乘佛教的“六识”和大乘瑜伽行派的“八识”的识体，及其各种心理作用，即相当于包括感性认识和理性认识的内容。

早期佛教讲“人无我”，是建立在人是五蕴组合而成并无实体的理论基础上的。同时它又承认五蕴的成分是实有的，这种实有是指现在有，并非说过去有、未来有。说一切有部也从否认“人我”出发，承认五蕴，并认为五蕴是三世有，即过去、现在和未来三世都有。如以“色”为例，色的完整意义应包含内外、粗细、远近以及过去、现在、未来的色，即不仅是空间上种类的聚集，而且也包括时间上各类在内，只有这样时间和空间的统一，才构成一个蕴。这种主张可以导致承认一切事物都是实有的看法。后来世亲著《阿毗达磨俱舍论》则认为五蕴是假有，因为蕴既然是集合体，就可以分散，分散了也就不成为一种集合体了，所以是假有。大乘佛教不仅否认五蕴和合体即人我的真实性，也否认五蕴本身的真实性，进一步宣扬一切皆空的主张。

二、十二处

十二处分为两类，即内六处（眼处、耳处、鼻处、舌处、身处、意处）和外六处（色处、声处、香处、味处、触处、法处）。内六处即所谓六根，根有生的意义，如树的枝叶由树根而生；外六处即所谓六境（六尘），境是外境，境界，认识对象，客体。六根和六境按顺序一一相对，合内外两方面为十二处。所谓“处”是相会的处所，发生受用的门户。六根六境是产生六识（眼识、耳识、鼻识、舌识、身识、意识）的门处，也就是说内六根是六识产生的生理和心理的基础，外六境是六识的对象，由六根作用于六境，从而六识得以产生。十二处旧译为“十二入”，所谓“入”就是涉入的意思，六根和六境相涉而入，故名“十二入”。

十二处是着眼于人的认识活动来区分的。六根中前五根为视觉、听觉、嗅觉、味觉和触觉的器官，意根，小乘上座部指肉心，即心脏，小乘余部则不同意这个说法，认为心法比色法势用猛利，意根应属于心理范围，是精神的中枢，主张以前念意识为意根。前念意识具有引生后念意识的功能，表现出记忆和推理的作用。总之，六根是感觉器官和前念意识功能，六境是认识的对象，从色至触五境是五官对象，法处是思维对象。这里所讲的色处（境）和上面所讲的五蕴中的色蕴不同，色蕴是与心法即精神现象相对，也称为色法，即物质现象，色处是专指眼根所识别的对象而言，范围较窄，共包括三类：一形色，即表形的对象物，分长、短、方、圆、高、下、正、不正八种；二显色，即呈现出颜色的对象物，分青、黄、赤、白、云、烟、尘、雾、影、光（如日）、明（如月、星）、暗十二种；三表色，即表相状的对象物，分取舍、屈伸、来去、坐卧等。声处（境），指耳根所识别的对象，分两大类，即生物所发声和无生物所发声。香处（境），指鼻根所识别的对象，即鼻子可嗅的气味，分好香、恶香、等香（有养生功效的）和不等香（没有养生功效的）四种。味处（境），指舌根所识别的对象，分甘、酸、咸、辛、苦、淡六种。触处（境），指身根所识别的对象，分地性、水性、火性、风性、滑性、涩性、重性、轻性、冷、饥、渴十一种。法处（境）是意根所识别的对象，法处范围广泛，除上述五处以外的其他事物和现象都是意根识别的对象。佛教用十二处来分析宇宙现象，看起来复杂，实际上归结起来不外“色”“心”两类。认识对象和认识器官被视为同是构成宇宙现象的平列的内容，这也表现了早期佛教的一种二元论倾向和性质。

三、十八界

十八界和十二处密不可分，在十二处的基础上再增加相应的六识（眼识、耳识、鼻识、舌识、身识、意识），即合六根、六境和六识总为十八界。识的意义是能了识别，是接触境界的认识。界的含义很多，它有“特性”的意义，如色有色的特性，声有声的特性，彼此不同。又有些色的特性相同，界又有“共性”的意义，如此色与彼色的特性相同，可以归为同类，这样色界就等于色类。界又有“类”的意义。十八界的界主要有种类、界限的含义，谓十八种类的自性各不相同，各有不同的界限、范围；再是界为一切众生和万物所不可缺的，这样又被界说为“因性”而有种子、因素的含义，谓十八界是各别为因而生成的。佛教认为，十八界摄尽宇宙的一切现象，是对宇宙万有的总的分类。这种分类也是以人的认识为中心，是说由能够发生认识功能的六根，作为认识对象的六境，以及由六根与六境相接触而产生的六识，共同构成为和人身相统一的宇宙万有的基本要素。

第二节　五位七十五法和五位百法

佛教对于宇宙万有的另一种分类，其出发点不是人格或认识程序，而是着眼于普遍的现象，把宇宙万有分为若干“法”。随着佛教哲学的发展，佛教学者多从对“蕴”、“界”的注意转移到对于“法”的分类上来，于是“法”的分类越来越受重视，也越来越细密。前面提到，小乘说一切有部把宇宙万有分为五位七十五法，《成实论》分为五位八十四法①，大乘瑜伽行派则分为五位百法。就佛教思想史来说，小乘说一切有部和大乘瑜伽行派的学说最为典型，影响也最大。

一、法

“法”是佛教哲学的基本观念和基本范畴，是佛教在人类思想史上独具异彩的创造，其含义相当复杂，因此，仔细分析和准确把握法的意义十分重要。前面已经讲过，法的本义是轨持，所谓轨是轨生物解，所谓持是任持自性。凡有其自身的特殊性相和能为轨范进而能引发一定认识的，就名为“法”。佛教认为，宇宙间的万事万物，无论是小是大，是真是假，是事是理，有形无形，无不各自具有特定的自性，恒常不变，并由此而能为轨范，使人产生理解和悟解。

应当指出，法是单纯的，并非由更微细的异性单位所合成，如眼根，是由若干相同的眼根极微或分子合成。其他任何一法也都是由一群同性的极微或分子所成。这就是说，法通常不相当于现象，而是相当于组成现象群的分子，只是因为人们所见的就是感官的对象物，所以在这个意义上也可说法就是现象。

---

① 《成实论》的五位八十四法为色法十四、心王一、心所法四十九、不相应法十七和无为法三。

二、五位法

五位法就是把一切法分为五类：色法、心法、心所有法、心不相应行法和无为法。“色法”是指有质碍或变碍之物。“心法”是指六识或八识的识体，即精神活动的主体，也称为“心王”，是相对于“心所”而言，是为心所的所依。“心所有法”，也称“心所”、“心所法”、“心数”，是相应于心王而起的心理活动和精神现象。因是依心而起，系属于心，不能独立，与心一起才发生作用，即为心所有，故名“心所”。佛教对心的论述分为两部分，一是讲心自身的各部分，称为“识”；二是讲心在发生作用过程中所引起的各种心理活动，所以有心法和心所法之分。“心不相应行法”，也称“不相应行法”，略称“不相应法”。上述心所法也可称为“相应行法”，是与心相应的，即同心俱起、同一境同一缘的。另一类是“不相应行法”，是指既不属于“色”也不属于“心”的有生灭变化的现象，故称“心不相应”、“不相应”，又此法为五蕴中行蕴所摄，故名“行”，合称“心不相应行法”。虽称“心不相应行法”，但不只是与心不相应，与色也是不相应的。最后“无为法”，是与“有为法”相对，指非因缘和合而成、无生灭变迁的绝对存在，即无所作为的、不待所为而存在的东西、道理。佛教把五位法的前四位法通称为“有为法”，是指由因缘和合所作为的、有生灭变化的现象。这也就是说，五位法可以概括为两大类，即将千差万别的宇宙诸法大别为有为和无为两种。“为”是造作的意思，有为法和无为法是从有无造作的角度把万有分为两类。佛教还从解脱论的角度把有为法分为有漏法和无漏法两类，所谓“漏”是流注泄漏的意思，谓众生从眼、耳、鼻、舌、身、意（“六疮门”）流出“不净”，造成新的业因，以至于流转生死，轮回不绝。漏也就是烦恼的异名。离开烦恼垢染的清净法，名为无漏。佛教小乘说一切有部和大乘瑜伽行派对五位法的排列次序有所不同，说一切有部以“色法”领先，强调“色法”引起“心法”；大乘瑜伽行派则将“色法”排在“心法”和“心所有法”之后，强调“色法”不能独立生起，是前二法的变现。这也表现出了大小乘佛教哲学思想的重大差异。

三、七十五法

小乘佛教说一切有部把宇宙万有分为五类七十五种，称为五位七十五法。其中包括色法十一种、心法一种、心所法四十六种、心不相应行法十四种、无为法三种。据世亲著《阿毗达磨俱舍论》卷一，可列表如下：

- 宇宙万有
  - 有为
    - 色法（十一）——眼、耳、鼻、舌、身、色、声、香、味、触、无表色
    - 心法（一）——心王（摄六识）
    - 心所法（四十六）
      - 大地法（十）——受、想、思、触、欲、慧、念、作意、胜解、三摩地
      - 大善地法（十）——信、不放逸、轻安、舍、惭、愧、无贪、无瞋、不害、勤
      - 大烦恼地法（六）——痴、放逸、懈怠、不信、惛沈、掉举
      - 大不善地法（二）——无惭、无愧
      - 小烦恼地法（十）——忿、覆、悭、嫉、恼、害、恨、谄、诳、憍
      - 不定地法（八）——寻、伺、睡眠、恶作、贪、瞋、慢、疑
    - 不相应行法（十四）——得、非得、同分、无想果、无想定、灭尽定、命根、生、住、异、灭、文身、名身、句身
  - 无为——无为法（三）——虚空无为、择灭无为、非择灭无为

《阿毗达磨俱舍论》的五位七十五法，以“色法”开端，“无为法”列在末后，这是根据现象产生的次序来排列的，它强调心理活动必托外界色境才能产生，有“色法”才能有“心法”，所以先“色法”而后“心法”。同时它也是从佛教修持的程序来排列的，认为“色法”能引起贪欲爱乐等“染法”，是应当对治的首要对象，排在前面，而修持的最终目标是达到无为——涅槃，排在末后。

小乘佛教说一切有部把法分为若干类，这是和采用分析方法密切相关的。他们是用“分析空”即分析而空的方法，以论证万物只是一种名相， 种概念，是空的。比如房子，通过分析，可以知道是由梁、椽、砖、瓦等材料构成的，梁、椽等材料是房子造成和存在的条件（因缘）。由此得出结论，房子是空的，并不真正存在，实际上只是一种概念而已。再进一步还可以说，梁、椽等也是由木料和人工等条件造成的，同样也是空的，也是概念而已。说一切有部应用这样的

分析方法，最后把纷繁杂陈的万象分解为七十五法，即七十五种成分，认为这些成分是实有的、有自性的，不是由其他条件和合而成的假有。这些成分是相待、相依即以缘起的形式而存在的，也就是说是互为因果，处在因果联系之中的。由于七十五法互为因果，七十五法是实有的，因此因与果也是实有的。主张“因有”是说一切有部的基本论点。他们所讲的“有”有两层含义：一是各种法在时间上“三世实有”，即过去、现在和未来都是实有的；二是在本质上“法体恒有”，法有体用之别，法体是三世俱存的，法用则是现在才有的。

说一切有部的所谓“一切有”，不是指宇宙和人类社会的一切事物，而是指一切事物的构成要素即各种法有。这种理论后来又有所发展，就是把各种法的实在性也仅仅看成是名相、概念，也只是作为名相、概念而存在。这样概念的实在被视为唯一的真实的存在，而法的真实的实在倒是无足轻重的了，实际上也就是被认为不是真实的存在。这是从说一切有部发展起来的婆沙宗的观点。这种观点后来更为大乘瑜伽行派所发展，此派在七十五法的基础上提出了百法说，强调这些法仅仅是作为名相、概念而存在，并由分析物理现象和心理现象的名相，进一步确立“唯识无境”的理论。从小乘说一切有部的七十五法说到大乘瑜伽行派的百法说，从一个侧面显示出印度佛教哲学从二元论到唯识论的演变。

四、百法

大乘瑜伽行派把宇宙万有分为五类一百种，称为“五位百法”，即心法八种、心所法五十一种、色法十一种、心不相应行法二十四种、无为法六种。根据世亲著《百法明门论》，可列表如下。

《百法明门论》的排列次序是侧重于从唯识转变的次第，认为宇宙万法都是从心识转变而生，不是离开心识而有独立的自体。也就是说，有心然后有色，所以先举心法。同时，从宗教修持的角度，认为在宇宙万法中“心法最胜”，心法作用最大。心的修持不同，或堕生死轮回，永生痛苦，或证涅槃，得到解脱，所以列心法于首位。次举与心相应而起的心所法，再举色法，以表示色法是依心法与心所法而产生的。第四心不相应行法是借助于前三法而有，并无自体，所以列

- 宇宙万有
  - 有为
    - 心法（八）——眼识、耳识、鼻识、舌识、身识、意识、末那识、阿赖耶识
    - 心所法（五十一）
      - 遍行（五）——作意、触、受、想、思
      - 别境（五）——欲、胜解、念、定、慧
      - 善（十一）——信、精进、惭、愧、无贪、无瞋、无痴、轻安、不放逸、行舍、不害
      - 烦恼（六）——贪、瞋、痴、慢、疑、恶见
      - 随烦恼（二十）——忿、恨、恼、覆、诳、谄、憍、害、嫉、悭、无惭、无愧、不信、懈怠、放逸、惛沈、掉举、失念、不正知、散乱
      - 不定（四）——睡眠、恶作、寻、伺
    - 色法（十一）——眼、耳、鼻、舌、身、色、声、香、味、触、法处所摄色
    - 不相应行法（二十四）——得、命根、众同分、异生性、无想定、灭尽定、无想事、名身、文身、句身、生、住、老、无常、流转、定异、相应、势速、次第、方、时、数、和合、不和合
  - 无为——无为法（六）——虚空无为、择灭无为、非择灭无为、不动无为、想受灭无为、真如无为

为第四。第五无为法，因为不能自己显示，要借前四法“断染成净”而显示，所以列于最后。

下面着重从五种类别解说大乘瑜伽行派的百法，兼及小乘说一切有部的七十五法。

五、心法

心法是精神活动的根本主体，各自与其所对境界相接触而形成分别虑知的作用。因领有其他相应的精神活动，也称为“心王”。小乘佛教说一切有部认为心王是一个，共摄眼、耳、鼻、舌、身、意六识，把六识综合为一个心法，即六识是心法的六个方面，并不是六个独立的自体。大乘佛教瑜伽行派把心法分为八识，主张有八种识①。所谓八识就是在前六识的基础上增加第七末那识和第八阿赖耶识。大乘瑜伽行派提出第七识和第八识，有其认识上的原因，此派认为生命

① 一般地说，“心”、“意”、“识”三个名词是通用的，如加以区别，则前六识名识，第七识名意，第八识名心。

的连续存在，必须有心识的执持，而前五识和第六识的心理作用是间断而不相续的，第六识虽然能发挥复杂的精神作用，但它也是由刺激引起的，这都不能说明众生死后生命依然存在的现象。为了说明这种众生死后生命的转化、相续，瑜伽行派认为还有一种内在的、潜隐的、微细的、相续的心存在。在小乘佛教经籍里已经涉及这种潜意识，瑜伽行派则明确地建立末那识和阿赖耶识的学说。

佛教各派对于前六识的解说基本上是一致的。前文已述，前五识就是和五种感官相应的识，就是单纯的感觉作用，第六意识具有一般的性质，能对内外之境和过去、现在、未来三世生起了别，表现为推理、判断、记忆等作用。这里应当指出的是，小乘佛教以前念的意识为意根，瑜伽行派认为第六识的意根就是第七末那识，即以第七末那识为意识独有的根据。第六识以整个世界现象（诸法）为对象，所以也称“法识”，它综合感觉所形成的知觉、思维等，对于一切事理都有思虑分别的作用，同时又有四种差别，也就是把第六意识分为四种：（1）明了意识，又名五俱意识。因为眼、耳等五识不能明了分别，不能深入把握所接触的对境，而意识则能令五识明了分别，所以称明了意识。又因是与五识俱时而起的意识，所以也称五俱意识。（2）定中意识，即与禅定相应而发生的意识活动。（3）独散意识，指既非与五识同时而起，又非与禅定相应而起，而是单独生起的回忆、预想、想象等种种散乱的思虑。（4）梦中意识，也属于独散意识，但与醒寤时的散乱意识不同，是于梦幻朦胧中现起的，作用比较模糊昧略。后三种意识因都不与五识俱起，是意识的单独活动，因而名为“不俱意识”或“独头意识”。

第七末那识，“末那”是梵语音译，意译为“意”。所谓意就是思量，即思维量度。因与第六识同名为意识，为避免相滥而称为“末那识”。瑜伽行派认为，末那识是既以第八阿赖耶识为依据，又以第八阿赖耶识为所攀缘的对境，不断地进行思维度量，迷执地以为是自内我相。阿赖耶识是永远在流转之中的。末那识把阿赖耶识作为一个实有的常存的自我个体，生起执著，永无休止，形成强烈的自我中心，并把自身的思量作用用来影响、制约第六识的活动。末那识与第六识的区别是，末那识着重分别哪些属于自己，哪些不属于自己，而且在睡眠或不自觉时都照常发生作用。第六识是以第七末那识为依据，对境进行推理，由于末那识对阿赖耶识的执著，使它不能了悟一切现象唯阿赖耶识所变，而误以为心外有物存在，从而生种种恶业，沉沦生死。末那识在八识中居于重要的地位，它犹如一种意志，一种执持力量，是沟通前六识和第八识的桥梁，是成立第八识的必要补充。

第八阿赖耶识，“阿赖耶”是梵语音译，意译为藏。瑜伽行派和唯识宗最重视这个识，认为这是一切众生的根本心识，是产生一切现象的根源。第八识比其他各识都更为基本，前七识一概由第八识生出，是第八识的变相，称为枝末识。相对于前七个枝末识而言，第八识名为根本识、本识。阿赖耶识也称为藏识，“藏”有能藏、所藏、执藏三种意义。能藏是说能摄藏前七转识诸法的种子。所谓种子是一种功能、潜势力，是第八识自身亲自产生各种果的功能，也就是能产生一切现象的潜势力。所藏是指由前七转识熏习影响各种现象的种子藏在第八识中。执藏指第八阿赖耶识无间断地被第七末那识迷执为自内我体。能、执、所三藏中，最重要的是能藏。由于第八识具有三藏的功能，故名为“藏识”。瑜伽行派认为阿赖耶识能藏一切现象的种子，并由种子显现行起（“现行”）而变现出一切现象。就是说，由于识的活动，现象世界如人体身心、饮食器具、花草树木、山河大地等等，才被构造出来。瑜伽行派还认为，阿赖耶识种子有善恶染净的区别，即有有漏（恶、染）和无漏（善、净）两类种子，如果修持者经过修炼，有漏种子转化为无漏种子，无漏种子不断增加，就可以增加智慧，进入涅槃境界。

上述八种识的性质按其不同作用又有两种区别。一种是本识与转识的区别，第八识是宇宙万物的根源、根本，称为“本识”；前七识都是第八识的转变、枝末，称为“转识”。另一种是了别境识、思量识和异熟识的区别。前六识因能了别外内之境，称为“了别境识”。第七识以第八识为对境，经常地、不停顿地起思量作用，没有间断，名为“思量识”。第六识也具有思量的作用，而且猛利敏捷，但是间断的，不是恒常的。第八识是恒常不断的，但没有思量的作用。第六识和第八识都不名为思量识。第八识依过去善恶业力而产生不同的果，果与因既不同时，性质也不同，故又称为“异熟识”。

瑜伽行派的八识说，反映出佛教学者对认识活动分类的困难，以及对心理活动和生理机能关系认识的暧昧。佛教学者虽然明确指出前五识寓于五官之中，但是对于人脑和神经系统并不清楚，小乘说一切有部就未能为意识确立物质基础。瑜伽行派认为八识中后三种识都是不需直接依据生理基础的，它们之间的关系是不同识之间的关系，这不仅造成后三识关系的混乱，而且也使八识说失去了整体的科学根据。但是，八识说探讨了识的结构、层次和机制，对于了解感性认识与理性认识的关系，是有一定的理论意义的。瑜伽行派所讲的第七识和第八识，就其对前六识的支配作用而言，与近代心理学所讲的潜意识有相通之处，因而对于研究潜意识，以及潜意识与意识的关系也是有启迪意义的。

六、心所法

上面讲的心法是分析心自身的各个构成部分，这里讲的心所法是指随从心法（心王）而起的心理作用。所谓心所法，是“心所有法”的简称，因为心所生，又系属于心，而为心所有的，故名。“心所法”涉及心理活动的种类，包括一般心理、特殊心理和应用心理等等。佛教分析心理活动在于作为修养身心的借鉴，以增长佛教智慧，达到人生的解脱，所以特别重视对特殊心理的分类和分析，如对善良的心理和不良的心理的论述最为细致详尽。

正如前面说过的，佛教认为，在接触对象时，“心法”是把握对象的总貌、总相，而“心所”则同时把握总貌和细节、总相和别相，并产生相应的感受、情绪。例如，对一株红花，“心法”是了知红色的全体，“心所法”则既了知红色，又了知红色的浓淡深浅的差别，还产生贪爱或厌恶的心情。小乘说一切有部认为，心所法虽然必定与心相应，但它是感官与外境相感时和“识”同时产生的相对独立的心理活动。大乘瑜伽行派则认为，心所法是唯一的实体阿赖耶识的变现。依据瑜伽行派的主张，心所法为六位五十一法，下面分别作一简要的解说。

1. 遍行。周遍行起于一切心法（八识）的心理活动，名“遍行”。就是说，凡有心法起时，无论是哪一个心法生起，遍行的五个心所都与它相应俱起。遍行的五个心所是：(1)“作意”，因能作动于意，故名。通俗地说，作意就是注意。它的作用是能够警觉策动其他心心所，引导它们强有力地注意自己所接触的对境。当人的认识器官在接触认识对象时，引动内心，心就发生警动、反应，使心中原有积淀的观念起来与认识对象相印合，使认识器官与认识对象交涉而引起新观念并与认识对象相印合，从而构成了认识。作意对于认识中的感觉——触，关系很大，因为感觉是否明了清晰，是以注意力的强弱决定的。(2)“触”，能令心心所触境，故名。也就是当根、境、识三者和合交涉时，令心心所触于境相，以生起受、想、思等其他心所的作用。这种根、境、识三和合而成的识，就是触，也就是通常说的感觉。以上作意和触二者是认识过程中十分重要的因素。(3)“受”，指感受、情感、情绪。受的定义是领纳，即对所认识的境界领略其实况而受纳于心，产生苦、乐、不苦不乐的感受，形成喜、怒、哀、乐等情绪，这都是由外界的刺激引发，内心作出回响反应的心理表现。(4)“想”，指推想、构想、概念。人执取外境种种形相，进行推想、想象、勾画，给以种种名言概念。至于概念究竟是代表实在还是属于假名，说一切有部认为是实在的，说假部则认为是假名，大乘佛教各派也都持假名说。(5)“思”，造作的意思。指认识外境必引起对付外境的心理作用，相当于意志。佛教认为思是具有能取善、恶、无记(非善非恶)的境相，令心生起善、恶、无记并产生相应行为的心理活动。

作意、触、受、想、行五者都是与心识俱生的，如果心识不和相应境界相接触而形成认识，注意、感觉、感情、概念、意志的作用就无从产生，也无从表达出来。因此，这些心理现象也都是心的作用和特征。

2. 别境。对个别的、特定的境界生起的心理活动。和遍行相对，别境五个心所不是一切境都能生起的，而是只对某种境界起作用。别境的五个心所是：(1)“欲”，欲望，希求。对于喜爱的事物产生希望欲求的作用。(2)“胜解”，殊胜的了解。具体指对所接触的境界作出明确的判断，如指出某物是石头，而不是木头；又如对善恶、邪正的境界作出判断，区别对待等。(3)“念”，明记不忘，即记忆。对于曾经验过的事实令心明记不忘失的作用。(4)“定”，谓于所观察的境界，令心专注而不散乱的精神状态。(5)“慧”，对于所观察的境界作出简择分别，起决断疑念的作用。

上述两类“心所法”和小乘说一切有部的十种“大地法”相当。说一切有部不分别一般与特殊的心所，总称大地法，排列式也有区别，但彼此所立的心所法的内容是相同的。

3. 善。与一切善心相应俱起的心所。因自性清净，远离染污，故名。善分四类：一是自性善，即自性清净；二是相应善，指与自性善的性相应而起的心所法；三是等起善，指由自性善和相应善引起的善性的言行；四是胜义善，即涅槃，因涅槃体性毕竟清净，寂静安稳，最为殊胜，故名。瑜伽行派讲善十一个心所，都属于自性善类。十一个心所是：(1)“信”，对佛教坚信不疑。具体说是对于佛、法、僧三宝具有的清净功德，深信其有；还深信自己和他人，只要肯精进努力，都能在修习上获得成就。(2)“精进”，精纯胜进，即勇于修善断恶。(3)“惭”，对所作过的错业恶业内心感到羞耻而起防止重犯的心理作用。(4)“愧”，对所作过的错业恶业内心感到羞耻，害怕舆论的呵斥和法律的惩罚，而起不再重犯的心理作用。(5)“无贪”，对于欲界、色界、无色界的生存和生存条件，不产生贪欲执取的作用。(6)“无瞋”，对于任何痛苦和造成痛苦的条件，不产生瞋恚即愤恨的作用。(7)“无痴”，对于一切事理鲜明不迷的作用，也就是指遵循佛教教义的作善止恶的思想活动。(8)“轻安”，使身心轻适安稳的作用。这主要是在禅定过程中产生，能使修习持续地进行。(9)“不放逸”，与离善放纵、不修善德的放逸相对，即一心专注于修持善法，断灭恶业的作用。(10)“行舍”，也称为“舍”。不动心，使心离开各种分别执著，达到平等正直、不偏颇的作用。此为五蕴的行蕴所摄，为区别于受蕴所摄的“舍”，而名为“行舍”。(11)“不害”，指慈悲为怀，不害众生的作用。以上无贪、无瞋、无痴三个心所，也称为“三善根”。根是根本特性的意思。三善根就是善的三种根本特性，是主要的善心所，是引生起其他善心所的根源。

上述瑜伽行派的善心所，与说一切有部的“大善地法”相当，只是多了一个“无痴”。说一切有部认为无痴属于“慧”的内容，故不另立。此外，排列的次序也有所不同。

4. 烦恼。烦是扰的意思，恼是乱的意思。烦恼就是烦扰恼乱众生身心，使之迷惑、苦恼、不得寂静的作用。泛指与佛教主张的寂静状态相对立的一切思想活动和欲求情绪，被认为是一切众生的痛苦的直接根源和生死轮回的总原因。烦恼也称为“惑”，是迷惑的心。烦恼连同下面即将讲到的随烦恼，因与上述善心所相对，也称为恶心所。有的佛典把处于潜在状态尚未发生作用的烦恼，叫做“随眠”，正在发生作用的烦恼，叫做“缠”。烦恼共有六种：

(1)“贪”，贪欲，贪爱。对于众生自身及其赖以生存的物质条件，产生爱乐耽著的作用。(2)“瞋”，憎恨。不能关切、容忍他人，甚至敌视、损害他人，以及仇恨可恶境界的心理。(3)“痴”，愚痴，愚昧无知。对于一切事理，愚痴迷暗，不了解真相。也称为“无明”。了解事理的真实称为“明”。(4)“慢”，傲慢。恃己之长，傲慢自负。《阿毗达磨俱舍论》卷十九还将慢分为七种、九种。七慢是：1)“慢”，对于劣于自己的，认为自己胜；对于和自己相等的，认为自己差不多。2)“过慢”，对于和自己相等的，说自己胜；对于胜过自己的，说自己和他差不多。3)“慢过慢”，对于胜过自己的，说自己胜。4)“我慢”，不认识“我”是五蕴的暂时和合，而认为是实我。5)“增上慢”，尚未修行证得果位而自以为证得。6)“卑慢”，认为和功德远远胜过自己的人相比，自己也相差无几。7)“邪慢”，自己实在没有功德，而妄计自己有功德。九慢和七慢的内容基本相同。(5)“疑”，对佛教的根本学理犹豫不决，心存疑义。(6)“恶见”，违背佛教义理的错误见解，共有五种：1)“萨迦耶见”，此为梵文音译，意译为“身见”、“我见”，指以为“我”和“我所”都是真实存在的观点。2)“边执见”，简称“边见”，谓执著片面极端的见解。边见又有两种，一是常见（有见），以为“我”常住不变；二是断见（无见），以为“我”死后断灭，可以不受果报。3)“邪见”，指否定因果报应的见解。4）“见取见”，执著上述三种错误见解以为是正确的见解。5）“戒取见”，也称“戒盗见”、“戒禁取”，指将错误的戒律法规当作可以引导达到涅槃的正确戒律。佛教认为上述六种烦恼是各种烦恼的根本，其余一切烦恼都是随从这六种烦恼而生起的，所以又称为“根本烦恼”。

瑜伽行派的六种根本烦恼和说一切有部的六种“大烦恼地法”相类似，但内容基本上不同，所同者只是“痴”。瑜伽行派将大烦恼地法的其他五种移入随烦恼类，又从说一切有部的“不定地法”取出贪、瞋、慢、疑作为根本烦恼。至于“恶见”，说一切有部认为只是“慧”的负面，没有算作一法。经过瑜伽行派的改动，更符合佛教的一般精神了。

5. 随烦恼。谓随从根本烦恼而起的烦恼，也称“随惑”。瑜伽行派认为随烦恼有二十种：(1)“忿”，暴怒。对于现前逆境，愤慨交怀，暴怒不已。(2)“恨”，怨恨心理。(3)“恼”，愤恨恼怒。(4)“覆”，隐瞒遮护自己的过错恶业的心理。(5)“诳”，指贪图私利而欺骗他人的思想和行为。(6)“谄”，指矫揉造作，阿谀曲媚，以掩饰自己过错的思想和活动。(7)“憍”，谓依恃自己的长处，骄矜自恃，倨傲凌人的心理活动。(8)“害”，指损害他人的心理活动。(9)“嫉”，对于他人的长处和成功产生嫉妒的心理。(10)“悭”，对于财物的吝啬心理。(11)“无惭”，对于所做过错坏事不感羞耻。(12)“无愧”，对于所做过错坏事，在他人面前不感惭愧，也不害怕。(13)“不信”，指不相信佛、法、僧三宝。(14)“懈怠”，对于修善断恶的佛教修持不努力。(15)“放逸”，放荡纵逸，不防烦恼，不修善法。(16)“惛沈”，指昏沉蒙昧的精神状态。(17)“掉举”，使心轻躁浮动的作用。(18)“失念”，指对于曾经历过的事和所修善法不能明记在心。(19)“不正知”，对于所观察境界的错误认识。(20)“散乱”，对于所接触的境界，心思散乱，不能专注集中地思虑。以上二十种随烦恼，前十种合称为小随烦恼，十一和十二两种合称为中随烦恼，后八种合称为八随烦恼。

瑜伽行派的二十随烦恼，全部采用了说一切有部的“大不善地法”和“小烦恼地法”，共为十二法，又取“大烦恼地法”的五法，并补充三法而成。可见，瑜伽行派的随烦恼的内容和说一切有部的大不善地法、小烦恼地法、大烦恼地法的内容基本上是相同的。

附带指出，佛教还因惯用数字108，又称人生烦恼108种，为清除这些烦恼，规定数珠108颗，念佛108遍，撞钟108声，佛塔108座，庙宇台阶108级。

6. 不定，也称“不定地法”。因其善恶性质不定，需取决于同何种心理发生联系而后定，故名。瑜伽行派认为不定法有四种，称“四不定”：(1)“睡眠”，指心处于暗昧、不由自主的状态。(2)“恶作”，也称“悔”，指对先前所作恶业的追悔心理。(3)“寻”，寻求，谓对事理的粗略思考作用。(4)“伺”，伺察，谓对事理的细密深入的思考作用。此四不定法就是说一切有部的“八不定地法”的前四项，其后四项则被瑜伽行派移作为根本烦恼。

以上是六类五十一心所法的内容。关于心所与心的关系，瑜伽行派认为，心所只与心相应，不与心以外的任何现象直接交涉，因为一切现象都出于心。每个心所虽然必定与心的某方面相应，但不一定是非与八个识个个相应不可，每个识只有一定量的心所与它相应。如第八识只与遍行五心所相应，第六识所相应的心所则较多。心与相应的心所两者具有同一性的关系，这种关系有四层：一是时间的同一。心与相应的心所起于同一刹那，此一刹那的心所不与前一刹那的心相应。二是所依的同一。这又有两层含义，第一是同时的所依，指各种感官对象能使心与心所同时生起；第二是事前的所依，指前一刹那的心把能力传达给新生的心法。三是所缘的同一。这里所讲的所缘即所认识。意思是所认识的对象都是心和心所的外相。四是事的同一。事指自体。意思是心与其相应的心所的本性是同一的。说一切有部认为，心与相应的心所的功用是同一的，瑜伽行派反对此说，认为两者的功用是很不相同的。

佛教对于六位五十一心所，略于一般心理情态的描述，而详于善心所和恶心所的说明，其目的是便于起心动念时，发展善良心理，遏止不良心理，进而使自己的行为符合佛教的道德准则，推进德行的自觉，最后达到身心的纯净、解脱。佛教心理学与一般心理学不同，是偏重于道德心理的阐述和应用的。

七、色法

“色”，简单地说就是物质。佛教通常把物质分为两大类：一是不依他而有的元素，二是依他有的事物。“色云何？谓诸所有色，一切四大种及四大种所造色。”（《阿毗达磨品类足论》卷一）不依他有的元素共四大类，即地、水、火、风。因为是世间普遍存在而作用又极大的、构成物质现象的基本元素，所以称“四大种子”、“四大种”、“能造四大”、“四大”，还称为“四界”。“四大”作为四种特性是物质（“色”）所不可缺的，所以有“四大不离”的说法。应当指出，佛家所谓地、水、火、风，与普通所讲的地、水、火、风不同，有其特殊的含义，而且佛家各派又有各种不同的说法。如部派佛教大众系案达派认为，四大是可见的，是有实质的物体，即使把四大分析到极微时还仍然是可见的，有一类人的肉眼不能见，但天（天是比人高一层次的众生）眼仍可见。说一切有部则认为四大是不可见的，只有四大的坚、湿、暖、动的性质可由触觉感触到。说一切有部还认为四大种可以分成极微。极微是人们从智慧上将四大分析到不能再分析的程度的结果①，是人们主观分析的结果，这就可能被认为是假设而非真有的。说一切有部认为，人们所见、所闻、所嗅、所尝的不是四大元素自身，而是由四大元素造成的感官对象物（境或尘）。触觉既能感受感官对象物，也能感受诸元素自身。地、水、火、风四大元素有坚、湿、暖、动的四种属性，还有四种相应的功能、作用：持（保持）、摄（摄集）、熟（成熟）、长（生长）。地、水、火、风就是具有不同属性的四种物质功能。一切物质现象都是依赖于地对它的支撑，水对它的吸引，火使它成熟，风使它生长而产生和存在的。任何一种事物都有这四大的功能，没有就不成为物质。进一步说，四大又分为二

① 《阿毗达磨俱舍论》卷十二对极微作了具体的描述。说隙游尘（自在飞散于虚空中的尘）的七分之一，名为牛毛尘。牛毛尘的七分之一，名为羊毛尘。羊毛尘的七分之一，名为兔毛尘。兔毛尘的七分之一，名为水尘。水尘的七分之一，名为金尘。金尘的七分之一，名为微。微的七分之一，名为极微。

对，地与风相对，火与水相对。地是坚性，也就是静性，风是动性。坚性使事物有稳定性，动性使事物有变动性。水是湿性，火是暖性。湿性使事物摄引、凝聚，暖性使事物成熟、分化。四大是互相依存、互相作用、互相转化的，一切事物都是稳定、变动、凝聚、分化的过程。

通常佛教并不把四大元素直接列入色法，而是以因缘和合而有（依他有）的事物为色法。依他有的事物有多少？佛教各派都认为眼、耳、鼻、舌、身"五根"和色、声、香、味、触"五境"是依他有的事物，此外再有多少色法，彼此看法就不尽一致了。关于五根和五境前面已述，这里要指出的是，佛教之所以把五根和五境作为宇宙物质现象的要素，是因为它是从人身结构出发推论到宇宙万物的构成的。其次，佛教认为，感官对象虽是四大元素所造成，但又是不同于四大元素的事物。在佛教看来，任何一个感官对象，如一包盐，不仅有四大种的因素，还有各种感官所能感觉的微细的质点，是四大种和各种感官所感觉的质点的混合物，因此感官对象被列入色法。感官本身也是如此。佛教认为，任何一种感官的组织都是十分复杂的，其中包括四大种的因素、感官对象物的因素、感官自身的构成因素——能进行感觉的微细质点，后者是佛教所谓真正的感官本身。这样，五种感官的细微质点不但与四大元素不同，也和五种感官对象物的细微质点不同，是不同类的物质，所以也列为色法。这是佛教物质观、物质构成观的重要特色。

色法共十一种，相当于前述五蕴中的色蕴的内容，所不同的是，瑜伽行派将"无表色"列入"法处所摄色"中。所谓"法处所摄色"是第六意识所缘的境界，因是意识所缘境，总名"法处"。法处中的各种色是意识所对、所摄，即属于法处的色法，故名"法处所摄色"。佛教认为，五根和五境是属于感官的或直接经验的物质区域，但物质区域中还有不能用感官了知而为心（识）所分别虑知的方面，如物质的最小单位，就要依靠心的推理才能了知，这一类色法就属于法处所摄色。法处所摄色共有五种，即极略色、极迥色、受所引色、遍计所起色和定所生色。极略色和极迥色都属于极微。极微是色的最小单位，是粗色经过分析以后不可再分的元素。小乘说一切有部认为极微是实有的，但又强调说是人们分析的结果，从而又易于导致非实有的看法。说经部认为极微是现在实有，过去和未来无体。大乘瑜伽行派则认为，一切物质现象，大的如日月星辰、山河大地，小的如微尘，都是阿赖耶识种子的变现，并无实体。极略色和极迥色的区别是，分析五根、五境等有质的实色到极微，为极略色。虚空、明暗等为迥色，分析虚空等无质的迥色到极微，为极迥色。受所引色就是色蕴中的无表色，因是领受五戒、十戒诸戒品所引发，故名。遍计所起色，谓主观虚妄勾画、无事实的各种色相，如龟毛兔角、水月镜像等。定所生色，谓禅定过程中所变现的色声等五境。佛教宣扬，由于禅定的力量和作用，对于一切色皆得以自在，如入“火光定”，就能发现有火光等。瑜伽行派认为，法处所摄色的前四种都是假法，没有实体，定所生色是有假有实。

八、不相应行法

说一切有部和瑜伽行派所列的不相应行法，是指既不属于色也不属于心的现象，即既不与色相应也不与心相应的、有生灭变化的现象，但也不是离开色、心、心所三法另有实体，而是借前色、心、心所三法差别而成立的。瑜伽行派认为不相应行法有二十四种：(1)“得”，获得成就。谓获得成就佛教的某种思想、功德或事业。(2)“命根”，指众生的寿命，也就是生命。(3)“众同分”，说一切有部称为同分，性相同一的意思。指同类众生五蕴和合的身形业用相似，也就是众生的共性。(4)“异生性”，“异生”即凡夫，因系异于圣人的生类，也即对于圣法（佛法）未得证悟，与圣人相异，故名。异生性是谓众生成为凡夫的依据或原因在于不得佛性。异生性和说一切有部的“非得”，即没有成就是一致的。(5)“无想定”，指众生祈求一切心识活动全部停止，以图证得无想果的一种禅定。(6)“灭尽定”，又名“灭受想定”。指佛教信徒修一种克制思想使之停止活动的禅定，修得此定即灭尽心和心所，故名。(7)“无想事”，又名“无想”、“无想果”。谓由修无想定，死后受生无想天处的一种果报。在无想天处，五百劫中，自生至死，心与心所都灭，其间一直处于无想的状态。(8)“名身”，即名词。“名”是事物的称谓，如松、柏、梅、竹是单名。两个名以上称为“名身”，如青松、翠柏、红梅、修竹等是。三个名以上的，称“多名身”。(9)“句身”，即句子。表达完整思想的称为句，如山高水远等是。也有的主张两句称为“句身”，三句以上称“多句身”。(10)“文身”，文就是字，指构成名身和句身的梵文字母。也有的说两个字母始名“文身”。(11)“生”，先无今有名“生”，即事物的产生、形成。(12)“住”，暂停，即事物产生后的相对稳定状态。(13)“老”，说一切有部称作“异”，变异名“老”。老，异，即事物的变异衰败。(14)“无常”，说一切有部称作“灭”。今有后无，事物坏灭。以上生、住、老(异)、无常(灭)，称为“四有为相”，即一切因缘和合而成的事物的四种相状。(15)“流转”，“流”是相续，“转”是生起。意谓事物念念生灭，因果不断。(16)“定异”，“定”，决定；“异”，差异。谓一切事物善恶因果互相区别，不相混淆。(17)“相应”，谓因果现象互相对称，不相违背。(18)“势速”，谓一切有生灭的事物变化迁流异常迅速。(19)“次第”，谓一切事物的生灭流转有一定的顺序。(20)“方”，空间。谓物质现象因果相续，有东南西北上下的分位。(21)“时”，时间。谓一切事物因果相续，有三世等漤限分齐。(22)“数”，数目。谓一切事物有一、十、百、千等数目差别。(23)“和合”，谓一切事物的诸因缘和合，不相乖违。(24)“不和合”，分离，谓各种事物互相乖违。

瑜伽行派的二十四“不相应行法”，是在全部保留说一切有部的“十四不相应行法”的基础上，再增加流转等后十法而成。按照内容可以分为五组：(1)表示某种特定性质的，为得、命根、众同分、异生性；(2)表示宗教修习和结果的，是无想定、灭尽定、无想事；(3)表示语言文字的，是名身、句身、文身；(4)表示事物、现象之间关系的，有方、时、数、次第、定异、相应、和合、不和合；(5)表示运动变化的，为生、住、老、无常、流转、势速。

九、无为法

以上心法、心所法、色法和不相应行法四类都是有为法。与有为法不同，无为法是无造作的、不依因缘和合而成的，也就是不生不灭，无去无来，非彼非此，绝得绝失的。说一切有部分无为法为三种，后来瑜伽行派又增加三种，共为六种：(1)“虚空无为”。小乘上座部认为“空”是由四大种生成的依他有的物质现象。说一切有部则把“空”列入无为法，称“虚空无为”，认为是无边无际、永不变易、无任何质碍而能容纳一切物质现象的空隙、空间。婆沙宗又进一步把虚空和空加以区别，强调虚空无为，空界有为；虚空非色，空界是色。也就是说，虚空是非物质现象，空是物质现象。后来瑜伽行派又把虚空无为归结为真如。真如是显现空无的真理，真空寂灭，离开各种障碍，犹如虚空。以比喻得名，称“虚空无为”。(2)“择灭无为”，简称“择灭”。“择”，简择，即判断、选择；“灭”，断灭。择灭即自觉的寂灭。说一切有部认为，通过智慧的简择力而达到寂灭的境界，断离烦恼系缚，超脱轮回，也就是涅槃。瑜伽行派则认为，借无漏智慧的简择力，就可断灭一切烦恼，证得真如（真理)。(3)“非择灭无为”，简称“非择灭”。和“择灭无为”不同，不是通过智慧的简择力而达到的寂灭。说一切有部认为一切现象本由因缘和合而生，如果所需外缘已不存在，即缺乏“生缘”，就永远妨碍未来事物的产生，称“缺缘不生”，不生则无灭，名为“非择灭无为”。瑜伽行派则认为真如本性清净，不因人的智慧简择力达到寂灭后才显现出来，称“非择灭无为”。(4)“不动无为”。指禅定进入色界第四静虑时，不为苦乐所动的精神境界。(5)“想受灭无为”，也称“灭尽定无为”。禅定进入无色定的无所有处境界，一切染污心想及苦乐二受，即想和受俱灭，此种精神状态名为“想受灭无为”。(6)“真如无为”。“真如”，“真”，真实；“如”，如常。即佛教所讲的真理、绝对、本体。瑜伽行派以观悟我空法空所显的不虚不变的真实如常的理体，为“真如无为”。

六无为法主要是就佛教修持所达到的境界来立论的，其中择灭无为和真如无为最为重要，分别为佛教所追求的涅槃和所证悟的真理。瑜伽行派突出真如无为，认为前五种无为都是真如无为的不同显现，虚空无为是比喻真如是常存的无质碍的实体，择灭无为是自觉证得绝对——真如，非择灭无为是指真如本来清净的特性，不动无为和想受灭无为则是达到真如无为的阶梯。瑜伽行派的这一说法，是一个十分重要的观点，是在佛教宇宙观学说上的一次大突破。以前佛教小乘上座部和说一切有部历来把诸法看作是彼此永远分立的，而瑜伽行派则把各种无为法都归结为真如所显现的各种相，这也是佛教哲学思想的重大变化。

十、五位法与三科

五位法与三科有着密切的对应关系。佛教小乘说一切有部和大乘瑜伽行派都承认色法就是色蕴的各种单位，心法就是识蕴的各种单位，心所法就是受蕴和想蕴两蕴以及合成行蕴的各部分，心不相应行法也包括在行蕴之中。佛教各派也一致认为五种感官及其对象是属于色法，六个识和意根属心法，此外法处则包括其余诸法。诸法与五蕴、十二处、十八界的关系，见下图。

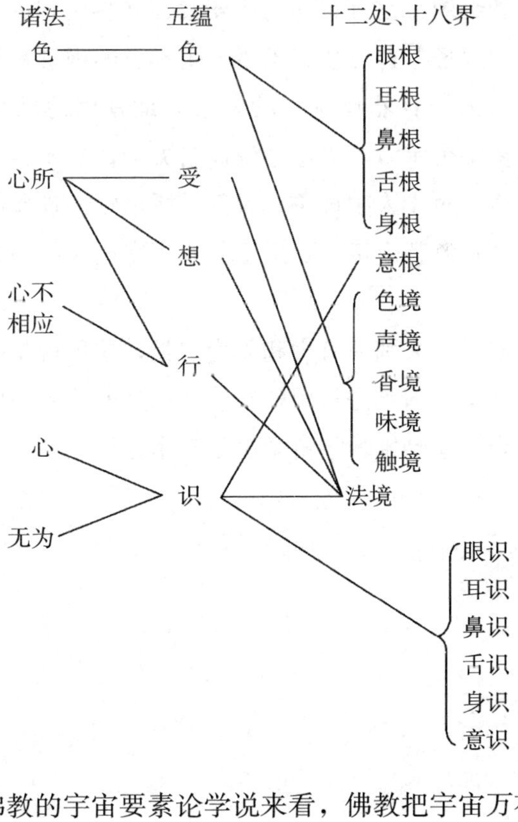

从上述佛教的宇宙要素论学说来看，佛教把宇宙万有分解为色和

心，即物质和精神两大部分，是有其合理性的。佛教把精神现象和心理活动又分为注意、情感、情欲、感觉、思维、记忆、理智、意志等多方面，也有其合理的内容。佛教学者具有心理学的眼光，侧重于细致地刻画和分析人的心理活动，尤其是对于善良心理和不良心理的类别、情态论述最为细密，其成果是古代宗教心理学的一项宝贵财富，值得认真地批判继承。但是，佛教哲学（古代印度哲学也如此）在思维方法上的一项普遍性缺陷是，把物理现象和心理现象都称为“法”，平列看待，这正是易于导致唯心主义的一个重要途径。事实上，佛教愈来愈突出心识的地位和作用，以致构成一切物质现象都是心识变现的唯识理论。

佛教宇宙要素论的一个重要特点是，它不是从客观世界、自然现象出发，而是从人身主体出发，从认识的角度出发，贯穿着宗教道德标准，去划分和组织宇宙万有的构成要素，并落实到追求宗教理想境界，为宗教实践服务。这虽然突出了人生本位的观念，显现了人的主体意识，注意对人与自然作统一的考察，是有理论思维意义的；但是，它又必然使整个宇宙要素论学说详略失当，对于自然现象的分析失之于过分简略，对于人生现象，尤其是所谓烦恼现象的区分又失之于过分烦琐，并且使整个宇宙要素论充塞了宗教性的内容，缺乏充分的客观依据。

佛教把宇宙万有大别为有为和无为两类，这可说是一个创造性的思想，所谓无为法的内涵是从佛教修持所达到的境界去阐发的，充满了纯宗教的内容，这是佛教宇宙学说的一个独特之处。

第六章

佛教的宇宙结构论

佛教的宇宙结构论，是佛教对此岸世界和彼岸世界的整体结构以及各个构成部分之间相互关系的学说，是对世界的立体层次和平面图景的宗教描述，也可说是一种特殊的宇宙图式论、宇宙模式论。这种宇宙结构论并不是佛教的创造，而是佛教学者以因果报应论为主导，吸取、利用古印度的天文地理知识和神话传说，运用虚构和夸张的手法，加以改造而成。它的宗教信仰色彩要远远超过它的哲学意蕴。

佛教典籍对世界结构通常作两种区分，一是把世界分为佛国世界和众生世界，并把众生世界又分为欲界、色界和无色界三界；二是把世界分为有情世间和器世间两种。佛教对人类所处的世界作出了十分具体细腻入微的描绘，宣扬须弥山①中心说。佛教提出三千大千世界说，宣传宇宙在空间上是无量无边的，在时间上是无始无终的。无限的空间和无限的时间，交织成无限的宇宙。所以，佛教的宇宙结构论，也可称为宏观宇宙论。

---

① 须弥山，梵文音译，又译为“苏迷卢山”。意译为“妙高”、“妙光”等。印度神话中的名山，后为佛教所采用。

第一节　三界与佛土

佛教根据善恶报应理论和禅定修行的结果，勾画出世界的立体层次结构，把世界分为若干高下不等的类别。这种分法的具体内容，虽大小乘各派说法不尽一致，但把众生世界分为欲界、色界和无色界依次上升的三界是各派所共同承认的。此外，大乘佛教还安立无数佛土（佛国世界）。佛国世界在佛教宇宙结构体系中的位置，大乘各派也有不同的说法，有的主张在三界之外，有的认为是与三界相即同体的，还有的主张在众生心中，实际上是反对在现实世界之外另立佛国世界。从佛教理论的逻辑来说，佛国世界应是高于无色界的最高级世界。

一、欲界

欲，贪欲，主要是指食欲和淫欲。欲界是指深受各种欲望支配和煎熬的生物所居住的住处。其间又分六类，即上文所述的天、人、阿修罗、畜生、饿鬼、地狱“六道”。关于欲界中由低到高的六类与大地的关系，以及在空间的位置，具体情况是：

1. 地狱。佛教设置无数的地狱，其中的八万四千小狱，即“孤独地狱”，位于大地上面，在山间旷野之中，水上树下等处。“近边地狱”，位于世界边界之外。还有“八寒地狱”，通常说是位于南赡部洲下面极度寒冷的地方。最主要的是“八热地狱”，位于南赡部洲下面，有说是地层下二万里深处的地球中心，有热锅火湖烧炙受报者。地狱之王是阎罗王（琰魔王），手下有十八判官和成千上万的差役，内中设有法庭以审判受报者，并由鬼卒分掌处置。佛教的地狱是印度的自然环境和阶级社会的曲折反映，是现实苦难的颠倒反映。由于印度炎热的气候，而有“八热地狱”之说，由于古印度社会残酷的阶级压迫而有判官、差役惩治罪人之说。

2. 饿鬼。居于阎罗王的统治区域，有的也居于世间，如坟地、黑山洞等处。

3. 畜生。住在地面上，多半在水中。

4. 阿修罗。居于须弥山低处和轮围山一带。

5. 人。住于南赡部洲的地面上。

6. 天，也称“天神”，其复数则称为“天众”、“天部”。天是高于人类的上界的生类，指天神、梵天等。较高级的天神都是中性的，没有男女性别之分。他们虽住在天上，但天不是指天空。天的又一含义是指这些生类生活的环境，包括欲界六天、色界十七天或十八天、无色界四天。这里要叙述的是欲界六天。欲界六天，也称六欲天，因这六重天不离食欲和淫欲，不脱离生死痛苦，故名。具体结构是：

（1）四王天，也称四天王天、四大王众天，是六天中最低的天，即最接近人世的天。居于须弥山腰的犍陀罗山，此山有四峰，各住一天王，各护一天下。四天王在中国又俗称为四大金刚，是东、南、西、北四方的守护者。东方持国天王，全身白色，持琵琶；南方增长天王，全身青色，持宝剑；西方广目天王，全身红色，手绕缠一龙；北方多闻天王，身着绿色，右手持伞，左手持银鼠。四天王各有九十一子，辅翼四王守护空间十方——东、南、西、北、东南、西南、东北、西北、上、下。四天王又各有八个大将，代理天王管理所属各处山河、森林以及其他地方的小神。八大将中居首位的是韦陀，其专职是保护出家僧人，因此极受中国僧人的尊崇。

（2）忉利天，又名三十三天，是诸天的第二天。佛典谓此天在须弥山巅，四方四峰各有八天（共三十二天），以辅佐居于中央的帝释天，合名为三十三天。须弥山山巅太平地的正中，为此天的主人帝释天的王城，城址每边长二千五百由旬①，有高一由旬半的金城围绕。地由金铺成，并用五颜六色的杂宝镶饰。王城中为帝释天的宫殿，四周共长一千由旬，城外周围是四苑，苑中各有如意池，池里积满了功德水。城东北有神树高达百由旬，叶茂花繁，妙香芬馥。西南有会堂，为天人讲经说法处。

---

① 由旬：梵文音译，又译作“踰缮那”，其长度说法不一，通常多谓 40 里或 30 里长。

（3）夜摩天。在忉利天上面八万由旬处，此天昼夜不分，光明灿烂。

（4）兜率天，又称“睹史多天”。在高于夜摩天的十六万由旬处。所住天人通体光明，能照耀全世界。佛教宣传，佛祖释迦牟尼的母亲摩诃摩耶死后就受生于此。将上升为佛的菩萨也住于此，如继释迦牟尼为佛的弥勒菩萨就在此天上。中国晋代著名僧人道安就倡导弥勒净土信仰，以祈求往生兜率天为最高境界。

（5）他化天，也称乐变化天。在兜率天上面三十二万由旬处。因住在此处的天神的主观欲望都能立刻变成现实的快乐，故名。

（6）他化自在天。在乐变化天上面六十四万由旬处。是欲界六天中位置最高的，是能自由变化、自在受乐的天。他化自在天有魔宫，他化自在王是欲界之王。此天的上面就是更高的色界的梵天。

欲界六天由低到高，每层相隔的高度距离愈来愈长，后二天的间隔为前二天间隔的两倍。对于欲界六天的空间大小，佛教各派说法不一，有说上一天比下一天大两倍，也有说夜摩天以上诸天为忉利天的四倍大。六欲天虽有地居、空居的差别，但都有固定的国土世界，也都有王臣父子一类的社会等级形态。

二、色界

色，指物质现象，也指物质身体。但色界的物质与欲界的粗重物质不同，是有色有光而无重量无窒碍的物质，也叫做清净妙色。由清净妙色构成的身体，十分轻灵，可以自由飞行。色界是粗俗的欲望已经断绝的地方，只是其中的居住者仍然具有形状和身体，有居住的宫殿、国土，即还有“色”，故称“色界”。色界在欲界六天之上，具体分为十七层（或说十六层、十八层）梵天，前九天三个为一排，连同后八天，高高地居于地球和欲界之上。

据《阿毗达磨俱舍论》，色界为四禅十七天。初禅三天，一是梵众天。梵，天神，天王。此天为大梵所有所化所领，故名梵众天。二是梵辅天，即大梵天王的辅相。三是大梵天，是初禅天的王。二禅三天，一是少光天，谓光明最少的天。二是无量光天，光明增加为无量无限的天。三是极光净天，此天光明遍照，而且说话时也口出净光。

三禅三天，一是少净天，二是无量净天，三是遍净天。离喜受乐为“净”。这三天是按照“净”的情况区分的。净少为少净天，净转为无量为无量净天，净周遍一切为遍净天。四禅八天，一是无云天，和以前诸天不同，此处无云。二是福生天，有胜福力者方可往生的天。三是广果天，果报最胜最广的天。四是无烦天，即没有烦乱的天。五是无热天，离诸恼热的天。六是善现天，指果德易彰的天。七是善见天，见极清澈的天。八是色究竟天，是色界中最高的天。此天上立大自在天，主大千世界，也就是所谓十住菩萨的最后生处。

上述四禅十七天是依据四禅定果的次第分类的。前文已提到过，四禅是佛教用以根治迷惑、产生功德的四种基本禅定。初禅是感受到离开欲界生活的喜乐，但是仍然有对事理的粗略思考活动（“寻”）和细密深入思考活动（“伺”），还应当加以断除。二禅是断灭“寻”、“伺”，泯除理性活动，形成内心信仰，产生神秘直觉，从而感受到禅定自身的喜乐。三禅是舍去二禅的喜乐，住于非苦非乐的境地，产生“离喜妙乐”，即非常净妙的静观。四禅是进一步舍去三禅的妙乐，唯念修养功德，而得“不苦不乐”的极深感受。这四禅和色界诸天密切不可分离。修持四禅可以脱离欲界感受，而和色界观想与感受相应，在死后可生于色界四禅天。所以色界诸天，也是个体的世界，是随个体修持禅定的功德而出现的。

关于色界诸天的大小，佛教典籍也有不同的说法，一说是，第一禅天的大小与大地相等，第二、第三和第四禅天的大小则分别与小千世界、中千世界和大千世界相等；二说是，第一、第二和第三诸禅天的大小分别与小千世界、中千世界和大千世界相等，而第四禅天则广阔无垠，不可计量。

三、无色界

三界最高的一界是无色界，这是既无欲望又无形体的生存者居住的处所，是没有宫室居住和自然国土的处所。因此界没有任何物质性的东西，故名为“无色界”。虽然此界是无色，并无固定的方所，但是就果报来说，是在色界之上。

无色界（天）和无色定相应，无色定有四种，由此无色界也分四类。四无色天（“四空天”、“四空处”）和四无色定（“四无量禅”）的名称也相同。根据四无色定的高下，四无色天是：(1) 空无边处(天)，修空无边处定，以空无边际为观想对象，超越四禅的色想，由此所生的为空无边处（天)。(2) 识无边处（天)，修行识无边之定，观照无边之识相，超越“空无边处”所生的天，为识无边处（天)。(3) 无所有处（天)，以无所有处为静观对象，超越识无边处的观想所生的天，为无所有处（天)。(4) 非想非非想处（天)，超越无所有处的观想，进而达到非有想、非无想的绝对寂静状态，即非想非非想处定所生的天，为非想非非想处（天)。前三处的居住者还有心识存在，第四处则连心识乃至于无心识都空了。佛教宣传修四无色定的可以生此四天，修某一定圆满的，死后相应地生于某一天。同时又强调，无色界诸天虽有许多优胜之处，但生存此界的寿命特别长，容易耽搁修持进入最后境界涅槃的途程，所以又劝导众生不要希求往生此界。人们于此也可见佛教宇宙观是和其宗教实践密切相关的，是为宗教实践作论证的。

四、佛国净界

小乘佛教几乎不讲佛土，他们认为“佛”是对释迦牟尼的尊称，众生是难以修行成佛的。释迦牟尼佛教化的地方，是佛和众生共同居住的世界。大乘佛教认为，除释迦牟尼之外，一切自己觉悟，又使众生觉悟，觉行圆满者，都是佛。他们宣称三世十方，到处是佛，其数量如印度恒河里的沙子一般，多得难以计量。大乘佛教宣传佛所居住的世界，是“净国”、“净土”、“净刹”、“净界”，与世俗众生居住的所谓“秽国”、“秽土”、“欲界”相对。

佛教典籍对于所谓三世十方佛的具体说法不尽一致，比较常见的有三世佛和四方佛之说。三世佛有横竖之别，横三世佛，指东方净琉璃世界的药师佛、娑婆世界的释迦牟尼佛、西方极乐世界的阿弥陀佛。竖三世佛，指过去的迦叶诸佛、现在的释迦牟尼佛、未来的弥勒佛。四佛，一是指过去四佛，即拘留孙佛、拘那含佛、迦叶佛、释迦牟尼佛；二是指四方的四佛，即东方香积世界的阿闳佛、南方欢喜世界的宝相佛、西方极乐世界的阿弥陀佛、北方莲花世界的微妙声佛。

关于佛国的具体情况，大乘的不同经典也有不同的描述。下面以最有影响的几种说法为例，略作叙述。

弥陀净土。《无量寿经》和《佛说阿弥陀经》着重宣扬的弥陀净土，也称为西方极乐世界。原指许多同样重要的佛国中的一个，《华严经》甚至给予不高的位置，但是在地处东方的中国和日本的佛教僧侣心目中，它却成为一切佛国中“声誉”最高的一个，因此影响也最大。净土宗就是以专念阿弥陀佛，死后往生阿弥陀西方净土为目的。《无量寿经》和《佛说阿弥陀经》描绘了西方极乐世界的尽善尽美、庄严奇妙的景象。在极乐世界里，国土以黄金铺地，所用一切器具都由无量杂宝、百千种香共同合成，到处莲花香洁，鸟鸣雅音。在极乐世界里，众生没有任何痛苦，享受着无限的欢乐，比如“若欲食时，七宝钵器自然在前……百味饮食，自然盈满”（《无量寿经》）。“衣服饮食，花香璎珞，缯盖幢幡，微妙音声，所居舍宅，宫殿楼阁，称其形色高下大小，或一宝二宝，乃至无量众宝，随意所欲，应念即至。”（同上）在那个冥冥高空上面的西方极乐世界里，一切人间的痛苦都顿然消尽，人们可以得到在世间企求不到的快乐和幸福。十分明显，这里所描绘的西方极乐世界，是根据古印度上层统治者的荣华富贵的现实生活构想出来的虚幻境界，也可说是古代奴隶主的王宫以及宫廷生活的写照和折射。

华藏世界（莲华藏世界）。《华严经》宣传世界是毗卢舍那佛的显现，各类生物、山河大地，一切现象都是佛体，一切声音都是佛法的狮子吼。中国佛教华严宗据此突出毗卢舍那佛的地位，强调毗卢舍那佛是美妙的莲华藏世界即华藏世界的教主，进而宣扬莲华藏世界构成的特别妙胜。莲华藏世界是属于佛教化众生的国土，由须弥山无数风轮所持，最下风轮能持上面的一切宝焰，最上风轮能持香水海，香水海中有大莲华，四周为金刚轮山所围绕。莲华藏世界有无数香水海，每一香水海中各有大莲华，每一莲华中又都包藏无数世界，所以称为莲华藏世界。莲华中包藏的多层次世界，次第布列，其中第十三重是娑婆世界，为人类所居住。由于整个华藏世界是光明灿烂的世界，因此在娑婆世界里，人人都可以成佛，人人都有佛的本性，只要彰显佛的本性，就能成就为佛。

印度大乘佛教的多佛说和多佛土说，在中国和日本都发生了重大的变化。这种变化大体上有两条途径，第一是形成统一的大佛，第二是以众生的心为佛。沿着第一条途径，一些宗派逐渐形成一尊统一的至高无上的大佛，其他的佛都相形见绌地被融摄于这一佛之内，这尊大佛的佛土也被认为是众生追求的解脱之地。上述净土宗宣扬的阿弥陀佛和西方极乐世界，华严宗宣扬的毗卢舍那佛和莲华藏世界，就是这种变化的典型表现。此外，密宗也相当典型，它视毗卢舍那为法身佛大日如来，是一切光明中的无上光明的显现，故为尊奉的主要对象。密宗宣扬菩萨修行有十三地，相应也有十三天，毗卢舍那就住在最高的一天。佛教徒修行圆满，死后要辗转经过十三地而达到毗卢舍那所在地，其顺序是：（1）在不动明王处度初七日；（2）在释迦牟尼佛处度第二七日；（3）在文殊师利处度第三七日；（4）在普贤处度第四七日；（5）在地藏处度第五七日；（6）在弥勒处度第六七日；（7）在药师处度第七七日；（8）在观世音自在处度百日；（9）在大势至处度一年；（10）在阿弥陀处度三年；（11）在阿闳处度七年；（12）和（13）相继在大日如来和毗卢舍那处。这虽然是神秘的烦琐的虚构，但是却表现了密宗的特殊的佛国结构观。

沿着众生的心即是佛这一途径前进的是禅宗。印度大乘佛教经典也含有反对在世间之外另建净土的思想，如《维摩经·佛国品》说："若菩萨欲得净土，当净其心，随其心净，则佛土净。"认为只要内心清净就是佛土净。中国禅宗充分发挥了这一思想，提倡即心是佛，秽土就是净土的学说。慧能说："三世诸佛，十二部经，亦在人性中，本自具有。……内外名（明）彻，识自本心，若识本心，即是解脱。"（敦煌本《坛经》）众生认识本性（本心），就是解脱，就成为佛。又说："悟无念法者，见诸佛境界；悟无念顿法者，至佛地位。"（同上）"无念"是"于念而不念"，也就是无妄念的意思。慧能认为，众生只要做到无妄念，就见到佛境，进到佛地。在慧能看来，佛并不在彼岸世界，也不在身外，就在众生的心中。这实际上是否定了在现实世界之外另有佛国世界的立说。

佛教按照修持程度的高下和获得果位的高低，把不同的证果者向上置于地球的上空，把所谓罪恶深重者向下置于地球内层深处，这是和统治者、高贵者居上，被统治者、低贱者居下的等级观念、社会心理相应的。在佛教构想的立体世界图中，净土和地狱是高下的两极，通过两者强烈的反差对比，昭示人生的两种相反去向，一者是引导人们追求的理想境界，一者是劝诫人们避免堕入的恐怖世界。地狱和净土的说法，对于佛教实现其宗教功能具有重要的意义，它为信仰者指引了终极的目标，诱导信仰者产生一种祈求、敬仰和恐怖、畏惧的情感，并形成强烈的宗教意识。这对于一般信徒是极为重要的。地狱和净土都远离人间，但实际上又是人间社会内在分裂的反映。随着阶级的产生，世俗社会日益分裂为两种对立的世界，一是被剥削被压迫者的人间地狱，一是剥削者压迫者的人间天堂。佛教的地狱、净土的说教，正是这种现实的地狱、天堂的折射。十分清楚，地狱应当在人间消灭，天堂应当在人间建立。

第二节　三千大千世界

佛教宣传宇宙空间是无限的，是由无量数的世界所构成的。通常所谓从四大部洲到梵天，或下从地狱上至梵世界（即上述色界四禅天的初禅天，也总称色界四禅天），各有一个太阳和月亮周遍流光所照的地方，名为一小世界。如此的一千个世界称为“小千世界”，由二禅天所统摄。以小千世界为一个单位，一千个小千世界称为“中千世界”，由三禅天所统摄。以中千世界为一个单位，一千个中千世界称为“大千世界”，由四禅天所统摄。也就是说，一千个世界为小千世界，一百万个世界为中千世界，十亿个世界为大千世界。因一大千世界层层组合，包含有小千、中千、大千三种千，合称为“三千大千世界”。佛教认为三个大千世界为一佛土，是佛祖释迦牟尼教化包括人在内的众生的世界，也称“娑婆世界”。娑婆是梵文音译，原意是杂会，意为这是由六道众生杂处的世界。娑婆也是堪忍的意思，佛书也称娑婆世界为“忍土”、“堪忍世界”。这个世界的众生能忍受三毒和诸烦恼等极大的苦难，难忍能忍为了达到圆满至善的境界，不惜一切牺牲非达到目的不可，佛和菩萨为教化众生也忍受烦恼和劳倦，决心将一切众生普度到彼岸佛国净土。

佛教认为，整个宇宙类似娑婆世界，无量无边。宇宙并不是几个三千大千世界，而是由无数的三千大千世界所构成的无限空间。佛典以丰富的幻想和艺术的虚构，称三千大千世界的无量无边，如微尘，如恒河沙数，称为十方微尘世界，或尘数世界，或十方恒河沙世界。宇宙旷远绵邈，无边无际，没有空间的限量，在无限的空间里有无数的森罗世界。佛经说，“东方度三十六恒沙国，有世界名须弥相”，“从是西方过十万亿佛土，有世界名曰极乐”，“往上方界分度如四十二恒河沙佛土，有国名众香”。中国晋宋之际佛教信徒宗炳也说：“今布三千日月，罗万二千天下，恒沙阅国界，飞尘纪积劫。”（《明佛论》）佛教宣扬无量无边的佛土，纯是一种宗教的想象和虚构，但是它突出宇宙的无限性，则又是一种空前的宏观假设，具有一定的合理性。

佛教还对世界的地理结构和形状作了细致的描述，宣扬须弥山中心说。佛典说，世界的中心是一座大山——须弥山，其他大地、山河、星球等都围绕着它而排列。须弥山由金、银、琉璃和玻璃四宝所构成，山上宫殿林立，树木郁茂，香气远闻。山高八万四千由旬，山顶上为帝释天，四面山腰为四天王天，周围是七香海和七金山（七轮围山），一层层的围绕着。七重香水海位于须弥山和七金山之间，总名为内海。第七金山外还有由铁所构成的铁围山所围绕的咸海。咸海中有四大洲、八中洲和无数小洲。四大洲，也称“四大部洲”、“四天下”，东南西北各一洲。东方是胜身洲，此洲土地东狭西广，形如半月，以身形胜，故名。其面积为三面各长二千由旬，一面长三百五十由旬。南方是赡部大洲，又称“南阎浮提”，呈三角形状，北广南狭，尖点向南，圆周约六千由旬。因有赡部林故名。“阎浮提”，从恒河上流阎浮提河而得名，是印度人对印度的自称，本为印度的专名。起初佛教把印度和周围国家看作是赡部大洲，后来随着对世界范围认识的提高，佛教又把人类所居住的整个地球都算作赡部大洲了。西方是牛货洲，因此洲以牛为货故名。形如满月，圆周为七千五百由旬。北方是俱卢洲，也称为胜处，因系四大洲中国土最为妙胜的，故名。形方如椅面，四周相等，各长二千由旬。佛典说，每一大洲各有两个中洲（海岛），共为八个中洲，此外还有无数小洲。四大部洲所处的咸海周围，有铁围山周匝围绕，形成一世界。每两个世界的中心须弥山之间的距离为一百二十万三千四百五十由旬。佛教宣扬世界中心是大山，这体现了人类的自尊心理和合乎内心目的的心理。由于宗教立场和对世界地理认识的限制，佛教的须弥山和四大部洲说是不符合世界实际情况的。

每一个世界上空，都有一个太阳、一个月亮和众多星星，围绕在须弥山周围各循自己的轨道不停地转动，由此而有昼夜年月的区分。太阳和月亮离海面为四万由旬，光线为须弥山遮住而不能照射到对面。它们的轨道在咸海上，所以东大洲和西大洲，南大洲和北大洲的晨昏昼夜正好相反。太阳有南行和北行，南行时光射在咸海上，北行时则射在大洲上，所以有天气寒冷炎热和季节的差别。太阳南行和北行的改变是六个月，月亮运行周而复始是一个月。星星无数，大小不等，由洁净的物质构成，为四天王天的天人所居住。

第三节 有情世间

佛典通常还把世俗世界分为有情世间与器世间两种。“世间”与“出世间”相对。佛教说的“世”有“迁流”、“毁坏”的意思，“间”有“间隔”的意思，“世间”就是不断迁流变化的世界，其具体含义有广狭不同的解说。“有情”，梵文“萨埵”的意译。“情”，指情识、情爱一类的精神活动。有情指有情识的生物，与动物相近，也称为“众生”①。有情世间也称为“众生世间”，有情世间就是有情众生自体，有情生命的种种领域。这是佛教对人和其他动物以及某些虚构的

① “有情”，还称为“我”——自在宰制者；“数取趣”——不断的受生死者；“命者”——寿命延续者；“士夫”——作事者；等等。

生类（如天、鬼等）的通称。器世间也称为“国土世间”，指山河大地、草木禾稼、宫室园林、日月光明等无情识的事物，是有情众生所依止的生存环境，因为能容受有情众生，故名为“器世间”。

佛教对有情众生的分类、生成和生命特点都有详细的论述。关于有情的分类，佛教认为众生的业是千差万别的和无限的，由无限的业也就形成无限的众生，即众生的种类也是无限的。但为说明方便起见，分为几类。通常的分类法有三，即五趣或六趣、七识住和九有情居，其中五趣或六趣是最常见的分类。五趣即前述的天、人、畜生、饿鬼、地狱，六趣即在人和畜生之间加阿修罗。佛教小乘各派大半取五趣说，大乘各派则多取六趣说。六趣中除人和畜生外，其他都是带有宗教和神话色彩的虚构。六趣中没有包括植物生命体，可能是因为佛教持不杀生戒，如果再把植物也摄于其中，则生活来源未免失去着落。但是佛教律文中，也有禁止任意砍伐植物的规定，似乎又是承认其为低级生命的。有情世间的生存者有高低级之分。与人类同住世间的有畜生和饿鬼，人类的地位高于畜生和饿鬼。天比人又高一级，天中也有高低级之分，如帝释天是高级的，而保卫帝释天的，如夜叉是鬼，龙王是畜生，这是鬼和畜生当中的有大福报者，已属于天的范畴，但是低级的天。在六趣中，地狱地位最低，最为痛苦。天的地位最高，最为快乐。人处在天和地狱的中间，是有情上升下堕的机钮。

佛教所讲的七识住的“识住”是指心识能存在的意思。佛教宣传三界中既有心识能存在之处，也有心识不能存在之处。心识能存在之处有七，称“七识住”。具体指：一是身异想也异之处，包括欲界的阿修罗、人和天，以及不在劫初时的色界初禅诸天。二是身异想一之处，包括劫初时的初禅诸天。三是身一想异之处，指第二禅诸天。四是身一想一之处，即第三禅诸天。五、六、七分别为空无边处、识无边处、无所有处三识住，相当于无色界的低级三天。至于地狱、饿鬼、畜生三恶趣和第四禅诸天以及无色界的第四天，都不能使心识存住，都不属于识住之类。九有情居，是指七识住、第四禅诸天和无色界第四天，因适宜有情众生居住，也为有情众生所乐于居住，故名。

佛教认为，有情出生长育的状态有四种，即胎生、卵生、湿生和化生。胎生是说从母胎而生，如人、畜生和两足的虫。卵生是从卵壳而生，如鸡、鸭、鸽、雀等是。湿生，也叫因缘生，是从湿气、湿地而生，如鱼、虾、腐肉中的虫、蚊虫、蚂蚁等是。化生，指没有可见之物作为依托，不需要父母的外缘，是凭借业力而生现的，如诸天神、饿鬼和地狱中受苦者，也就是在天上和地狱中因变化而生者。其中色界和无色界属于天部，为禅定胜力所化生。这是说，胎生和卵生，是依赖两性的和合而生的，湿生是由自身分裂而形成新的生命，化生是不需肉体的凭借而随业生成的。佛教还认为，有的有情不只是一个生成形态，如畜生就四种生成形态都有。人是胎生的，但也间有卵生、湿生和化生。四生中以化生为最佳，但又说佛和菩萨也是胎生，说这是为了表示和人同相，以便救度世人。这里被佛教认为是最佳生成状态的化生，恰恰是缺乏实际根据的。

佛典对于有情众生的身长和寿命也有论述。如说帝释天身长一里，四大天王身长半里。再以寿命来说，人，住在南赡部洲的，寿在10年到无量年中。住在其他洲则是固定的，住东胜身洲的为250岁，住西牛货洲的为500岁，住北俱卢洲的为1 000岁。天，其中四天王天的一昼夜等于人间50年，如此的30个昼夜为一月，12月为一年，四大天王的平均寿数为这样的500年。帝释天以人间的百日为一日，按百日为一日计算，寿长1 000岁。四天王天以上的寿命更长。色界诸天的寿数是以劫计算的，无色界的寿命比色界还长。欲界中畜生的寿数是不一定的，有的瞬息即亡，有的可活数百年。饿鬼的一日等于人间的一个月，这样的30日为一月，这样长的12个月为一年，他们需如此活500个年头。各类地狱的寿数也不等，总的说都很长，阿鼻地狱的寿数竟长达一中劫整。佛教宣扬凡是有情众生都是有生死的，即使是天也有寿尽之时，死后再重生他处。

第四节　成住坏空与无始无终

佛教认为宇宙在时间上也是无限的，是既有消有长而又无始无终的。世界消长一周期中经历成、住、坏、空四期，也称成、住、坏、空四劫。“劫”是梵语劫波音译的简称，意思是时分、长时、大时，是不能以通常的年月日时计算的极长时间，与极短暂时间“刹那”相对。劫又分多种，从人的寿命无量岁中，每 100 年减一岁，如此减至 10 岁，称为减劫。再从 10 岁起，每 100 年增一岁，如此增至 8 万岁，称为增劫。合此一减一增（也有说仅是一减或一增）为一小劫。合 20 个小劫为一中劫。成、住、坏、空分别是一中劫。总合成、住、坏、空四中劫为一大劫。据此有人作粗略的计算，大约 1 600 万年为一小劫，3.2 亿年为一中劫，12.8 亿年为一大劫。

成劫，是世界生成的时期，即第一期。其间分为两大阶段，最初一小劫形成器世间，以后 19 小劫形成有情世间。在前一世界坏时，有些众生经过修持而生于大梵天中，为梵王。后来由于空中微风渐盛，而逐渐形成风轮水轮金轮，前一世界坏时的一些众生也渐渐转生为天、人、阿修罗，再转生为畜生、饿鬼，再后转生无间地狱，至此成劫已满。

住劫，是世界安住的时期，即第二期。其间也有 20 增减劫。有了器世间，众生得以安住，人寿经无量岁，后又渐减，如此从 8 万岁减至 10 岁，再从 10 岁增至 8 万岁，如此增减，至第 20 劫为止。在减劫末期，有饥馑、疾疫和刀兵三灾。人寿减至 30 岁时，由于众生行恶，饥荒灾起，人多饿死。减至 20 岁时，疾疫灾起，人多病死。减至 10 岁时，刀兵灾起，各起杀害之心，互相残害，横死无数。这也称小三灾。

坏劫，是世界坏灭的时期，即第三期。也分两大阶段，初 19 劫是坏有情世间，最后一劫是坏器世间。有情世间的坏灭，是从最底层即地狱开始，逐渐上升到饿鬼、畜生、阿修罗依次坏灭。随后是器世间一片空旷，最后一劫，大火灾起，世界付为一炬。

空劫，是世界空虚的时期，即第四期。世界经燃烧破坏后，唯有空虚。没有昼夜日月之分，唯有大冥。这也要经过 20 小劫才告终结。

每一三千大千世界都要经历成、住、坏、空四劫。无量无边的三千大千世界，或成，或住，或坏，或空，各不相同。世界是不断成坏的过程，坏灭又凝成，凝成又坏灭，是无始无终的。在无限的时间里，有无限的世界相继消长。前因后果，因果连续。因前有因，永永不能知其始；果后有果，漫漫不能测其终。无前无后，无始无终，变化无常，悠久无疆。

前文已提到，上述佛教的宇宙结构论，是佛教学者继承古代印度传统迷信和神话，并吸取当时的天文、地理、地质和生物等自然科学知识，按照佛教的因果报应理论和宗教实践的根本要求，加以综合、熔铸，精心创作的产物。应当承认，在佛教哲学中，宇宙结构论的学说相对地和自然科学有着较多的联系，因而也闪耀出若干卓越的辩证思维的火花。首先，三千大千世界说、三十三天说，都体现了宇宙结构多样复杂、无量无边的无限性观念。众生无尽说则表现了生物形态多样性的思想。其次，佛教关于时间的相对性和无限性思想，也一直为人们所重视。它的在不同空间里时间的长短也不同的观点，包含了时间与空间载体具有不可分割的联系的思想因素，是一个精辟的观点。佛教认为，大地都有成、住、坏、空的变化过程，而世界又是无始无终的，这也是符合宇宙演化史的。但是，也应当指出，佛教的宇宙结构论从总体来说是不科学的。它从因果报应和禅定类别出发，主观地勾画宇宙的构成，宣传大地的形成是众生共同的业力的结果，对大地的构成和演化过程作种种简单的、宗教性的排列，虚构出鬼、神等有情生类，并对有情的寿命作出机械的规定，等等，这都是和宇宙结构的实际情况相悖的。这犹如艺术的虚构，是人对宇宙感情意识的领受和流露，是根据当时的知识和心理需要，对宇宙加以合乎宗教目的的构想和解说。可以这样说，宗教的虚构性和方法的机械性是佛教宇宙结构学说的根本缺陷。

第七章

佛教的宇宙生成论和本体论（上）

上两章讲的佛教的宇宙要素论和宇宙结构论，主要是论述宇宙现象的分类和结构，下面将要阐述的佛教的宇宙生成论和本体论，是佛教关于人生和宇宙现象如何生起，万物的本原是什么，本体与现象是怎样的关系等问题的理论。这些理论基本上集中在缘起论中。佛教缘起论着重论述的是现象界的生起、因由和次第，以及本体和现象的复杂关系，也就是说，缘起论包含了宇宙生成论和本体论的双重内容，而这双重内容又是和认识论密切交织在一起的，也是为佛教的宗教实践作论证的。佛教的所谓缘起，“缘”是结果所赖以生起的条件，“起”是生起的意思。缘起着重在“缘”字，“起”不过是表示缘的一种功能。“缘起”也就是一切事物所赖以生起的因缘。佛教缘起论认为，“有因有缘集世间，有因有缘世间集；有因有缘灭世间，有因有缘世间灭。”（《杂阿含经》卷二）“集”，生。世界万物的生起与灭亡都是因缘条件所决定的。大千世界，森罗万象，形形色色，生生化化，无一不是因缘和合而生；世界上一切事物和现象都是互相联系、互相依存和互为条件的，都是由于互相依待、互相作用才得以存在，即都处在因果联系之中，是互为因果的。简而言之，缘起论的实质也就是关于事物间的因果关系的理论。佛教关于缘起的经典定义是：“此有故彼有，此生（起）故彼生（起）。”（《杂阿含经》卷十二）此是彼的缘，彼依此而起。意思是说，因为这个东西的有，所以那个东西就有；因为这个东西的生，所以那个东西就生。缘起论强调任何事物的产生都不是无原因的，必须在彼此因果的相对关系下才可以说它的生起与存在。

缘起论是佛教理论的基石和核心。佛学全体的基本精神都奠定在缘起论的基础上，换句话说，佛教其他各种理论都是缘起论的展开。缘起论也是佛教区别于其他流派的基本思想特征，是与当时印度流行的无因论、偶然论和一因论（神我的转化）等理论根本对立的。佛教大小乘各派都以缘起论作为自己全部世界观和宗教实践的基础理论，各派的思想分化、理论分歧，都是出自对缘起的看法的不同。佛教有“缘起偈”：“诸法从缘起，如来说是因；彼法因缘尽，是大沙门（指释迦牟尼）说。”因缘起说十分重要，据唐代义净的《南海寄归内法传》卷四载，印度一带佛教在塔基和佛像内多安置此偈。

随着佛教从小乘发展到大乘，从印度传入中国，佛教学者对于缘起理论的解释逐渐发生变化，其内容也不断充实，从而形成了一个庞大完整的缘起论思想体系。最原始的是“业感缘起”论，它不是对宇宙现象观察的结果，而是从观察人生过程和人的生命活动，尤其是心理活动而得出的一种看法，并用以说明人生的关键问题。按照缘起论，既然人生的各种现象都是由于互相依待、互相作用才得以产生和存在的，由此推论，要改变一切现象，也必须从作依待的、起作用的各种条件上着手，舍此别无他法。如此也就得出道德上的善恶行为是转变人生现象的根本问题的结论。后来，佛教学者又进一步认为，客观环境对人生趋向也有重要的作用，也和主观因素一样可以作为主因。大乘佛教学者更是主张人生转变的关键在于对整个宇宙人生的了解，这就是中观学派着重从感觉、概念及其对象的“假有性空”方面说明一切现象得以产生的原因，称为“中道缘起”论。其后又有瑜伽行派用“种子变现”和“唯识无境”来说明世界现象及其本原，是为“阿赖耶识缘起”论。密教又宣扬“六大缘起”论。在中国又增添了几种缘起理论，这就是《大乘起信论》宣传以先天的“清净心”为世界本原的“真如缘起”论，天台宗鼓吹的“性具实相”论，华严宗倡导的“法界缘起”论，以及禅宗奉行的“自心顿现”论。

我们将印度佛教和中国佛教的缘起论分开两章论述，并先简要地阐述佛教的因果论，再论述各类缘起论。

第一节　因果论

一、因果的意义

上面提到，缘起论的实质就是关于事物间的因果关系的理论。缘起论主张世界万物无一不由因缘和合而生，而有因必有果，有果必有因，由因生果，因果历然。所谓因是原因，是能生；所谓果是结果，是所生。“因”有时和“因缘”含义相同。因和缘就相对差别而言，因约特性说，缘约力用说；因是主要的，缘是辅助的。因果就是指因果律，也指因果报应，是佛教用以说明世界一切关系并支持其宗教体系的基本理论。

佛教因果论强调“已作不失，未作不得”，意思是因未得果之前，不会自行消失；反之，不作业因，也不会得相应的结果。佛教因果论认为一因不能生果，任何果都必须至少有两个因才能产生，任何单独的因，如果得不到适当的外缘，就永远不能产生出果来。佛教因果说还认为，整个世界的事物是互为因果关系而形成为一个整体。外界客观事物和众生主体内心，也是互为因缘、互相贯通的。由众生的无明，生起我见，我见攀缘外界的客体，客体唤起众生的贪欲，贪欲引起恶行，恶行招引再生和痛苦，痛苦又加重无明。这一系列因果链条，互相联结，彼此既是因，又是果，互为因果。佛教认为，人，人类社会和整个世界，都是一个因果关系的整体系统。

佛教强调因果律的普遍性，在时间上，因果遍于过去、现在、未来三时，因果相应，如环无端，本无生起之时，也无终止之日。在空间上，宇宙结构中的人类社会、各种天界和地狱等，因果律都发生作用。佛教认为，除了无为法之外，一切事物都受因果律支配，佛、菩萨也受因果律支配。这也是佛教和其他宗教相异的一大特点，其他宗教一般地都以为最高的神是超出因果律之上，不受因果律支配的。佛教虽宣传佛、菩萨的各种神通，但又强调神通是和因果律相符合的、一致的。

佛教从宗教实践的基本立场出发，对因果作了具体的分类和论述。小乘佛教立四缘、六因、五果的理论，大乘佛教则立四缘、十因、五果的学说，以下分别加以说明。

二、四缘

四缘说是因果论的理论重点。佛教各派对于“缘”的讲法不很一致，部派佛教时期说一切有部有见于南方的《法聚论》讲二十四缘，北方的《舍利弗毗昙》讲十缘，头绪纷繁，过分芜杂，于是加以简化，只列举南北两论中的前四种，即因缘、等无间缘、所缘缘、增上缘，合称“四缘”。并突出因缘为四缘中的重点，认为因缘是其中起主要作用的，可以称为因中之因。四缘后被小乘和大乘认为是一切有造作事物所借以生起的四类条件，概括了一切因缘。《中论·观因缘品》说：“一切所有缘，皆摄在四缘，以是四缘，万物得生。”但各派对四缘的解释有些差别，小乘说一切有部等分四缘为“六因”，以着重说明业报轮回产生的条件，大乘中观学派则强调缘起性空，因缘只相对于“果”来说才有意义。

（1）因缘。佛教通常把因和缘加以区别，从产生的结果来说，亲生是因，疏助是缘。这里所讲的因缘，是说因即是缘，名为因缘。因缘就是起主要作用的因，如竹器以竹为主要条件，竹就是竹器的因缘。小乘佛教学者认为因缘就是直接产生果的因，包括下面即将论述的六因中除能作因以外的五因（俱有因、相应因、同类因、遍行因、异熟因），也就是说，五因都称为因缘。大乘佛教偏重于强调产生果的许多因缘中主要的不可缺的亲因缘。如瑜伽行派以第八识种子为一切事物的亲因缘，即真实的原因。

（2）等无间缘，也称“次第缘”。这种缘只在精神现象中存在，是指前念为后念生起，即为认识活动形成的条件。当前念已灭时，能为后念的生起让位开路，使后念得以产生，所以前念是后念的缘。佛教认为主观思维的开展，前前后后的种类是相互关联着的，前行的思维大体规定了后起思维的种类，前后等同，称为“等”。如果前后思维中间没有其他障碍，那么，前者引导着后者就一贯而下不会中断，称为“无间”。如此前念心直接为后念心的生缘，称为“等无间缘”。又前念心导引后念心产生，所以又称“次第缘”。佛教强调，主观思维的无间断的开展会逐渐发生对客观的反作用。

（3）所缘缘，旧译为“缘缘”。指诸心心所攀缘的境界，即认识的对象。佛教认为，心是能缘，能缘的缘是缘虑、思虑的意思；外境是所缘。由有所缘，才引起能缘。能思虑的心必须仗托外境才能产生思虑，如观花爱其芳馨，赏月赞其皎洁。就是说，客观的事物具有能使心产生思虑的作用。外界客观事物对于主观心识既能使它生起缘虑，又能限制它缘虑的范围，可见外界客观本身既是所缘，同时又是一种缘，即为所起的心作缘，故称为“所缘缘”。这是强调客观事物对主观认识的作用和影响。

（4）增上缘。指任何一个事物对于其他一切事物的影响和作用。分为两类，一是有力增上缘，即对其他事物的生长能起帮助作用的条件，如阳光、空气、雨水、肥料、人工、农具等，对于农作物来说都是增上缘；二是无力增上缘，即对其他事物的生长不起妨碍作用的条件。佛教认为宇宙间任何一事物无不具有增上缘的功能，只是不能影响自己，也就是不能作为自身的增上缘。再者，一切由因缘和合而生的有为法不能影响无为法，不能作为影响无为法的增上缘，因为佛教认为无为法是不被缘的。

佛教认为，以上四缘中，一切物质现象由因缘和增上缘二缘生，精神现象由四缘生，但无想天上的心法例外，因为无想天的天人无知觉，外境自然也就不能说具有所缘缘的作用了。

三、六因

四缘说与六因说是从“缘”或“因”的角度对原因作出分类，其实两者都是讲原因的。六因说是小乘说一切有部把四缘中起间接作用的等无间缘、所缘缘和增上缘归结为能作因，把具有直接生果功能的因缘别开为五类（五因），合为六因。所以，六因说与四缘说互有分合，是彼此相通的。六因的名目和具体含义是：

（1）能作因。因是生果的功能，是能作，果是所作。能作就是因，名“能作因”。各种因都是能作因，但为了和有特性可指的各种因相区别，把那些无法分类的因称作能作因。能作因有两种：一是起帮助作用的，如眼根生眼识，大地生草木，眼根和大地分别对眼识和草木的生起有帮助；二是消极地不障碍果生起的，如虚空对万物的生起就不起障碍的作用。能作因也称“无障因”，相当于四缘中的等无间缘、所缘缘、增上缘这三类疏缘。它的范围最广泛，可以说除对事物的自体本身以外，其余的都可以成为能作因。

（2）俱有因。俱有是指俱时俱处有。俱有作用，俱有即因，名“俱有因”；再是，因与果俱，名为俱有，俱有的因，名“俱有因”。俱有因分互为果俱有因和同一果俱有因两种。互为果俱有因是指两种或两种以上的事物互为因互为果。如地、水、火、风四大种，互相作用，相依相资，生起不同的物质现象，其中一大为因，其他三大就为果；其他三大为因，此一大就为果。同一果俱有因是指两种或两种以上的事物互相辗转有力，同得一果。如两束芦互倚而不倒，三杖相仗而得立。俱有因也称“共有因”、“共生因”。宇宙万物的因果关系，从时间上来说，无非是异时依生和同时互依两类，俱有因就是在同一时间上所立的因果法，就是同时而起的对于产生结果有着同一作用的原因。

（3）同类因。因果相似、相类，名为同类。同类的因，名为“同类因”。这里所讲的同类是指道德性质的善恶同类，并不是就物质现象和一般精神现象而言。如善的观念、行为产生善的观念、行为，恶的观念、行为产生恶的观念、行为，善为善的因，恶为恶的因，前者为后者的同类因。同类因也称为“自分因”、“自种因”。

（4）相应因。此指心与心所同时相应资助而生，如以心王为因，起心所；以心所为因，起心王，彼此相应，称为“相应因”。这也就是说，每一种认识的产生，都必须依赖心和心所的合作，它们要同时生起，同一所依（这是就根说，如心依眼根，心所也依眼根），同一所缘（这是就境说，如心缘黄色的事物，心所也缘黄色的事物），同一行相（这是就分别说，“行相”就是对事物的分别了解作用，如心缘黄色的事物产生了黄色的看法，心所也同样认为是黄色的），这样互相同等，相应而存在。相应因是俱有因的一部分，是在俱有因中就心、心所法立此因，而俱有因则是通贯宇宙万有的原因。

(5) 遍行因，也称“遍因”。遍行是遍通的意思。遍行即因，名“遍行因”。这是从不善法的同类因中区别出来的，具体是指心所法中的十一种遍行烦恼，如边见、邪见、疑、无明等，势力强盛，是普遍地生起一切烦恼的起因。也就是能生一切烦恼，故名遍行因。

(6) 异熟因。这是从得果的性质来区别的，和同类因、遍行因都不同，特指能招致三世苦乐果报的善恶业因。例如，恶因生苦果，以致在地狱受生；善因生乐果，在诸天上受生。但这些后果自身不是善或恶，而是无定，即受生于地狱的不见得是永远痛苦，受生于天上的也不见得永远快乐，将来是苦是乐还要看受生者在地狱里或天上的表现，所以这些后果与它们的因并不同类。也就是说，善恶的因产生了非善非恶的果。因果异类而熟，故名“异熟”。异熟因也称“报因”、“异性因”。佛教从解脱论出发，认为异熟因是诸因中最重要的因。

四、十因

佛教瑜伽行派将四缘推衍为十因，所谓十因就是一切物质现象和精神现象得以产生的十种原因，具体的名目和含义如下：

(1) 随说因。瑜伽行派认为，世界上的一切事物，先有“名”，有了名称、概念，后才有“想”。由于事物的名称，引起了内心的思想，以把握事物的相状，这就要发“语”，以说明事物的义理，也就有了“言说”。名、想、语就是随说因，世界事物都是依赖名、想、言说而有种种相状差别。

(2) 观待因。观待是指条件性。相对于某一事物来说，凡能引起对此事物的一定要求和受用的条件，就是观待因。如因饥求食，食为饥的观待因。因食求碗，碗为食的观待因。

(3) 牵引因。凡能牵引“种子”成熟自果的作用，称“牵引因”。如无明能牵引出众生的生老病死的作用，是牵引因。

(4) 生起因。生起因和牵引因一样都是指种子能生自果的作用，但牵引因是就牵引“种子”最后成熟自果而言，生起因则是指“种子”于现在具有生起自果的作用而言。如稻种对稻芽来说是生起因，无明对于“行”来说是生起因。

(5) 摄受因。指形成“自果”过程中的除亲因缘即种子以外的其他疏助缘，即助成因缘的条件。如使种子生芽的水、土等条件，就是摄受因。

(6) 引发因。指初种子所生起果，望后种子所牵引果。如种子生成芽、茎、叶等，辗转相续，望以后开花结实，为引发因。又如十二因缘从“无明”一直到“有”，辗转引发，望以后的生老病死，为引发因。

(7) 定异因。指不同的原因有不同的功能，必生不同的结果。所谓种瓜得瓜，种豆得豆，不会错乱，是为定异因。

(8) 同事因。指除随说因以外的上述其他六因，发挥和合力，共同成办同一的结果。

(9) 相违因。谓生成结果过程中起障碍作用的因素。如霜、雹等灾害是农作物成长的相违因。再如，不信佛教，不亲近僧人，被认为是成就佛果的相违因。

(10) 不相违因。谓生成结果过程中不起障碍作用的因素。

五、五果

因和果相联，果的分类也和因的分类密切联系。佛教大小乘佛典通常都把果分为五类，其具体名目和含义是：

(1) 异熟果，也称“报果”，即众生前生善恶行为所招致的苦乐等报应。也就是六因中异熟因，十因中牵引、生起、定异、同事、不相违因，四缘中增上缘，所得的果。此果与因既不同时又非相随，而且性质也不同，前生是道德性的善恶（因），后生是实体性的善恶(果)，如人行善变为天，行恶变为鬼，称“异熟果”。

(2) 等流果。六因中同类、遍行二因，十因中牵引、生起、摄受、引发、定异、同事、不相违因，四缘中因缘、增上缘，所得的果。《阿毗达磨俱舍论》认为，果似因为“等”，果从因生为“流”。后起的果和前因在性质上相似为等流果。如遍行因是一切烦恼的原因，由此因所生起的果也是烦恼。瑜伽行派的论典认为，“等”是等同，“流”是流类，等同流类的果为等流果。也就是由善、恶、无记的思想行为所引生的同类果法。如先前曾杀生，后得短命报等。

（3）士用果，也称“士夫果”。“士”，士夫，指人；“用”，作用，指造作。“士用”就是人的作用。人们使用各种工具所造作的各类事情，所得的结果，称士用果。也是六因中俱有和相应二因所得的结果。

（4）增上果。“增上”，增进助长。前文已述，一切具有影响力或不起阻碍作用的，即积极的或消极的原因都是增上缘，其结果也就称为“增上果”。增上果和士用果的区别在于造因者和结果两者关系是否直接，如由某甲一人所造成的物件，对于某甲本人来说是士用果，对于其余人来说则是增上果。增上果属六因中能作因所得的结果，其范围最大，因为由因缘和合而成的任何事物都对其他事物具有积极的或消极的作用，或者说任何事物都受其他事物的影响，所以，任何事物除自身之外都是增上缘，也都是增上果。

（5）离系果。“系”，烦恼的系缚。离开一切烦恼的系缚，称为“离系”。通过修习佛教，断绝一切烦恼，超脱生死轮回，获得最高结果，称“离系果”，也称“解脱果”，也就是涅槃。《阿毗达磨俱舍论》认为，离系果是由佛教圣道所证的果，并不是对六因所称的果。瑜伽行派典籍则认为是十因中摄受、引发、定异、同事、不相违因，四缘中增上缘所得的果。

佛教因果论把宇宙的一切都视为受因果律支配的，即把普遍的因果律看作宇宙规律，这是一个极其重要和深刻的论说。佛教因果论涉及了世界物质现象之间的因果关系，如肯定地、水、火、风四大种具有相互生果的功能，具有和合产生新物质现象的功能，由四大种造成的物质现象对于后来的物质现象的产生又具有影响和作用。五果说中的士用果和增上果肯定了人在创造事物中的作用。四缘说中还涉及认识论的重要原理。整个因果论学说还贯穿了重视个人道德修持和强调行为责任感的精神。这一切也都包含了值得肯定的合理性内容。

但是，佛教因果论，主要是着重于人的心理活动的分类，侧重于人的心理和行为方面，特别注意业（因）和业报（果）。佛教的因果法则，重在思想和行为的因果律，是为了指导众生怎样做人、怎样免于生死轮回、怎样修持成佛的。因果论的中心问题是要阐明两种相反的人生趋向：一是作恶业而引起不断流转，在生死轮回中永不得解脱；二是作善业而引向还灭，即获得正果，归于涅槃。这也就是所谓缘起流转和缘起还灭两大因果律。如瑜伽行派的十因说，就是以谷物之从种子至成熟为譬喻，说明阿赖耶识种子在生起世界各种现象和支配人的各种活动中的决定性作用，以及因果报应、生死轮回的必然性。佛教教人要作善业（善因），长期修持，以远离和超脱生死流转，追求和证悟涅槃还灭。可见，佛教因果论虽然强调发现因果关系的必然性，又以阐述宇宙人生一切因果现象的普遍原理的形式出现，但是，归根到底，其实质是为宗教信仰主义和出世主义提供哲学理论根据的。

第二节　业感缘起论

业感缘起是佛教最早的缘起理论，它着重宣扬宇宙的万事万物都是由有情识的生物的业因感召而生成的观点。业感缘起论把人生现象分析为从无明到老死的十二部分，即十二因缘说，在“佛教的人生价值论”部分我们已详细论述过了。这里再从更广泛的角度来补充阐明业感缘起论的内容。

一、业的分类和性质

业，正如前文已简略说过的，是造作的意思，具体指内心的活动和由内心的思维所发动的言语与行为，以及这些活动所引起的力用。通常业分两种：一是思业，即内心的思维活动；二是思已业，即经过内心思维而后发生的言语和身体动作。此二业又开为三业，即常说的身、语、意三业。心的思维为意业，言语为语业，行动为身业。此三业更开为五业，即身、语、意三业中的身、语二业，又各分表业和无表业，合为五业。“表”，表示的意思。表业是指身体动作和言语声音，如表示出来的取舍、屈伸的动作和言说、文章等，是能令人看得到和听得到的，故称。无表业与表业相对，是指不能表示出来、令人看不见和听不到的活动。小乘佛教认为意业不能直接表示出来，是无表业，而瑜伽行派则认为意业能于内心自我表示，如贪、瞋等念也是表业。由此立意表业，也立意无表业。佛教十分重视无表业，认为发动身、语二表业的同时，会按照所作业的善恶性质，诱发出将来感召其结果的原因于自己的身中，这种原因就是无表业。无表业可以说是众生或轮回流转或涅槃寂灭的直接原因。

就业的性质来区分，有善、恶、无记三性。“记”，分别；“无记”，无分别，即中性。所谓善、恶、无记，通常是就业的结果来区分的，就是说，能感召有益于众生身心的结果，是善；反之，能感召有害于众生身心的结果，是恶；能感召无益也无害于众生身心的结果，是无记。五业中，意业和身、语二表业都通善、恶、无记三性。身、语二无表业则只有善、恶二性，没有无记性。因为善和恶的身、语二无表业是由分别善或恶的意业所发动的，而无记的意业非善非恶，势力微弱，不能引发强盛的无表业，因此无记的身、语表业就没有无表业了。佛教认为，三业中，能够感召以后果报的是善恶二业。与此相联系，佛教从作业是否必定受果报来说，又有定业不定业的区别，凡有意所作的强业，必定会受到某种果报的，称为“定业”，反之则称为“不定业”。

二、业的正报和依报

佛教认为，众生所作定业必然产生果报。业力千差万殊，其所召感的结果也大别迥异，但概括起来，是有漏和无漏二果，正和依二报。佛教所讲的“漏”是流的意思，有漏是指生死流转，无漏是指断除生死流转。有漏果是由有漏业因所召的果。有漏业因分善、恶两类。善法召乐果，如众生在六道轮回中得人、天果报；恶法召苦果，如众生在六道轮回中得畜生、地狱果报。无漏果是由无漏善业因所召的果报，如成就阿罗汉、菩萨和佛。有漏果和无漏果又有正、依二报。所谓正报，是指有情众生的自体；所谓依报，是指众生所依止的国土世界。佛教宣扬，人类、畜生等众生的自体及其所依止的国土，是有漏善恶业力所感生的，佛身及其所依止的佛土，是无漏善业力所感生的。业力被认为是一切生物及其所居世界、佛及其所居世界的生因、根源，由此也表现出业感缘起论的宇宙观色彩。

业感缘起论是怎样论证正报即有情众生自体的生成的呢？以人为例，佛教认为，人有四期生灭循环，称为“四有轮转”。“四有”是本有、死有、中有和生有。具体说，（1）本有，因本过去业所感的有，故名。指自托胎至死亡时为止，即人的一生。（2）死有，也称“坏有”，指人寿命方尽的最后一刹那的身心自体。（3）中有，也称“中阴”（阴，五阴），是指在死有后生有前，在其中间，有五阴（五蕴）身起，因居二有中间，名为中有。中有就是现生当生中间的果报，死后托胎前的实体。对于中有，佛教内部各派说法很不一致。小乘说一切有部认为，死有后生有前必有中有。一说部、说出世部、鸡胤部和化地部则认为，没有中有。《成实论》也反对中有说。大乘佛教则说中有有无不定，认为上善和重恶的没有中有，因为作极善业的转生净土，造极恶业的转生无间地狱，死后转生非常迅速，所以没有中有。其他的善恶业召感果报并不迅速，所以都有中有。佛典描绘转生为人的中有的特征是：其一，有一定的形状，如五六岁的小孩，眼、耳、鼻、舌、身、意六根俱全，但质地非常微细，是肉眼所不能见的，只有修得极净天眼的才能见到；其二，未来的命运是注定了的，所受的人身是由前因所决定的；其三，具有强盛的业力，即特殊能力，如凌虚自在，且能归趣新的生命体中，这是任何坚固的物体也不能遮挡，任何有力者也不能抑制的；其四，住期长短不定。各家的具体说法很不一致，有的说时间很短就转生，有的说是七天，也有的说是七七天（四十九天），还有的认为没有定限，要视当生的因缘和合的情况而定。（4）生有，指托胎初受生时一刹那的五蕴。人就是从本有至死有，从死有至中有，从中有至生有，又从生有至死有，如此次第辗转生死，轮转不已。

小乘说一切有部认为，有情众生只有五蕴和合的身心，并没有实我，即没有独立的实在自体。如人此生五蕴尽而死亡，而续生下世的五蕴，也不是另有常住的实在自体使之受生。下世的五蕴也不是由今世的五蕴转化去的，因为五蕴的身心是刹那灭的。下世的五蕴是由于业力的作用，使中有相续入胎，并在胎中按次第转增而生成的。和说一切有部的观点不同，小乘犊子部、正量部、说经部则公开承认“补特迦罗”（我）实有，明确主张有生命的实体、轮回的主体的存在。中有作为众生由此到彼投胎的中介、联系者，实质上是转世灵魂的载体，是灵魂的化身。

业感缘起论又是怎样论证依报即国土的生成的呢？国土就是世界。小乘佛教典籍说，每个世界都有一个物质的大地为基础，大地是圆柱形的，人们能看见的是它的顶上的平面。大地由许多层不同的物质（轮层）所构成，底下是无限的“空”界，称为“空轮”，即特定的空间，是大地的所依止。佛教宣传大地之所以能够凝结、形成，是由于众生共同造的业力的结果。正是众生的业增上力，充满地、水、火、风的空界中，十方风起，互相激荡，发生分化，出现迅速流动的物质形态，形成为坚密不动的气体，称为“风轮”，深厚为一百六十万由旬。由于气体的不断流动旋转，凝成液体，继之金色云遍布空间，倾盆大雨落在风轮上，结为“水轮”。在风层之上的水层深为八十万由旬。后来又再起风，冲击水轮，液体不断运动，逐渐凝成固体，在水层上结成金（硬石），称“金轮”，深度为三十二万由旬。在此金轮即石层上为大地自身所由成的一层深八万由旬的软土。由于不断运动，地面上呈现出凹凸现象，而形成各种山，周围是海洋、大洲等。佛教认为世界的生成是一种运动过程，先在“空轮”中生起“风轮”，随后在“风轮”中生起“水轮”，最后依托“水轮”而结成“金轮”。这是由气体而液体，再由液体而固体的过程。这里称空、风、水、金为“轮”，是为了表明世界的生成有如圆形的旋转运动一般。

小乘说一切有部还认为，山河大地就是极微的积集，称“七七合成”。具体地说，积七极微为一微量，积七微量为一金尘，积七金尘为一水尘，积七水尘为一兔毛尘，积七兔毛尘为一羊毛尘，积七羊毛尘为一牛毛尘，积七牛毛尘为一隙游尘。如此由微到著，由细到粗，逐渐积集为金石草木和山岳江河等万物，形成无边无际的世界。

极微是永恒不灭的，但它的作用是有生灭的。极微作用的生灭是由有情众生有无业力所决定的。世界经历成、住、坏、空四期的循环转动，这是极微的集合又离散的表现，而使极微集合又离散的，就是有情众生的共同业力。佛教说业有共和不共的区别。不共业是指众生个体的个别的业因，只影响自身，召各自不同的唯有自己受用的果报（别报），正报就是由有情众生不共业所召的别报。共业是指所有有情众生共同造作的善恶业，既影响自己，也影响他人，从而召有情众生共同受用的苦乐果报（共报），依报（国土、世界）就是有情众生共业所召的共报。

小乘佛教宣扬有情众生的共业力使极微集合又离散，就是说，有情众生所依止的世界是业力所感召的结果。佛教认为，世界既是由极微积集而成，又是有情众生的共业力感召的结果。首先，这种理论反对造物主的观念，也不主张自然的极微化合论，而是突出强调众生业力的作用，这是它的宇宙观的一大特色。这种宇宙生成论，是多元论或心物二元论，其中既有唯物主义因素，也有唯心主义因素。应当承认，认为世界是极微积集而成是一种朴素唯物主义观点。其次，业感缘起论涉及主客观之间的关系，强调人们当前所处的环境是自业和共业预先安排了的，对于以后境遇的安排，不能苟安于现成，要发扬佛教道德，变革现状。这是重视人们主观对客观世界演变的能动作用，也是有合理因素的。但是佛教把世界的生成变化归结为众生业力的感召，极度夸大宗教道德的力量和作用，是历史唯心主义的思想。至于由此而论证宗教观念和宗教实践的合理性，也是不全面的。

第三节　中道缘起论

中道缘起论是大乘中观学派的学说。所谓中道缘起，是以否定有无、生灭等各种对立的两个极端，用不偏不倚的观点解释万物的缘起，说明世界的现象。它包括受用缘起、八不缘起、缘起性空等内容。

一、受用缘起

大乘中观学派奠基人龙树宣传受用缘起说，是为了批判执有和执空（恶取空）的两种主张，尤其是着重批判小乘佛教执有的主张，是从认识方面立说的。小乘佛教认为，蕴、处、界三科都是主客观因缘条件互相作用的结果，是变化无常的。人的构成成分不外乎色、受、想、行、识五种成分，即所谓五蕴合成的，是没有真实实体的。那种执色、执心等以为实在的我体，由此产生我的观念，形成我执，是烦恼之源，万恶之本。同时，小乘说一切有部又从否认人我出发，承认五蕴的实有，并导致得出构成事物的一切成分都有自性的观点。与此不同，大乘方广部认为因缘和合而生的一切现象都是空的、不实在的，一切都是虚无。这种观点被称为“恶取空”，即所谓“方广道人恶取空”。龙树反对上述两种看法，认为缘起不是单纯说有或说无，而是有无的统一，提倡中道观。他从认识的角度，强调人们的认识是从感性开始，而感觉无非是由内根与外境的相互作用而产生的，内根和外境两者都是自性空的，即认识器官和认识对象都是自性空的。这也就是受用缘起的基本思想。

受用缘起论是根据对宇宙万事万物的三类区分——五蕴、十二处、十八界三科，指出三科中的内根是能取，即能受用；外境是所取，即所受用。从蕴、处、界这些缘起现象看，是以能受用和所受用为根本的，也就是说，主观方面和客观方面发生受用的交涉，主客观交织而成人生现象和其他万事万物，由此而称为受用缘起。

蕴、处、界三科中最能体现受用缘起的特征是五蕴。五蕴以色蕴（物质现象）开头，识蕴（认识作用）终结，即以客观一边和主观一边为首尾，主客观两边交涉发生作用是中间受（感受）、想（理性活动）和行（意志活动）三蕴。五蕴中识和色的接触首先发生感觉、感受，由此由受到想，从想到行，依次展开。也就是说，受，即领受客观的作用，将客观所生的印象结合主观需要，依照生活上的要求，就会产生出苦、乐和不苦不乐三种感受，并形成喜欢或厌恶的心理，这样就决定了以后思想和行为的总趋向。从五蕴的因果关系来看，客观影响主观，决定了人们对事物的好恶心理；主观的开展又反作用于客观。从受到想到行都随着好恶的心理支配着行动，这种实际行动又势必会影响乃至改变对象。由此也可见，人们的心思、行为离不开受的指导，五蕴现象可以归于受用缘起之内。

十二处、十八界也是如此。如十二处的眼、耳、鼻、舌、身、意六根，相应地分别摄取它们的境界，成为色、声、香、味、触、法六境。六根、六境交涉就会产生好恶的反应，从而摄取客观的一切来丰富自己的生活，并反作用于客观，影响和变革客观现象。

从哲学的角度来看，受用缘起论是着眼于客观环境对于人生趋向的作用，从主客观交织的因果关系来分析、观察人生现象的。由于以人生为中心扩大到宇宙的一切现象，也就把宇宙的一切现象看成是相互依持、相互作用而存在的。这包含了辩证法观念。但是这种理论又毕竟是为佛教修持、为众生成佛提供理论根据的，因而又充塞了宗教的神秘内容。

二、八不缘起

龙树为了进一步阐发一切事物自性空的道理，还提出八不缘起说，对佛教内部和外部各派在现象的因果关系问题上存在的各种观点进行总批判。部派佛教偏于讲生灭，主张事物由于因缘和合而生，由于因缘和合而灭，既有实在的生，也有实在的灭。正统婆罗门坚持“常”见，强调“我”常住不变，灵魂不灭。唯物主义顺世论学派则讲“断”见，认为虽然宇宙不断灭，但是人生、人的生命是要断灭的，没有灵魂，“我”可以不受果报。数论派持“一”见，认为一切事物是从自身中产生的，因为原因已经存在于结果之中，因中有果，果从因转化而来，因果是一。胜论派则相反，主张“异”见，认为因与果的性质是异，果是由许多因积累起来才有的，因中无果。再是，“来”见，来，是说因由外来，如认为人从自在天变生出来，即从自在天来，也就是上帝造人说。“出”见，出，是说因由自出，就是说因是自有的，因不在外而在自身，由于人自身有前因存在，必然产生相应的后果，这是宿命论的观点。龙树认为，从因果关系上说有无，能推论出生灭、常断、一异、来去等现象，这都是从时空上因果相望而说的，而真正的缘起说是对这八个方面都不能执著。其中最重要的是不能执著“生灭”见。龙树认为，通常讲因缘和合而有生，因缘散离而有灭，容易误解为有实在的生和灭，而这是不符合缘起说的本义的，缘起说是讲没有实在的生灭，认为必须首先否定生灭才能显示出缘起说的真正本义。由否定生灭，进而否定常断、一异和来去，即所谓克服八种偏见，离开八个极端，就是八不缘起，也称八不中道。

龙树在《中论·观因缘品》中说："不生亦不灭，不常亦不断，不一亦不异，不来亦不出（去）。能说是因缘，善灭诸戏论。我稽首礼佛，诸说中第一。"生灭、常断、一异、来去是描述一切存在的四对范畴，龙树用四对相反谓词来显示一切现象都无自性的道理。八不的具体含义是：

不生。小乘说一切有部认为，"四缘"实有，由四缘生一切事物。在龙树看来，四缘本身也是从缘而生，依次推论，其他的缘仍是缘生，并不存在第一因、始因。一切事物都是缘生，而非自生，也不从他生（自生的另一形态）。《中论·观因缘品》："诸法不自生，亦不从他生，不共不无因，是故知无生。"一切事物既非自因生，也非他因生，又非共因生，还非无因生，总之，是没有实有自性的生，所以是不生、无生。如谷是从无始即很遥远的时间辗转相续而来，绝不是随时有特异的新谷种从无生有，所以是不生、无生。

不灭。不生应灭，但不灭。如从前的谷类既辗转相续，直至于今，可见原来的种属并没有消失，所以又是不灭。在龙树看来，缘生和不生并不矛盾，正因为是缘生，所以是不生。缘生就是无自性的生，没有独立自体的生。以下不常、不断，乃至不来、不去，都是立论于缘生无自性的根本观点的。

不常。常，恒常。不灭应常，但不常。如谷种发芽、生茎、长叶、结果，种子不断变形，各不相同，所以是不常。

不断。断，中断。不常应断，但不断。如谷长芽是依种发芽，由芽而有茎，进而有叶、果，相互联系，相续不断，所以又是不断。

不一。一，同，同一，指因果是一。不断应是一，但不一。万物并不同一，如谷种和芽就有区别，谷不是芽，芽不是谷，所以是不一。

不异。异，不同，指因果是异。不一应是异，但不异。万物不异，如谷长出的，称谷芽、谷茎、谷叶，同属谷类，不能称为树芽、树茎、树叶，并不与其他相混，所以又是不异。

不来。不异应来，但不来。万物不来，如谷子中芽无所从来，如果说有来，芽应由其他地方从外而来，如鸟飞来，在树上栖息。谷芽是由谷变的，所以是不来。

不去。不来应去，但不去。如有去，应如蛇从洞穴中爬出去，见到芽从谷出，但并不见谷种出去长芽，所以又是不去。

龙树这一套正反双边否定的理论和方法，包含了辩证法的思想因素：肯定一切事物都是相对的，并从普遍的相对性中看到了否定的作用；猜测到了事物具有对立双方，并触及此现象只有从与另一现象的对比中，才能探求此现象的性质；肯定一切事物都是刹那不停地变化的，并看到了局部的转化。但是，八不缘起说承认相对而否定绝对，把两者绝对对立起来，只讲否定，不讲肯定，更不讲否定的否定，把一切现象归结为无任何规定性的空。同时又以相对的虚假性、暂时性为基础，否定一切事物的真实性、客观性。此外，八不缘起说也表明龙树是反对用概念来说明世界的真实性的。他否定概念在认识过程中的功能，主张排除中间媒介，直接用佛教智慧（般若）与对象交涉，提倡神秘的直观。这方面将在认识论部分再作评介。

三、缘起性空

龙树阐述业感缘起说，认为人的内根和客观的外境，即能取和所取两方都是自性空的。他在阐述八不缘起说时，也从一切现象自性空的观点出发，扫除生、灭、常、断、一、异、来、去八种偏执，以显示不偏不倚的中道。他还进一步在业感缘起和八不缘起的基础上，阐发缘起性空的理论。“空”是梵文 Śūnya（“舜若”）的意译，是指一切事物都没有常住不变的、独立永恒的实体，是一种否定性的抽象，一种肯定性的绝对，是不可用语言描述和概念认识的存在。空是佛教各派普遍应用的基本范畴，其含义相当复杂，具体的类别很多，如有二空、三空乃至十八空、二十空之说。佛教各派对空、对如何是空的论证、诠释也很不相同。如小乘说一切有部用“分析空”的方法论空，把事物分成若干要素，说明事物的生灭变化，进而论证事物的不实在。他们所说的空就是不实有。大乘方广部认为，空就是虚无，就是零。后来的大乘瑜伽行派从心识派生万物，即一切唯识所变的基本观点出发，论证万物并非实有。龙树中观学派采用“当体空”（“即体空”）的方法，以为无须经过分解，现象自身即是空的，这也就是从因缘法自身讲空，“众因缘生法，我说即是空”。这个空就是缘起性空。所谓性空，不是虚无，不是没有，不是不存在，而是对独立实在性的否定，即无自性，自性空。自性空是肯定假有的现象（幻有）是有的，是存在的。性空幻有同时并存。“自性”是佛教哲学的重要范畴。大乘中观学派讲的性和相，属于同一范畴，相是事物的特征，性是事物的较根本、稳定的特征，二者并无根本差异。只是后来性的含义才延伸为本质、本体，如说法身常住、真如佛性，这已不是中观学派的说法了。《中论·观有无品》对自性作了这样的界说：“众缘中有性，是事则不然。性从众缘出，即名为作法。性若是作者，云何有此义？性名为无作，不待异法成。”“自性”是自己作、自己成、自己有的意思，是不从缘起的（独立的）、不变化的（永恒的），因而也是绝对的实有本性。“无自性”就是普遍的相对性，没有质的规定性，没有独立、永恒的实有本性。龙树认为，缘起和自性是逻辑上的反对关系，是不相容的。自性是不依赖缘起的，缘起就是无自性。宇宙间的一切事物和现象无不是缘起的，所以都是无自性的。也就是说，因缘所生就等于不真实，凡依靠各种条件和合而成的就等于失去声明自我存在的权利，就如常人譬喻解释的那样：依赖的存在不是真正的存在，正如借款不是真正的财产一样。龙树讲的自性空，也称为“毕竟空”，毕竟空就是一切法不可得，一切法如幻，毕竟不可执。这种毕竟空相也就是般若实相。

后来，中观学派的著名大师月称发展了龙树的无自性说，把缘起性空论演变成为性空缘起论，认为正是因为无自性才可以说是缘起，也就是说，虽然一切现象是性空，但是缘起是有的。

龙树之所以重视讲空，是为了揭示受用缘起和八不缘起的实相，显示所谓佛教真理；同时认为只有讲空才能有各种设施，即假名，如三宝、四谛等，从而有助于教化有情，普度众生。

龙树认为，对于因缘和合的一切事物，认识到它是空以后，还要认识到它是假名。假名是与概念相联系着的，某类概念是与空联系着的概念，就是恰如其分的假名，是合乎中观的。龙树根据《摩诃般若波罗蜜经》全经的中心《三假品》的理论，认为般若经的整个精神就是以假成空，由假显空。也就是以“三假”构成空观。“三假”是法假、受假和名假。一般人以为一切事物是实在的，其实是假名（概念）而已。这从概念发展的三个阶段来看，首先是法假，即一切事物都是由因缘和合而成，这些构成事物的因素就是假有的；其次是受假，受是对法有所取，即一类事物的因素结合成为某类事物，如五蕴和合而构成为人，人是概念，是假有的；最后是名假，如人进而集合为军队、农夫、工匠等，也是概念，也是假有的。法、受、名三者都是假的，概念不是实在的，是虚假的，是假名。龙树认为，如能了解到对一切事物的认识都是依据假名，并无实在自性，就可以了解空，认识空性。

四、中国佛教学者对中道缘起论的发展

龙树一系中道缘起学说，随着般若类经典的陆续传入，而在中国日益产生深刻的影响。最早系统地介绍龙树中观思想的鸠摩罗什，就强调以中观的方法来解说一切缘起现象的实相，他说：“佛法有二种，一者有，二者空。若常在有，则累于想著；若常观空，则舍于善本。若空有迭用，则不设二过，犹日月代用，万物以成。”（见僧肇《注维摩诘经》卷六）强调既要看到有，又要看到空，不要执著空有两边，以合乎中道。鸠摩罗什的著名弟子僧肇从不真的角度来解说空，著《不真空论》，宣扬“不真”故“空”、“不真”即“空”的观点。为什么说一切事物都是不真呢？为什么说事物的不真就是性空呢？僧肇从三个方面说明“不真”的含义：（1）“不异”为“不真”。僧肇说：“万象虽殊，而不能自异。不能自异，故知象非真象。象非真象故，则虽象而非象。”（《肇论·不真空论》）虽然事物从表面上看千差万别，实际上都没有独立的本性，都是性空的，无所谓差别，事物的差别是人们主观强加上去的。既然万物自身都没有差别，那就是不真实的。（2）“自虚”为“不真”。僧肇认为，从空观的观点来看，万物本来没有差异，因为本来就是自性空寂的。他说：“……即万物之自虚，不假虚而虚物。”（同上）要认识到万物是自虚，万物本来就是虚幻的，并非人说虚幻才是虚幻的。又说：“万物之自虚，岂待宰割以求通哉？”（《肇论·不真空论》）“宰割”，指对事物的分析，如小乘佛教“析色明空”，认为事物是由极微构成，只有经过分析，才能了解它是空无的；又如有的大乘派别把世界分割为有无两部分，然后去有存无，在虚幻的万物之外另找虚无的本体，这都是“宰割以求通”。僧肇认为这种经过分析而明空，是不懂得万物原本就是空的道理。(3)“假号”为“不真”。僧肇引《放光般若经》说：“诸法假号不真。”（同上）“诸法”，即一切事物。意思是说，一切事物只是虚假的称号，不是真实的存在。又说：“故知万物非真，假号久矣。”（同上）万物不是真实的，万物实际上从来就是人们给予的假的称号。在僧肇看来，人们用来区别万物差异的彼此之分，用来说明事物差异的各种分析和认识，统统都是假名，因此万物的本性是“空”的。

僧肇强调“不真”就是“空”，“不真”即“空”，二者是统一的。他说：“欲言其有，有非真生；欲言其无，事象既形。象形不即无，非真非实有。然则不真空义显于兹矣。”（同上）这是说，有是就有事象而言，无是指无自性。事象不是无，但是不真，因为不真所以是空。不真就是空。僧肇明确地把不真和空统一起来、等同起来，是对中道缘起说的重要发挥。

“不真”即“空”，进一步说，空是真正存在的，是真实的；真实的空不是存在于万物之外而是存在于万物之中，是与万物相即而不相离的。僧肇引用《摩诃般若波罗蜜经》的文义说：

> 故经云：甚奇，世尊！不动真际为诸法立处，非离真而立处，立处即真也。然则道远乎哉？触事而真。圣远乎哉？体之即神。（同上）

“世尊”，佛教徒对于教主释迦牟尼的尊称。佛教说释迦“于世独尊”，故名。“真际”，即实际，也就是所谓真实——空性。这是说，万物的存在并不离开“真”（真实的“空”），不是离开“真”（“空”）而另有万物，万物也就是“真”（“空”）。由此也可见：关于“空”的“道”并不远离事物，而是任何事物都有的；佛（圣人）也并不遥远，随时体验，都会显出其神秘的作用。僧肇的这种“不真”即“空”、“触事而真”的思想对于后来的中国佛教，尤其是禅宗有着巨大的影响。

第四节 赖耶缘起论

印度大乘佛教学者无著、世亲一系的瑜伽行派，不满意仅仅着眼于人生直接的受用讲缘起，也不限定在一般认识领域内讲缘起，而是强调人生转变的关键在于对整个宇宙人生的全面了解，由此扩展范围，从整个宇宙人生的因果转变的法则上立论。再者，瑜伽行派以为像大乘中观学派那样，视一切皆空，都无自性，会使人们的思维处于捉摸不定的状态，宇宙万物也会陷入混沌难别的状态。由此转而承认自我意识的存在和内省的作用，强调在认识领域内分清宇宙万物的不同的界限与范围，从缘起方面说一切现象有自性。由此瑜伽行派提出了“分别自性缘起”说，也称“自性缘起”说。“分别”，指一切法，即一切现象；“自性”，指自相，性相相通。自性实质上就是观念，就是人们的种种认识，真理也包括在内。所谓自性缘起，就是形形色色的现象都有其不同的自相、观念，从而显示出彼此的区别。形成这种区别的重要原因是阿赖耶识含藏有一切现象的自性不同的种子，种子的自性不同，一切现象也就有了区别。据此自性缘起实质上就是阿赖耶识缘起，略称赖耶缘起。也就是说，一切现象的种子都含藏在阿赖耶识中，由种子的变现而成森罗万象。阿赖耶识是宇宙的总体、万有的根源。这也是瑜伽行派的所谓“三界唯心，万法唯识”的理论。印度佛教大乘有宗和大乘空宗不同，不是从无自性的角度讲缘起，而是从唯识性的角度讲缘起，把缘起归结为阿赖耶识的作用。所谓缘起，就是识的分别，也就是把各种现象之间的区别，最终归结为意识、认识、观念方面的原因。

一、种子变现说

瑜伽行派宣扬，阿赖耶识种子依前七识熏力的熏发，即长期的观念、经验、习惯的熏习影响、作用，使种子生长，生起“现行”（显现行起），展现为宇宙万象。那么，阿赖耶识种子是什么呢？是怎样构成的呢？阿赖耶识种子是一切现象的本原，是现实世界一切事物的最直接的原因，它也涉及生命个体的起源和解脱，是瑜伽行派宗教实践的主要根据。瑜伽行派有见于植物的种子能生长结果，借用种子以比喻阿赖耶识中藏有产生世界一切现象的根源。无著《摄大乘论》的《所知依分第二之二》说种子有外种和内种二种。《成唯识论》认为，外种是世俗意义的种子，如稻种、麦种，是一种物质现象，是假立种名，不是实种子；内种，是佛教讲的种子，即阿赖耶识所藏的种子，是实种子。《成唯识论》卷二说："何法名为种子？谓本识（阿赖耶识）中，亲生自果，功能差别。"种子是产生形形色色事物的不同功能，是依托在阿赖耶识里面的精神性、意识性的功能、作用、力量。种子有六种特性：(1)"刹那灭"，刹那生灭变化，生则随灭，只有这样才能成为原因，产生结果。(2)"果俱有"，种子显现行起，变现为万有时，能生的种子和所生的结果，同时存在，和合不离。(3)"恒随转"，长时间地随第八识转起，没有转易间断，从而保持生果的作用永不息止。(4)"性决定"，原因产生结果，其性质是决定的，不杂乱生。也就是善种生善的结果，恶种生恶的结果。(5)"待众缘"，种子生果还需假其他条件的和合，不是一因独立不待众缘就能生果的。(6)"引自果"，种子各引生自果，也就是说，某种子只对某种果来说是种子。

种子通常分为名言种子和业种子两大类。所谓名言种子的名言，指名称、概念。名言种子就是含藏于阿赖耶识中的名言功能、作用，是显现一切现象的直接原因。名言种子又有两种：一是表义名言。由于名言能表述意义，因此当用名相概念指称、表述各种现象时，在内心就会呈现出相应现象的形相（印象），并在阿赖耶识中熏习成其为种子，此类种子称为表义名言。二是显境名言，是指心识的活动接触外境时，能够区别各种外境，外境的形相也反现于内心，并在阿赖耶识中熏习成其为种子。所谓业种子，业指善恶的身、口、意三业，业种子就是所作的各种业熏习成的阿赖耶识种子，是人死后获得不同果报的原因。

瑜伽行派各家对种子的来源有不同的说法，最常见的是两种观点：一是"本有"，即无始以来先天具有的，不是熏习而新生的。也就是说，人类的知识、认识本来具有，只是通过后天的学习、实践把它引发出来。没有原来的认识种子，就不可能产生认识。二是“始起”，指后天熏习而成的，也称“新熏”①。瑜伽行派十分重视始起种子，始起种子是指前七识有所见闻觉知，发生认识，形成经验，就在心理上遗留印象、痕迹，积淀在第八识里面，成为以后认识的依据，具有发生再认识的功能、作用，以后的认识就从这样的依据中重新产生出来。这种认识过程中的经验、影响力并不消失，储藏在阿赖耶识里面，而使其中的内容，生种种变化，叫做“熏习”。熏习是强调世间的知识是在实践中逐渐增长的，出世间的智慧也不是生来就具有的，而是后天听闻佛法形成的，这有点近似间接经验论。熏习所成就是种子。熏习也使所熏的已有种子成长。瑜伽行派也称这类熏习而成的种子为“习气”。“习”是熏习，“气”是气分。习气即熏习的气分，比如用香花熏茶，茶也就变成香茶。习气原指由现行的烦恼在心中持续历久而形成的种种积习，瑜伽行派用以指现行所熏习的气分，用现代语言来说，就是指人们积累的经验，长期形成的难以改变的习惯。习气又分为三种：一是“名言习气”，指人们使用名相概念而熏习阿赖耶识所形成的种子。这类种子既能诠表义理，又能了别境界，是产生千差万别的事物的直接原因。二是“我执习气”，指人们执著以为“我”是真实存在的观念熏习阿赖耶识所形成的种子。这类种子是人们在现实中区别我、你、他等种种不同的原因。三是“有支习气”，有支即十二有支（十二因缘）的构成部分，有支习气是指人们自身所作善恶诸业熏习阿赖耶识所成的种子。当它相续到成熟时，能召生死果报。这类种子是人们死后获得各种不同果报的原因。总之，所谓种子是指人们的先天本能和后天经验，尤其是后天经验而言。后天经验属于认识，可见种子主要是由认识所构成的，是指人的认识作用、主观意识的分别作用。

---

① 后来瑜伽行派学者又将本有说和新熏说统一起来，强调两者是相辅相成的。认为本有的认识种子如不经过后天的学习、实践，即新熏，就不能发生认识作用，而新熏如果没有本来的种子作根据，也无法熏习成功。

阿赖耶识是一个还是无数个？瑜伽行派宣称，虽然说宇宙一切现象都是第八阿赖耶识所变，但并不是说一切现象只是由唯一的共同的阿赖耶识所变。也就是说，不是一切众生唯有一个共同的阿赖耶识，而是不同众生各有各的阿赖耶识，其数是无量的。这是用宗教的特殊语言承认和高扬自我意识。瑜伽行派强调一切众生各自从自身的阿赖耶识变现出各种现象，正是由无数的阿赖耶识变现出森罗万象的世界。再就众生能不能解脱来说，因为阿赖耶识种子不同，就有不同的种姓之名。瑜伽行派依据所谓不同的阿赖耶识种子，强调众生具有五种不同性质，划分为五种姓：一是“声闻种姓”，未来成就阿罗汉果。二是“独觉种姓”，未来成就辟支佛。三是“菩萨种姓”，未来成就菩萨或佛。以上三种统称“三乘”，都具有内在的先天的决定根姓，都是一定会相应地达到果位的。四是“不定种姓”，虽具有三乘本有种子，但能否达到果位则不一定。五是“无种姓”，是永远沉沦生死苦海，毕竟不能入道，得不到解脱的。这样，无论是就变现宇宙一切现象，还是从广大众生获得解脱的根据来说，不同众生都具有不同的阿赖耶识，从而体现出主观唯心主义的思想特质。此外，也应指出，瑜伽行派的五种姓说，是印度社会种姓制度的反映。它坚持“无种姓”的主张，是针对反对佛教的势力而言的，实际上反映了佛教与反佛教的激烈斗争。

阿赖耶识种子又是怎样变现出一切现象的呢？瑜伽行派宣称，人们的经验认识遗留在阿赖耶识里成为种子，阿赖耶识种子又生起诸八识，这八种识如发生作用必于自识内变现种种影像，如眼识变现形声，耳识变现声音，即能把识的一部分转变为“心”的对象，作为自身接触、认识的对象。瑜伽行派十分强调八识中第八阿赖耶识和前七识的不同作用，指出虽然八个识都能变现相应的现象，但是前七识所变现的只是影现于内心的物像，并非是心外的色、声、香、味、触乃至山川、草木、日月、星辰等事物的本质。真正能变现心外的事物本质的是第八阿赖耶识。前七识的种子都摄藏在第八阿赖耶识中，第八阿赖耶识摄藏了一切万有所由以产生的原因，归根到底，第八阿赖耶识是宇宙万有的总根源、总依据。由此，瑜伽行派并不说八识缘起，而独称第八阿赖耶识缘起。

瑜伽行派为了进一步说明种子变现现象的理论，还提出了“现行”范畴，并通过阐述种子和现行的关系，作为论证万法唯识的基本论据。所谓现行是指第八阿赖耶识种子显现出来的一切现象。种子是阿赖耶识的潜在状态，现行是潜在状态转化出来的外在表现。种子是因，现行是果。没有种子就没有现行，这是种子和现行的基本因果关系。在实际上，种子和现行又是互为因果的。因为按照熏习的理论，前七识是“能熏”，第八识是“所熏”，当前七识的现行变现出各种现象时，就将印象储藏在第八识中，熏习已有的种子，产生出新的种子。所以种子有能生的和所熏的两面，现行有所生的和能熏的两面，两者是双重的因果关系：“种子生现行”、“现行熏种子”。这种种子和现行的互为因果、互相依存、互相转化，就是瑜伽行派所讲的阿赖耶识种子变现现象的总的轨迹和图景。

人人都有阿赖耶识，各人的阿赖耶识也不相同，那么，各人变现的现象是否也都不相同呢？瑜伽行派宣传变现有共变与不共变两种，变现有相同的又有不相同的。所谓共变，是指共同种子的变现，如山河大地，日月星辰。所谓不共变是由不共同种子的变现，如个人的五官、身体等。共变又分两种：一是共中共，指共同种子变现，又是个人和他人共同受用的，如山川大地等；一种是共中不共，共同种子变现，但个人与他人不共同受用的，如房子、衣服等。不共变也分两种：一是不共中共，如眼球、耳穴、鼻柱等没有认识作用的生理器官；一是不共中不共，如依附于眼球、耳穴、鼻柱等的非生理机能，是产生感觉的条件。瑜伽行派还宣传这些共或不共的种子是名言种子，要变现共或不共的现象，还必须有善恶的业种子。一个人生起的共或不共的现行果，是前生阿赖耶识中共或不共的种子和善恶的业种子共同作用的结果。

按照瑜伽行派的理论，阿赖耶识种子是一切现象的第一根源，就其作为一切现象的根据来说，可以说是带有本体的意义。但是，阿赖耶识种子又居于现象之中，属于有为法，不是本体。瑜伽行派所讲的本体是无为法中的真如无为，即所谓真实如常的理体。也就是说，瑜伽行派是把现象与本体相隔离的。

二、唯识无境说

瑜伽行派还从阿赖耶识种子变现说，推出唯识无境说。他们宣扬，世界一切现象都是内识的变现，识外没有独立的客观存在。这也就是唯有内心、心外无境的“内有外无”说。

“唯识”含有多重相近而又不完全相同的意义，瑜伽行派各家对唯识的阐释侧重点各有不同，综合各家的观点，主要是：(1) 一切现象都不离识，称为唯识。也就是说，一切事物都是依存于经验、意识的东西。所谓“万法唯识”，就是说，一切现象都不能单独脱离识而独立存在。(2) 唯是简别的意思，即排遣执著心外之境为实有的迷妄。识是了别，是内心的作用。所谓唯识就是唯有内识，也就是识有境无。(3) 一切以识为性，称为唯识。识是能分别了达，境如山河大地、花草树木是识的所分别了达。能分别和所分别都出于识，就是说，一切现象归根到底在性质上都属于识的一类，是为唯识。这些意义的思想核心是，客观事物是识的所分别，是识的体现，是识的一部分。

唯识无境说的境，指六识所了别的对象，如眼识以色尘①为其境界，耳识以声尘为其境界，色尘、声尘就是认识对象。无境是指境的不真实性。印度佛教认为，所谓真实就是不待缘的、绝对的、不变的，这被认为是无须证明的公理。瑜伽行派也认为世界万物既然是变化无常的，那就是不真实的，只有主观的识是唯一的真实。它还通过唯识的理论来论证无境，强调认识对象、外界的境都是人的心识变现出来映现于自己心里的影像而已，是不真实的，这就是反对认识内容之外别有客观存在，认为被认识的客观对象是依赖主观而存在的。如一个人看到一只老虎，只是那个人主观认识上的老虎。客观上有没有老虎呢？瑜伽行派认为老虎只是一种假象，是变化无常的，没有实体的，不是真实存在的。瑜伽行派也承认色法和心法的区别，色是有质碍的，识是能了别的，物质现象和精神现象的作用是不同的，但是，在瑜伽行派看来，作为认识对象的实在是不能超出认识之外的，色不

① “尘”，指世间的一切事物，佛教认为世间事物不净，会染污真性，故名。

能离开识而存在。如果以为识外还有独立存在的认识对象，那就如同妄执镜中的影像为实有一样，被认为是一种妄见。瑜伽行派强调认识领域中主客体的统一性，是有理论意义的，但是否认映现于人们内心影像的客观实体的真实性，否认客观事物独立于人的意识之外，是不正确的。

第五节　六大缘起论

公元7世纪以后，印度大乘佛教部分派别与婆罗门教相结合而形成的密教，宣扬六大缘起论，认为世界万物、众生乃至佛都是由地、水、火、风、空、识“六大”造成的。这个学说比较简略，但也有其特色。

六大，也称“六界”，是构成世界一切事物和现象的基本元素。六大早在《阿含经》中已有论及，《中阿含经·度经》说：“云何六界法？……谓地界、水、火、风、空、识界。”后来“大日如来”经典又提出“六大无碍常瑜伽”的命题。“瑜伽”，相应的意思。宣传六大是自他无碍、彼此相应的。密教据此提出六大缘起论。“大”是说六大弥纶整个宇宙，无所不遍，无所不在，所以是大，是大种。六大是说世界的六种大种，六种基本元素。具体地说，地大，指一切坚性的东西，有保持的作用。水大，显性的东西，有收集的作用。火大的本质是热性，使东西成熟。风大，指流动气体，有使动物生长的作用。空大，即虚空，内外的间隙，也是能生长的因。识大，指心，包括五蕴的受、想、行、识四部分，是有情生存之所依。概括起来说，六大有六性、五用、六形和六色。按地、水、火、风、空、识六大的顺序，六种性质是坚、湿、暖、动、无碍和了别。五种业用是持、摄、熟、长和不障。六种形状是方、圆、三角、半月、团形和杂形。六种颜色是黄、白、赤、黑、青、杂。一切现象都不出这六性、五用、六形、六色。六大的前五大属于物质现象，后一大属于精神现象，六大就是心物二元，由心物合而构成万物，带有鲜明的心物二元论色彩。同时密教又把地、水、火、风、空色法归属于理，识为心法则归属于智，强调色心不二，理智为一，从而又归结于唯心主义了。

六大如何生成宇宙万物呢？密教提出了“六大无碍”说，六大周遍整个宇宙，互具互融，所以为一切现象缘起的本原。六大无碍分为“异类无碍”和“同类无碍”两种。异类无碍又分两种情况，一是互具，即六大中的任何一大互具其他五大。如一地大中，具其他五大，一水大中，也具余五大，其他大也如此。二是各具，即六大各守自性，互不相乱。密教认为，六大相互无碍，彼此涉入，由此而生成万物。也就是说，有一大必有其他五大，一滴水、一抔土也有其他五大，非情识的金石、草木也有识大。由此也可以说，一大中就具有一切现象，无碍一体。还可反过来说，全宇宙任何一处都是地大，或都是水大，乃至都是识大，六大无碍涉入。同类无碍是指彼此的六大相望，无障无碍，相互涉入。比如，此之地大，与彼之地大，无碍涉入。此之水大，与彼之水大，无碍涉入。火、风、空、识也是如此。由此也可说，一地融摄无穷无尽的地，一水融摄无穷无尽的水，火、风、空、识也是如此。再是，此之六大，与彼之六大，也无碍涉入，如众生之六大与佛之六大也是融会无碍的，由此也可以说，众生外无佛，佛外无众生；众生就是佛，佛就是众生。综合异类无碍和同类无碍，可见从日月星辰、山河大地至广大众生，再至菩萨、佛，彼此虽有高下、凡圣的区别，粗细、大小的不同，但无一不是六大所成，都是互相涉入、圆融无碍的。

密教还宣称，六大就是“大日如来”。“大日如来”是梵文摩诃毗卢舍那如来的意译。“摩诃”是大的意思，“毗卢舍那”是光明遍照的意思，合称为“大日”。“如来”是佛的称号。密教认为，大日如来就是理智不二的法身佛，是所尊奉的主要对象。这也就是说，六大就是佛身，佛身就是六大。宇宙一切现象都由六大构成，也无非就是大日如来。宇宙间大至山河大地，小至一尘一毛，都具有六大，都以大日如来为体，是大日如来法身的显现。一切国土无非是大日如来所依的密严净土。密教把一切现象归结为佛的显现，这就把佛教缘起理论推进到更加神秘的境地。

第八章

佛教的宇宙生成论和本体论（下）

第一节　真如缘起论

真如缘起论，也称如来藏缘起论，系佛典《大乘起信论》提出的缘起理论。它认为世界万有是宇宙的心（称一如真心，也称心真如）的生起和显现，宣扬三界唯心的观点。这是佛教史上一种颇具新异色彩的缘起理论。① 《大乘起信论》的内容，是在融合地论师和摄论师的不同说法的基础上，讲论止观的教程。它的理论已接触到佛学的根本原理“心净尘染”，但由于受魏译《楞伽经》误解的影响，却构成了“真心本觉”说。它认为众生的心原是离开妄念而有其体的，可谓“真心”。真心是大智慧光明的、遍照世界的、真实识知的，甚至是具足了超过恒河沙数的不可思议功德的。这个真心就是宇宙的心。《大乘起信论》如此夸张描绘真心的性质和作用，给当时佛教各派的思想以很大的影响。尤其是在修为方面，当时一些派别都循着它的途径去把握真心，把真心作为总源头，将修为方法看作是可以取之丁已，不

① 《大乘起信论》题为真谛译，然有人疑为中国人所作。本节论述的若干观点，参照吕澂著《〈大乘起信论〉考证》一文（见《中国哲学史论》，太原，山西人民出版社，1981），不另一一具体注明出处。

待外求的，即走上了返本还源的道路。从一个方面来说，这是和印度传统佛教的主张背道而驰的。印度传统佛教认为，众生的心原本就没有清净过，如何由不净改变为清净，这要经过持久的修持，逐渐地改变，才能达到解脱目的。自《大乘起信论》以来，中国佛教学者还将宇宙发生的原理，笼统地联系到真心上面，而有如来藏缘起之说，宣扬如来藏为宇宙万物的本体，从而更加深了中国佛教的唯心主义的色彩。

一、一心二门

《大乘起信论》的总纲是一心二门说。一心的心是本，是天地之本。一心就是宇宙之心。它是世间和出世间的、物质和精神的一切现象的本质，也是众生本来具有的成佛的主体和依据。一心既是世界的本原，又是包括一切境界的世界的整体。这样，对一心就可以从实体和缘起、静和动两个方面观察、分析，即分为二门——心真如门和心生灭门。

所谓“心真如门”，是说心是宇宙一切现象的本体，具有无量的本有的功德，能产生世间和出世间的善因果。它是“绝相”的，也就是非生非灭，非染非净，无差别相，不动不转，真实如常的。要之，是绝对的本体。所谓“心生灭门”，与心真如门不同，具有体（体性）、相（相状）、用（作用）“三大”。心生灭门包括世间和出世间的一切现象，是真如本体的相和用。一心之中，为什么具有正反相对的两个方面呢？《大乘起信论》提出真如不变随缘的重要论点来说明，它说，虽然真如是非生非灭、断绝言象的，但是因“无明”之风忽起，使心现出生、住、异、灭四相，随任因缘而生灭，生起内外、染净的森罗万象。心真如门显示心的本体、绝对、无差别的一面，心生灭门则是显示心变现生灭现象、相对、有差别的一面。虽然一切现象随任染净的因缘条件而生起，但是真如本体仍然恒静不动。反过来说，虽然真如湛然不动，但是一切现象仍然生灭不已。生灭不碍真如，真如不碍生灭。没有真如就没有现象，现象不离真如。真如虽显现为现象，但仍保持自身的不变性。真如显现现象，并不是直接生起现象，现象是由外在的无明所生的。

二、真如与无明

“真如”，梵文意译，其意义是真正如实的、常住不变的存在，一切事物的真实性质、真实相状。佛教各派一般用以指无生灭、无变化的永恒真理、最高原理、世界本体。《大乘起信论》把所谓先天具有全部佛教功德而又永恒不变的真心当作真如，认为是宇宙一切现象的本原、本体，也是众生得以成佛的主体、依据。宇宙一切属于真如，真如统摄一切。

《大乘起信论》分真如为“离言真如”和“依言真如”两种。所谓“离言真如”，是说远离妄念，没有各种相状，没有一切差别，无言可说，无名可附，即离“言说相”、离“名字相”的。离言真如是真如的本来面目、本来状态。所谓“依言真如”，是说真如虽不可说、不可念，但为了向人们解释真如究竟是什么，使人们产生信解，勉强用名言来诠显其性质，称为“依言真如”。依言真如又有两种意义：一是“如实空”。这是指真如的空性——清净本然的空，也就是真实的真如自体。真如没有虚妄分别的心念，因此也没有虚妄的境界。一切妄念、妄境都空无，从而显示出真如自体的真实。二是“如实不空”，真如自体清净本然，具足无量无边清净本然的功德，所以说如实不空。真如如实不空，就是含藏清净功德，由此又称“如来藏”。如来藏，“藏”是胎藏的意思，有如矿中的金，是矿中的原有的真实含藏。众生具有无量功德，众生本来具有清净的如来法身，为如来藏。实际上也就是指的佛性，即成佛的根据。《大乘起信论》对真如的自体即如来藏作了如下的描绘：

> 从本已来，性自满足一切功德。所谓自体，有大智慧光明义故，遍照法界义故，真实识知义故，自性清净心义故，常乐我净义故，清凉不变自在义故。……名为如来藏。

这是说，真如的根本特征是“自性满足一切功德”，即不由修行而有一切善德。真如的具体特性共有六条，即真如所具有的一切善德展现为六个方面：（1）具有伟大的智慧之德和伟大的光明之相；（2）普遍地广照一切地方；（3）没有妄知，也没有分别识，而有智慧的真实识知；（4）脱离一切染污，没有无明，没有烦恼，自性清净；（5）具有常、乐、我、净四德，即永恒常在，充满欢乐，身具一切佛法，断除一切烦恼；（6）没有妄惑的热恼，没有果报的生灭，清凉不变，圆满自在。由此看来，《大乘起信论》所讲的真如是完满具有佛教一切功德的实体，是一种极高的境界。真如作为佛教道德、智慧的集中体现，被认为是宇宙万物的本原、本体。真如不是神灵，不是造物主，不是一般意义上的绝对精神，而是一切众生普遍具有的道德与智慧相结合的精神性实体，是独具特色的神秘实体。

前面讲到，真如湛然不变同时又随各种因缘条件而生起一切现象。随缘也有两种意义：一是“违自顺他”，即隐藏真如自体，显现出种种虚妄现象；二是“违他顺自”，和违自顺他的意义相反，对治虚妄现象，显现真如自身的一切功德。《大乘起信论》强调，违自顺他，生起一切染污现象，就是无明的作用。无明就是妄念，是于不生不灭平等无差别的真如，起生灭差别的妄见，成为不变真如生起现象的缘，即生起一切现象尤其是染污现象的根源。一切现象无非是妄念、妄见的产物。

三、阿赖耶识

《大乘起信论》依据魏译《楞伽经》提出了一个新见解，不生灭的真如和生灭的无明妄念和合叫做阿赖耶识，说：“依如来藏故有生灭心，所谓不生不灭与生灭和合，非一非异，名阿黎耶识。”如来藏即真如。阿黎耶识即阿赖耶识的异译。如来藏是不生不灭的，无明是有生有灭的，两者和合成阿赖耶识。由于如来藏为无明妄念所刺激、影响，举体起动，成阿赖耶识。阿赖耶识是如来藏和无明的混血儿。如来藏是净，是不生不灭，无明是染，是有生有灭。生灭之心，从不生不灭之心起；不生不灭之心，举体起动，不离有生有灭的现象。不生不灭的真如，举体起动为有生有灭的现象。由此可以说，不生不灭的如来藏之外没有生灭变化的现象，又可以说生灭变化的现象之外也没有不生不灭的如来藏。不生不灭的如来藏就是生灭变化的现象；生灭变化的现象就是不生不灭的如来藏，两者不异。同时，如来藏虽起动为生灭的现象，但其真性不变，所以，不生不灭的真如与有生有灭的现象，划然有别，两者不一。总之，如来藏和现象是不一不异的关系。由不生不灭常住真心与有生有灭妄心和合而成的阿赖耶识，是为展示一切现象的源泉。这里形成了如来藏和阿赖耶识的交涉，这也正是《大乘起信论》的思想中心所在。

为什么阿赖耶识能够统摄、生起一切现象呢？《大乘起信论》进一步展开说："此识（阿赖耶识）有二种义，能摄一切法，生一切法。云何为二？一者觉义，二者不觉义。"阿赖耶识因为具有不生不灭的如来藏（真如）和有生有灭的妄心两种属性，从而有觉和不觉两种意义。所谓"觉"，是觉照、觉明，也就是能照见万事万物的真理，觉悟了解真如自体的智慧。所谓"不觉"，是迷妄，是不觉悟了解真如自体的无明。不觉即无明，它由细转粗，千变万化，现出一切妄染的境界。反之，脱离不觉无明，彻底悟证真如自体，就能显现清净的境界。这样，迷和悟，染和净，无一不是阿赖耶识所具有。阿赖耶识是一切现象缘起的总体，宇宙万物的根源。阿赖耶识能统摄一切现象、生起一切现象。

觉又分本觉和始觉两种。所谓"本觉"，是指一切众生本来具有的觉照、觉明的性德，固有的自性清净心，也就是心体。本觉是就烦恼来说，就心生灭门来说的，如就断除烦恼来说，又称为"法身"，如就心真如门来说，又称为"真如"。所谓"始觉"，是说众生本觉的心源，由于无明的刺激、影响而有不觉，处于迷妄状态，后来由于本觉从里面影响妄心，佛法从外面教化妄心，因而逐渐开始有所觉悟，直至完全契合本觉的心源，融为一体，称为"始觉"。

不觉也分根本不觉和枝末不觉两种。所谓"根本不觉"是指无明的体，是对真如迷惑的无明。所谓"枝末不觉"是指无明的相，是执著虚妄现象的无明。《大乘起信论》还把枝末无明分为九相，以说明真如一心随缘起动的形相，也即由阿赖耶识现出的一切世间妄染境界。真如一心随缘起动生成九相，其中有前后、细粗的区别，分为三细、六粗两类。起初无明为因，生三细。因微细难知，故名为"细"。三细后以境界相为缘，生六粗。因粗显易知，故名为"粗"。三细，第一位是业相，也称"无明业相"。业相是指真如初依不觉无明而动作的相状，开始形成生灭，但主客未分，状极微细。又因是真如依不觉无明起动的最初一念，也叫做“业识”。第二位是能见相，也称“见相”，又名“转相”。“见”，见照；“转”，转起。这是说，依前第一位业识的起动，转成能见之相。妄心既起，转而生成了主观的见照分别一切现象的作用，也称“转识”。第三位是境界相，也称“现相”。“现”是能现一切境界的意思。既然有了主观的见照分别作用，那就能映现出种种与之相应的客观境界。因依前转识之见，起此能现之功，又称“现识”。三细相属阿赖耶识。六粗，第一位是智相①，也称“智识”。“智”，分别。主观对于现识所现的客观境界，不明了是自识所妄现的幻影，误以为是心识以外的实有境界，不生起智慧，对境界作染净、善恶、是非、爱憎等种种分别。第二位是相续相，也称“相续识”。这是说，依第一位智相所作的种种分别，于喜爱的境界产生快乐的感觉，于不喜爱的境界产生痛苦的感觉，数数起念，相续于前。第三位是执取相，是说依第二相续相，对于所感受的痛苦快乐的境界，不明了是虚妄不实的，深起取著。第四位是计名字相，是说由于顽固执取苦乐，更在所执取的相上，虚妄计度，立怨亲、美丑、是非、美恶等种种假名。第五位是起业相，是说依前计名字相，寻怨亲、爱憎、苦乐、是非等名，执著更深，从而生起贪、瞋等烦恼，并有言说行动，造种种业。第六位是业系苦相，是说既已造种种相，必招来生的苦果，从而在六道中轮回，生死长缚。这六相属前六识。六相中，前四相是惑因，第五相是业缘，第六相是苦果。

上述三细、六粗，即九相，涵盖一切妄染的境界。《大乘起信论》认为，这一切妄染境界的本原，就是根本无明，根本不觉。一切妄染境界都是根本无明次第生起的差别相。前面说过，阿赖耶识生起一切现象，这里说根本无明生起一切妄染境界，那么，阿赖耶识和根本无明是什么关系呢？两者在生起一切妄染境界方面各起什么作用呢？《大乘起信论》说，阿赖耶识是因缘和合而成的，随缘真如是因，根

① 吕澂在《〈大乘起信论〉考证》中指出，“智相”的“智”，《楞伽经》原本作“自”，魏译本误写为“智”字，《大乘起信论》据以立“智相”、“智识”说。

本无明是缘，两者和合转成阿赖耶识。同时，根本无明作为一切妄染境界的根本，又是生灭的因，色、声、香、味、触等妄染境界诱发起种种妄念，是生灭的缘，因缘和合，生起一切现象。由此看来，根本无明是阿赖耶识的一个方面，两者是不同层次的东西，一切现象的生起，根源于阿赖耶识，而更直接的根源是阿赖耶识中的根本无明。这两个根源是一致的。归根到底，一切现象都是心识的产物，所以《大乘起信论》又说："三界虚伪，唯心所作，离心则无六尘境界。"又说："一切法如镜中像，无体可得，唯心虚妄，以心生则种种法生，心灭则种种法灭故。"

由此《大乘起信论》又宣扬众生要通过修持，使本来具有的真如去熏习、影响无明，即以"本觉熏不觉"，从而根除妄念烦恼，灭绝无明，不起妄心，也不起妄境。妄境是无明生起一切现象的缘。无明已灭，妄境缘也灭，这样主客观也都空；同时，由生灭还归不生灭，"从染入净"，也就返归真如，显现真如的本来面目，证得涅槃。

心外的一切现象，一切境界，由妄心（无明）而起，又由净心（真如）而灭，这其间细密而烦琐的论证，体现出极富思辨的佛教唯心主义的特征。

四、真如缘起论的重大影响

《大乘起信论》的真如缘起论（如来藏缘起论）对中国佛教哲学思想的影响很大，其中又以将如来藏和阿赖耶识分为两截的观点影响最大。这个观点与印度佛教不同，是根据魏译《楞伽经》发展起来的中国化的佛教哲学思想。

《大乘起信论》将如来藏和阿赖耶识分为两截的观点，涉及佛学的根本问题，它的形成有着长期的深刻的历史背景。佛学的根本问题是众生如何成佛，这个问题的理论前提是众生成佛的根据在什么地方。印度大乘佛教的重要经典实际上都是围绕这些问题展开的。最早流行的《般若经》就根据佛教的"心性本净，客尘所染"的基本原理，提出了一切现象自性空，即"法性本净"的观点，以阐明众生如何由染转净，达到成佛境界的问题。但是，这种说法抽象空洞，很不具体，又只侧重于对外界事物即向外的认识，这样又出现了《涅槃经》，此经以“佛性如来藏”为主题，宣扬一切众生都有佛性和佛身常在的思想，也就是转而侧重于向内的认识了。后来又有《胜鬘经》，以宣扬大乘佛教的“一乘真实”和“如来藏法身”为主题。此经把《般若经》和《涅槃经》两种不同说法综合起来，对《般若经》来讲，提出“如来藏智就是空性智”，对《涅槃经》来讲，提出“如来藏本身就是自性清净心”，用如来藏把两经沟通起来，兼顾向外和向内的认识，在思想上又向前发展了一步。但是，这种思想只讲众生如何成佛，如何由染转净，而没有同时着重讲众生的痛苦是怎样形成，妄染境界是如何生成的问题，也就是所谓只讲“还灭”，没有详论“流转”。这样又要求有能够解释流转的原理的佛典问世。于是又有《解深密经》出，此经没有讲如来藏，而是讲阿赖耶识和阿陀那识。“阿陀那”是执持的意思，表示有保持的作用。“阿赖耶”则是收藏的意思。阿陀那比阿赖耶具有更加能动的性质。《解深密经》提出阿陀那识是对阿赖耶识的补充，实际上阿陀那识和阿赖耶识是一个东西。以往佛典所讲的如来藏是众生具有的自性清净心，只是为烦恼隐覆不显，其本质是清净的，由此一切理论都是围绕“净法”、“还灭”来讲，而阿赖耶识或阿陀那识不同，是以杂染为本，由此一切理论都围绕“染法”、“生灭”来讲了。这样又出现了相异的立说。后来又出现《楞伽经》，对上述异说采取调和的立场，作出更高度的综合，提出了新的命题：“如来藏名识藏，与生识俱生”。这里的“如来藏”、“识藏”，与七识不同，都是指阿赖耶识，是同一个意义，说佛性用如来藏，说人心用识藏。也就是说，阿赖耶识和如来藏只是名称的不同，两者的体性、本质是一样的，都不仅有杂染，而且有清净，即有意把染净二说加以沟通，用来解释“心性本净，客尘所染”的原理，从中指出众生成佛的根据。经文指出，众生的流转生死，不得解脱，原因在于如来藏积集虚妄的习气。积集虚妄习气的如来藏识，也名“阿黎耶”（阿赖耶识）。同时，众生的流转现象也并非不能改变，众生能够成佛，这是由于阿赖耶识的自性即本质是清净的，这种清净自性就是成佛的根据。也惟其如此，阿赖耶识又可称为“如来藏”。众生的解脱道，不在于消灭如来藏或识藏，而在于使它日益清净，将它所有的虚妄习气涤除干净。但是，魏译《楞伽经》完全曲解了这一层意思，把连在一起的如来藏和阿黎耶分成了两截，改译为："如来藏识不在阿黎耶识中，是故七种识有生有灭，如来藏识不生不灭。"这里，最重要的是，本来只说有一心，即一种自性清净的心，魏译本却说成为二心，即净心和染心了。《大乘起信论》正是继承了这种思想，也将如来藏和阿赖耶识分了家，即完全用染净二心之说来组织其理论体系，根本上改变了一心说。也就是将如来藏看成是阿赖耶识的"觉"的一方面而另立一个自体，强调离开妄念而自有其体。这样也就在生灭流转的根源问题上，以为生灭和如来藏无关，从而形成了与印度传统佛教迥然不同的新说。

《大乘起信论》的真如缘起论，在中国佛教的缘起学说中，蔚为壮观，影响深广。唐代许多宗派的学说，都和这种思想有关。天台宗和华严宗都是以真如缘起论为理论基础来建筑自身的哲学体系的。净土宗和密宗也含有真如缘起论的成分。至于禅宗的神秀一系（"息妄修心宗"）和洪州、荷泽等宗（"直显心性宗"）与真如缘起论也有极为密切的关系。唐代的天台、华严和禅诸宗都重视把握人本有的"真心"，提倡返本还源，这也是后来中国佛教思想发展的基本路子，并且深刻地影响了中国哲学的思想发展。华严宗兼禅宗学者宗密依据《大乘起信论》本觉是心体的观点，引申出了以知为心体的观念，心体就是心性，所谓以知为心体，就是心性本来是觉悟的，本觉真心，昭昭不昧，了了常知，是具足无量清净功德的。这个灵知不昧的观念也正是后来宋明理学和心学吸取佛教思想的最主要之点。

《大乘起信论》对于不变随缘的"心真如"的含义讲得并不十分清楚明确。从道理方面，它可以说是一种单纯的"理"性，从主观方面，又可以说是"心"体、心的本身。这样就真如和真如门、生灭门的关系来说，不仅真如门中有真如，生灭门中也有真如，真如和生灭究竟什么关系，也就是如来藏和无明乃至阿赖耶识究竟什么关系，都没有作出明确的解说。这也给后来中国佛教各派的思想发展带来了某些混乱、矛盾和分歧。

第二节　性具实相论

一、天台宗性具实相论的提出

天台宗的缘起学说，从思想路线来看是继承真如缘起论，但在论述上又偏重于讲业感缘起，强调每个众生在一念中都存在一切现象、一切境界，并且由于业感缘起，以致有隐有显的不同。这种学说的实质是，强调一切现象、一切境界都存在于众生的一念之中，也就是说，在一念之中，一切现象、一切境界本来具有，本来如此，不需再有依持。这就是天台宗的独具特色的性具实相说。

天台宗创始人智𫖮，曾对南朝隋代的佛教各家学说作过一番抉择去取功夫。他晚年接触了地论师和摄论师，这两个学派都十分重视缘起学说，有着很不相同的缘起观。地论师以一切现象的自性（法性）为现象生起的依持，即以法性为现象的本原。摄论师则主张一切现象以阿赖耶识为依持，即以阿赖耶识为现象的种子或根源。智𫖮不赞成这两种缘起说，认为地论师以法性为一切现象的本原，是自己生起自己，而自生是不对的。摄论师以阿赖耶识为一切现象的本原，阿赖耶识在摄论师看来是杂染的，与清净的心性不同，对于清净的心性来说，阿赖耶识就成了"他"，而智𫖮认为他生也是不对的。智𫖮认为，这两种说法都是出于思拟推测，为了区别于这些缘起说，他提出了性具实相说。

所谓"性具"，性，指法性，也就是真如、本、理、体，性具也称"本具"、"理具"、"体具"，是说一切现象都是自然存在的，既非自生，也非他生。现象不仅是自然存在，而且不是单一的、孤立的存在，是互相联系作为整体而存在的。一切众生在一念之中都存在着一切现象。性具说的理论特征是，一切现象并非由法性随缘而生起，而是本来自然存在、完满具足的。也就是说，一切现象都是众生的心中本来具有的。智𫖮认为，一切现象当体就是实相（真实相状），现象虽然千差万别，但是都显示法性真如的本相。一切事物纯为实相，实相之外别无其他事物。现象即实体，两者无二无别。若果超绝于现象之外去求实体，必然堕于偏妄。

性具实相说是天台宗的中心理论。它的义理有密切联系的两个方面，即“一念三千”说和“圆融三谛”说。下面着重叙述一念三千说，圆融三谛说是一种观法，讲空、假、中三谛圆融无碍，主要是认识论问题，留在第十章再论。

二、一念三千说

一念三千说是智𫖮根据天台宗先驱慧思的“十如”思想，再加以发挥而形成的。“十如”是“十如是”的简称。“如是”，是“是这样”的意思，不是“如此”（同这个一样）的意思。十如是具体指相、性、体、力、作、因、缘、果、报和本末究竟十个方面。十如出自天台宗崇奉的《妙法莲华经》的《方便品》，经文说，“佛所成就第一希有难解之法，唯佛与佛乃能究尽诸法实相”，并对诸法实相列举了如是相、如是性、如是体、如是力、如是作、如是因、如是缘、如是果、如是报、如是本末究竟，认为佛所究尽的一切现象的真实相状就是这十项。由于经文都是用“如是”来形容这十项，又概括了一切现象的真相，因此慧思提出了一切现象有十如是的说法。十如的具体含义是：(1) 相，相貌，表面所呈现的容易察别的形相。(2) 性，性分，内在的不变的本性、本质。(3) 体，体质，指众生具有的由前相、性合成的不同色身。(4) 力，力用，功能。(5) 作，作为，造作，构造。(6) 因，业因，召未来果的直接原因。(7) 缘，助因，间接的原因。(8) 果，结果，从所习的因，得相应的果。(9) 报，报果，报应，由前面的因所感的来世的报应。(10) 本末究竟，“本”指初相，“末”指第九的报，“究竟”指所归趣处。本末究竟是指从本相到末报，凡夫和佛同样具足，究竟平等，没有差别，也就是一切众生都具十如是法，没有缺减。《法华经》和慧思把一切现象列入相、性、体等十种范畴之内，或者说以这十种范畴作为构成每一现象的成分、因素，这是富有理论意义的。这里所包含的现象与本质、体质与功用、原因与结果等范畴，也都有重要的认识论意义。

智𫖮在慧思的十如思想的基础上，形成“三千如”的观念。他从人本观点出发，以迷悟为尺度，将一切有情识生物分为凡、圣两大类，即六凡、四圣十个层次。六凡即六道，指天、人、阿修罗、畜生、饿鬼和地狱，四圣指三乘（声闻、缘觉、菩萨）和佛。智𫖮认为，每一有情众生主观所见的宇宙各不相同，佛所见不同于人所见，人所见也不同于鬼所见，由此而构成六道、四圣十种法界（十界）。再是，十界的地位不是固定不变的，是可以随缘示现或升沉的，也就是说，它们之间是互相蕴涵、互相转化的。如四圣中的最高的佛可以现身在六凡之中，变化为人、为鬼，六道中低级的地狱、饿鬼也可以经过修持向上达到佛的地位。因此，每一界都具备其他九界的可能性，都蕴涵其余九界在内，这样，十界互具就构成百界。再分析百界的体性，基本上不外乎色、受、想、行、识“五蕴”，称为“五蕴世间”。进而由五蕴构成有情个体，称为“有情世间”。有情个体还有居住的环境即山河大地，称为“器世间”。这样又都有三种世间。百界各具备三种世间，共有三百之数。十如和三百界相配合，成为“三千如”。“三千”是形容整体宇宙的名词，不能拘于三千名目的数量。“三千”就是指世界的一切万有，森然罗布，千差万别，无边无量，是现象的总和，和“万法”、“诸法”的意义相同。因为显示一切万有的别（十法界）、总（三世间）、事（十如中的前九如）、理（十如中的最后一如）的圆融无碍，而称为“三千”。

智𫖮认为，整体的宇宙相貌即“三千”的实相就存在于一念之中，谓之“一念三千”。所谓一念，也称“一心”，指心念活动的短暂时刻。一念三千就是宇宙的相貌念念具备在众生的日常心思中。智𫖮说：

> 夫一心具十法界，一法界又具十法界，百法界。一界具三十种世间，百法界即具三千种世间。此三千在一念心。若心无而已，介尔有心，即具三千。亦不言一心在前，一切法在后，亦不言一切法在前，一心在后。……若从一心生一切法者，此则是纵；若心一时含一切法者，此则是横。纵亦不可，横亦不可。祇心是一切法，一切法是心。故非纵非横，非一非异，玄妙深绝，非识所识，非言所言。（《摩诃止观》卷五上）

"介尔"，一点点。这是说，众生一念心，即一刹那的心中就具有三千性相。万有森然具备，并非另有本原。心就是一切现象，一切现象就是心。现前生起的一念，必属于十界中的一界，由此也就具百界、三百界乃至三千界。在介尔的细心中，一念动处，就是宇宙的整体。如见一花开知天下春，睹一叶落知天下秋。在智𫖮看来，所谓六凡、四圣乃至整个宇宙，都不过是介尔一念心的产物。介尔一念心就是一切，没有介尔一念心也就没有一切。

按照一念三千的理论，众生一念心中，万有森然具备，这是宇宙一切现象本来如此，无须另有依持的。三千种世间的当体和所有性能也都自然圆融具足。天台宗人由此出发，进而宣扬"性具善恶"说。既然一切众生无一不具三千，那么，善恶染净都可视为天然的性德，性不仅有善、有净，还有恶、有染，性是涵具善恶、染净的。四圣、六凡同具善、恶二性，佛并不断性恶，但是断绝恶行。一阐提并不断性善，但是断绝善行。天台宗的这种理论又和禅宗、华严宗的性善说的主张形成了对立。

天台宗的性具实相说，把"三千"归于"一念心"、"一心"的生起和所具有，一心就具有一切现象及其实相的起源的意义。天台宗所讲的一心是一切众生共有的、共同的。虽然不同众生的一念心有时所生起的现象、境界各有区别，或隐或显，各不相同，但是都可以也能够生起三千界，圆满具足森罗万象，即一心能够生起的内容是共同的。众生的心通过圆融空、假、中三谛而把握一切现象的实相，也就把握了真如（真理）。实相、真如又有本体的意义，这样众生的一心又和真如、实相即本体相通。可见，天台宗的缘起论和世界观是有其理论特色的。

第三节　法界缘起论

一、华严宗法界缘起论的提出

法界缘起论是华严宗的基本理论。所谓"法界"，"法"，事物；"界"，分界、类别。融摄一切万物称为"法界"。"界"也指原因、体性。“法界”指事物的本相——真如、实相。华严宗人通常是在万物的本原、本体和众生具有的佛性的意义上使用法界这个名词的，认为法界就是真如、实相，更严格地说就是“如来藏自性清净心”。所谓“法界缘起”，是说世间和出世间的一切现象，都由如来藏自性清净心生起，也就是由先天的真如法性生起，由此也称为“性起缘起”。法界缘起现象在如来藏自性清净心的共同作用下，互为因果，相资相待，彼中有此，此中有彼，彼即是此，此即是彼，相即相入，圆融无碍，处于“重重无尽”的联系之中，由此又称为“无尽缘起”。

华严宗人是怎样提出法界缘起论的呢？

华严宗崇奉的《华严经》描述了释迦牟尼在菩提树下证悟的境界，说在释迦牟尼的心中，一切万有无不印现，即不仅能现出森罗万象，而且连所谓地狱、天堂乃至十方诸佛世界，都能一时印现出来。不仅能印现一切万有的现在相状，而且也能印现过去和未来的相状。总之，所有时间和空间的、世间和出世间的一切无尽无量的现象都能印现出来。华严宗由此进一步推论，世界的一切现象是无限广大又互相包容、有个体区分又相互贯通的整体。华严宗人的立宗意图，在于统一当时各宗各派的新旧异说，以别树一帜，因此，十分赞赏《华严经》的“无尽圆融”的理论，并以此为主导，吸取《大乘起信论》的真如缘起说，以及天台宗、法相唯识宗的某些见解，构筑了法界缘起论的思想体系。

华严宗先驱智俨依据《华严经》的《宝王如来性起品》，十分重视菩提心就是性起的说法，强调智慧的心、觉悟的心就是性起。华严宗创始人法藏继承和发展智俨的性起缘起思想，从“不改”（不变）义来解释性起缘起。所谓不改的性是指佛性（就众生来说）和法性（就众生以外的其他事物来说），也就是真如。他在其创宗的奠基性著作《华严一乘教义分齐章》中，对华严义理举出四门：三性同异与因门六义、六相圆融与十玄无碍。前两门是构成法性缘起的原理，后两门是说明法性缘起的内容，从而系统而全面地阐发了法界缘起理论。①

① 参见吕澂：《中国佛学源流略讲》，196 页。

后来华严宗大师澄观将散见于法藏著作中的法界思想系统化，明确地提出事、理、事理无碍和事事无碍的四法界说，他说："总该万有，即是一心；然心融万有，便成四种法界。"（见宗密《注华严法界观门》引）。晚于澄观的宗密，更进一步强调一切万有为一真法界（总括万有的心）的体性所起，最充分地阐发了自体性起的观点。他还承继澄观的宗脉，将事理无碍融摄于事事无碍法界观中，推进了事事无碍的学说。

二、三性同异与因门六义

法藏继承和发挥《摄论》的思想，立三性同异说与因门六义说，以阐明法界缘起的根据。《摄论·所知相品》的三性理论，认为就事物的性质以及人们对事物的性质的看法来说，都有三性：遍计所执性、依他起性和圆成实性。法藏从本末两方面考察三性，他说：

> "真"（圆成实）中二义者：一不变义，二随缘义；"依他"二义者：一似有义，二无性义；"所执"中二义者：一情有义，二理无义。（《华严一乘教义分齐章》卷四）

法藏由"不变"、"无性"和"理无"三义的同一立"本三性"的无异义，又由"随缘"、"似有"和"情有"的同一立"末三性"的无异义。本三性是表示一切事物和现象就是真如本体，末三性是表示真如本体就是一切事物和现象。本三性和末三性都统摄了三性，也是相即一体的。法藏宣传三性六义，举一全收，性无障碍，三性同一，三性一际。三性六义说包含了不变与随缘、似有与无性、情有与理无的对立观念，概括起来就是常与无常、有与无（空）两对范畴，这些对立范畴是相对的、统一的。法相唯识宗认为，圆成实性只有"不变"义，没有"随缘"义。法藏修改了这个观点，他认为性与理是等同的，性与理也都是不变的，同样，似有与情有是等同的，又都是随缘的。由于无性、理无与不变不异，似有、情有与随缘同一，由此也可以说圆成实性不仅是不变的，也是随缘的。法藏以明镜喻真如（圆成实性）的特性和作用，他说因为镜体明净，不变不动，所以能现于物像。又因为现于物像，所以能显镜体明净不动。染污的物像不能污染镜体的明净，清净的物像也不能增加镜体的明净。真如也是如此，因为它的体不变不动，所以能随缘生起种种现象，又以生起种种现象，反显真如体性清净，不变不动。由此可知，真如二义是由不变显随缘，由随缘显不变，不变与随缘相依相待。正因为真如不只是有不变义，还有随缘义，所以一切现象都是从真如缘起。在法藏看来，六义各各相对，又互不相碍。万物的相对性就来自三性六义，每一性的相对原理，正是缘起说的理论前提。

法藏还在《华严一乘教义分齐章》卷四中，依据《摄论》的种子六义，立缘起因门六义说。他用体的空有、用的胜劣（有无生果的力用，即有力和无力）和待的有无（发动时对其他条件的关系，即待缘和不待缘）三类加以分别，把一切现象缘起的原因（种子）归结为六种特征：（1）“刹那灭”，即不断变化。由于刹那灭，是无自性，为空。由于因灭而果得以生，是有力。还由于是因灭果生，是不待缘。（2）“果俱有”，种子生现行后仍然存在，并支持着现行。由俱而有，就是不有，是空。由俱而能成有，是有力。俱有就不是孤立无缘，是待缘。（3）“待众缘”，种子之成为现行，要具备其他条件，由待众缘，是无自性，为空。因要待他缘才生万有，是无力，也是待缘。（4）“性决定”，种子的善、恶、无记等性质，始终不变。由自类不改，不是空是有。能够自类不改而生果，是有力。自类不改也不是由于缘力，是不待缘。（5）“引自果”，种子只能引自类的果。能引现自果，是有。因虽需待缘才能生果，但果性并不由外缘决定，是有力，也是待缘。（6）“恒随转”，永远与藏识共存。因是随他，不可无，是有。不能违抗缘，是无力。由此，也是待缘。法藏以因门六义来说明缘起现象之间的浑然圆融关系。由有空和有，而有事物的相即关系；由有有力和无力，而有事物的相入关系；由有待缘和不待缘，而有同体和异体的区别，再在异体上又有同一和包含的关系，从而论证了千差万别的事物融通无碍、重重无尽的原理。

三、六相圆融与十玄无碍

《佛地经论》在解说《华严经·十地品》时，应用“六相”（总、别、同、异、成、坏）作为一种格式，来说明经文每种十句的关系和理解每种十句的内容。智俨由此体会华严法界缘起的相状也不外乎这六个方面，于是就用来解释一切缘起现象。法藏也由此联想和推论现象和现象之间的关系，都是由六相而形成的错综复杂的缘起关系。他说：

> 总相者，一舍多德故；别相者，多德非一故，别依止总，满彼总故。同相者，多义不相违，同成一总故；异相者，多义相望，各各异故。成相者，由此诸缘起成故；坏相者，诸义各住自法不移动故。（《华严一乘教义分齐章》卷四）

又作颂文说：

> 一即具多名总相，多即非一是别相；多类自同成于总，各体别异现于同；一多缘起理妙成，坏住自法常不作。唯智境界非事识，以此方便会一乘。（同上）

这是说，事物的全体是总相，事物的各部分是别相。事物的各部分虽形相各别，而和合同成一体，是同相。事物的各部分虽同成一体，但依然各不相同，是异相。事物的各部分和合成一体，则此事物成，是成相。事物的各部分不和合，各部分的本质不变，是坏相。法藏在《华严金师子章》中以金狮子为比喻，说金狮子是总相，眼、耳等不同部分是别相，眼、耳等同一缘起形成狮子是同相，眼、耳等彼此各不相同是异相，眼、耳等和合而成狮子是成相，眼、耳等各自独立而不和合为狮子是坏相。在《华严一乘教义分齐章》中则以房舍为比喻来说明六相，梁、柱、砖、瓦等总成一舍是同相；虽是同一房舍，梁、柱、砖、瓦等各为房舍的不同组成部分是别相；梁、柱、砖、瓦等，形相有别，而和合同成一舍，是同相；梁、柱、砖、瓦等虽同成一舍，但叠互相望，各各相异，是异相；梁、柱、砖、瓦等彼此相依相成，合成一舍，是成相；梁、柱、砖、瓦等本来各自独立，不作房舍，是坏相。总、同、成三相，是从无差别方面说，指全体、整体；别、异、坏三相，是从差别方面说，指部分、片断。同时，整体与部分、无差别与差别，又是相即相入、圆融无碍的，离总无别，离同无异，离成无坏。总即别，别即总；同即异，异即同；成即坏，坏即成。这是用整体与部分、同一与差别、生成与坏灭三对范畴六个方面来说明，虽然一切现象各有不同，但是又都可以融通无间。

六相圆融是法界缘起论的重要内容，十玄无碍（十玄无尽）是法界缘起论的又一更重要的内容，它更充分地表述了四法界中事事无碍无尽缘起的理论。

十玄是华严宗人根据《华严经》的理论构思出来的。《华严经·贤首品》在描述佛的境界时，说一粒微尘中有无量刹（世界），而这些世界又具有染净、广狭、有佛无佛等不同的情况，犹如“天帝网”一样。天帝网是印度古代的神话，说天神帝释天宫殿装饰的珠网，珠光交相映现，重叠无穷。《华严经》在阐发教理时，还常用“十对”名目——教义、理事、境智、行位、因果、依正、体用、人法、逆顺、感应，来说明宇宙万事万物的圆融无碍的关系。智俨在《华严一乘十玄门》中首先立十玄说，宣传十个玄妙的法门，后来法藏又加以继承和发展。由于智俨和法藏的立说不甚相同，为了表示两者的区别，又称前者为“古十玄”，后者为“新十玄”。新与古的不同，主要是将古十玄的“诸藏纯杂具德门”改为“广狭自在无碍门”，“唯心回转善成门”改为“主伴圆明具德门”。再是两者的次第也不一致。法藏新十玄的具体名目和含义是：

（1）“同时具足相应门”。无限的空间和时间的一切事物，同成一大缘起，宇宙是万物和谐共存的体系。因为无前无后、无欠无缺、互为缘起，所以名为“同时具足相应门”。此门最重要，是事事无碍法界的总相，以下九门，都是此门的分别展开。

（2）“广狭自在无碍门”。“广”，大而无外；“狭”，小而无内。至大事物和极小尘毛，互相包容，任运俱现，自在无碍。

（3）“一多相容不同门”。“一”，指本体或个别事物；“多”指一切现象。多能容一，一也能容多。一中有多，多中有一，是相容。一多历然，各不坏体相，是不同。此门是举示万有相入的关系。

（4）“诸法相即自在门”。上一门就用来说，一切万有相入无碍。此一门就体来讲，一切万有相即无碍。“相即”，相等，相同。如一事物舍己同他，则全同于他。如一事物摄他同己，则他全同于己。所谓一法即一切法，一切法即一法，互融互摄，相即无碍。

（5）“秘密隐显俱成门”。“秘密”，秘藏密收，也就是摄受的意思。一法摄一切法，是一法显而一切法隐。一切法摄一法，是一切法显而一法隐。隐显二门，俱时成就。这是说事物同具隐显两种形相。

（6）“微细相容安立门”。此门是说微细事物既为其他事物所包容，也能含容其他事物，而且微细事物之间，也都彼此相容，安然并立，分明显现。

（7）“因陀罗网境界门”。“因陀罗”，即帝释天。“因陀罗网”，即天帝网。帝释天宫殿所悬珠网，珠珠各现一切珠影。这是一重影现。再是一珠所现的珠影，又各现其他一切珠影，这是二重影现。如此重重映现而无尽无穷。此门是以因陀罗网比喻一切万有的相入相即，不只是一重，而是重重无尽。

（8）“托事显法生解门”。随托一事而观，如观察一叶一枝，一花一果，就能产生一切无尽缘起、事事无碍的理解。

（9）“十世隔法异成门”。此门是从时间上来说事物也是联系的。“十世”，指过去、现在和未来三世各有过去、现在、未来，合为九世。此九世也称为“别世”。九世又相互摄入，合成一念，称为“总世”。总别合论，称为“十世”。十世区分是隔历之法（隔法），同时具足显现，是隔法异成。

（10）“主伴圆明具德门”。既然从空间和时间两方面来说，一切事物都是相即相入、圆融无碍的，那么，随举任何一事物以为主，其他一切事物就都为伴，主伴交辉，相依无碍。由此也可知，任何一事物都圆满一切功德，称为圆明具德。

华严宗人认为，以上十门是一切万有都具备的，万事万物，相即相入，浑然无碍，而又彼此差别，安然自立。宇宙间的万事万物，差别之相历然，同时又重重无尽，成一大缘起。这就称为十玄缘起，事事无碍。

四、四法界与一真法界

前文提到，华严宗人澄观明确地用四法界说来概括一切事物及其相互关系，而四法界在华严宗人宗密看来又是一真法界的展开。四法界和一真法界说，是华严宗人，尤其是法藏、澄观和宗密关于法界缘起的系统理论。

四法界是：

1. 事法界。事，事物；法，诸法；界，分界。事法界指千差万别的事物。宇宙间森罗万象，一一差别，山是山，水是水，花是花，草是草，各有自体，分界不同。华严宗认为每一事物都含有十对内容：(1) 教义，言教与义理。(2) 理事，理体与事象。(3) 境智，所观的对境与能观的智慧。(4) 行位，修行与所得果位。(5) 因果，修行与达到的境界。(6) 依正，"依"，依报，指众生所依处的国土；"正"，正报，指依住于国土的佛、菩萨和一切众生。(7) 体用，体性与作用。(8) 人法，主体与客体。(9) 逆顺，逆法教化与顺法教化。(10) 感应，随应不同根机的种种应化和感应得理的当机众生。每一事物的十对内容，同时相应，圆融无碍。可见，华严宗所讲的事，包含丰富的内容，也体现了浓郁的宗教修持色彩。

2. 理法界。"理"，诸法的体性；"界"，性的意思。澄观说："理法名界，界即性义，无尽事法同一性故。"（《华严法界玄镜》卷上）"同一性"即共同本质。"理"不是指事物的规律，而是指事物的本性、本体。理法界是指一切事物的共同本质。华严家认为，无尽事物，同一体性，天地同根，万物一体，没有差别。

3. 事理无碍法界。"事"，事相（现象）；"理"，理性（本体）。现象与本体，无二无别，如水即波，如波即水，交渗交彻，无碍圆融。《华严经》提出了"事"与"理"相对的观念，作为"佛智"之一，以证明佛性是一个整体。然最早阐述事与理的关系的是《庄严经论》，而详加阐发的是《佛地经论》。唐玄奘在翻译《佛地经论》和《成唯识论》时，把"真如"固定为理体，从而使以往对"理"的含混理解得以确定。智俨继承地论师的思想，用"事"、"理"来贯通和说明圆融无碍的学说。法藏进一步肯定理事的关系是体用、本末的关系。他说："事虽宛然，恒无所有，是故用即体也，如会百川以归于海。理虽一味，恒自随缘，是故体即用也，如举大海以明百川。"

(《华严经义海百门》)理是体，事是用，体用相即。又说："尘空无性是本，尘相差别是末。"(同上)"尘空无性"指理，"尘相差别"指事。理是本，事是末。华严宗人还提出事与理有五重关系：(1) 相遍，理完整、普遍地存在于每一个事中。"能遍之理，性无分限；所遍之事，分位差别。一一事中，理皆全遍。"(《华严发菩提心章》)真理、本体不可分割，寓于每一事中。同时，事虽有分限，但全同于理，"有分限之事于无分限之理，全同，非分同。"(同上)事以理为体，任何一微细的事物都摄无边真理、本体。理与事如海水之周遍于波浪全体，无所不至；也如小小波浪的起动，影响及于整个海水。(2) 相成，无理不成事，无事不成理，犹如由海水而成波浪，由波浪而成海水。(3) 相夺，事是理的表现，是虚幻的，所以事应归属于理。万事万物唯有一理体，事灭则理显，此是由理以夺事。同时，理也不离事而存在，离事也无理，理也应属于事。理随缘成事而理隐，此是由事以夺理。(4) 相即，由上述三层关系进一步推知理与事相即，无差别的理体即差别的事象，差别的事象即无差别的理体，犹如海水即是波浪，波浪即是海水。(5) 相非，一切事物本身自体的特质不变，理事各有差别，理非事，事非理，犹如海水非波浪，波浪非海水。华严宗人通过事理关系的论证，以图说明物质世界的虚幻、本体世界的真实，两种世界虽有差别而又互相统一，没有矛盾，从而说明世俗生活和宗教生活并不截然脱节，众生和佛也是圆融无碍的。

4. 事事无碍法界。宇宙万事万物都从理体缘起。由于事与理圆融无碍，因此从理体缘起的此现象与彼现象，也是圆融无碍的。犹如海水与波浪无碍，波浪与波浪也无碍。法藏在《华严经探玄记》第一卷详细阐发了事事无碍的十个原因：(1)"缘起相由故"，事物相待而起，是相对的；(2)"法性融通故"，万物一体，即在同体上万物统一、圆融；(3)"各唯心现故"，万物都是心的显现；(4)"如幻不实故"，非实体；(5)"大小无定故"，无固定性；(6)"无限因生故"，无尽的原因所形成；(7)"果德圆极故"，佛教性果至圆；(8)"胜通自在故"，具有绝对自由的神通力；(9)"三昧大用故"，禅定的巨大作用；(10)"难思解脱故"，不可思议的解脱悟境。这是从事相分析和佛教修持两个方面去说明事事无碍的原因。在这十个原因中，法藏认为第一、二个原因最为重要，他特意又将第一个原因“缘起相由故”再分为十义：1）“诸缘各异义”，谓事物的体用各不相同，即事物的差别性；2）“互遍相资义”，谓万物互为因缘，相资相待，任何一物皆遍于他物，即近似于事物的普遍联系；3）“俱存无碍义”，谓上述差别性与普遍性具足而无妨碍；4）“异体相入义”，异体的事物能够相容；5）“异体相即义”，异体的事物能够相即不离；6）“体用双融义”，体与用互摄，相融无碍；7）“同体相入义”，任何一事物具足一切事物的本性，同体间相入无碍；8）“同体相即义”，同体的事物相即不离；9）“俱融无碍义”，异体同体相即相入，互融无碍。10）“同义圆备义”，由俱融无碍进而可知一切万有圆融无碍。这是对事物之间种种复杂关系的具体论述。

华严宗认为，四法界是一真法界圆融无碍的义相。所谓“一真法界”，是指绝对的不妄的融摄一切万法，是一切现象的本体，一切万有的“本源真心”。真心是清净不坏、平等无差别的，它随缘不变，不变随缘，而展现宇宙万物。《华严经》以本性清净不坏、平等无差别的法界为“一真法界”。智俨融会大乘空有两宗，提倡真妄唯识的观点。法藏根据《华严经·十地品》的“三界虚妄，但是一心作”①的说法，在《华严经探玄记》第十三卷中列出十重唯识观，将阿赖耶识缘起和真如缘起统一于法界无尽缘起，倾向于一切唯心。法藏把一真法界视为“自性清净圆明体”，所以又称为“真心”、“净心”、“如来藏”。认为一切众生本来藏有清净的如来法身，如来法身即先天地具有的“佛性”，是为众生成佛的根据。法藏还认为，心是形成万物的原因，他说：“尘是心缘，心为尘因。因缘和合，幻相方生。”（《华严经义海百门》）“尘是自心现，由自心现，即与自心为缘。由缘现前，心法方起。”（同上）“尘”，客观事物；“心”，主观认识，心理作用。心是客观事物形成的基础（因），心和客观事物相和合、相接触，形成世界种种幻相。澄观也以“一真法界为玄妙体”，认为真心是宇

① 此系旧译本的译文，新译本译为“三界所有，唯是一心”。

宙万物所依之而起的体性。法藏力主一心为万物的本原，澄观则强调万物就是一心，宗密又把理法界归于本心，说："理法界也，原其实体，但是本心。"(《注华严法界观门》) 他还强调真心是本来觉悟的，是一切众生先天具有的，他说：

> 一切有情（众生）皆有本觉真心，无始以来常住清净，昭昭不昧，了了常知，亦名佛性，亦名如来藏。……但以妄想执著而不证得，若离妄想，一切智、自然智、无碍智即得现前。(《原人论》)

众生的心是本来觉悟的，是具足智慧和功德的灵知之心，昭昭不昧，了了常知，也叫做佛性、如来藏。一心是众生的本原，万有的本体。华严宗人把法界归于一真法界，归于一心，宣传心活动时能呈现一多相即、大小相融的微妙境界，如一夜之梦，飞行百年；一尺之镜，见千里影；一毛孔中，能容三千世界，从而进入奇异的圆融境界。

五、略评

华严宗人不满意大乘空宗中道缘起的某些论点，以为心色皆无，一切皆空，那就有连成佛的根据和佛国天堂也逻辑地被否定的危险。他们也不满意法相唯识宗的阿赖耶识缘起说的某些观点，以为能变为境的识是真实的，而所变的境是虚幻的，这在理论上很难自圆其说。他们提出法界缘起论，认为客观现象是假，本体是真，同时本体和现象又相即相入，现象和现象也圆融无碍，以为这是最圆满的说法。他们认为这样就摆脱了空有两宗的理论矛盾和窘境。其实，这种缘起论的具体说法的变化，并不能解决矛盾，摆脱窘境。关于现象是怎样由本体派生出来的，绝对的真实的本体又怎么派生出虚假的现象，虚假的现象又怎么能和真实的本体圆融无碍，不同的现象之间又怎么能圆融无碍，等等，这些问题他们并没有作出说明，事实上也难以说明。华严宗人以本体为真实、以现象为虚假的理论立场，必然带来论证上的一些困难。或许他们也意识到了这种左支右绌的理论困难，后来就愈来愈强调本体就是真心、净心、本心，而这种真心、净心、本心就存在于众生的心中。这样，现象和本体之间的关系，现象和现象之间的关系，都在众生的心中解决，一切唯心，随心所变。这是借助于自我意识来解决矛盾，取消矛盾。

从古代哲学发展史的角度来看，华严宗的法界缘起理论虽然是宗教哲学，但是它在阐述宇宙万物生成和描绘宇宙万物相互关系的图景时，也不时地闪烁着辩证的思想火花，比如普遍联系的观念，一体性、整体性和相对性的观念等。他们揭示了本体和现象、现象和现象之间的多重的复杂的联系，如果我们剔除宗教性的内容，就可以发现若干值得总结的合理因素。他们把宇宙视为统一的整体，又强调万物的相对性，彼此相资相待、相入相即，从而曲折地反映了客观辩证法。华严宗人的又一个哲学理论贡献是，运用和阐述了一系列哲学范畴，即通过理事、体用、本末、性相、一多、相入相即等范畴的阐发，程度不同地揭示了本质与现象、一般与个别、同一与差别、相对与绝对、整体与部分、原因与结果等若干对立范畴的内涵，丰富了古代哲学范畴史。

如果说，大乘瑜伽行派的理论，代表了印度佛教哲学思辨的最高水平的话，那么，也可以说，华严宗的理论是中国佛教哲学思维的巅峰。由此又可以说，华严宗的理论实质上是佛教哲学的历史性总结。

第四节　自心顿现论

前文提到，华严宗体现了中国佛教理论思维的最高水平，但这并不是说，佛教的中国化进程就此终结了，佛教的理论创造至此就停顿了。典型中国化的慧能禅宗，反对“藉教悟宗”，提倡“教外别传”，改革佛教，立意创新，成为中国佛教史上流传最久最广、影响最深最大的宗派。禅宗在佛教思想内容和教学方式方法等各个方面都有创造，它排除一切烦琐的理论和实践，抓住佛教理论的核心和众生成佛的关键问题，强调精神的领悟，直指人心，见性成佛，提倡单刀直入的顿悟。禅宗为佛教开辟了一条简易快速的新的成佛途径。

慧能从宇宙观的高度阐发顿悟成佛的根据，提出自心顿现论，强调诸佛和佛理以及万事万物都在自心即真如本性之中，他有两段非常重要的话，说：

> ……一切万法，尽在自心中，何不从于自心顿现真如本性！(敦煌本《坛经》)
>
> 世人性本自净，万法在自性。……如是一切法，尽在自性。自性常清净。日月常明，只为云盖覆，上明下暗，不能了见日月星辰。忽遇惠风吹散，卷尽云雾，万象参罗，一时皆现。世人性净，犹如清天，慧如日，智如月，智慧常明。于外著境，忘念浮云盖覆，自性不能明。故遇善知识开真法，吹却迷妄，内外明彻，于自性中，万法皆见（现）。一切法自在性，名为清净法身。(同上)

"真如本性"，即真心、本心、佛性，指宇宙万有的本原、众生成佛的根据。"善知识"，具有较高的道德学问的佛教徒。"清净法身"，指成佛时所契证的最高的精神实体，即所谓"诸法实性"，也就是法性、本性、佛性、真如。这两段话的中心哲学思想，是阐发"万法在自性(自心)"的基本观念。慧能认为，宇宙万物都是由自性（自心）派生的，都包含在自性之中。万法之所以在自性之中，是因为自性是清净的，自性、自心就是法性、真心，由此也可以说，宇宙万物本身也就是法性、真心。慧能强调万事万物、一切现象都在自性（自心）之中，外部客观世界是由于"妄念浮云"盖覆本心而不能显现，如果去掉妄念的浮云，就能马上显现出森罗万象。这是明确地以自心为宇宙的实体、世界的本原。

慧能突出宣扬主体意识，把主体的价值抬高到"凌空蹈虚"的地步，说自心（自性）就是真如、佛性、真心，也就是说，自心是人人所普遍地共同具有的，是永恒的、绝对的、无所不在的、灵明不昧的宇宙的"心"。慧能宣扬，自心显现，即真如本性显现，就能派生万物，包含万物。这是充分高扬人的心性作用的结果。

上述引文的宗教含义是，世人的本性原来清净，具有佛教的高级智慧，只是因为一向被妄念的浮云所盖覆，不能自我证悟。如果得到佛教道德和学问俱高的僧人的开导和帮助，生起佛教智慧，一旦去掉妄念，内外明彻，就会顿见真如本性，自成佛道。这是强调人人具有清净的佛性，人人只要对这种自身具有的本性有所觉悟就可以成为佛。由此慧能又说："自性迷，佛即众生；自性悟，众生即是佛。""前念迷即凡，后念悟即佛。"（敦煌本《坛经》）迷悟，即对佛性是觉悟还是不觉悟，是凡（众生）圣（佛）的唯一区别。人人先天具有成佛的智慧，只要一念相应，证悟自己的本心，就是佛。这样，成佛也不是另有佛身，而是自性就是佛；佛与众生的区别也只在一念之间、一刹那间。这就是慧能的"见性成佛"、"顿悟成佛"的学说。

值得注意的是，慧能所讲的自心、自性，既是宇宙的实体、世界的本原，又是众生的本性、成佛的根据；慧能所谓的佛，一方面是众生对自我先天具有的清净本性的体证，一方面也是显现本性，以包容万物，成就清净法身，即对宇宙万物的最高精神实体的契证。这是把人的本性和宇宙的本体统一起来，把心灵小宇宙和宇宙大心灵统一起来，这也就使个人的宗教道德实践和对宇宙本体的体认结合起来，把佛教的信仰和实践推进到一个新的境界，带有审美创造的特色，把人引向一种宗教的审美世界。在审美世界里，心灵和宇宙是同一的。慧能肯定心灵自由，认为心灵可以创造和包容万物，突出地强调主体意识的地位；慧能提倡的审美创造——心灵小宇宙和宇宙大心灵的深度综合，都对尔后的中国思想文化发生了重大的影响。慧能的自心顿现论是深受中国固有的儒道两家人生理想论影响的产物，同时它又反过来深刻而强烈地影响了宋明理学的思想轨迹。

第九章

佛教的认识论（上）

第一节　总　论

在简要地介绍了佛教的人生论和宇宙论以后，最后两章论述的是佛教的认识论。由于佛教的认识论是与佛教的人生论、宇宙论结合在一起的，因此需要我们从佛教典籍的浑为一体的论说中，把有关认识论的内容剥离出来，加以组织和说明。

佛教是宗教，它的学说的根本宗旨与特质在于，通过修身和修心，以求得人生的解脱。追求对现实人生的超越，对未来解脱境界的体证，就是佛教创始人释迦牟尼及其广大信徒的传统思想和实践。要超越自我和现实社会，达到理想的解脱境界，就要解决如何认识人生（包括认识自心），如何认识周围客观世界，以及如何才能把握和达到解脱境界的问题，这三个问题也就是佛教认识论的基本问题。这三个问题又可以归结为两大问题：一是如何认识现实人生和世界的问题，一是如何证悟解脱境界的问题。这样，随着佛教对这些问题的探索与深化，也就产生了两种认识：一种是世间认识，一种是出世间认识。

从另一角度看，上述三个问题又可以归结为这样两大问题：一是如何认识客观存在的问题，一是如何成就主观境界的问题。沿着这样两条相反相关的认识途径前进，又形成了这样两种认识：一是对客观世界的认识，一是对主观世界的认识。这两种认识和上述两种认识是相通的：世间认识和对客观世界的认识相通，出世间认识和对主观世界的认识相通。贯穿这些认识问题和认识内容的中心是追求真实，把握绝对，成就圆满价值的主体世界。

印度佛教，尤其是大乘佛教认为，解脱境界与经验世界虽然性质根本不同，但又是相互联系的，甚至认为恒常的绝对的真实就存在于我们的经验世界之中。人们生活在现实世界之中，应当通过对现实世界的思索，而归趣于对解脱境界的证悟。获得和冥契解脱境界，不是通过一般的感性和理性思维，而是直接体验，内心证悟，是直观、直觉。佛教主张破除一切事物的自性、实性，以为人们的感性思维和理性思维以及推度想象，只能执著自性、实性，是与体悟真理乖离的。也就是说，佛教对真实的认识、对绝对的把握，所用的工具、方法不是概念、判断、推理，而是一种叫做“般若”的特殊智慧。但是佛教又认为，般若也不是脱离一般的思维活动，而是与一般思维活动相联系的，并且是一般思维活动的提高、升华。般若和一般思维既有本质区别，又是互相联系的。

佛教几乎一开始就有两种观察现象的认识方法、思维方法——“分别说”和“非分别说”（无分别说）。分别，即区别。分别说是分别地对待各种具体的现象，是有分析地展开和把握各种事物的差别相，而执取这些差别，以之为有自性。非分别说是离开不应分别的分别，不是无所用心，也不是一无所知，而是用一种说法不加分析不作区别地贯彻于一切方面，通过直观、直觉而超越各种差别相，达到无差别的境界。这种境界，是超绝现象界的，是没有分别的，因而也是不可言说的（“言语道断”），不能用经验科学的把握方法，不能用概念、分析、判断、推理（“心行路绝”），只能透过主体的直觉、实感而呈现、展示出来。佛教强调有了语言、概念、分析、判断、推理，就有分别，就是执著，就不利于宗教道德修养，应当离开各种分别，消除各种执著，进而消灭众生的种种痛苦。佛教也采用分别说，认为人们的感性、理性思维与神秘直觉是既有区别又有联系的，实际上是将理性与非理性一炉而冶的。佛教认为通过世间的认识——分别识，进而观破分别识的缺陷，舍断分别识，证入出世间的认识——无分别智，真理也就直接呈现于面前：认识主体和认识对象、智慧和真如（真实、绝对）完全一致，无所分别。但是，佛教着重阐发的是神秘直觉、内心体验，强调主体在至善至美的直觉情境中体悟真实，追求一种寂静的精神状态，实现人生的最高价值，获得解脱的乐境。应当肯定，直觉是佛教认识的基本形态和方法，是佛教认识论的基本特征。这是一种有别于一般感性、理性认识的特殊认识论，是一种不同于逻辑思维的特殊思维方式。

佛教认识论属于佛教哲学的一部分，是与有关人生、宇宙的哲学理论同步发展的。印度佛教哲学的发展，大约是500年一大变。自佛教创立约经500年，出现大乘中观学派，随后又约经500年，产生瑜伽行派，所以大体上经历了小乘、大乘中观学派和大乘瑜伽行派三大发展阶段，印度佛教认识论也大约同样经历三大发展阶段。① 小乘佛教的主要理论是四谛学说，运用分析推理的方法，着重于对人及其生死的分析，对因果律的揭示，从而形成对人的认识的系统学说；相应地，在修行实践上提倡“禅观”，以求得人生超越生死的解脱。大乘佛教的兴奋点转向对成佛的修行和境界以及主客观世界的构成和实相的探讨。大乘中观学派着重宣扬一切皆空的哲学思想，相应地，在认识论上也侧重阐述中观二谛学说，认为世俗认识虽然是存在的，但毕竟是虚幻的，真正的真理是佛教所讲的学说，而认识真理的唯一方法是亲自体验。此派竭力提倡神秘直觉，宣扬相对论、怀疑论。随着神秘直觉思潮的充分发展、极度膨胀，就必然要强调意识，提倡内省——内心的省察。继中观学派之后的大乘瑜伽行派，宣扬观念论，分析观念的类型与不同的真实程度，以论证观念是万物的本原。此派认为，世界是无限可能的观念，外在世界是受主观心识所决定的，是依主观而存在的。世界上既无客观事物的真实性，人类也没有对客观事物的真正可靠的认识能力，只有主体内省的认识，即自己认识自

① 参见［俄］舍尔巴茨基：《佛教逻辑》，7页，北京，商务印书馆，1997。

己。所以，此派特别重视观心、治心，即对主体意识的返照、整治，并实际上把内省视为认识的有效源泉。随着内省的理论和实践的展开，后期瑜伽行派又转而寻求认识、真理的合理的逻辑论据，发展了因明学说及与其相关的量论——知识论，阐发了认识和真理的来源、构成、性质和标准等问题，强调只有认识是唯一存在的真实，认为只有可感觉的、直观到的认识是唯一确实的真理，从而在宗教范围内对逻辑学和认识论作出了贡献。

印度佛教认识论传入中国，面对的是重视现实、实践、实用，注意个别、特殊的事物，偏重感觉、知觉的传统认识论和思维方式的格局，在这种格局的影响下，隋唐以来中国佛教宗派普遍地发扬了教理与实行并重的精神，以及融会贯通的气质，较少运用否定性的思维和言辞，较多主张直接的感悟，使认识和思维更向直观性和情绪性的方面发展，以求在现实生活中成就理想境界，这在不少禅宗大师身上得到了最为淋漓尽致的体现。

佛教认识论在长期的演变发展过程中，形成了丰富而独特的内容。小乘佛教阐发了“禅观”，作为观照人生真实的根本途径，并且对“依根缘境生识”的认识起源、程序说作了系统的阐述。大乘中观学派提出了“真俗二谛”说，并着重阐发“般若直观”的理论，宣扬中观的思维模式和否定性的思维方法，进一步排斥了语言、概念、逻辑思维在宗教认识中的地位和作用。大乘瑜伽行派提出有关认识作用的“四分”说和判断认识是非真假的“三性”说，后期瑜伽行派在新因明和量论方面作出了有价值的建树。

印度佛教中观学派的般若学说传入中国以后，东晋时僧肇作《般若无知论》，阐发般若直观的无知无不知的特性，道生则在般若学的基础上提出顿悟说，认为“理”不可分，主张一次性地证悟真理，获得对真实、绝对的完全悟解。隋代三论宗创始人吉藏也继承大乘中观学说，并从认识论上发挥了“四重二谛”和“般若无得”的学说。天台宗人在提倡止观双修的基础上，重视返观心源的观心实践，并提出从主体意识方面调和空、假、中三谛差异的主张，同时又展开“真心观”与“妄心观”之争。华严宗人通过阐发“六相圆融”和“十玄无碍”，以论证本体与现象、现象与现象无矛盾的思想，宣扬一切圆融的认识论。至于禅宗则是着重继承中国僧人道生的思想理路，结合中国道家和儒家的思想风范，进一步发挥顿悟学说。禅宗的各个流派还就证悟佛道提出了令人眼花缭乱的、怪异奇特的方式、方法，对直觉思维的学说作出了充分的发挥和特殊的贡献。

为了叙述的方便，我们把认识论设为两章，分别介绍印度佛教和中国佛教的认识论，其中华严宗的认识论，即圆融无碍、重重无尽的华严法界观，是直观形式与分析思辨形式的巧妙结合，体现了华严宗人的高度抽象能力。因其内容已在第八章第三节法界缘起论中作过相应的论述，这里不再重复。

第二节 禅 观

在前文我们曾经说过，禅定是通过调息、调身、调心以收摄精神的一种方法，是佛教各派为了有效地进行内心体验而普遍运用的修养方式。禅定还不是对人生宇宙实相的观照，而是进行这种观照的心理准备。禅观不同，它是在禅定的基础上，运用智慧观照“真理”，所以是一种认识方法，是认识、体验和“创造”真理的方法。小乘佛教禅观的种类颇多，其中比较典型的是“五停四念”，即“五停心观”和“四念处观”。《阿毗达磨俱舍论·分别贤圣品》对“五停四念”有比较集中的阐释。

一、五停心观

小乘佛教提倡五停心观，所谓五停心观是指使各种虚妄的，即妨碍佛教修行的心理活动得以停止的五种观法。具体说是：

（1）不净观。指观想境界不净的相状，尤其是观想自身和他身唾涕大小便之不净的相状，以灭除美好耽恋的迷想，停止贪欲之心。佛教典籍对此有详细的说明，说观自身的不净有九种相，即从人的尸体上作九种观想，如观想身体死亡后，尸体膨胀，出现青瘀、脓烂、腐败，虫食鸟啄，白骨狼藉等。又观他身的不净有五种相，如以个人前世惑业为因，以父母精血为种，是种子不净；住于母胎，是住处不净；身具九孔，流出唾涕，排泄大小便等，为自相不净；人体由数十种不净之物所合成，是自体不净；死后或埋土里而变成土，或被虫吃而成为粪便，或火烧而成灰烬，称终究不净。与此相连，还有白骨观，专门观想骷髅的形状，这样久而久之，就会看到每个人都是一具骷髅，以认识人无常无我的道理。相传释迦牟尼教弟子们修习不净观，结果有些弟子产生厌生求死的念头，有的以蛇系于颈上，有的服毒药自尽，有的用刀自杀，甚至求人杀己，释迦牟尼发现后，决定改修数息观。

(2) 慈悲观。慈是爱护众生，给予欢乐，悲是怜悯众生，拔除苦难。慈悲观是在禅定中观想一切众生的苦难相，产生爱护、怜悯之心，尽力给众生以欢乐，为众生拔除苦难，以停止瞋恚的心理活动。

(3) 因缘观。愚痴者不明白因缘和合而生一切事物的道理，以为人生具有永恒的实体，应当在禅定中观想十二因缘，认识三世因果相续的道理，体悟无常无我的真谛，以对治愚痴无明。

(4) 界分别观。所谓界分别，是指将一切东西（诸法）加以分类，分为六界或十八界。界分别观是在禅定中观想六界或十八界的事物都是由地、水、火、风、空、识“六大”和合而成的，聚散不定，生死无常，没有实体，以停止、破除认识上把六界或十八界执为实有的“我见”。

(5) 数息观。数，计数。息，出息入息，即呼吸。佛教认为，人的呼吸和精神状态密切相关，精神状态不佳，呼吸就或是急迫，或是缓徐，需要通过数息的调节，使之不急不缓而得其中。在坐禅计数出入息时，要先数入息，后数出息。数时由一到十，反复计数。如此专心计数呼吸次数，以停止分散浮躁之心，使精神专注，进入禅定意境。

五停心观也有另一种说法，就是把内容和因缘观相似的界分别观略去，而另增观佛观。所谓观佛观，就是在禅定中一心观想佛体，即佛的 32 种相和 80 种好的形色，说这样能治一切烦恼。

五停心观除了数息观简单地计算呼吸次数以外，其他的都需要运用直观思维，有的还要结合理性思维，是在沉静、专一的心理状态下对特定的对象进行观照和思索，观照和思索融为一体。观想的重点是人和物，即以人身和客观事物为客体，把握人类和客观世界的真实本质，获得特定的认识，舍弃种种分别和执著，以符合佛教哲学和道德的要求，有利于修习的圆满完成。

二、四念处观

小乘佛教的修行者在修习五停心观之后，还要修四念处观，以进一步在摄止乱心后继续发挥智慧的作用，全面观照身、受、心、法四者的真实。四念处观，也称四念处。在前面介绍道谛的七科三十七道品时对四念处曾作过简要的综合介绍，这里再略作补充。

（1）身念处观。身，即身体、肉体。这是要观照人身的里里外外，看到那些充满脓血、骨骼、皮毛的污秽不堪、毫无清净的地方，也就是反观自己的肉身是不净的。

（2）受念处观。受，指感受。受有苦乐之感，苦受是苦，乐受也是苦，因为乐是从苦的因缘而生的，例如家人团聚是乐，但这种乐是建立在人生无常、家人必将分离的基础上的，乐是无常的，是一种苦乐，不是真正的乐。小乘佛教认为世间无真正的乐，人生的整个感受都是苦的。

（3）心念处观。心，指眼、耳等心识。心念处观是要观照感性认识和理性认识都是念念生灭的，无常不住的。

（4）法念处观。法，指身、受、心以外的一切存在、事物。法念处观是要观照一切法都是无自性的、无实体的、无我的。

四念处观又分为别相和总相两种。别相念处观是就身、受、心、法四者分别观想，其中的法念处又分两种：一种是仅观法境，称为“不杂缘法念处”；另一种是因为身、受、心也是法，所以就身、受、心、法合观其中二者、三者或四者，称为“杂缘法念处”。总相念处观是从总体上观想身、受、心、法都是无常、无我、不净、苦的，也就是观想一切因缘和合的事物为无常、无我，人身具有烦恼而不净，从而感受到不断流转生死的事物带来的苦，这是对人生宇宙的总体观法。

四念处观和五停心观有重复之处，但四念处观是就四谛中苦谛而立的观法。有人身而有受、心以及与人身相接触的其他事物。四念处观是观苦谛的四种智慧，观身的不净、受的苦、心的无常、法的无我。不净、苦、无常、无我都是苦的表现。小乘佛教认为，明乎此，就能破除常、乐、我、净四种颠倒的看法。

小乘佛教的禅观，是一种直觉方法、直感方法，其实质不在于经验的整理与统合，而在于舍弃对个体现实生命的执著。

第三节 依根缘境生识说

小乘佛教为了追求人生的道德圆满和最终解脱，着重应用因果律分析人的构成因素，提出五蕴说。认为人是由色、受、想、行、识五种因素构成的，一方面包括了肉体的物质因素，一方面包括了感情、意志、思维、认识即精神的因素。这些因素各有善与恶、染与净的不同道德内容，并按照因果法则不断地流动。人们应当了解这些因素活动的情况，认识到人并没有永恒的绝对的实体，以便控制、减少和停止活动，达到寂静状态，进入涅槃境界。小乘佛教还从五蕴说进一步扩展为十二处、十八界的学说，体现了以人的认识为基点而展开的对人与其他事物的分析。在这种分析中涉及人的认识与人体官能以及外界事物的关系，成为极富认识论色彩的学说。由认识器官攀缘、接触外境而产生认识，即“依根缘境生识”说，是小乘佛教典型的认识论内容。

一、认识的成立

小乘佛教认为，人们一般认识的产生在于客观境象对感官的刺激。《中阿含经》卷七《象迹喻经》说：

> 若内眼处坏者，外色便不为光明所照，则无有念，眼识不得生。……若内眼处不坏者，外色便为光明所照，而便有念，眼识得生。

没有正常的感官和感官感觉的对象，就不能产生认识。佛教的宇宙观是缘起论，认为一切事物都是因缘和合而起的，人的认识也是缘起的，由几种因素形成关系而成立，没有形成关系，或关系离散，认识就不能生起。认识的成立必须具备三个条件：感官（根）、客观的境象（境）和主观的认识（识）。

如前所述小乘佛教把认识分别为六种：眼识、耳识、鼻识、舌识、身识和意识，这六种识是分别依不同的根缘不同的境而后产生的，由此又有六根和六境，合称为“十二处”，十二处和六识又合称为“十八界”。“处”是生长的意思，生长即指生长识而言。十二处是认识力的十二个根据。① 由所依的根和所缘的境而分别产生六识，可列表如下：

六根	眼	耳	鼻	舌	身	意
	↓	↓	↓	↓	↓	↓
六境	色	声	香	味	触	法
	↓	↓	↓	↓	↓	↓
六识	眼识	耳识	鼻识	舌识	身识	意识

从上表可知，六根在认识中处于非常重要的地位，它是人们认识产生的前提，是介于主观认识和客观认识对象之间的中心环节，六境和六识失去六根的联络，就不能成为认识，有六根才能分别境界，才能引发六识。虽然小乘佛教对意根和六境的解说有其特殊的含义，但是它强调由根、境二因缘而产生识，是和朴素唯物主义认识发生论原则相吻合的。

后来大乘佛教唯识学者进一步提出，和出世间认识不同，世间认识由三个因素构成，即能认识的“分别”、所分别的“相”以及对所认识的相加之以诠表的“名”。其具体含义是：

“分别”，区别，辨别，指能认识的心。能认识的心之所以称为“分别”，是因为心就是种种认识，而认识不过是种种分别。分别是能认识的心，心有分别认识的作用而无实体，也就是没有永恒不变、常存不灭的心灵实体。

“相”，形相，相状，指所认识的境。为什么把所认识的境称为

① 《杂阿含经》卷八：“二有因缘生识。何等为二？谓眼、色，耳、声，鼻、香，舌、味，身、触，意、法。”

“相”？佛教认为，我们的认识活动直接接触的只是事物的各种相，如见日月星辰、花草树木，只是见这些事物的形色相状，和这些事物的本体并没有接触，更不能见到。也就是说，事物没有永恒不变、常存不灭的物质实体，只有形相。

“名”，也称“名想”、“名言”，是对相的称谓，即概念、观念。名是分别借以用来表示相的工具，人们对外部事物的形相有了分别，就要对相是什么有所表示、有所称呼，佛教也称之为“诠表”。唯识学者认为，名和相同是心的所变境，而名是相的能诠，相是名的所诠。名在认识中的作用，既在于便于记忆把握，也在于便于与人交流思想，但名不同于所名的物，把名和所名的物等同起来是不对的。

大乘佛教的世间认识三因素说，是在诸行无常、诸法无我的基础上立说的，是为了强调认识的主体和客体都没有不变不灭的实体。再者，与小乘佛教以根、境、识为认识三条件相比较，“境”称为“相”，又提出“名”，相与名合称为“所变境”，又以了别为“能变心”，原来“根”在认识中的地位和作用显著降低了。虽然唯识学者阐发“名”即概念在认识中的作用是有意义的，但是忽视感觉器官的作用，把名和相都看作心的所变境，却是一种理论上的逆转。

二、五根与意根

小乘佛教对五根和意根有着独特的分析和认识，对五根和意根的关系也作了细密的剖析和揭示。

小乘佛教讲的五根，相当于五种感觉器官，但严格地讲是指感官中极精妙而不可以肉眼见的细微物质，即分别散布在五官上面的具有某种特性的因素，如眼根不是指眼球，而是指散布在眼球各处具有视功能的因素，相当于视神经，鼻根也不是指鼻子，而是指散布在鼻孔里面具有嗅功能的因素，相当于嗅神经，其他三种感觉器官也是这样。佛教又把根分为正根和助根，称真正具有见、闻、嗅、尝（味）、触五种功能的内在的五官为正根，称外面的五官（如肉眼等）为助根。佛教还把五根分为两类，即以眼和耳为一类，鼻、舌和身为另一类，认为前一类能远取各种外境，后一类则只能摄受与其直接接触的外境，也有的认为前一类能摄受外境无量的细微质点，后一类则只能摄受外境一定量的细微质点。佛教讲的五境是可以感觉的事物，每一个事物都由若干质点、因素所构成，这些质点、因素的性质是不同的，它们分别影响、作用于五官，如作用于眼的不作用于耳，作用于鼻的不作用于舌，同样，眼根只能看事物的某些质点、因素而不能看别的质点、因素，鼻根也只能嗅事物的某些质点、因素而不能嗅其他的质点、因素，其他感官也都如此。佛教认为，五官所感觉经验的并不是外部的物体和内含的各种性质，而是客观事物的某类因素，如看见黄色的事物，是因为有众多的分立的黄因素刺激眼根的结果，这种黄因素存在于黄色的事物之中，然而又是相对独立于黄色的事物的，人们看到黄色是主观综合黄因素的结果。虽然佛教看到事物的因素如颜色与事物的区别，是有一定意义的，但是它把事物的因素看作是独立于事物之外的，这为导向唯心论埋下了契机。

意根，前面已提到，小乘佛教上座部指肉心，即心脏，小乘佛教其他部派则以前念意识为意根，按照这种说法，意根是精神性的、心理性的，五根是物质性的、生理性的。

关于五根与意根的关系，《中阿含经》卷五十八《大拘绨罗经》说："意为彼依。"① "彼"，指五根。意根为五根的依止，五根须依赖意根的执持，才能发生作用。也就是说，物质的生理器官要依心理活动而起作用，如果心理活动停止，五官也就失去取境生识的作用。同时，小乘佛教又认为，没有五根，也就没有对外界事物的感受、感觉，也就不能显示出意根的存在。虽然，五根与五境不相接触，没有形成五识时，意根也能生起意识的作用，但是，如果五根变坏腐烂，意根也就不能发生作用。所以，意根也不能离开五根而活动，意根和五根是相依而存在的。此外，意根还和五根不同，具有广泛的摄受作用，"五根异行异境界，各各受自境界，意为彼尽受境界"②。五根分别受取各自的境界，意根则既以"法处"为境界，又以五根所取境界为境界，意根不仅和五根相感交通，而且处于最为重要的地位。意根不仅产生意识，而且还能产生前五识，当五根和五境相接触时，内在

①② 《大正藏》，第1卷，791页。

的意根就发生作用，引发为五识，产生认识。也就是说，不仅第六识要依止于意根，而且五识也要依止于意根，这样才能产生明确的认识。小乘佛教强调了意根在整个认识活动中的重要地位和作用，视它为一切认识作用的源泉，这是一个重要的观点。

三、前五识与意识

小乘佛教认为，六识中的前五识各有自身固定的活动区域，即前五种感官只能了知直接在自身面前的与自身相应的对象，并不能涉及其他识的地盘，即只有分摄受性。第六识却不同，它能一概了知全部六种认识的对象，即具有总摄受性。也就是说，前五根因器官不同，所生的识也就只有专属的作用，仅能作用于自己的相应范围之内，其认识的范围是固定的，而意识则没有有形的器官的限定，认识范围很广，不仅对前五根的范围能起作用，即使是超出五根的范围，如过去、未来的事，也都能认识。小乘佛教又把认识分为三种：一是外界对象呈现于面前时的感性认识；二是由现时感性认识而联想过去形成的相同或不相同的感性认识；三是基于感性认识的构思和推理。前五种识只有第一种认识功能和结果，第六识则具有全部三种认识功能和结果。

意识依止意根而产生，前五识也要依止意根才能产生明确的认识，由意根产生的意识也能认识前五识，这样就有一个前五识与意识的关系问题：两者究竟是本质的不同，还是作用的不同？也就是识是一，还是多？这个问题在部派佛教时代有过热烈的争论，主要有两种对立的看法：

一种是从认识活动的复合性出发立论，认为由于所依根和所缘境的不同，识有多种。如眼只能对色，不能对声，耳只能对声，不能对色，六根各自认识不同对象的自相，彼此认识的功能作用是不同的，这是多识的主张。

一种是从心识的统摄作用出发立论，认为六识是一心（第六识）向多方面的开展，如眼识是心识住于眼根而发生的认识色的作用，耳识是心识住于耳根而发生的听声音的作用，鼻识、舌识和身识也都是心识住于相关的根而发生的作用，这是主张一识的观点。

前五识各有不同的根，但又依于意根而生起，意识也依于意根而生起，也就是说，六识都依于意根而生起，那么，各个识的生起是同时的，还是有先后的？这又是一个引起分歧的争论问题，主要也有两种不同的观点：

一种是俱时起说，认为各种认识只要条件具备，就会产生认识，没有先后次第之分，不必等待一种认识产生之后，另一种认识才产生。认识的产生，不但二识可以同时，三识、四识、五识乃至六识都可以同时产生。如人在同一时间里，既能看画，又听音乐，还闻花香，口含甜糖，摇扇凉身，思索画意乐曲，并没有先后之别。

一种是异时起说，认为认识是次第产生的，只有前一念的认识过去，后一念的认识才能产生，虽然前念后念相隔时间是极为短暂的。

后来大乘佛教又认为既有俱时起又有异时起，两种情况都是存在的。《解深密经·心意识相品》说：

> 若于尔时一眼识转，即于此时唯有一分别意识与眼识同所行转；若于尔时二、三、四、五诸识身转，即于此时唯有一分别意识与五识身同所行转。

这是强调前五识中某一识或各种识的生起，必定有第六意识与之俱起，而第六识生起时，不一定有前五识与之同时生起。

从上述小乘佛教对于人的认识形成的根源、过程、类别等学说来看，是作出了有益的理论贡献的，其中包含了若干合理因素。现代心理学认为，感性认识是主体对客体主动进行加工的产物，在感性认识阶段存在着理性因素的作用，如主体的知识经验、价值观念和思维方式等，都对感性认识发生不同的作用。佛教关于第六识对前五识的关系的学说，关于前念意识在思维活动中作用的看法，值得我们重视和总结。至于佛教忽视乃至无视思维器官的作用，笼统地把前念意识说成是意根，并由此引出各种唯心的观念，这不能不说是一种偏颇。

第四节　般若中观论

随着大乘佛教的产生，般若学越来越成为佛教的主导思想。般若，被认为能断惑证真，度化众生，而称为“佛母”，是佛教所谓的高级智慧——一种指导观察一切事物的根本观点，判别是非善恶的基本方法，也是佛教所证悟的最高理想境界。从认识论和思维科学的角度来说，般若是一种特殊的体证方法和体验境界。

大乘佛教中观学派奠基人龙树，是般若思想的发掘者和弘扬者。他依据般若思想，进一步超越单纯的空观，主张离去“空观”和“实有”二边，以合乎中道，把握一切事物的实相，这就是“中道正观”，即“中观”。大乘中观学派认为，中观是观察一切事物的唯一正确的方法。为了论证中观学说，龙树还提出“二谛”说，作出了真理论的论证。又为彻底贯彻二谛说，还着重破除各种“偏见”，以否定世俗的认识，提倡“现观”即神秘的直观，作为悟解人生宇宙的实相和证入涅槃的方法。

一、般若

大乘佛教继承小乘佛教禅观的运思路数，同时又针对小乘佛教，尤其是说一切有部主张佛说的法都有自性的观点，强调法无自性，对佛所说法不可执著，由此出现了般若类经典。此类经典影响深远，后来的《宝积经》、《华严经》、《法华经》和《维摩经》等，都是依据《般若经》的般若思想撰成的。可以说，般若思想实际上已成为大乘经典的中心思想，般若是大乘佛教的新思维。

般若是梵文 Prajñā 的音译，也译作“波若”、“钵罗若”等，意译为智慧。这种智慧不是指普通经验的知识，也不是世俗人所能具有的一般智慧，它是包含各种神通的超越能力在内的、超越知识、超越经验的灵智，是洞照性空，超情启知，达到成佛境界的宗教智慧，是一种宗教的神秘直观，一种成佛的特殊认识、手段。般若，汉语意译作智慧，并不完全符合般若的原意，有的佛教学者用“圣智”来表示般若，而唐玄奘则主张保持梵文音译“般若”。用我们的话来说，般若实质上就是体悟万物性空的直观、直觉。

般若，作为一种特殊的智慧，一方面，只有通过对世俗认识的否定才能获得，是排斥世俗认识的。另一方面，般若智慧如果不采用世俗人所能接受的方式、手段，又无法宣传、影响群众，为群众所接受。因此，为了方便，又承认运用世俗认识的形式、方法作为通达般若智慧的工具、桥梁。这样，通常般若又分为三种：一是“实相般若”，指般若的理体、实性，即是离开虚妄分别相的空性，是体证的境界；二是“观照般若”，指观照实相（性空）的真实智慧；三是“文字般若”，即般若经论表述般若思想的言教，是一种言传的方便。这就是说，般若是以特殊智慧为内核的包含了实性、功能和形式的内容丰富的概念。

从宗教思想方面来看，般若思想的中心内容是阐发一切现象“性空幻有”或“真空妙有”的道理。依据缘起论，一切现象都是因缘和合而成，也就是没有自性的，是空的，是性空、真空；虽然一切因缘和合而成的现象没有自性，但是假有的现象是存在的，幻有、妙有是有的。由因缘和合而成的现象是幻有，但不是无，不是虚无。空不是假空，而是真空；有不是真有，而是假有。般若思想要求对一切现象同时看到性空和幻有两个方面。《金刚般若波罗蜜经》对此作了形象的说明：“一切有为法，如梦幻泡影，如露亦如电，应作如是观。”同时般若学还认为，佛经上所说的般若言教也是佛为了教化众生的需要而作的假设、方便：“如来说第一波罗蜜，非第一波罗蜜，是名第一波罗蜜。”（《金刚般若波罗蜜经》）“波罗蜜”，是到达彼岸的意思，也就是指到达彼岸的途径、方法。这是说佛说的般若也是概念的假设，是“文字般若”，佛说法也是幻有。般若思想就是要求在认识和行为上不滞于现象，排斥对于现象的执著，也就是超越“偏空”和“偏有”的偏见，以把握现象的实相。

从宗教实践方面来看，般若思想和小乘佛教偏于追求痛苦的解脱不尽相同，而是为了证悟最高的理想境界，是以菩提为佛的境界，把菩提当作佛体。菩提是梵文 Bodhi 的音译，意译为觉悟、智慧。般若思想把菩提作为成佛的标志，也就是突出地强调智慧的关键性意义。《大般若经》宣传菩提的内容包括了三种不同层次的智慧：一是“一切智”，这是指对一切现象都能认识，也就是对现象的共性认识，是小乘佛教的最高智慧；二是“道种智”，不仅具有对现象的共性认识的一切智，而且还知道得到此种认识的具体方法，这是大乘菩萨的智慧；三是“一切种智”，不仅知道一切现象的共性，也知道一切现象的自性，是一种无所不知的认识，这是佛的智慧。这三种智慧，涉及认识对象的共性和自性、共相与自相的关系，涉及思维形式的抽象与具体的关系，它以宗教形态反映了由抽象到具体，再到抽象与具体统一的认识过程。

般若是佛教所谓接近、把握事物实相的唯一方法，般若就是直观、直觉。但是普通所谓直观是介于见者与被见者之间的，般若的直观则是就某一事物还没有成为事物以前的观照。所谓还没有成为事物是指还没有被人为分别的事物，还没有被概念化的事物。般若的直观就是观照天地未分、主客未分的东西，观照未被分别的事物的真相，这是无分别的纯粹经验，这种经验没有被分别，还没有概念化。这就是说，般若是一种内在的呈现、内在的体验，是无法用语言、概念表述的；是用无分别说的方式，将般若智慧呈现出来，把真实的般若展现出来。所以，大乘佛教又说般若是一种“无分别说”，一种“无分别智”。但是大乘佛教又强调般若直观与分别智不是绝对对立的，分别智和般若无分别智是相互联系的。比如，分别智把树视为树，同一时间又思考树在未加分别前不是树，树是树又不是树，分别又无分别，也就是出于分别又入于无分别，分别而不分别，两种智是统一的。

由于般若智慧的运用，无分别智又有根本无分别智和后得无分别智的区别。根本无分别智就是无分别智，是指直观亲证佛教真理，也就是观照事物的共相——空性，达到主观与客观的完全契合一致、没有任何差别。这种智慧的运用是息灭诸戏论（无用的名言概念）的、与概念无关的。因这种智慧是指导日后观察种种现象的根本依据，故名根本无分别智。后得无分别智是在获得根本无分别智之后，把它运用于分析各种具体现象的智慧，故名。后得无分别智重新与概念联系，借以观照事物的自相，这种自相是依据于共相的，共相是空性，所以自相也是空性。这两种智实际上是一种智，只是先后和作用不同，与概念的联系不同。根本无分别智要靠后得无分别智才能在世俗世界的认识中发挥功能，不为各种具体现象所迷惑，而后得无分别智要依靠根本无分别智才能掌握佛教真理，并运用于分析各种具体现象。

佛教般若理论提出的三种智慧（一切智、道种智、一切种智）和两种智慧（分别智与无分别智、根本无分别智与后得无分别智），具有重要的认识意义，它从认识必须是主体与客体相应的经验反思中，触及了人类的认识与智慧的最大难题，既鲜明地体现了人类面临无限的时空而追求绝对的认识与智慧的愿望和意向，也尖锐地反映了人类经验知识的片面性、相对性的缺陷，以及人类认识能力的局限性。有限的主观与无限的客观的对立，困惑、折磨着人类。佛教另辟道路，从精神境界中寻求解答。它把理想中的无限智慧奉献给佛，宣扬佛具有一切种智、无分别智，为人类在认识上的努力指出独特的方向，给人一种情感上、愿望上的满足。这种般若理论中所包含的主体与客体、有限与无限、能知与所知的矛盾，正是宗教赖以存在的深刻的认识根源之所在。

二、中观

《般若经》流行后，般若直观思维方式日益成为佛教观察、认识事物的基本模式。继《般若经》之后的小品《宝积经》就宣扬用般若作为观察一切现象的“根本正观”。这种主张是缘起性空思想的继承，同时又和以往单纯的“空观”不同，空观是否定“实有”的，是以空为实际存在的。小品《宝积》超越了单纯的空观，主张既主空观，又不着空观，既离去“实有”一边，也离去“空观”一边，即离去二边，提倡“中道”，并且把这种“中道”固定地运用到“正观”方面，形成了“中道观”。

龙树在《般若经》和《宝积经》的思想基础上继续前进，把“中道观”即“中观”作为彻底批判偏执一边的部派佛教的基本武器，作为阐发中观学派理论的根本方法，从而又进一步丰富和发展了佛教“空观”和“中道观”的理论。

龙树在《中论·观四谛品》中给“中道”下了一个定义，说：“众因缘生法，我说即是无（空），亦为是假名，亦是中道义。”① 这

① 日本中村元在《中国人之思维方法》第三章中指出，按《中论》此著名偈语原文直译成中文，应为：“缘起的东西，我们说之为空，这是假名，这即是中道。”

是鸠摩罗什的译文。因此偈有三个“是”字，中国三论宗称之为“三是偈”，天台宗认为此偈论及空、假、中三谛，称之为“三谛偈”。这个偈是大乘佛教中观学派的根本思想的集中表述，历来为佛教学者所重视。偈文简括地表述了中观学派的缘起理论，表述了因缘、空、假名和中道四者的内在关联：因缘是出发点，由此而表现为空和假名，也合而表现为中道。就此缘起法的含义来说，有两方面：一是空，这个空是以言说出现的，存在于认识之中的，所以说“我说”；二是假名，假，假设，即用语言文字表示，是名言，是假立之名。事物虽然从认识上说是空，但是表述千差万别的事物的概念是有的。假名是有，但不是实有。空和假名是同一缘起法的两个方面，是密切地相互联系的，因为是空才有假设，因为是假设才是空。这样在看法上既要不执著有（实有），也不执著空（虚无的空）。这样看待缘起现象，就是中道观。

龙树常以水中月来比喻中道说：水中的月亮并不是真正的月亮，也就是没有月亮的自性，是空，但是，水中月又确是人们看到了的，作为月的幻相，即幻月、假名月是存在的。说水中真有月亮是不对的，说水中根本没有月亮也是不对的。只有说水中无真月亮而有假月亮才是合乎中道。这个比喻十分迷人，但远非真切。我们要问：天上的月亮是否真有呢？只有证明天上的月亮是无自性，即天上没有真正的月亮才能证明龙树的月亮无自性的根本立论，而事实上龙树是难以证明天上的月亮是不真实的。

龙树所讲中道的中，是执中的意思，不是折中。这种中道的见解就是“中观”。龙树所讲的中道和释迦牟尼所讲的中道有所不同。释迦牟尼的中道是修行方法的指针，而不是方法论学说。龙树把中道提高到一般方法论的高度，强调中道就是所谓真正把握一切事物现象的实相的方法和途径。这种中观思想是缘起性空思想的发展，是在和那种视“空”为“零”、“虚无”的观点的斗争中形成的。“中”是对“空”的认识的进一步发展，是对虚无的空的观点的否定，对无自性的空的肯定。为了批判虚无的空的观点，又强调假有的存在，由此产生假有的观念。由无自性的空和假有，即“空”和“假”两方面，综合而为中道，即成立“中”。龙树的中观理论，把一切现象归结为性空幻有两个方面，从根本上说是不符合实际的，但是它反对虚无的空的极端观点，看到了事物的相对性、变动性，是有理论意义的。

按照上述的中道解说，一方面空掉因缘所生法，是“非有”，一方面这“非有”（空）也是空，也要空掉，是“非空”，这样就形成了非有非空即二重否定的双非判断形式。这种形式通常把事物判断为非生非灭、非有非无、非常非无常、非我非无我、非来非去，等等，这被认为是对一切事物的实相的一种描述。在中观学派看来，一切对立的概念都是相待而成、比较而言的，并不是事物本身具有这些特征、特性、相状，如以生灭、有无等概念去说明事物，是把概念加在事物的上面，必然是虚妄的，事物本身是非生非灭、非有非无的。这里，中观学派用概念的相对性去否定事物的固有特征，是不对的。中观学派认为语言文字是假名，只能用于俗谛，不能用以说明真谛，不能说明般若实相，否定了语言文字的价值。由于否定了语言文字的价值，进而又必然否定思维和思想、知识和逻辑的意义，这都是不对的。双非的判断形式，肯定绝对矛盾的双方同时并存，混淆了对事物特征的稳定性认识，但它又以一种颠倒的形式猜测到了事物是存在与非存在的统一，猜测到了事物的对立的两重性，是包含了辩证法因素的。

龙树强调中观是空观的进一步发展。他认为中观是对空的最全面、最正确的认识，也就是对一切事物现象的实相的最全面、最正确的把握。何谓实相？“相”，指事物的相状、特征，如牛有牛相，马有马相。人们给事物起的名称，下的定义，这种名称和定义就成为事物的相，即人们关于事物的概念、观念也是事物的相。佛教认为这些相是虚假的，不合乎实相的。所谓实相是指事物的真实相状、特征。中观学派所讲的实相是从缘起现象上发现真实的意义，也就是着重对缘起现象的真实意义作出价值判断，而不是就缘起现象的实相作出客观解释。中观学派描绘实相有七种相：不可破坏、常住不异、无能作者、非苦非乐、非常非无常、非我非无我、非有非无，而贯穿于七种相中间的无生无灭是实相的根本义。由此中观学派强调实相是无相的，所谓无相是讲无定相，即不能有定相。比如主张生或主张灭，主张有或主张无，都是有定相，凡是主张矛盾的一个方面就是定相，应当远离、扫除，只有把矛盾的对立双方合在一起，如非生非灭、非有非无，才是实相之相。再深一层说，以非生非灭等表述实相，还是执著一种相，并不真正符合实相的本相。中观学派反对任何形式的执著相、执取相，强调相不可得，无取无舍，要超出四句义。所谓四句义是用四句话来概括两个概念之间的各种关系，是古印度逻辑的一种公式。如以有无概念为例，两者关系为：有而非无，无而非有，亦有亦无，非有非无。中观学派认为，这四句中任何一句都不反映实相，不符合实际。在中观学派看来，实相是离开一切相的，描述事物的特征是人们的主观分别，是人们的概念、观念，与事物本身并不相干，万物皆空，实相是无差异无分别相的。龙树在《中论·观法品第十八》中说得很明确："自知不随他，寂灭无戏论，无异无分别，是则名实相。"中观学派从对缘起现象的中观认识上，强调认识绝对的真，这种绝对的真就是空，就是性空。大乘中观学派的中观，实际上是一种更彻底、更极端的空观。此派从性空、无相的基本观念出发，最后主张连大乘所讲的空的概念、佛道涅槃也要空掉，以达到毕竟空，从而获得彻底的解脱。毕竟空，上面已讲过是大乘中观学派的基本主张。为了阐发毕竟空，将空推向极端，又有十八空之说。《大智度论》对十八空一一作了解说，是对空论的重要总结。十八空是通过对一切事物性空的十八种观法，以建立空观。十八空是：

第一内空：内指眼耳鼻舌身意，称内法。内空是观内身充满种种不净之物，净相不可得，甚可厌患。相当于我空。

第二外空：外指色声香味触法，称外法。外空是观自身以外的一切事物都空，为外空。相当于法空。

第三内外空：观内身不净，外色也不净，内外都不净，我法俱空，为内外空。也就是内外法空。

第四空空：以空破内空、外空、内外空，名为空空。这是说，对于空也应当舍，以空舍空，对空观也不要保留。空空是空观的重要内容，是大乘中观学派的重要观念。空空一方面是空去一切，空到极端，一方面是以空舍空，又可回到世俗。

第五大空：指十方相空。方连同分、虚空都是代表空间的概念。中观学派认为，方的概念是附于具体事物的立体空间关系上，是不真实的，具体事物都与方有关，也都是不真实的。方空，也就一切空，破了方的概念，也就破了事物的真实存在，所以是大空。这是破空间概念。

第六第一义空：第一义指涅槃，涅槃是空，名第一义空。中观学派宣传，第一义空是为了破除凡夫对涅槃的执著，并不是破除圣人之所得，据说圣人是不取相的，不用再破除了。

第七有为空：有为指有为法。一切有为法因缘和合而生，称为有为空。

第八无为空：无为指无为法，无为法是与有为法相待而有的，有为法空，无为法也空。

第九毕竟空：彻底的空，极端的空，无所不空，空掉一切。有时也用以代表十八空。

第十无始空：无始即没有始，世间和众生的元始不可得。无始空是破时间概念。无始空也包含有始空。无始有始都是不真实的。

第十一散空：一切因缘和合的事物，其因缘必散而成空。

第十二性空：也称自性空、法性空。一切事物都有总性（无常、无我、无生、无灭等）、别性（如水湿火热等）二性，二性皆空。也就是指一切事物的稳定的特征是空寂的。

第十三相空：一切事物都有总相别相二相，二相皆空，一切相空，为相空。也就是说事物的一般特征、相状是空寂的。

第十四一切法空：一切事物的性与相都空，所以一切事物也是空，称一切法空。

第十五不可得空：不可得即得不到，根本没有。一切都是不可得的称为不可得空。此空和毕竟空意义相同。

第十六无法空：无法是指龟毛兔角之类，终归灭无，观这类无法体性都无，灭无所失，相不可得，为无法空。

第十七有法空：有法与无法相对，指一切有体性的事物，观这类体性非无的有法体性也空，生无所得，相不可得，为有法空。

第十八无法有法空：观无法和有法都空，生空灭空，生灭一时俱破，为无法有法空。也就是说，世间和出世间一切法无不空寂。

总之，按照十八空的空观，从空间到时间，从有为到无为，从世间到出世间，从事物到概念，从广度到深度等，从各种视角去观，一切皆空，一切都不可得。由此可见，大乘中观学派的中观是对空观的重要发展。

三、二谛

龙树的中观学说把一切现象归结为“空”和“假名”，但是日月悬高，草木长地，万象森然，怎能说它是空呢？这是常识所很难同意和接受的。当时就有人反对龙树的说法，说如果一切皆空的话，那就不可能有生活的规范和认识的原则，也不可能有佛教的三宝、四谛和因果报应等。这是需要从理论上作出回答的。同时，佛教对于现象的看法，常有不同的说法，甚至是矛盾的说法，如有时说是空，有时又说是有，使人无所适从。这也需要从理论上作出说明。对于这些情况，佛教认为是佛说法的层次不同。如何区分层次需要提出一个标准，这个标准叫做“谛”。佛教中观学派通常以二谛为标准，也就是以俗谛来说明一切现象是有，以真谛来说明一切现象是空，从而构成了具有真理标准意义的二谛论。

龙树在《中论·观四谛品》中说：

> 诸佛依二谛，为众生说法。一以世俗谛，二第一义谛。若人不能知，分别于二谛，则于深佛法，不知真实义。若不依俗谛，不得第一义。不得第一义，则不得涅槃。……如谓我着空，而为我生过。汝今说所过，于空则无有。以有空义故，一切法得成。若无空义者，一切则不成。

龙树在这段话中说明了二谛的重要性、真俗二谛的关系以及空的实际应用等重要问题。

谛，是认识、道理、真实、标准的意思。二谛就是相对的两种实在的认识。谛，原为古印度婆罗门教用语，为佛教所沿用。二谛指俗谛和真谛，俗谛又称“世谛”、“世俗谛”，指世间的一般常识；真谛又称“胜义谛”、“第一义谛”，指佛教所谓的殊胜认识、胜义认识，即佛教真理。龙树认为，因缘和合而生的一切现象自性皆空，世俗的人们不懂得这个道理，误以为一切现象都有自性，都是真实的。这种世俗以为正确的道理，称为俗谛。佛教圣贤发现世俗认识的颠倒，而阐发缘起性空的道理，这是真正真实的道理，称为真谛。从俗谛来说一切现象是有，从真谛来说一切现象是空。将二谛统一起来观察现象，就是既要看到现象的性空，又要看到现象的假有。龙树强调，二谛是佛根据众生即说法对象的不同而采用的两种说法，有时以俗谛说，有时以真谛说。

龙树认为俗谛和真谛是对立统一的关系，真俗是对立的，二谛不仅有高下之分，而且性质也不同。从根本上说，俗谛是虚幻的、颠倒的，真谛是真实的、正确的。同时二谛又是统一的，两者是缺一不可的。真谛本来是无法用语言、名相概念来表达的，但是，不用名言表达又如何使人把握真谛呢？为了使人们证得真谛，就得“为真谛而说俗谛”。并不是有了真谛就可以不要俗谛了，“若不依俗谛，不得第一义”。俗谛和真谛的关系建立在运用概念的解释上。从语言说，概念是“名”，从心思说，概念是“想”，只要能正确地运用名想，和真谛配合，相顺相成，就是通向理解佛理的道路，足以把握真实。也就是可以以俗谛为阶梯，由俗入真。这就是说，俗谛在一定意义上又是有真实性的。在证得真谛以后仍有俗谛，这是由真化俗。也就是真谛随顺世间的种种概念而作种种的方便，使人逐步提高，趋向究竟。真谛如果不依随俗谛，也无从成立，无以说明世界现象，更无从化导人们。所以必须将二谛联系起来说明现象。

中道、中观的内涵就是综合真谛和俗谛两个方面去看待世界万物。首先，从真谛看，万物是空；从俗谛看，万物是有。这是用真谛说明佛教真理，用俗谛说明世俗观点。其次，还要看到，真谛的空不是虚无，而是一种不可表述的存在，即有；俗谛的有，不是真有，而是一种因缘和合的假有，即空。再次，还要看到，真谛和俗谛、空和假有是互相联系、不可分割的。因为是空，才是假有；因为是假有，才是空。只有空无自性，才可以有种种假名设施，即概念的表示，如三宝、四谛等。如果没有空，一切现象都有独立的恒常的绝对的自性，就难以用语言文字表示，也就没有假名、假有了。这样在认识上就会排斥两种绝对对立的看法：虚无和实有。人们既不会执著空（虚无的空），也不会执著有（实有），把真谛和俗谛统一起来，不偏于俗，也不偏于真，这就合乎中观。

龙树弟子提婆（圣天）继承和发展二谛说。他就二谛的说法提出了“真假”问题，予以真假的区分。《广百论本·教诫弟子品》说：“诸世间可说，皆是假非真；离世俗名言，乃是真非假。”这里包含两层意义：一是世间的现象是可以用语言表述的，而出世间的则是不能言说的、不可言说的；二是用语言表述的都是假的，是假有，只有离开世俗语言了解、表述的才是真的，是真有。也就是说，俗谛是假的，真谛才是真的。提婆认为真谛不可言说，同时又主张用俗谛来解说真谛，以便使众生了解真谛。但是，他强调用语言表述的俗谛是假有，假设，不能执著，众生应当通过俗谛又超越俗谛，把握真谛。真谛是离开语言文字的，离开语言文字所了解的事物才是真有。提婆以真假论真俗二谛的思想，发展了龙树的学说，对后来中观学派理论的发展有重要影响。

佛教二谛说始自小乘部派佛教，而把二谛说作为根本的认识原则的是大乘中观学派。这也说明，佛教各派对二谛的说法不完全相同，其含义有一个演变的过程。小乘说一切有部所讲的俗谛，是指把因缘和合而成的、可以分析的事物看作为真实存在的认识，真谛则是指一种把单一的、不可分析的事物看作为真实存在的认识。大乘中观学派以把一切现象视为性空还是实有来区分真俗二谛。小乘经部和大乘瑜伽行派，都是以世俗和佛教为区分的出发点，认为世俗的认识就是俗谛，佛教的智慧和佛法就是真谛。

佛教二谛说关系到认识的层次和类别以及真理的层次和标准的问题。佛教各派对这些问题的看法虽然不尽相同，但一般地说都这样认为：凡与外界万物相符的认识，至多只是常识的真；即使在常识范围内，同一东西，不同人也有不同的看法，如对美丑、香臭，不同人的看法差别就很大；又在此时此地为真，在彼时彼地则为不真。佛教认为世俗所谓的真实，包括感性经验和理性思维所得的知识都不是绝对的真实。佛教认为真理必须具有恒常性和普遍性的性格。所谓恒常性是指对于一切时间都恒常如此，不因时而变易，超于时间的限制。所谓普遍性就是超乎空间而存在，是遍于一切物、一切处的。佛教教人要超越有分别的、无常的、不普遍的相对知识，进而掌握无分别的、恒常的、普遍的绝对知识。总之，佛教所讲的真理，与世俗常识、科学、哲学所讲的真理是不同的。

四、八不

前文介绍大乘中观学派的“中道缘起”论时，我们曾经着重从因果关系的角度阐述了“八不缘起”的内容。八不缘起否定一切事物的真实性、客观性，同时也集中地反对用生、灭、常、断、一、异、来、去概念去说明世界万物的实有，反对把概念看为是实在的。认为执著生、灭、常、断等概念，乃是一种戏论，对认识现象的实相和宗教道德的实践都是无益的。八不说就是为了消灭这种戏论，使人确立中道正观。

从思维方式方面看，龙树的八不主要是破，是否定，是一种以破为立，即通过否定来肯定佛理的方法。佛教通常认为宣扬佛教真理有两种方法：表诠和遮诠。表诠是正面肯定是什么，遮诠是反面否定不是什么。八不就是否定对一切现象的种种认识，从否定方式中，显示悟入一切现象的实相绝对空性。龙树运用相待的二分法，从两方面破生又破灭，破常又破断，破一又破异，破来又破去，以体现中道正观。生、灭、常、断可以概括为有、无，所以龙树又着力于破有破无以显示中道，也就是“破邪即显正”之谓。《中论·观涅槃品》说：“非有，非无，非有无，非非有非非无。”“非有”即无，“非无”即有，“非有无”即非亦有亦无，也即非有非无，“非非有非非无”即亦有亦无。这是通过否定有无，以显示亦有亦无的中道，是由否定到肯定。

提婆进一步发展龙树的学说，他认为龙树以破为立的方法不彻底，他主张一破到底，“破而不立”。他采用三分法，不仅破有破无，而且也破亦有亦无，的确比龙树破得更为彻底了。

随着中观学派的二谛和八不学说的流行，大乘佛教形成了四句例的推理方法。四句例的格式，如以有无、是非为例是：

第一句	第二句	第三句	第四句
正	反	合（兼）	离
有	无	亦有亦无	非有非无
是	非	亦是亦非	非是非非

四句的逻辑推理顺序是正反合离，也就是肯定（表）、否定（遮）、肯定又否定、超越肯定和否定。这四句是对一切事物的四种不同解释，事物的根本性质是有无、是非问题，四句例按照正反合离的规定，分别为有、无、亦有亦无、非有非无，是、非、亦是亦非，非是非非。佛教认为，这四句并不是对事物的真实的说明，执著四句分别以为真实，就是偏见，就是戏论。但是，沿着四句例的分合和否定的倾向逐步展开，继续前进，也就可以进一步获得更真实的知识。由此四句又称为“四门”、“四句门”，是所谓悟入实相、进入涅槃之门。中国三论宗创始人吉藏在《三论玄义》中说，释迦牟尼之道“理超四句”，“体绝百非”。“四句”就是正反合离四句，“百非”，“非”，不，不是，否定；“百”，是多数的意思，如非有非无，非有为非无为等等。“超四句”就是“离四句”，“绝百非”就是断绝百非。大乘佛教认为，只有在道理上超离四句，在体性上断绝百非，扫尽各种各样的偏见，才能实现人生的理想要求，达到涅槃寂静的境界。

龙树的八不理论含藏着这样的认识论观念：知识并没有也不能向人们提供真实可靠的东西，它只能产生分歧，增添矛盾，导致争论，使人生增加烦恼和痛苦。显然这是一种极端的怀疑论思想。

五、现观

大乘中观学派在大力破除对概念的执著，强调运用日常的概念是不可能认识世界实相的同时，又提倡认识世界实相的另一种方法——现观。龙树说：“诸法实相者，心行言语断，无生亦无灭，寂灭如涅槃。”（《中论·观法品》）“心行”，即运思，思维活动。实相是寂灭清净的，对实相的认识就是涅槃，实相就是涅槃。世界万物的实相是不能用理性思维、不能用言语分别、不能用概念表述的。认识世界万物实相的方法是现观。所谓现观是运用般若智慧直接与对象交通，直观地认识对象，体会对象，与对象合而为一，中间没有任何间隔，没有通常的思维活动，无须语言概念的中介作用。简单地说，现观就是用般若对事物实相进行无间隔、无中介的证合。后人把现观比喻为“如哑受义”。“受”，领受。“义”，指对象、境界。哑巴不会说话，但对境界也有所感受。正如俗语所说的“哑巴吃黄连，有苦说不出”，哑巴吃了发苦的东西同样有苦的感受，只是说不出话来罢了。人们现观所产生的对于对象、境界的感受，是难以用语言表述、形容的，“如人饮水，冷暖自知”，一个人饮水的冷暖感觉，他人是很难体会的，饮水者也只能用真热、真凉、比较热、比较凉等模糊语言来传告他人，然而自身的实际感受则比语言的表述更为清晰、深刻、真切。龙树所说的现观就是这样一种直观、直觉。

现观是佛教各派普遍采用的认识方法，如《阿毗达磨俱舍论》卷二十三把现观分为见现观、事现观和缘现观三种，其中“见现观”最明显地体现了现观的特征：“唯无漏慧于诸谛境现见分明，名见现观。”“漏”，烦恼。“无漏慧”指具有断除烦恼、证得佛教真理的智慧。见现观就是以无漏智慧观照苦、集、灭、道各种境界，现见分明。佛教的现观是属于见道阶段的认识活动。见道是佛教徒修行的阶位之一，因以无漏智慧观照苦、集、灭、道四谛，得以现见、证得佛教真理，故称。在见道以前，众生的修习都是凡夫位，所得的是有漏慧，是没有断除烦恼的智慧。经过不懈的修持，进入见道，获得无漏慧，证得佛教真理，就成为圣者了。现观就是通过修持禅定，不经过语言概念的媒介，用无漏慧使佛教真理直接呈现于面前，此时认识主体与认识对象、智慧与实相完全吻合，没有差别，由此获得新的认识、智慧，就是无分别智。

现观是佛教徒修行的特定阶段的思维方式、认识方法，是人类的一种特殊心理状态，表现出人类心灵活动的种种特征，主要有：

（1）直接性。现观是认识主体直接地把握认识对象，是以人生生命去体验世界实相，是一念见道，当下悟得。虽有以往经验的积累，但又超越以往的经验，是一种直接的内在心理体验。

（2）整体性。现观是把对象作为一个整体来看，而不是分别地局部地看，也就是整体地把握宇宙人生的实相——苦、空。在佛教看来，对事物分别地局部地看，就会把事物看成是静止的而不是变动的，割裂的而不是完整的，就不能得到真正的认识。分别的、局部的认识并不是真实的认识，不是佛教真理。

（3）契合性。佛教认为世俗中的人们只能认识事物的表面现象，这种表面的认识是不可靠的。佛教还认为，如果主体与客体处于差别、对立的状态，主体是难以真正认识、把握客体的。现观是主张认识主体置身于认识客体的内部，深入对象的内层，与之契合为一，从而真正地把握世界的实相。

（4）不可说性。佛教现观是不能用符号和语言文字表达的，凡以符号和语言文字表达出来的，就不是现观。从这个意义上来说，现观也就是从否定中去体验。在佛教看来，一般概念范畴不能描述事物及其实相，语言文字不是真正沟通主体和客观世界内在本质的桥梁，而是把握世界实相、达到真理的障碍。我们认为，语言虽然不能完全表达直观思维、直觉思维的内容，但也绝不能贬低语言的作用。语言是主体加工处理、储存、传递信息的工具，是一种符号系统，而这种符号系统是指称被反映的客体的，客体的反映、信息，形成意义，符号是意义的载体。主体的思维活动通常总是通过语言符号而同客体联系的。

（5）神秘性。佛教的现观是特定修行阶段的认识活动，不是常人所能具有的，是要经过静坐和禅定等预备性的心理锻炼才能形成的。现观是追求一种宗教境界，以寂灭清净的涅槃为目标。这种涅槃境界是一种涉及宗教、哲学、道德等感受的心理状态，实质上是一种幻觉状态。

佛教的现观就是神秘的直观、直觉，直观与直觉是有区别的，而在现观中则是两者兼而有之。佛教的神秘直观、直觉和我们所说的直观以及西方所讲的直觉的含义是不同的。我们所讲的直观是指在实践中客体作用于人的感觉器官而在人脑中产生的感觉、知觉和表象，也就是感性知识。佛教的直观是通过排斥感性认识和理性认识而对绝对实在性的把握。佛教的直观是要经过长期的修持才能具有的，而一般的直观是人们自然具有的。佛教要求修行者在获得感性认识和理性认识之后，排除、超越这些认识，然后又回复到这些直观，这种直观是后得的直观，不是原始的直观。佛教的直观和我们所说的直观都有直接性的共同特点，但是佛教的直观是观照苦、集、灭、道四谛，以把握宇宙人生实相，这又和具有具体性、生动性的一般直观不同，而带有抽象性、唯心性的特点。西方哲学所讲的直觉多指理智的能力和活动，也有的学者视为是与动物的本能近似的能力和活动。佛教的直觉不是人类的本能，而是与西方哲学所讲的理智的能力和活动有相似之处的，但两者在认识途径和追求目标方面是不同的。

第五节 四分、三性与四智说

继大乘中观学派之后，大乘瑜伽行派着重宣扬唯识论。唯识论是佛教的庞大的认识论体系，其主题是宣扬主体意识是唯一的真实，内省是认识的唯一源泉。为此，该派对于主观认识的来源、类型、层次、结构、机制作了非常缜密的分析，从多方面阐述主观的识变现为外界事物的途径，强调认识对象不能离开认识主体，认定认识对象的非真实性，对认识的真实性，即真假是非作出了独特判断，还对认识的改造、转变指出了特殊的道路。后期瑜伽行派还对认识作出逻辑的证明，进一步阐发了逻辑学和认识论。我们在前面论述“五位百法”时，曾就瑜伽行派的八识理论作过介绍，在讲“赖耶缘起”论时，对于瑜伽行派如何否定认识对象的真实性，也作过比较系统的论述，为尽量减少重复，本节着重论述三个问题：主观认识的作用——“四分”说，认识的真假——“三性”说，认识的转变——“转识成智”说。下一节再论述后期瑜伽行派关于概念、认识的构成、分类及其审核等问题——新因明与量论。

一、四分说

瑜伽行派为了论证“唯识无境”说，极端地夸大主观精神对客观对象的认识作用，提出了“四分”说。“四分”，“分”，是分限差别的意思，四分就是指八识和五十一心所的每一识体的四种作用。具体说是：

（1）相分。“相”，相状。境界有体（本质），有相（相状）。体是相的依托。前七识接触、认识境界，并不是直接识别境界的本质，而是在内心变现其影像，再加以识别之。如色、声、香、味、触五境，是第八阿赖耶识所变。眼、耳等前五识识别五境，不是直接识别五境的本质，而是由阿赖耶识将其影像变现于心内，人们再加以识别之。这种感官接触对象就是在心里所映现的影像，是感觉意识本身的投影，不是客观的实在，这就是相分。八识的相分中，第七、八识的情况尤为特殊。第七末那识执著第八识的见分，显现为近似实有的相分。第八阿赖耶识以种子、众生的身体及其所在的国土为相分，并分别加以见照、了别，然后又进行证知和再证知，以完成其认识。这里，第八阿赖耶识所变的相分，是引发前六识相分的实在境界，是前五识境界的本质。瑜伽行派还把相分分为三类，称为三类境，这三类境是八识所变的，具体指：一性境，性是体性的意思。性境是指有体性的种子所生的境，如前五识所攀缘的色、声、香、味、触五境。二独影境，指由于主观颠倒认识而生起的境，如浮显龟毛兔角等假境，独起影像，故名。三带质境，所缘是有实体的性境，但所呈现的影像不是所缘性境的本质，而为妄情所支配，兼有性境本质和主观妄情两者，故称。如做梦时缘五境、朦胧昧略，就是带质境。瑜伽行派认为，这三类境虽然产生的情况和性质有所不同，但归根到底都是主观心识显起的影像。

（2）见分。“见”，见照，了别。见分是指认识的能力，心识就所得感觉印象进行思虑，即对相分进行分别，如眼见照色，耳了别声等。

（3）自证分。“证”，证知。自证分是证知见分的作用，是对见分再加认证。这是说，见分虽能知相分，但不能自知见分，还需另有知见分的作用。如度量事物，既有“能量”（见分）作为尺度，也应有“所量”（相分）作为对象，还应有“量果”（自证分），以知大小长短。可见，自证分是包含相见二分的心的自体。

(4) 证自证分。是自证分的再返照、再证知，也是作为自证分的量果。

大乘瑜伽行派常以镜子照物为喻，说物的影像映现于镜面是相分，镜面的照物作用是见分，镜面是自证分，镜背是证自证分。

四分说是在综合瑜伽行派各家对主体与客体和主体认识作用的各种异说的基础上形成的。"唯识十大论师"① 之一安慧创立一分说，认为自证分是心的自体，是实有的。由于众生的迷妄，在自证分上呈现的客观境相为相分，产生的主观分别是见分，相分见分都是迷妄所生，因妄情而有，按理说是无。史称安慧为"一分家"。同时代的"唯识十大论师"中的难陀、净月，继承亲胜、德慧的说法，发挥二分说。二分即见分和相分。认为这二分都是因缘所生的，但相分是识的变现，没有实体。史称难陀为"二分家"。后期瑜伽行派论师、新因明学创始人陈那立相分、见分、自证分，认为在主观作用的见分和客观作用的相分以外，还有自觉作用的自证分，他被称为"三分家"。后来，陈那的学生护法又在三分说的基础上加一证自证分，以为这样才能完全建立认识。史称之为"四分家"。由于上述情况，佛教史上有"安、难、陈、护，一、二、三、四"之说。

四分说是以认识本体（心）为识的见分，认识对象（境）为识的相分，以对认识能力的反思、证知为自证分，还以对认识能力的反思的再反思为证自证分。这对于揭示主体的认识结构、认识活动的层次是有启发的，它也猜测到了在认识领域里主体和客体相统一的重要意义。但是，四分说以对认识主体的认识功能的分析代替了对认识过程的探索，是一大缺陷。更为重要的是，它把认识对象（相分）看作是和认识能力（见分）一样同是心识所具有的功能的体现，把客观事物看作是识的作用，这样心和境就以见分和相分的关系统一在识里，包

① "唯识十大论师"，指古印度注释瑜伽行派奠基人之一世亲所著《唯识三十论》的十家论师。据《成唯识论述记》卷一载，为亲胜、火辨、德慧、安慧、难陀、净月、护法、胜友、胜子、智月。

含在识里，也就是说，认识活动是在主观范围内进行的，认识活动不是主体与外界客观实在发生关系，而是主观的心识自己认识自己的过程，是心自见心，是一种内省活动。主体对客体的认识不是通过掌握和改造客体的实践，认识结果不是客观事物在人的头脑里的反映，而是心识内部的相分为见分所认识。这是独立精神实体的自我认识，自我心识既是主体，又是客体，或者说主体和客体是主观心识的分化，把主体和客体都归结为主观意识，表现了主观唯心主义的典型特征。这里，不仅是混淆了认识对象与外在世界，即以认识主体对外在客观事物的把握（认识对象、认识客体）代替外在世界的客观存在，而且以认识主体代替认识客体，抹杀主体与客体的区别，正如明末清初唯物主义思想家王夫之评论佛教哲学所指出的是“消‘所’以入‘能’，而谓‘能’为‘所’”（《尚书引义》卷五）。“所”，指所知，即认识的客体。“能”，指能知，即认识的主体。佛教把客体归结为主体，这是与其宗教修持密切相关的认识论。

二、三性说

瑜伽行派在认识论上还提出了三性说，把认识、观念分为虚妄的、相对真实的和绝对真实的三种①，以论证唯识理论。

“三性”，也称“三自性”、“三相”。《大乘阿毗达磨经》曾阐发“所知依”和“所知相”的观念。所知是指认识客体。所知依是指认识客体的总依据。这个总依据就是阿赖耶识。所知相是认识客体的自相，这种自相（自性）可以分为三类，即“遍计执”、“依他起”和“圆成实”，称三相或三性。《解深密经》继续发挥阿赖耶识和三性的思想。无著、世亲继承和发展了这些思想，提出了观念的三分法——“三性”说，作为说明一切现象本来面目的真假、有无的理论准绳。中观学派用二谛来解释一切现象的实相，瑜伽行派则认为要理解一切现象的实相在于详细区分三性。三性也可说就是三谛。中观学派认为名言、概念、认识、观念都是相对的、不真实的，瑜伽行派则认为名言、概念、认识、观念既有虚妄的，也有真实的。

---

① 参见［俄］彻尔巴斯基：《佛家哲学》，虞愚译，载《现代佛学》，1959（2）。

《唯识三十论》说：

> 由彼彼遍计，遍计种种物，此遍计所执，自性无所有。依他起自性，分别缘所生。圆成实于彼，常远离前性。故此与依他，非异非不异，如无常等性，非不见此彼。

这是分别提出三性的特征，最后是肯定后二性之间的不一不异的关系。具体说是：

遍计所执自性，又称"遍计所执性"、"普观察性"。"遍"，周遍。"计"，计度、度量。"遍计"，周遍计度，即普遍观察思量的意思。"执"，执著，"所执"，指对象，是由于普遍观察思量而生虚妄分别，把现象执为种种实有的差别。所谓"遍计所执自性"，就是把以名言、概念表示的认识对象，视为各有自性差别的客观实在，执为实有。瑜伽行派认为，这样所得的认识是不实在、不正确的分别，是不了解因缘和合而成、唯识所变的现象的本然真相，而生起的对现象的主观的虚妄的解释和概念的虚构。人们在认识没有达到圆满的阶段，往往有对自我和事物的偏执，并应用名言、概念对自我和事物作出错误的判断，形成种种自相，即产生出经验世界中为"有"的种种图像。其实"自性无所有"，这种种自相并不能表示对象的自身，以这种错误的认识指导行为，就会产生种种的颠倒，招致种种情感上和心理上的痛苦。

依他起自性，又称"依他起性"、"他根性"、"离言自性"。"依"，依托。"他"，指各种因缘。所谓"依他起自性"，就是依托各种因缘而生起的一切现象。依他起自性是三性说的中心环节，一切法都依他而起，"依他起"也就是一切法。前述五位百法中的心法、心所法、色法及不相应行法，即四位九十四法，也就是全部有为法，都是依他起自性，是幻化不实、似有而非有的。瑜伽行派认为，人们遍计所执的种种现象也不是凭空而来，而是有所依托的，它所依托的自性就是依他起自性。也就是说，现象没有自体的性质。人们如果对遍计所执自性所带来的痛苦后果有所觉悟，逐渐减少乃至根绝对自我和事物的执著，就会体会到新起事物并不是由原有事物自然生出，而是由各种因缘和合产生的，是没有自身的真实性质的。瑜伽行派强调，事物和名言、概念并没有必然联系的关系，要超脱名言才能更好地直觉到事物的实相。

圆成实自性，也称“圆成实性”、“成就相”。“圆”，圆满，遍于一切现象，没有缺减。“成”，成就，不生不灭，没有变易。“实”，真实，断绝虚妄。所谓“圆成实自性”，就是遍满一切现象而无缺减、常住（不生不灭）而无变易、真实而无虚妄的真如法性，也就是依他起的实体、实性。这是在依他起自性上，远离遍计所执自性的谬误，去掉对一切现象的虚妄分别，由此获得的对一切现象的最完备最真实的认识。瑜伽行派认为，人们在理解依他起自性的基础上逐渐加深对现象本质的认识，在宗教实践上逐渐完成从杂染到清净的转变，达到究竟圆满，这就是把握实相，就是圆成实自性。瑜伽行派认为，圆成实性是超越语言和思维的，人们只能用圆满成就真实来表述其德用。

瑜伽行派强调把三性统一起来认识，就是由错误的认识到相对真实的认识，再到绝对真实的认识。他们曾就三性认识作了生动的比喻：如人在黑夜里行走，初见到绳子，由于恐惧心理而误以为蛇。这蛇是由于恐惧的迷情而产生的根本不存在的东西。随后看清楚了，明白是绳而不是蛇，绳是由因缘和合而假有的。再进一步看，知道了绳是麻做的，或者知道了绳的体就是色、香、味、触四种因素。起初误绳为蛇是遍计所执自性，第二层明白是绳是因缘和合而生的，是依他起自性，第三层分析绳的本质，认识到绳为麻或色、香、味、触所成，成就了圆满的评价，为圆成实自性。

和龙树空宗一系的中道观不同，无著、世亲有宗认为，把三性统一起来认识，是对真假和有无的正确认识，是真正的中道观。遍计所执自性是出于遍计的执著，不是有而是无。依他起自性是遍计所执自性生起的依据，是现象，是有，由于它与遍计相顺，因此这个有不是实有而是假有。圆成实自性是去掉安立在依他起性上的遍计所执自性，从而显现出事物的真实性，这个有才是实有，是实体。这样，如果凭借修行的功力，认识了三性，就能悟解万有的如幻假有，依他起自性的真相就自然显现，圆成实自性的实体就完全露现。由此可见，圆成实自性与依他起自性相依不离，两者不异。又圆成实自性是本体，依他起自性是现象，两者不一。懂得了这些道理，也就认识了无和有、假有和实有的统一，从而获得全面的无偏见的认识，称为中道观。

瑜伽行派为了进一步说明有无（空）的中道观，说明客观事物是无，唯识实性是有，识有境无的思想，从而表明在有无（空）问题的认识上和大乘中观学派的联系和区别，还立“三无性”说。三性是从有的方面说明万有的自性，三无性则是从无（空）的方面说明万有皆空的道理。三无性是三性的反面，是从三性立论的，《成唯识论》卷九说：

> 即依此三性，立彼三无性，故佛密意说，一切法无性。初即相无性，次无自然性，后由远离前所执我、法性。

首先是依遍计所执自性，立“相无性”。“相”，指体相，遍计所执自性是现于众生的妄情上的，并无实有的体相，故称“相无性”。其次是据依他起自性，立“生无性”。依他起自性是依众因缘生起的现象，只是假象，并没有“自然”生起的体性，即没有不变的“自然性”。也就是说，如果因缘不生，也就没有现象生起，称为“生无性”。第三依圆成实自性，立“胜义无性”。“胜义”是佛教所谓高超殊胜的特有认识，此指真如。因为在圆成实这一胜义性上，已经远离了遍计所执的我、法二性，所以是无性的。虽是无性，但体是实有的，是圆成实性。体虽真有，但又无相可得，是超越众生的妄想之外的，所以称为“胜义无性”。三无性被称为佛的一种“密意”，这里的密意是不彻底、有保留的意思。就是说，所谓“一切法无性”，是指上述三种无性并不是什么也没有，是强调无遍计所执自性，以否定世俗所执持的那种实性；至于三自性中的后二自性，其性是有，圆成实性及由其所立的胜义无性更是绝对不变的真实的有。从三性到三无性的学说，可以看出中观学派对瑜伽行派的影响。

三性说也是一种修持观法，称为“唯识三性观”，简称“唯识观”。唯识学者主张修持唯识观，提出了由浅至深的五个层次的观想方法，称为“五重唯识观”。据中国唯识宗奠基人之一窥基所著《大乘法苑义林章》卷一《唯识义章》载，五重唯识观是：（1）遣虚存实识。“虚”指遍计所执自性，“实”指依他起自性和圆成实自性。这是说除去遍计所执自性的虚妄幻象，只观照依他起自性和圆成实自性的真实现象和原理。（2）舍滥留纯识。“滥”指境，“纯”指识。这是说在依他起自性和圆成实自性方面只留有关认识的心境，也就是要认识到一切唯识，无他。（3）摄末归本识。识内的相、见二分是“末”，自证分是“本”。这是说在心境的各种成分里要进一步归结到它的本质即意识自体上来。（4）隐劣显胜识。“劣”指心所，“胜”指心王。心王和心所变现事物的能力有劣有胜。这是说更进一步于意识自体上只注重它的主要功能即心王部分。（5）遣相征性识。“相”，事相，即依他起自性。“性”，体性，即圆成实自性。这是说，心王虽胜，但有事相和性体，应舍弃依他起的事相而体证圆成实的真如。也就是要最后就意识核心认识到它的实际性质即唯识的意义。如此逐层深入形成完整的系统的唯识（唯心）观法，把唯识说构成为普遍真理，以树立和坚定一切现象“唯识所变”的观念。

三、转识成智

瑜伽行派宣传唯识论，归根到底是为了转变世俗的认识观念，由染转净，由迷转悟，成就佛果。《大乘庄严经论》卷三《菩提品》的“转八识以成四智”的说法，就是宣扬转变八识成就“四智”——“成事、妙观、平等、圆镜”，也就进入佛境了。从认识论来说，转识成智就是要成就菩提，达到认识的终极。

“四智”具有层次性，是依次对治八识中的不同识而后成就的。具体说：（1）“成事智”，也称“作事智”，全称“成所作智”。这种智慧使前五识的感官欲望和感性认识排除干净，专心从事身、口、意三业中的善行，成就自利利他的妙业，这是转变前五识而后得到的。（2）“妙观智”，略称“观智”，全称“妙观察智”。这种智慧是转变第六意识的活动，专心观察各种事物的自相共相，证悟事物实相的妙理。（3）“平等智”，全称“平等性智”。破除第七末那识的我见，转而以无差别的观点观悟一切事物，证得自他平等的妙理，是为平等性智。（4）“圆镜智”，略称“镜智”，全称“大圆镜智”。大圆镜是比喻。这种智慧转使第八阿赖耶识如大圆镜一样，体性清净，毫无杂染，能够照彻万物，显现众生的善恶业和获得功德。

转识成智说表现了瑜伽行派更加重视转变观念的具体修持实践，针对感性认识、理性认识和潜意识分别提出对治的方向，强调具有多重的丰富的智慧是成佛的标志。应当承认，这对塑造理想人格来说有着一般性的理论意义。可是，转识成智的过程，不仅是从宗教道德意识的角度规范、限制人类的认识能力和活动，而且实际上还排除了人们正常的感性认识和理性认识，只能使主体的心灵处于近似无差别的、空寂的状态——一种半虚幻半慰藉的高度精神满足，一种非常神秘的境界。

第六节　新因明与量论

大乘中观学派龙树多少运用了唯心辩证法，强调世间知识不是认识的真正手段，肯定概念不能认识人生宇宙的真实。瑜伽行派不同，无著、世亲，尤其是后来的陈那、法称，在方法论上运用传统的因明学及与其密切相关的量论，并加以改造和发展，作为驳斥论敌、宣传教义的工具，从而丰富和推进了逻辑学与认识论。

一、古因明与新因明

因明是古印度的“五明”（五种学艺、学问）的一种。“因”，梵文音译是“醯都”，意思是原因、理由、根据。“明”，梵文音译为“费陀”，学术、学艺、学问、学说的意思。因明是集中探讨因的学问，也就是有关推理、证明的学说，有关思维方式的学说。

（一）古因明

古代印度因明学是不断演变、发展的，它经历了由辩论术发展为逻辑，再发展为知识论的过程。因明起源很早，但阐发因明的文献完整保存下来的是较晚的《尼耶夜经》。“尼耶夜”是引导的意思，引导求真理，所以《尼耶夜经》又称《正理经》。据史载，该经是足目（又称乔答摩）所作，传说足目为公元2至3世纪人。《正理经》是尼耶夜派（正理派）关于推理、证明方法的总结，也是古印度逻辑思想的最早总结。经中阐述“量”（知识工具）、“所量”（知识对象）等范畴，提出“五支作法”，也称“五支论式”、“五支推论式”。“支”是部分。五支作法就是规定一个完整的论式包含五个部分：宗（论题）、因（理由）、喻（例证）、合（应用）、结（结论），这是古因明学的基本构成和标志。

瑜伽行派奠基人无著、世亲吸取尼耶夜派的因明理论作为组织自己的唯识学说的方法之一。世亲更撰写因明专著《论轨》、《论式》，可惜已经失传，只在其他书中零散地保存了部分引文。世亲在其所著中进一步把论辩方式和判定胜负的规则系统化，但他阐发的仍是辩论术，并沿用尼耶夜派的宗、因、喻、合、结为论式的组成规定。

从因明的萌芽到尼耶夜派的《正理经》，再到世亲，经历了漫长的过程。尼耶夜派的思想一般称为“正理”，“因明”的名称始见于瑜伽行派的基本典籍《瑜伽师地论》。历史上称这一长时期的一脉相承的正理、因明学说为“古因明”。

（二）新因明

世亲弟子陈那（约 440—约 520）总结和批判了古因明，革新了因明的面貌，结束了因明学的旧时代，开辟了新因明阶段，完成了由前期的逻辑思想到后期的知识论的转变。陈那的著作很多，其代表作前期是以阐述逻辑思想为中心的《因明正理门论》，后期是以阐发认识论为中心的《集量论》。

新因明与古因明的区别有很多方面，重要的如：

首先，在论式方面，以三支论式代替五支论式。古因明主张论式由宗、因、喻、合、结五部分组成，陈那认为后两分“合”和“结”是前三分的重复，重要的是宗、因、喻三分，后两分可以省略。如以古印度各派常用的成例作对比，两种论式如下图。十分明显，三支论式完全能满足五支论式的要求，这一简化是对古因明论式的重要革新和贡献。

五支论式：
- 宗：声是无常（声音是非常住、非永恒的东西）；
- 因：所作性故（由行动所造作的缘故）；
- 喻：犹如瓶等；
- 合：瓶有所作性，瓶是无常；声有所作性，声也无常；
- 结：故声无常。

三支论式：
- 宗：声是无常；
- 因：所作性故；
- 喻：若是所作，见彼无常，犹如瓶等。

其次，在因的方面，如何确定、判别因即理由的正确与否，正或不正，是一个重大的问题。古因明归纳了若干正因和不正因的类别，但没有充分阐述正因所应当具备的条件。世亲曾吸收其他学派的"三相"说，认为充足理由应当具备三相，但只是经过陈那的刊定之后，才成为区别"新"、"古"因明的主要标志。陈那认为，凡是正因都应当具备三相，"相"通"性"，指性质而言，因三相就是充足理由所应具有的三种性质，具体说是：

第一"遍是宗法性"："宗"，指论题（"宗"）所标示的事物，"法"，指性质。"遍是宗法性"重在一个"遍"字，表示必须"周延"，强调"因"（理由）所表示的性质，是"宗"所标示的事物普遍具有的。如以上所说"宗：声是无常；因：所作性故"为例，"遍是宗法性"就是说，"所作性"是所有各种"声"普遍具有的性质。如果有一种声音不具有"所作性"，这个因就违背了"遍是宗法性"的要求，也就缺少了第一相。

第二"同品定有性"："同品"，指具有和论题对事物所描述的同样性质的东西，即同类事物，这里则重在一个"定"字，表示绝无例外。如仍以"宗：声是无常；因：所作性故"为例，"同品"就是指具有无常性质的东西。"定有"，一定有，指同品中一定有些东西具有因所规定的性质，也就是除了声是无常的事物以外，还有一定的事物如瓶等具有因的"所作性"的性质。"同品定有性"是强调必须还有其他无常的事物含有因的"所作性"的性质，才能确立"声是无常"的论题。如果无常的事物中再没有事物含有因的"所作性"的性质，那么，就不能由于声有所作性，而断定声是无常的。

第三"异品遍无性"："异品"，指不具有论题对事物所描述的性质的东西，即异类事物，这里也重在一个“遍”字。仍以“宗：声是无常；因：所作性故”为例，“异品”就是指一切不具有“无常”性质的东西，也就是指有常的东西。所谓“异品遍无性”是说异品里普遍没有因的“所作性”的性质。第三相是要强调如果在有常的事物中也具有因的“所作性”的性质，就不能用“所作性”这个因作为充分理由去论证“声是无常”的论题。

陈那对于因三相说的刊定，对于判别理由的正与不正提出了有效的方法，是对因明学的重大发展。

再次，在喻的方面，新因明也作了重要的改造。仍以前面所说的五支论式和三支论式的内容为例。这里新因明三支论式所举的喻支是“同喻”①，同喻是以与声同具无常属性的事物为喻，和古因明的喻单举“犹如瓶等”不同，在前面加了“若是所作，见彼无常”这一假言判断，揭示了对象有无某种属性依赖于某种条件，亦即揭示了属性与条件的联系，如“无常”的属性是由于“所作”决定的。这样就不是瓶和声之间的、从特殊到特殊的类比推理，而是从“若是所作，见彼无常”进行推理，是从一般到特殊的演绎推理，这是对因明喻支的重要发展。

由于陈那对古因明所作的种种变革，就使因明学成为比较完整的理论体系。陈那的学说后由弟子商羯罗主（又名天主）所发扬，他撰写的《因明入正理论》，也是新因明的代表作。陈那的《因明正理门论》和商羯罗主的《因明入正理论》均由玄奘译成汉文。玄奘弟子窥基所作《因明入正理论疏》，简称《因明大疏》，也是研究新因明的重要典籍。

继陈那之后，法称（达摩诘）进一步改革了三支论式，仍以上面所举三支论式为例，改革后可表述为：

若是所作，见彼无常；

① 喻分同喻和异喻。以此处所述三支论式喻支的内容为例，和同喻不同，异喻是“若是其常，是非所作，犹如空等”。“空”不是造作成的，是永恒的。异喻就是以具有与声相异属性的事物为喻。

声是所作；

声是无常。

这是把原来最后一支喻体的部分提到最前面，把原来的宗支置于最后。这三支按先后顺序分别相当于逻辑三段论式的大前提、小前提和结论，这种顺序的调整，就构成了从一般认识应用到个别事例上的演绎推理方式，并与一般人的运思顺序相一致，把思维活动和语言表述统一了起来，这确是一个进步。法称还将三支论式的因和喻合为一体，认为喻是起因的辅助作用的，是加强对理由的申述，因若用语言文字表达得更充分、更明确的话，也就自然包含了喻的意义，喻也就不必再举了。也就是说，作为纯粹的演绎推理，就不用再举具体事物作为比喻了。

二、现量与比量

陈那在创立新因明学的过程中，突破了古因明以辩论为重点的局限，为辩论的立（证明）和破（驳斥）提供了"量论"即认识论的根据，从而把因明的重点转向如何认识真理和如何证明真理的探讨，进一步改变了因明的格局和结构。陈那在后期模仿《阿毗达磨集论》的体裁，把自己有关"量"的著作加以剪裁、提炼、总结，成《集量论》一书，集中阐述认识论思想。唐代著名僧人义净曾将《集量论》译成汉文，但不久即散佚，仅存藏译本。近人法尊法师于1980年编译了汉文《集量论略解》一书。陈那再传弟了法称曾撰《释量论》、《量抉择论》和《正理一滴论》（有今人王森据梵文原本和杨化群据藏文的两种汉译本），阐发《集量论》的要义，继承和发展了陈那的量论学说。

（一）量与量的类别

"量"是梵语波罗麻那的意译。因明所谓量就是对于对象的正确认识。量，有估量、计量、衡量的意思。在日常生活中，尺用以计量长短，秤用以衡量轻重。在量度中如尺可说是能量，被量的布可说是所量，用尺子量布的长短，可称为量果。这样量又有尺度、标准、方法、结果等意义。古印度学者把量的意义引入认识论中，把量视为判别认识是非真伪的标准，进而加以分类，也就直接指认识本身了。后来又进一步把获得认识的手段、方式、过程也称为“量”。总之，古代印度把获得认识的手段、形式，认识的过程和认识的内容及其证明，都称为“量”。

古代印度婆罗门教和其他流派都有关于量的说法，对量作了种种归类，形成量论。后来，尼耶夜派在原来的量的学说的基础上，把认识源泉、工具、标准即量分为四类：一是现量，是由认识器官和认识对象相接触获得的知识，即感觉知识；二是比量，指从特殊到特殊的推论和类比，即推理知识；三是譬量，也称譬喻量，指从已知相似事物而推知未知事物，是从比较中获得的类推知识；四是声量，也称圣教量，指得自于可信人的言说的知识，因是通过语言得来的，故名“声量”，又因是各派各自信仰的圣教知识，故又名圣教量。大乘佛教瑜伽行派一般都持现量、比量和圣教量的三量说，《瑜伽师地论》还对三量作了进一步的阐述。后期瑜伽行派陈那在所著《因明正理门论》中废去了圣教量，只立现量与比量，并且对现量与比量作出了独创性的阐发。

陈那着重从主客观的关系，尤其是客观事物的相状方面，直探认识本原，肯定现、比二量。陈那认为，人的认识是主观对客观的作用，人的主观认识能力是“能量”，客观认识对象是“所量”，“能量”量“所量”的结果是“量果”，也就是认识。一切客观认识对象即“所量”有两种相对的相状，一是自相，二是共相，这是两种认识境界，此外，再没有第三相。自相是指客观事物所特有的相状、个别属性，共相和自相相对，不局限于某一种客观事物所特有，而是指某些客观事物所共有的相状、属性。事物的特殊性和一般性就是人的认识领域，人的认识活动无非是两方面，一是循着客观事物的自相而获得现量，二是循着客观事物的共相而获得比量。共相不能离开自相，比量离开现量也不能获得，现量是比量的基础。由于客观事物没有其他的相，也就没有其他的量。陈那认为，在量的种类中，只有现量和比量是有意义的，其他各类量如譬量和声量都不能独立存在，只能隶属于现量或比量。如声量中，言说者所说的事情是可信的，就属于现量，言说者的可信，是属于比量。陈那对于量的类别的确定是符合认识论的客观原理的，是一个重要的理论贡献。但是陈那毕竟是佛教学者，他仍然坚持佛教瑜伽行派的教义是必须崇奉、不能违反的。他曾立识的相分、见分和自证分的三分说，认为自证分是体，相见二分是体上所起的二用。“三分”相应于“量”来说，见分是能量，相分是所量，自证分是量果。把相分归结为自证分的用，就是把认识对象归结为内心所呈现的影像。把量果视为自证分，也就是认为认识的结果是在心内，认识的本质是自己了解自己。这是陈那坚持唯识理论所导致的理论矛盾。

（二）现量

陈那对现量的含义提出了新的界说，他认为现量必须是离开分别的，是否离开分别是区分现量与比量的标志。所谓分别是指运用名言概念对事物进行分别的思维活动，离开分别就是离开那种运用概念的思维活动。也就是说，现量来自单纯的感觉，是排除各种记忆、联想、判断、推论等思维活动的。陈那以前的因明学者都是从感官和对象相接触的关系上来说明现量，陈那进一步从排除思维活动、排除概念作用的角度来界定现量的意义，把现量安置在单纯感觉的范围内，认为现量是纯感觉的知识，是直接经验。

后来法称又为现量的构成补充了一个条件：“不错乱”。错乱，指对客观事物的错误感觉。不错乱就是排除感觉中的各种错觉。错觉是常有的现象，是由主客观的原因构成的。一个人如有感官上的毛病、精神病患、发烧等情况，就会产生种种错觉。又如，由于主客观两方面的原因，乘船时会看见两岸和岸上的树在移动，产生幻相或假象。法称认为，现量是离开各种错觉的，错觉不能构成现量，只有正确的感觉才能构成现量。法称还触及了客观对象对于认识的制约作用，他说，由于客观对象远近的不同，感觉（现量）的明昧程度也就不同；如果所得知识不受客观对象远近的制约，那就不是现量而是比量了，这种比量是和对象无关、不属于自相的。这是从客观对象自身的具体情况及其对人的认识的制约关系来说明现量与比量的区别的。陈那和法称主张以“离分别”和“不错乱”为构成现量的条件，就是认为现量是部分感觉的知识，是纯粹感觉的知识。

这里应当指出，法称所注重的是经验的事实，他的这种客观对象决定现量的观念，实际上是承认所有自相都是真实存在的，承认客观对象是与主观思维分离的，承认对象是存在于思维之外的，即外境是实有的。

由于对现量性质的上述诸种规定，又有真现量与似现量之分。所谓真现量就是符合“离分别”、“不错乱”的要求，既没有加入概念分别作用，又没有被幻相、假象所迷惑的纯粹感觉知识。所谓似现量就是或加入概念分别的感觉知识，或由于主客观原因被幻相、假象所迷惑而造成的错觉。这都不是现量，只是似量，似现量。似现量虽然在对客观对象的自相的感觉过程中加入了概念的分别作用，或者被幻相、假象所迷惑，但不是比量，因为它是以客观境界的自相为感觉对象的。

现量从形式上又被区分为以下四种：（1）五根现量。五根即五官。五根现量是指与五种感官直接相联系的现量，如眼见色相、耳听声音等感官知识，这是最基本的现量。（2）意识现量。是指为感官知识所引起的心理意识活动中，其间已灭的前一感官知识，又引导生起后一感官知识，所认识的对象也和以前的感觉对象相似，这种相连续的意识活动既没有加入概念分别作用，也不错乱，由此所得的知识称为意识现量。（3）自证现量。心理活动的主体在感觉对象的同时，也对自身有一种了解，比如，耳听音乐，十分优美动听，听时不但了解对象是声音，还意识到自身在听闻，这后一种了解就是“自证”。主体在进行感觉活动时，对对象的了解和对自身的了解，在时间和性质方面都不容有概念分别作用的加入，也没有错乱，是属于现量，称为自证现量，也称为自己意识。（4）瑜伽现量。瑜伽是相应、结合的意思，这里指修行者在沉思中心理异常安定并和真理相冥合的状态。佛家新因明学者认为在这种瑜伽状态中，人们对事物的了解也是现量的。这是说，在修行时要把追求冥合的真理和具体事物结合起来，在意识上反复体验、实证，而后这种真理就会呈现在意识上，而且不用语言文字的媒介，也不发生错乱，所以也属于现量。这种瑜伽状态中所得的现量，称为瑜伽现量，也称沉思圣者的知识。后期瑜伽行派关于四种现量的分说，对于研究、认识不同形态的感觉知识是有启迪作用的。

（三）比量

比量是在现量的基础上对事物的共相（一般属性）的推理认识。按照陈那的说法，比量是以“因”的“三相”为媒介，对事物的共相进行推度而获得的推理认识。比量的成立要依靠因（理由），关键是因，只有因的第一相“遍是宗法性”才与“宗”相贯通。就是说在所要推度的事物上的确有因，只有因的第二、三相“同品定有性”和“异品遍无性”才与“喻”相贯通，就是说在和所要推度的同类事物方面和因相关，在和所要推度的异类事物方面和因无关，从而使宗、因、喻三支连成一体，进行推度，从已知经验推论未知事物而获得推理认识。由此又以因的正或似为标准而有“真比量”和“似比量”之分，凡因是三因具足的正因，据此进行推度所获得的比量是真比量，凡因是三相有缺的似因，据此进行推度所获得的比量是似比量。

由于立论目的和表现形式的不同，佛教新因明学家又把比量分为“为自比量”和“为他比量”两种。为自比量是指以自己认识事物为目的的比量，它只局限在自己的思维中进行，并不形诸语言文字。为他比量是指自己认识以后还要将自己的认识传给他人，是以认识传给他人为目的的比量，需要形诸语言文字，并具有完整清晰的论式。这两种比量在成因和性质方面没有什么差异，所不同的是形式，这是由于为自己或为他人的目的不同决定的。其一是属于思维方面的比量，再一是属于语言方面的比量，二者各有偏重。法称认为语言和思维是一致的，他反对那种认为语言和思维的正确程度可以不一致的说法。陈那认为，辩论双方如果各有理由，看法不同，可以共存。法称认为这种说法是不对的，在逻辑上是无意义的，他认为如果思维正确，就不可能在言论上出现各执一词的情况。这也是法称比陈那高明的地方。

量论是佛教哲学的重要问题，这个问题在印度大乘佛教后期得到特别重视不是偶然的。随着佛教流传的年深月久，随着佛教与外部论敌以及内部各派的斗争的发展，必然把这样的问题推到理论战线的前沿：我们究竟怎样知道某种事物是真实可靠的？究竟根据什么理由、什么标准肯定某种主张，又否定某种主张？什么东西可以构成证明？佛教在这些根本问题上经常陷入一种矛盾状态：是依靠可以证明的经验及从经验中引申、推理出来的东西呢？还是依靠佛教经典上所载的各种言说？陈那、法称的量论正是试图解决这个矛盾。他们一方面强调每个修行者都必须亲自体验真理，依靠经验，以达到大彻大悟证觉成道的境界，一方面又论证释迦牟尼是最完满地体现了量的人，是无所不知、无所不解的，称为“为量者”，推崇为正确知识即真理性的标准。宣传信奉释迦牟尼，信仰佛教，习诵佛典，就会获得真正的量，就可以证得佛果。量论调和了经验与佛法的对立，它的宗教目的和意义是十分明显的。

印度瑜伽行派的法相唯识理论和新因明学说，经唐玄奘的介绍，一度在我国流传，但不久即湮没无闻。到了近代，一些著名学者如章太炎等人，又通过学习法相唯识宗的分析方法和逻辑学而接受西方哲学。可见，佛教法相唯识宗的方法论和逻辑学也发挥了促进中西思想文化交流、融会的作用。

第十章

佛教的认识论（下）

第一节　般若无知论

佛教传入中国，迄至两晋南北朝，在佛教界和思想界影响最大的是鸠摩罗什传入的大乘中观学说，即般若空宗理论。鸠摩罗什门下两个最大的弟子僧肇和道生，分别宣扬般若无知论和顿悟成佛论，可以说，这是在隋代以前中国佛教学者最重要、最有影响的认识论思想。

僧肇（384—414）在参加完成鸠摩罗什主持翻译的《大品般若经》之后，撰写了一篇重要论文《般若无知论》。鸠摩罗什看了论文之后，充分肯定僧肇对般若的理解。论文还传到南方庐山，慧远与其好友刘遗民看后也十分赞赏，刘氏称誉僧肇犹如开创魏晋玄学新风的何晏，对其推崇备至。

《般若无知论》的要点是阐述般若观照的无相无知的性质，也就是通过对般若性质的解说，宣扬菩萨、佛（圣人）的神秘应化的宗教行为，指出人们成佛的道路和方法。由于文章讨论了般若有相无相、有知无知的问题，论述了能照与所知、名与实的关系，从而广泛地论及了直观思维特征这一重大的认识论问题。

一、般若无相无知

般若无知的含义有两个方面：一方面是就般若的“能照”、“能知”来说，“清静如虚空”，对所观照的对象不作分别，也不执著，是无知无见的；另一方面是就般若的“所照”、“所知”来说，即就般若观照的“境”来说，“无所有相，无生灭相”，是无相的。般若的主观功能在于无知，般若作用的客观对象在于无相，这两个方面就是般若的无知无相的特质。

僧肇说：

> 然经云“般若清净”者，将无以般若体性真净，本无惑取之知。本无惑取之知，不可以知名哉？岂唯无知名无知，知自无知矣。(《肇论·般若无知论》)

“惑取之知”，指对外境的取相、分别。在僧肇看来，对客观对象进行分别、认识，所得的只能是惑取之知。般若本性清净，不对万物进行分别、认识，不像世俗的“惑取”而得的认识，是无知的，不可以称为知。这就是说，所谓般若无知就是无惑取之知。心执著外境，是惑取，如此取相而得的知是有知，也就是惑取之知。相反，心不执著外境，对外境无所取著，这样的知是无知，也就是无惑取之知。僧肇的般若无知论，具有鲜明的针对性，就是要排斥所谓世俗人的“惑取之知”。以往佛教学者讲般若，只说是“智空”、“如虚空相”，僧肇进一步明确地指出是“无惑取之知”，从而使般若学具有更强烈的反对世俗认识的性质。

般若无知是由于其观照的对象是无相的，僧肇说：“夫智以知所知，取相故名知。真谛无自相，真智何由知？”（《肇论·般若无知论》）取相是指认识主体对认识客体相状的分别、执著，由于这种分别、执著，所以是有知。而般若真智的对象是真谛，真谛本来没有形相，所以是无知。

为了解答人们的疑问，僧肇自设了一个诘难：真谛既然是般若的认识对象，那么根据所知的对象去寻求智慧，般若应当是有知而不是无知。僧肇在答辩时，通过论述能知和所知的关系来阐明般若无知的性质。僧肇称主体认识能力是“能知”，称认识对象是“所知”。僧肇认为，从接触认识对象去求智慧，这种智慧就不是真正的知。因为“知与所知，相与而有，相与而无”（《肇论·般若无知论》）。认识由认识对象产生，认识对象也由认识产生。认识和认识对象既然是相互产生，相生就是由条件构成的，由条件构成的东西就不是真实的，不真实的东西也就不是真谛。真谛是真，真就是不靠条件，和普通的认知对象不同，不是由条件所产生的。它既不是以能知为条件而生起，也不能反过来作为任何东西生起时的条件。真谛既然不是由条件构成的，也就是没有形相的，般若观照真谛也就无从取相。真谛不是一般所讲的认识对象，般若自然不会有知而是无知。

真谛是般若观照的对象，客观事物是否在般若观照之外呢？也不是的。僧肇认为，没有般若观照，就不能真正把握外界事物。事物是存在的，但又是无相的。菩萨、佛以超人的智慧探究无限的领域，没有任何障碍，广泛接触外界，不受各种局限，就在于他把万物看作本来就是虚无的、无相的。也就是说，般若也以万物为观照对象，但却是观照万物的无相，不分别、不执著万物为有相。

刘遗民在看了《般若无知论》后，曾就一些问题致书僧肇进行讨教，其中问到般若观照是仅仅观照万物的无相（空）呢，还是同时看到事物的变化（无常、不真）呢？僧肇作《答刘遗民书》，对此作了详细的回复。他指出刘氏把观照万物的无相和无常分开，以为观照万物的无相，就只是无相而没有万物的无常变化，观照万物的无常变化，就只是无常变化而没有万物的无相，这是不理解“色不异空，空不异色”，“不真即空，空即不真”的道理。僧肇认为色和空、不真和空、无相和变化是相互为本的，是同一体的两个方面。因此，般若观境是在同一时间内既见万物的无相，也见万物的变化，是统一地观照色、不真和空两个方面。

二、般若无知无不知

般若的无知，不是像木石那样的无知，而是无不知，般若是无知无不知。僧肇通过对般若的体用关系和智慧层次的区分来论证这个命题。《般若无知论》说：

内有独鉴之明，外有万法之实。万法虽实，然非照不得，内外相与以成其照功，此则圣所不能同，用也；内虽照而无知，外虽实而无相，内外寂然，相与俱无，此则圣所不能异，寂也。

“用”，功能，功用。“寂”，寂然，虚寂，即体。般若观照的功能，是由主观的能照作用与客观的所照万物互为条件而实现的。一方面般若观照的作用是不同的，另一方面观照是无知，万物是无相，主观客观都是寂然，这种空寂清净的体性是相同的。“用即寂，寂即用”，般若的体用是相即的关系，并不是由一种无功用的体来支配观照功用。般若的体是无相、是无知，用是观照万物、是无不知。无知和无不知是相即的关系，因而般若是无知无不知的。

僧肇在《注维摩诘经·文殊师利问疾品第五》中说：“智之生也，起于分别，而诸法无相，故智无分别。智无分别，即智空也。”“分别”，即对事物加以区别、认识。“智空”，即无知。无知就是“智无分别”。般若无知就是般若无分别智。这个说法比笼统地讲般若是无知更明确，也比称作无惑取之知更深一层。前文已提到过，佛教的“无分别智”分为“根本无分别智”和“后得无分别智”两种。前者是观照事物的共相——空性，后者是在获得根本无分别智以后，在观照事物共相即空性的基础上观照事物自相的空性。根本无分别智和后得无分别智之中又是分为若干层次的，也就是说对无分别智的运用是根据修行者程度的深浅、功德的大小而区分为不同阶段的。大乘空宗把声闻、缘觉、菩萨的修行过程分为十个阶位，称为“十地”（“十住”）。认为修行到第七地，就会坚定地认识到一切现象都是因缘和合的产物，既非自生，也非他生，没有真实的产生，也就没有真实的消灭，生灭变化都是假象。这种对无生的认识称为“无生法忍”。“忍”是智慧的意思。修得了无生的智慧，就进入了第八地，此后对般若智慧的运用就日益成熟、任运自在了。吕澂先生说，僧肇所讲的般若，是指八地以上能够纯熟运用后得无分别智的阶段。[1] 处在这样成熟阶

① 参见吕澂：《中国佛学源流略讲》，107 页。

段的般若，是菩萨、佛的殊胜智慧，一方面是无知，一方面又是无不知。“以圣心无知，故无所不知。不知之知，乃曰一切知。”（《肇论·般若无知论》）正是因为菩萨、佛的心是无知的，所以是无所不知、一切皆知的，这是在特定修行阶段之后，纯熟地运用般若智慧的表现和结果。

三、般若无名无说

僧肇宣扬般若无相无知、无知无不知的性质和功能是无名无说的，是难以用语言文字表达的。他说：

> 经云，般若义者，无名无说，非有非无，非实非虚。虚不失照，照不失虚，斯则无名之法。故非言所能言也。言虽不能言，然非言无以传。是以圣人终日言，而未尝言也。（同上）

般若既没有名称，也无从言说，既不是有，也不是无，既非实体，也非虚寂。虚寂不失其观照，观照不失其虚寂。它是无名的东西，所以不是语言所能表达的。语言虽不能表达，但是不通过语言又无从表达，因此，佛虽终日讲说，但实际上是并没有说。

为什么说般若是无名无说呢？僧肇认为语言文字工具不可能诠表般若的真实意义。他在《答刘遗民书》中说：

> 夫言迹之兴，异途之所由生也。而言有所不言，迹有所不迹，是以善言言者，求言所不能言；善迹迹者，寻迹所不能迹。至理虚玄，拟心已差，况乃有言？

“言”，语言，文字。“迹”，形迹，形象。这段话的意思是说，言和迹都是有异于佛说而产生的。语言和其他形象在表达上都是有局限的，善于用语言和其他形象表达的，都是着力寻求语言和其他形象所不能表达的真实意义。般若的道理深奥虚玄，是难以用心想象和用语言表达的。僧肇要求在理解般若上“相期于文外”，不要受语言和其他形象的局限，以致停留在形迹上。

僧肇在语言文字问题上，打破了语言常规，强调语言的局限，进而要求“绝言”，追求言外之意。僧肇看到了语言文字的局限，主张不要将语言文字的作用绝对化、片面化，是合理的，对于推动人们追求言外之意、弦外之音、味外之旨，是有启示作用的。僧肇对语言文字作用的看法，来自印度佛教的神秘直观学说，同时也受中国道家和玄学家的思想影响，老子有“强名”之说，庄子主张“不落言筌”、“得意忘言”，王弼也力主“得意忘象忘言”，僧肇的看法实际上反映了人类认识史上一部分思想家在有关语言文字问题上的困惑和超越。

第二节　顿悟成佛说

一、顿悟说的提出

竺道生（355—434）在中国佛教思想史上提出了一项认识论和方法论的重要原则：

> 夫象以尽意，得意则忘象。言以诠理，入理则言息。自经典东流，译人重阻，多守滞文，鲜见圆义，若忘筌取鱼，始可与言道矣。（《高僧传·竺道生传》）

“象”是达意的符号。获得意义，切入真理，就应当抛去符号和语言。道生在这种思想原则的基础上，进一步创立了顿悟成佛说。顿悟说的主旨是阐发宗教解脱次第和证悟境界的问题，其间涉及语言文字的作用、日常学习践履与悟解的关系、真理的完整性及其把握方式等问题，都带有鲜明的认识论意义。

印度佛教作为一种解脱道，十分重视修行的阶次，对于“修道”（践履）和“见道”（悟解）都有详细的阶次规定，构筑了一套严密的修行次第体系。大小乘各派对于修行次第论说纷纭，很不一致，但都是主张渐悟的。如大乘佛教宣传，从发“菩提心”（求道之心）到“初地”（开始进入圣位）要经历若干大劫，再从“初地”到“佛地”（成就佛果）又要经历若干大劫。也就是要经过极其漫长的岁月，循序渐进，不断积累功德，最后才能成佛。具体地说，如在东晋时陆续问世的同本异译《华严经·十地品》，着重阐发大乘菩萨的十地问题，把成就法身菩萨的圣位（“初地”）以后又分为十种阶次。在十地之中，强调三地最为重要：“初地”（“欢喜地”）是进入圣位的开始，“七地”（“远行地”）证得了无生法忍，“十地”（“法云地”）得大法身，成为佛。① 对于《十地品》的这种规定，中国佛教学者理解各有不同，如东晋清谈名僧支道林（支遁）认为，十地是一个渐悟的过程，在七地以前是一地一地的悟，进入七地，证得无生法忍，彻悟无生无灭的真如实相，此时若就菩萨的般若智慧与所证悟的真理境界来说，已经和佛没有什么区别了，至于还要经历八、九、十三地而后才能成为佛，是菩萨的修证功夫尚未圆满的缘故。持这种看法的还有道安、慧远、僧肇等重要僧人。这种以为修行者达到七地就彻底悟证真如实相的全体真理的主张，被后人称之为“小顿悟”说。竺道生的顿悟成佛说，主要是反对渐悟说，也旁及批评支道林等人的小顿悟说，被称为“大顿悟”说。竺道生曾作《顿悟成佛论》（已佚），在其他著述中也宣传了顿悟思想，成为当时佛学领域的骇世惊俗之论，引起时人的强烈反响。

二、以不二之悟，符不分之理

慧达在《肇论疏》中对竺道生的顿悟说作了简明的论述，他说：“竺道生法师大顿悟云，夫称顿者，明理不可分，悟语照极。以不二之悟，符不分之理。”这就是说，真理玄妙一体，不可分割。所谓悟是证得真理，是对真理的证悟、冥符。理既不可分，悟也不能分，既然都不能分割，那么悟理的智慧不能有差异，必须与理契合，也就是说必须顿悟。在中国传统哲学范畴和思维方式的影响下，竺道生第一个阐发“理”，用来作为说明顿悟成佛的根本观念。他认为“理不可分”，中国人善于悟理，能够顿悟。“理不可分”就是竺道生顿悟说的理论根据。在竺道生看来，对于宇宙真如实相的理体，要么证悟它，要么没有证悟它，不是已悟，就是未悟，没有中间状态；要么与它合一，要么没有与它合一，不能分阶段逐步与它合一。如果我们从认识论的角度来考察，竺道生的这个观点等于主张，要么得到全部真理，

① 参见汤用彤：《汉魏两晋南北朝佛教史》，第16章，北京，中华书局，1983。

要么得不到全部真理，而不能得到部分真理、相对真理。

在竺道生看来，渐悟说的错误就在于把浑然一体、不可分割的真理分割开，然后一部分一部分地去悟解，这样就势必破坏了真理的完整性，难以洞见真理的整体，不能与真理冥合。竺道生也不赞成在七地悟道，然后再继续修证成佛的小顿悟说。他认为在七地内没有悟道的可能，必须到十地时最后一念“金刚道心”，即有了犹如金刚般坚固、锋利的能力，一下子把一切妄惑断尽，一悟全了，与理冥符，才能得到正觉。也就是主张只要真正悟解佛理，也就当即成佛。竺道生认为，在十地以前，都没有真悟，所谓七地得无生法忍，也只是佛的方便说法，真正得无生法忍，必须是超乎言象的。小顿悟说以为七地顿悟之后，还有三个阶次的修行功夫才能成佛，在竺道生看来，这是把顿悟和修证、能证的智慧与修证的功夫分为两截，是不能成立的。

三、见解与闻解

竺道生对于顿悟与渐修二者之间的区别与联系的看法，在慧达的《肇论疏》中有如下记载：

> 见解名悟，闻解名信。信解非真，悟发信谢。理数自然，如果就（疑为熟字）自零。悟不自生，必藉信渐。用信伪（疑为伏字）惑，悟以断结。

“见解”，是指对佛理的独立体悟，是真理的显发。“闻解”，是指听闻所得的知识。这是说，竺道生把对佛理深有所得的见解称为“悟”，把学习和听闻所得的佛教知识称为“信”。信不能穷理达本，而是达到悟的一种手段，达到了顿悟，闻解就“谢”而不起作用了，犹如果子成熟后从树上掉下来一样。不过，悟解并不能自然产生，必须依靠佛教知识的不断增加，依靠不断地渐修。要用佛教信仰和修持去克制个人思想和行为上的迷乱，以去掉系缚，灭绝烦恼，最后顿悟获得解脱。这就说明竺道生并没有简单地否定从闻见得来的佛教知识，认为顿悟也是需要依靠渐修的。但是闻解是由信仰与修持得来的，并不是自我的彻悟，见解是真正的自我证悟；闻解只是渐修的过程，见解是成佛时的顿悟，两者是根本不同的。在竺道生看来，修行成佛是渐修顿悟的过程，一旦在宗教实践上有了所谓自悟，过去仅从闻见得来的信仰就不再起作用了。佛典上所讲的修行十种次第等都是佛用来使众生易于理解、接受，使信仰者自强不息、努力精进的，并不是把开悟的境界分成若干层次。渐修的阶次与成佛的境界是完全不同的。竺道生对见解与闻解、悟与信、顿悟与渐修进行区分，是建立在般若学的理不可分和涅槃学的直指心性的学说基础上的。由理不可分而肯定顿悟，强调冥符真理不能渐悟，不是渐悟；由直指心性，佛性在我，理本在我①，也即见解之事在我，不假外求，重视主体的内在见解——真理的自然顿发，进而肯定悟与信不同，悟不是信。

四、能至与一极

竺道生的顿悟说得到大诗人谢灵运（385—433）的大力支持。谢一生笃好佛理，揄扬佛旨，与南朝佛法关系甚深，在南京时曾和竺道生有过交往。他专门辩论顿渐问题的《与诸道人辨宗论》（《广弘明集》卷十八），不仅基本上与现存的竺道生关于顿渐问题的说法相契合，而且还发挥了竺道生的顿悟义。

谢灵运的顿悟说主要阐发竺道生的理不可分义，并且具有自觉地折中儒佛两家的特色。《与诸道人辨宗论》说：

> 释氏之论，圣道虽远，积学能至，累尽鉴生，不应渐悟。孔氏之论，圣道既妙，虽颜殆庶，体无鉴周，理归一极。有新论道士以为“寂鉴微妙，不容阶级。积学无限，何为自绝”。今去释氏之渐悟，而取其能至。去孔氏之殆庶，而取其一极。一极异渐悟，能至非殆庶。故理之所去，虽合各取。然其离孔、释矣。余谓二谈救物之言，道家之唱，得意之说，敢以折中自许。

“颜”，颜回。“一极”，指宗极，宇宙实相。“新论道士”、“道家”，皆指竺道生。这段话的意思是，佛教主张，得道成佛的前景虽然遥远，但是只要坚持不断地学习是能够达到的，人生的烦恼断尽（“累尽”），

① 竺道生认为佛性就是理。参见汤用彤：《汉魏两晋南北朝佛教史》，第16章；方立天：《论竺道生的佛学思想》，见《魏晋南北朝佛教论丛》，北京，中华书局，1982。

就会产生明确的认识进而悟道（“鉴生”）。儒家认为圣道很玄妙，就是孔丘的高足颜回也只能达到庶几乎圣人的贤者，要努力全面地体认虚无的本体，观照周全，从而得到宇宙的最究竟的道理（“一极”）。竺道生高唱新论，宣传观照（“鉴”）湛然常静的境界（“寂”），是极其微妙、不容有任何阶次（“阶级”）的，要悟就悟，不悟就不悟。通过无限的积学过程，是可以达到成佛境界的，不应自暴自弃。去掉佛教的“渐悟”，取其“能至”；去掉儒家的“殆庶”，取其“一极”，这样有取有舍，就和儒佛不完全相同了。儒佛都是依随方便拯救万物的言教，竺道生兼取两家之说，调和儒佛，也就和佛教的旧说不同了。

谢灵运所谓的儒家体无的说法，实际上是魏晋玄学家王弼等人说的儒家圣人孔子的体无的观点，而不是孔子本人的主张。谢灵运把佛教讲的理和玄学家讲的本体等同起来，把佛教的成佛和中国传统哲学的体认宇宙本体统一起来，主张以体认不可分的本体为佛，顿悟成佛，从哲学思维的角度来说，这是把认识论和本体论牢固地结合起来，是在当时玄学思潮影响下形成的一种折中儒道佛三家的观点。

竺道生的顿悟成佛说，是一种快速成佛法，他是在中国佛教思想史上首先宣传快速成佛法的第一位佛教学者。竺道生和谢灵运的顿悟说中包含了一些重要的认识论观念，如真理的整体性与片面性的关系、直觉思维与理性思维的关系、日常学习与顿然觉悟的关系、认识过程中量的积累与质的飞跃的关系等，都是值得人们总结和反思的。竺道生的顿悟说，对中国佛教思想的发展产生了深远影响。悟与理的观念为后来一些宗派所继承，成为稳定的思维定向。慧能禅宗提倡不立文字的顿悟，与竺道生的顿悟说有所区别，但其思路是相通的，所受道生学说的启发是十分明显的。

第三节　四重二谛与般若无得

印度大乘佛教中观学派的典籍，经鸠摩罗什译出后，师徒相传，影响很大。至隋代吉藏（549—623）更继承中观学派的思想，著书立说，阐发《中论》、《百论》和《十二门论》的理论，创立三论宗。吉藏在创宗过程中，在理论上着重发挥二谛、中道和般若无所得等问题，发展了中观学派的真理论和方法论。

一、于谛和教谛

真俗二谛作为相对的两种真实的认识，是大乘中观学派组织佛教学说、阐释宇宙万有的实相的基本论纲。吉藏著《二谛义》一书，针对南北朝时众多学派对于二谛的各种异说，提出了于谛和教谛的新说。

自从佛教般若学传入中国以来，二谛说就一直受到中国佛教学者的重视。迄至隋代，三论宗以外的佛教各宗、各派，大都认为二谛是理、是境，也就是说二谛讲的是道理、真理、境界，如说“真谛之理”、“俗谛之理”以及对理的观解所现起的境界。这样就等于说有两种相对的真实存在了。在吉藏看来，佛所说的真实，即真实的理只有一个，不能有两个，只有佛用来说法的形式即教法可以多种多样，如八万四千法门，乃至无量法门。吉藏强调二谛是“教”不是“理”，是在释迦牟尼佛的说教上成立的。他说：“非真非俗为二谛体，真俗为用，亦名理教，亦名中假。……不二为体，二为用。”（《二谛义》卷下）体是一，用是二，理是一，教是二，二谛是教，不二是理。为了说明这个道理，吉藏又把真俗二谛归结为于谛和教谛。

于谛的“于”是所依的意思。所谓于谛，是说世间一切现象，本来是非空非有的，是不二的，但是“于”（对于）世俗人来说是有，世俗人认为是实有，所以叫做“世谛”、“俗谛”；“于”（对于）出世的圣人（菩萨、佛）来说是空，圣人认为是真空，所以叫做“圣谛”、“真谛”。凡人与圣人对于非空非有的宇宙万有实相，有着有空或真俗二谛的分别，这所依的真俗二谛就是“于二谛”或“二于谛”，也就是“于谛”。于谛就是“于”万有实相上的凡圣二种不同认识，世俗是“于”凡为实，真谛是“于”圣为实，凡人心中本来并不知真谛，圣人心中原来也没有俗谛，所以，于谛既不是在境、理上讲的谛，也不是圣人为了化度众生而设的“教谛”。

于谛不是教谛，但是用于谛去解释佛法，就成为教谛。教谛是说真俗二谛是佛为众生说法的手段，是化度众生以转迷为悟的工具，是一种言教，并不是说依据客观的境而立有二谛的二理。在吉藏看来，宇宙万有实相本来不是理性思维所能认识的，是不可言说的，只有直观证悟才能把握，但为了启发、教导众生，只好强名强说。所以佛所说的二谛只是言教而不是所证的理。据吉藏《十二门论疏》卷上的说法，“教”的意义和作用有三：一是“破除迷倒，谓遮闭众非”，即破除众生的生灭、常断、有无、来去等颠倒妄见；二是“显于正理，则开通无滞”，真俗二谛本身不是理境，但作为言教也可以起显示宇宙万物实相的理的作用；三是“发生观解”，使众生体会二谛的教义，进而产生对宇宙万有实相的真实观解。由此可知，强调言忘虑绝、非真非俗的万有实相之理是不属于言教二谛的，对言教二谛是不能执著的，这是吉藏提出于谛和教谛的说法的目的。

三论宗人还宣扬，和依“情”而立的于谛不同，教谛是依“智”而立的，是佛依实智与权智两种智慧而立的。佛的实智重在真谛方面，佛的权智重在俗谛方面，二者相当于通常所说的“般若”和“方便”。佛依这两种智慧设二谛之教，使凡人由俗谛有而知真谛空，最后既不执有也不执空，达到无所得的境界。

二、四重二谛

为了进一步说明真理只有一个，是不二的，宣传依不二之理而立二谛，以不二之理观二谛不二的道理，批判其他各种异说，三论宗人又把二谛发展为多重化，特立二谛三重、四重的次第之说。吉藏的老师兴皇法朗（也作道朗）立三重二谛说，吉藏在三重二谛说的基础上又增加一重，立四重二谛说。吉藏说：

> 他（师）但以有为世谛，空为真谛。今明：若有若空，皆是世谛；非空非有，始名真谛；三者，空有为二，非空有为不二，二与不二，皆是世谛，非二非不二，名为真谛；四者，此三种二谛皆是教门，说此三门，为令悟不三，无所依得始名为理（真谛）。（《大乘玄论》卷一）

第一重二谛是以有为世谛，空为真谛；第二重二谛是讲空、讲有，互相对立，都是俗谛，非空非有才是真谛；第三重是讲前一重把二

（空、有）和不二（非空非有）对立起来，还有二边，不是中道，是俗谛，非二非不二，才是真谛；第四重是讲前三重，包括“非二非不二”的说法，都是一种教法，不能执著，应当舍去，达到无所得境界，才是真谛。

吉藏四重二谛说的特点，首先是每一重的真谛是对俗谛的否定，前一重的真谛就是后一重的俗谛。其次，是连续性的否定，即第二重真谛是对第一重二谛的否定，第三重真谛是对第二重二谛的否定，第四重真谛是对第三重二谛的否定。凡是互相矛盾、对立的概念，都同时加以否定。从方法论来说，这是一种“双遣双非”法的系统运用。再次，在这种系列否定中也表现了正反合的模式，第一重二谛的真谛是对俗谛的否定，俗谛是“正”，真谛是“反”。第二重的真谛是对第一重真谛的否定，第一重真谛原是“反”，第二重真谛是“反的反”，即是“合”。第三重的真谛又是对第二重真谛的否定。后者是新的更高一级的“正”，前者是新的更高一级的“反”。第四重的真谛是对第三重的真谛的否定，是新的更高一级的“反的反”，即新的更高一级的“合”。这种正反合的思维模式是以否定性为特征的，其理论目的是通过否定性的“合”以破除各种有所依、有所得的看法。最后，是对语言和思维的最终否定，对直观思维的最终肯定。吉藏强调二谛是一种言教，是佛根据不同对象立说的，不能执著为真实。也就是说，对“立”和“破”都不能执著。吉藏认为，前三重二谛都是语言概念表述的，都没有超出有所得的范围，还是俗谛，只有“忘言绝虑为真”，真谛是无法用语言和思维表述的，也就是说，佛教的绝对真理不是一般的思虑和概念所能把握的。这一些也就是三论宗人观察事物的相对主义认识论、方法论、直观思维方式和信仰主义真理观。

四重二谛说以“忘言绝虑为真”，这就涉及了认识领域是否“绝名”的问题。“名”，名言，概念，语言文字。“绝名”，离绝名言，不可言说的意思。名与实、名与理的关系问题是人类思想史上的重大问题。佛教通常认为表述万物的各种名是假名，但是，无名又难以把万物区别开来，所以又主张对俗谛来说，名不可绝。另外，表述真谛的空、实相、真如、般若，表述佛果的涅槃、常乐我净、寂灭等也都是名，真谛、佛果虽是超名、无名的，但也要先有此类的名，才能去想象、理解、追求、证悟，这样对于真谛、佛果来说，名似可绝又不可绝。这些理论上的困惑、矛盾，一直吸引着佛教学者的强烈关注，他们殚精竭虑，大力探索。吉藏时，佛教界一般认为，就世谛来说，都以为有名可说；就真谛、佛果来说，是绝名，不可说的，有的虽有名说，也是借俗名真，实际上是无名的。但是这种说法又带来了逻辑上的矛盾：如认为是借用世间俗名，那么，名的意义只是世间的，而不是出世间的，也就只是俗谛而非真谛，这是一种矛盾；如果说真谛、佛果所用的名是表示出世间的意义，那么，虽然不是假借，但是不是不可名而是有名了，这又和真谛、佛果的无名说相冲突。吉藏针对当时关于二谛的绝名与否的种种说法，提出了自己的看法。他认为真俗二谛都是不绝名的，也都是绝名的。他在《二谛义》卷下等文中提出绝有四句——“四绝句”，即“俱绝、俱不绝、真绝世不绝、世绝真不绝”。这是关于二谛言说不言说的四个层次：“俱绝”，世谛不说无生灭，真谛不说有生灭，二谛俱不说；“俱不绝”，世谛说有生有灭，真谛说不生不灭，二谛俱说；“真绝世不绝”，生灭和不生灭，世谛说，真谛不说；“世绝真不绝”，世谛说生灭不生灭，实无所说，真谛无所说而无所不说。这是在有名言中绝名言，由无所不说而悟一切不说。如此不说即说，说即不说，从而获得在二谛的绝名与否问题上的自圆其说。吉藏认为，二谛的绝是不同的，世谛的绝是绝实，绝实有的生灭、是非，真谛的绝是绝假，绝假有的生灭、是非。绝实，绝假，都是为了教人体悟言外之意。吉藏说：“若言二谛俱绝者，真谛绝四句、离百非，世谛亦绝四句、离百非。然此义从来所无，唯今家有也。”（《大乘玄论》卷一）真俗二谛都是绝四句、离百非的，都有绝名与不绝名的两个方面，这确是三论宗的独创性新解。从思维形式的角度来说，真俗二谛的绝四句、离百非的问题，实际上涉及宗教的直观思维与理性思维的联系与区别。

三、五句与三中

三论宗人讲的教谛是真俗二谛并重的，既不偏于俗谛，也不偏于圣（真）谛，二者合起来讲以合乎中道，洞照宇宙万物的实相。这样合乎中道的观门就是中观。三论宗人把中观学派的著名的“三是偈”中的缘起与性空都看成是假名，缘起的有和性空的无都是假名上说的，由此合成为中道。吉藏还在所著《中观论疏》和《大乘玄论》等书中以二谛和“八不”相结合来阐明中道的新内容，提出了“五句”和“三中”，构成了中观的新形式。

三论宗认为，从“八不”即不生、不灭、不断、不常、不一、不异、不来、不去的八个方面去体证一切缘起事物的实际，并能在修持中加以正确的运用，就可以达到清净境界。吉藏把“八不”归结为“五句”，如以“八不”中的不生不灭为例，五句是：实生实灭、不生不灭、假生假灭、假不生假不灭、非生灭非不生灭。这五句与二谛相配合，第一句持实有生灭的看法是单纯的俗谛（“单俗”）。第二句持真实的不生不灭的看法是单纯的真谛（“单真”）。第三句从道理上推论无实生实灭，只有假生假灭，这种看法是以世俗为主显示中道，称为“俗谛中道”。第四句，若认为不生是实不生，不灭是实不灭，这如同实生实灭一样，都是偏见，同样应当否定，所以此句认为生灭既假，不生不灭亦假，这是以真谛为主显示中道，名为“真谛中道”。最后第五句，综合和超越以上二句，认为俗谛中道的假说生灭，应是非生灭，真谛中道的假说不生灭，应是非不生灭，两者相即不离，非生灭而非不生灭，宇宙万有实相就是非生灭非不生灭，这样综合俗谛中道和真谛中道来看，称为“二谛合明中道”。第一、二句是单俗、单真，都是偏见，都不能名为中道，后三句的俗谛中道、真谛中道和二谛合明中道，合称为“三中”，也称“三式”。这里五句和三中是以生灭为例，它们同样可以运用于不断、不常等其他六不。吉藏的五句和三中的格式，发展了印度大乘佛教中观学派的二谛、八不和中道的学说，它应用各种推论，逐步排除理性思维的有效性，逐层排斥对名言的执著，把人们的直观逐渐引向离言绝虑的境地。

四、般若无得

三论宗宣扬二谛说和中道说，是为了使人们的认识离染趋净，祛邪显正。所谓染、邪，就是“有所得”、“有得”。所谓净、正，就是“无所得”、“无得”。“有得”是执著名言概念来论断事物的实相，对事物进行分别，有爱恶的感情，是染污、邪见。“无得”是不执著名言概念，不对事物进行分别，绝虑忘言，体证实相无得，是清净、正见。吉藏非常强调破除一切有所得的偏见，把一切归为无所得。说有是有所得，说无也是有所得。说非有非无、非亦有亦无、非非有非无，是为无所得。但无所得不等于空，因为它不执著空；不等于否定一切，因为它是否定有所得的偏见。无所得不同于一般意义上的虚无主义，它是一种特有的证悟境界。

三论宗人把一切归于无所得的方法是“破而不立”。这种方法的特点是一破到底，任何一点执著、任何一点所得都要破除。三论宗人对于佛教外的“外学”和佛教内的大、小乘各派，凡是主张有所得的，都在破除之列，尤其是对于执著对象自性的各种学说，和在本体论上所立的各种本体学说，都着力批判，指出是无得的。只破不立，是否会落空而一无所立呢？三论宗人作了否定的回答，他们认为立在破中，破邪即显正，只要把各种邪执都排除干净，正理就会自然显露出来。也就是说，把各种偏见、各种有所得都破除净尽了，也就概无所得了。既是无得，就是正理。三论宗反对破外有立，说如果在破之外另有所立，就会堕入有所得的邪见。这是对中观学派般若无得理论的极端发挥。

第四节　三谛圆融与真妄心观

天台宗学者尤其是智顗在创宗过程中，广泛探讨了佛教的方法论、认识论，形成了以止观学说为中心的庞大而又复杂的体系。在这个体系中最富哲学理论色彩的是止观并重、一心三观、三谛圆融和真妄心观，分别阐发禅定修炼与理智观察的关系、主观智慧观照的对象与内容，以及自我意识的评价、返观、内省等问题。

一、止观并重

中国佛教在南北朝时期出现了南“义”北“禅”的不同学风，南方偏重于义理的探讨，北方则偏重于禅定的实践。到了隋代，南北统一，反映在佛教学风上，天台宗人根据佛教的“定慧双修”传统主张，汇合南北佛教学风，提倡止观并重的修行方法。天台宗创始人智𫖮在《修习止观坐禅法要》中说：

> 泥洹之法，入乃多途，论其急要，不出止观二法。所以然者，止乃伏结之初门，观是断惑之正要；止则爱养心识之善资，观则策发神解之妙术；止是禅定之胜因，观是智慧之由藉。……当知此之二法，如车之双轮，鸟之两翼。若偏修习，即堕邪倒。

“泥洹”，是涅槃的旧译。“结”，烦恼。按照佛教的传统说法，“止”，止寂的意思，也就是禅定。“观”，观察、观想、观照。止观相连的观含有智慧的意思。止与观，就是禅定与智慧。如果再展开一点说，“止”就是“止心不乱”，使观想对象“住于心内”，停止对外界一切虚妄不实的事物的留恋贪爱。“观”是用智慧观想一切事物都是众因缘和合而成，时时刻刻处在生灭之中，是虚幻不实的。智𫖮强调，佛教所讲的达到涅槃解脱境界的方法，最重要的不外止观两大法门。止的作用是制服烦恼，保持、提高心识的修养，也是禅定的最好因由。观的作用是断除妄惑，引生悟解，也是开发智慧的最佳由来。戒、定、慧原来都是佛教的重要的修行方法，智𫖮进一步把止、观（定、慧）两项突出起来，抬高为两种最根本的方法，把持戒在修行中的地位降低了。智𫖮还指出止观相兼才能收到更大的修持效果，强调两者不可偏废，以克服以往南北佛教学风的偏颇，并提倡止观结合、并重，从而构成了天台宗一派学说的基本内容。

止观学说是天台宗阐述主体如何由迷转悟、变凡为圣的一种方法，作为一种方法论，在佛教哲学中具有重要的意义。止观方法的特质，就是在平静专注的心态中进行神秘直观。在这种特定心态中的直观活动，能使修行者在主观上消除各种烦恼和痛苦，使人的心灵升华到一种崭新的神秘境界。这种宗教的情感体验和精神愉悦，正是佛教之所以为佛教的特征之一，广而言之，也是宗教之所以能使广大信徒倾倒的极为深刻的原因。

智𫖮提倡止观并重，止作为一种特殊形式的宗教实践，观作为一种特殊形式的宗教理论思维，是实践和理论这对范畴的宗教形态。止观并重就是在佛教修持方法上主张实践与理论并重，提倡实践和理论相结合。从方法论的角度来说，这是天台宗胜于以往中国佛教各派的地方，也是它在中国佛教史和思想史上能够保持久远影响的一个重要原因。

天台宗人在创宗过程中又进一步发展了止观的内容。智顗在《摩诃止观》中，把止和观分为三个层次，宣传在三种不同的止中进行空、假、中三观。他在《修习止观坐禅法要》中，提出止观的作用在于使人们“能了知一切诸法皆由心生”，由此又把观心实践视为止观的重要内容，并在日后流传过程中形成了不同的观心理论。这一些也正是我们即将在下面论述的内容。

二、一心三观

“一心三观”的运思方法是由天台宗的先驱北齐慧文禅师提出的，据史载，慧文禅师是从《摩诃般若波罗蜜经》、《大智度论》和《中论》的经论中，独自领悟出一心三观的。《摩诃般若波罗蜜经·序品》讲：“欲以道种慧（智）具足一切智……欲以一切智具足一切种智，当行习般若波罗蜜。”把智慧分为道种智、一切智和一切种智三种。所谓“道种智”，是对于佛教大小乘各派所主张的各种道都能了解，包括了各种有关佛教的思想修养和修持方法的智慧。所谓“一切智”，指对一切现象的总相、共性的认识，是小乘佛教所要达到的最高智慧。所谓“一切种智”，指对各种具体现象的别相、自性的认识，是大乘佛教所追求的最高智慧。经文认为，三种智慧有高低层次的差别，必须通过修习般若逐步获得，即在具备道种智的基础上具备一切智，再进一层具备一切种智，具备了这三种智慧，也就能彻底消灭烦恼心思的一切残余势力，达到佛教的最高理想境界。《大智度论》卷二十七在解释上述《摩诃般若波罗蜜经》的三种智慧时，进一步提出了三种智慧存在的时间问题，认为三种智慧的具备虽然有先后次序，即由道种智生一切智，再由一切智生一切种智，由一切种智彻底消灭烦恼心思的一切残余势力，但是，开始是点点滴滴的积累，最后达到圆满具备时，就可以一时得到，同时兼有。这就是所谓“三智一心中得”。慧文根据这些说法，体会到修习般若的结果是一心中得三智，由此悟出一种禅法，即在一心中可以圆满观察几个方面的道理。他还联系《中论·观四谛品》的“三是偈”，说“我说即是空”的“空”是真空，是真谛，“亦为是假名”的“假”是假有，是俗谛，“亦是中道义”的“中”是非空非假，亦空亦假，是中道，中谛。原来“三是偈”是讲真俗二谛，慧文改为三谛，由二重真实的思维模式，发展为三重真实的思维模式。三谛里的真谛讲一切现象的总相、共性，俗谛讲各种具体现象的自相、个性，中谛讲一切现象各别的全部别相，这一些分别相当于一切智、一切种智和道种智三种智慧的境界。这样，一心可以同时从空、假、中三个方面去观察，一心同时具有空、假、中的三谛，于是就由原来的“三智一心”观发展成“三谛一心”观，认为空观、假观和中观三种观法，不可分割地共同存在于一心中，这就是慧文的一心三观的学说。慧文将这套方法传授给慧思，慧思进一步将一心三观的禅法归宿到实相，认为观照共相、自相和全部别相，就能穷尽实相的意义，一心三观就是穷尽一切现象的真实相状，把握真理。慧文的这种说法经过慧思而影响智顗，并获得重大的发展。

三、三谛圆融

智顗从观察一切现象存在的角度，发展了北齐慧文禅师的“一心三观”思想，形成了“圆融三谛”的观法。

智顗在慧文的一心三观思想的基础上，进一步把观的对象确定为一切现象的真实相状——空、假、中三种实相，称为三谛。并阐明宇宙的森罗万象当体就是三谛的实相，千差万别的事相都是圆融三谛的体现。智顗认为，《中论·观四谛品》的“三是偈”含着空、假、中三种实相互相联系的统一精神，不过是分别说成三谛。在智顗看来，一切现象从使人产生理解的意义上说，都有三个方面，即认识、认识发生的作用和本质。山清水秀，桃红柳绿，鸢飞鱼跃，狮吼虎啸，都是三谛的微妙形相。具体说，一切现象和事物都有其在认识上所执著的自性，如物质现象（色）以质碍为自性。但是，一切现象和事物都是由各种因缘和合而产生，既然是由各种条件和合而成，也就没有“生”的自性，没有永恒不变的实体，而成了“空”。如色空就是空去这种质碍的自性。同时，一切现象和事物虽然是空，却显现出如幻如化的妙相，历历宛然，这是认识发生的作用，也就成为“假”。“空”和“假”这两种实相都是现象和事物自身的真性如此，不待造作而有的，是事物一体的两面，空即假，假即空，如此非空非假，亦空亦假，不可思议，通过这种认识发生的作用，就可认识一切现象和事物的本质，这就是“中”。空、假、中三者是宇宙万物的天然性质，是宇宙万物实相的三种形态，是于一心中同时存在的，相连相即，互不妨碍，这就是“圆融三谛”。

天台宗宣扬宇宙间一切有差别的事物无一不是圆融的三谛，空、假、中三层义理在任何境界、任何一个事物上都存在，在任何现象上都可以见得空、假、中三者相互联系、相互包含的情况。也就是说，任举一事物，既是空，又是假，又是中。如以空为例，说假、说中，都有空的意义。因为空就是指从因缘生，缘生就无实体而空，说假也是由于缘生，说中也属于缘生。缘生是空，假和中也是属于缘生，也是空。也就是说，非但空是空，假和中也是空，于是一空一切空。按照同样的道理，从假来看，空和中都有假的意义，从中来看，空和假都有中的意义。智颛强调空、假、中不是次第观照的结果，而是一心三观，同时所得。他说：“一念心起，即空，即假，即中。”（《摩诃止观》卷一下）三谛“虽三而一，虽一而三，不相妨碍”（同上）。三谛的每一谛都是圆融的，是圆融的空谛、假谛和中谛。讲空，则假、中在其中；讲假，则空、中在其中；讲中，则空、假在其中。空离不开假、中，假离不开中、空，中也离不开假、空。三谛圆融，三一无碍，举一即三，全三是一。“一空一切空”，无假、中而不空。“一假一切假”，无空、中而不假。“一中一切中”，无空、假而不中。一三三一，即空即假即中。

智颛宣扬，运用圆融三谛的学说去观察世间现象，分析世界，就把握了佛教的绝对真理——“诸法实相”。他认为，圆融三谛是一切现象的实相的基本内涵。三谛，不只是三重真理，而且更重要的是同一真理的三种表述，是真理（真如）的三方面，宇宙万物随缘起灭，就是不变的平等的真如的全体全用，真如常住万物的当体。真如就是宇宙万物的实相，千差万别的事物，无一不是真如的显现。可以说一切万有就是真如，真如就是一切万有。同样又可以说，“一色一香，皆是中道”（《摩诃止观》卷一上）。主体所接触的任何现象都反映着本质，任何事物都是实相，实相体现于任何事物之中。或者可以这样说，现象即实体，实体即现象，事即理，理即事。除了千差万别的现象以外，并没有另外的平等实体可求，也不是离开平等实体之外存在着差别现象。

后来天台宗著名学者湛然又发挥了三谛圆融的学说，他提出三谛不只是相即的关系，而且还有双遮双照的统一意义。“遮”，否定。“照”，肯定。原来讲空谛偏重于遮，讲假谛则偏重于照，湛然认为，空谛和假谛分别都有遮和照两面，即都有否定和肯定两面，这叫做“双遮双照”。中谛也不是原来讲的遮和照的统一，而是双遮双照的统一。这样，三谛圆融也就是双遮双照的统一关系了。湛然这个观点的思想实质是不赞成把遮和照、否定和肯定分开，而是强调两者的统一。

圆融三谛和非圆融三谛是不同的。非圆融三谛的主张是：一切现象都是空，又是假有，只有离开有和空，即非有非空才是合乎中道实相。按照这种说法，空、假（有）、中三谛在时间上是有次序的，在空间上是相隔离的。在观照万物时分别由不同智慧悟证空谛、假谛和中谛。空、假属于两边，离开两边才显证中道，这样三谛互不相待、互不包含，空谛中没有假、中的意义，假谛中没有空、中的意义，中谛中也不摄有空、假的意义。非圆融三谛说认为空假二谛是万物的事相，两者是互为差别的、对立的，中谛是万物的实体、实理，是无差别的、绝对的。事相与实理是根本不同的。天台宗人认为，这种没有达到事相和实理相即、空假中三谛圆融的三谛说，不是高层次的、究竟圆满的学说。天台宗人还根据《法华经·方便品》的“唯佛与佛乃能究竟诸法实相”的说法，认为只有佛才具有知见——最高智慧，才能穷尽一切事物的本相，一般人和修持不圆满的人都是不能达到的。

从上述一心三观与三谛圆融的内容特点来看，天台宗是将三分法运用于认识论上，并由此形成以空、假、中三个范畴为核心的三智、三观、三谛的思想模式。智𫖮说："轨则行人呼为三法，所照为三谛，所发为三观，观成为三智，教他呼为三语，归宗呼为三趣。"（《摩诃止观》卷五上）这是说，为了使人理解，用"三语"称三种东西：观照对象的三谛，观照活动的三观，观照而成的三智。这是三种根本的归趣。三谛、三观、三智，是认识对象、认识活动和认识主体的问题，是认识论的三个基本方面。这三个方面，又各有三个不同层次的内容：三谛为空（真谛）、假（俗谛）、中（中谛），三观为空（观）、假（观）、中（观），三智也是空（一切智）、假（道种智）、中（一切种智）。这是用空、假、中三个范畴贯穿于认识论的几个层面，以构成认识对象、认识活动和认识主体智慧的对应关系。

三谛、三观和三智各自的空、假、中的关系，又有两类：一类是有差别的，被天台宗人视之为方便权说；一类是无差别的圆融关系，是天台宗人所力主的。后一类圆融关系是多重的：三谛、三观和三智各自内部的空、假、中是圆融的，三谛、三观和三智三者的关系也是圆融的，如智𫖮所说是"名异义同"的。这是把认识对象、认识活动和认识主体智慧融为一体，视为佛教修行的最高境界。天台宗的这种观点和其他多数宗派不同，不是强调真谛和俗谛的对立，而是强调二者的统一，用中谛把二者统一起来。这其间也表现了天台宗承认世俗现实的倾向。天台宗人把三谛、三观和三智圆融起来的基础是"一心"，认为在成佛的境界里，三谛是一心中照，三观是一心中发，三智是一心中成。这样就在意识活动中实现认识主体和认识对象的融合为一，泯灭了主体和客体的对立。这是一种脱离客观实践的、脱离客观现实的宗教性思维活动，是一种神秘的宗教精神境界。从人类认识史来看，天台宗人的这种学说，反映了在探讨事物的多重性质和主客体统一问题上的尝试和成果，也反映了人类追求无限的、绝对的认识的困惑和努力。

四、真妄心观

自慧文以来，经慧思直至智𫖮，一直十分重视一心三观法门，其所观的对象是一切事物的真实本相，即空、假、中三种实相。智𫖮又把一心三观说发展为三谛圆融说，宣传三谛在一心中得。由此在佛教修持上就要求主体一方面心观照三谛，一方面观心自身。智𫖮在《金光明经玄义》广本中提出“观心”，要求心在观照三谛的同时，还要对自身进行反省。这样心又成为了观照的对象。观心是“以心观心”的反观心源活动，是一种特殊的认识活动形式。

天台宗人非常重视观心，智𫖮强调观心的必要性说：

> 心是惑本，其义如是。若欲观察，须伐其根，如炙病得穴。今当去丈就尺，去尺就寸，置色等四阴（蕴），但观识阴，识阴者，心是也。（《摩诃止观》卷五上）

人由色受想行识五蕴和合而成，其中识蕴即心是迷惑之本。为了观的方便，略去色等四蕴，但观心识，这是最便捷的方法。这样众生就能从根本上整治自身，由迷惑转为悟明。这里智𫖮说心就是识蕴，也就是主体的意识、认识，这显然是着眼于自我意识的反思，以调整意识流向，转变意识内容，即由惑转明，由染转净，从而洞照三谛圆融的中道实相。智𫖮还规定了观心的十门法①，十种境界②。在他看来，观心是一项十分复杂的系统观照活动，十种境界是依修行者观照的深浅而呈现出的多种心理变化。

到了宋代，在观心问题上，天台宗内部又衍化成两派的异说和斗争。争论的中心问题是，作为修观对象的心，是清净的真心，还是染污的妄心？一派称为山外派，主要是晤恩（912—986）的学说。晤恩认为要观照一切事物的实相（法性），应当直接去观照，不必通过观心。另一派称为山家派（自称本宗），主要是知礼（960—1028）的学说。知礼反对山外派的观点，认为观心就是要把所观的道理集中在心上来观，只讲观实相，不讲观心，不把道理集中到心上来观是不对的。后来山外派也承认有观心，但认为实相就是心，观实相就是真观心。实相就是心，所以心是真心，真心是无性恶的。由于观照的对象

① 观心十法门是：一观不可思议境，二起慈悲心，三巧安止观，四破法遍，五识通塞，六修道品，七对治助开，八知次位，九能安忍，十无法爱。见《摩诃止观》卷五上。

② 十种境界是：一阴入界境，二烦恼境，三病患境，四业相境，五魔事境，六禅定境，七诸见境，八增上慢境，九二乘境，十菩萨境。见《摩诃止观》卷五上。

是真心，因此也称真心观。山外派认为，观照了真心，就不必再观照妄心了；像山家派那样离开实相讲观心，是妄心观，是不对的。山家派则认为，从世俗的“初心”到神圣的“佛心”，中间有着若干阶段，要直接观照实相（真心），这只有在成就佛果时才能达到，或者只有像智𫖮那样的“超人”才有可能，对于芸芸众生来说，有着无数的妄惑、执迷，不就这种妄心进行观照，是根本不可能证悟实相的。此派认为，观照俗人的心，就是妄心观。取消妄心观，就是取消观心，是违背止观并重的原则的。

山外派庆昭（963—1017）在争论中逐渐改变了“真心观”的看法。他说：“不独约真心说唯心，亦不须约妄心论唯心，盖约真妄合论说唯心义。”（《四明十义书》卷下）认为心既有真心和妄心之分，就应把两种心合起来论唯心，主张“真妄合论”。山家派知礼反对这种观点，认为这会混淆真心和妄心的界限，是不正确的。他认为世俗人的心是一体两面，一面是“不变之性”，即佛性；一面是“随缘之心”，即妄心。前者是普遍的、客观的理性方面，是不变的，后者是特殊的、主观的感情方面，是随条件而不断变化的，具有随机性，这两者是不同的、不能调和的。知礼认为应当通过观照妄心，以发现真心（佛性），成就佛果。

真妄心观之辩，主要涉及观照的对象——心的性质问题，实质上是人性善恶的问题，这是在中国古代人性善恶之辩的影响下形成的争论。同时，它也和佛教内部宗派之间的影响直接相关。华严宗主张一心开心真如和心生灭二门，并以如来藏为真心，这就形成真心妄心说，影响到了天台宗人产生真妄观心的分歧。

天台宗人的观心活动，是一种带有道德理性的意识活动，是一种神秘直观。这种直观的特点在于将主体意识设置为观想对象，然后以主体观照功能去审视主体意识，这是一种自我内在心灵的反省活动，是自我超度的活动。应当承认，这种观心活动也是宗教道德修养的一种形式，是在内在心灵展开的去恶从善的修炼。虽然这种善恶有其佛教的特定含义，但是它在消除各种欲念和妄想，改变意识状态，重建主体意识方面确能发生特有的妙用和效果。涅槃、成佛（人格神）是虚幻的，而精神、心理的解脱都是可能的，甚至是现实的。

第五节　禅　悟

唐代慧能创立的禅宗是我国佛教内部独特的一支，它标榜“教（其他各宗）外别传”，以“不立文字”、“直指人心，见性成佛”为宗旨，以追求理想人格和人生境界为目标，推行一套排斥语言文字、“以心传心”的，即直观思维的禅悟成佛方法，构成了一种别有风采的直观认知方式。

禅宗的禅悟有一个历史的演变发展过程。慧能首先提倡性净自悟，追求主体对于自身内在本性的复归，以求得主观精神的解脱。慧能《坛经》用中国语言，通俗地阐释了禅悟思想，在中国禅宗史上具有最重要的意义，后来禅宗大师的主张都是慧能思想的发展变化而已。在慧能以后，禅宗荷泽系①宗密主张“知之一字，众妙之门”，而南岳系则加以批评，认为“知之一字，众祸之门”。南岳、青原两系都高扬不立文字，尤其是南岳系马祖道一和青原系石头希迁分别高唱“触类是道”和“即事而真”的禅道，成为禅宗的典型宗风。此后沿着直指心源的道路前进，越来越趋向于舍弃经论的文字，扫除玄句，大辟机用，以求顿悟成佛。青原系下形成曹洞、云门、法眼三宗，南岳系下形成沩仰、临济两宗，各宗都发挥了各式各样的、丰富多彩的接化方法，如“四照用”、“五位君臣”、“三句”等教学模式，机锋棒喝、超佛越祖甚至呵祖骂佛的教学手段，洋洋大观。到了宋代，禅宗又出现了文字禅、看话禅和默照禅，各呈异彩。

历代禅宗学人经长期禅修实践，形成了大量的“公案”，这些公案表明禅师的基本修持方法是顿悟渐修，或者更准确地说是由渐修到顿悟，再渐修。也就是说，各种条件没有成熟的学人要在平日重视渐修，准备、创造开悟的条件。对于条件成熟而还没有开悟的学人，要

---

①　禅宗荷泽系，指慧能的晚年弟子神会开创的一系，因神会住河南洛阳荷泽寺而得名。此系经数传后即趋于衰落。

提出疑难问题，或用棒喝手段，猛击一掌，大喝一声，引导学人紧张寻思，激发开悟，寻思时可以和日常行事、感性活动结合起来；开悟后仍要经过严格的勘验，继续渐修，对随时遇到的问题都要作出真切的解释，从实际生活中去锻炼自己的功夫，塑造理想人格，进入新的人生境界。这种禅悟涉及教学方法、认识途径和思维形式等一系列问题，是佛教认识论的重要组成部分。

一、无念、无相、无住

禅宗实际创始人慧能倡导的自识本心、自见本性、自成佛道的学说，是以认识、返观众生主体的本心、本性为成佛的根本途径的，因此慧能竭力排斥对外界事物的思维、执著，提出“无念为宗，无相为体，无住为本”（敦煌本《坛经》）的三项禅修要求，构成了慧能顿悟说的基本内涵。

（一）无念为宗

慧能说：“无念者，于念而不念。”（同上）“无念法者，见一切法，不著一切法，遍一切处，不著一切处。”（同上）“念”，本指记忆，此泛指分别、认识，即思维活动。“无念”的含义有两个要点：一是就主观方面说，心体要离开念，即认识本体，远离一般的思维活动；二是就客观方面说，见一切现象（“一切法”）而又不执著。这就是说，思维时不执著主观思维和客观现象，为无念。其中第二重意义尤为重要，“于外著境，妄念浮云盖覆，自性不能明”（同上）。妄念是执著外境的杂念，无念就是无杂念，强调排除一切杂念。“悟无念法者，见诸佛境界。”（同上）只要悟解这种无念法门，排除一切妄念，就能见佛的境界。无念对于众生成佛具有关键性的意义，所以要以“无念为宗”。“无念”是从否定角度讲的，若从肯定角度讲就是提倡“正念”。“真如即是念之体，念即是真如之用。”（同上）这里所说的念就是正念。真如指万物本性，即众生的本心，本性，佛性。正念是真如本性（体）的自然显现（用）。正念时能使众生的内在本性顿然发露出来，此时也就由迷转悟，成为佛了。无念是对外不执著境，所以要竭力排除世俗的分别、认识，也就是世间的各种概念、判断、推理都应排除净尽。正念是以心念心，直观本心，人在自身内部设置认识主体与认识客体，进行观照活动。在慧能“无念为宗”的命题里，排除一般的感性经验、理性思维与提倡神秘的内在直观是相辅相成的。

（二）无相为体

慧能说：“无相者，于相而离相。”（敦煌本《坛经》）“相”，指一切现象的相状，以及由认识相状而产生的表象、特征。所谓“无相”，是指在接触外界形相时能够离开，即不执著形相，这就是主张在接触客观世界时，不形成感性认识，以免产生对外界的贪恋执取。所谓“离相，性体清净”（同上）。离相就是无相，众生若能做到无相，就能在思想上得到升华，达到性体清净，所以“无相为体”。慧能认为，相是建立在主观心的虚妄分别上的，是人们主观分别的结果。所以“无相”也就是要看到一切现象的无分别性、无差别性。后来有人提出无相讲不通，说释迦牟尼佛就有三十二相，禅宗人解释说释迦牟尼佛三十二相也是人心主观的虚妄之见，佛与众生的差别相、佛相、众生相都应破除，强调众生的自心就是佛，众生的本心与佛并没有区别。

（三）无住为本

敦煌本《坛经》说：“无住者，为人本性，念念不住。”“无住”，是指人的本性。印度佛教讲无住是指一切事物都没有凝固不变的性质，这是一切现象的共性。后来《大乘起信论》以无住为万物本原“真如”的属性，慧能把无住视为人的本性，强调在一切事物上念念无住，不能把意念定住在任何事物上，亦即不把原来的性空的事物执著为实有，这样思想就不会受束缚，而获得解脱。慧能认为，万物都由自心生，如果悟解事物的真性——空性，自心就不会定住在事物上；这种不在事物上定住，不把事物执为实有的心，是从万物中洞察空性的一种智力。这是通过禅修从感性世界中获得的精神超越，是从世俗现实感性经验中得到的思想解脱。

慧能《坛经》所说的“无念为宗，无相为体，无住为本”，是禅宗悟道的基本途径，这三者是密切相连的统一整体。其中“无念为宗”居于最重要的地位，它主张排除一切杂念；排除杂念的根本要求是不能执著一切事物的相状，即“无相”；排除杂念，还要求不在任何事物上定住，执为实有，为“无住”。从认识论来看，就是主张排除世俗认识，排除感性认识和理性认识，或者说，通过直观把握万物的性空和主体的本性，从感性经验中获得升华、超越，进入新的人生境界。

二、触类是道与即事而真

慧能提出“无念为宗，无相为体，无住为本”的宗旨，要求众生排除杂念，不执著事物的相状，不执著事物为实有，返归自性，顿悟而成佛。慧能所说的众生的自性就是佛性，佛性作为众生的本性，归属于宇宙万物的真如本性，佛性与真如本性是相等相通的。众生体悟宇宙万物的真如本性，也就返归众生的本性，觉悟成佛。这样众生顿悟成佛就集中归结为这样的问题：众生的杂念、执著、行为和万物的本性的关系如何？众生的日常行事与众生的佛性关系怎样？这也就是如何通过禅修顿悟众生和万物的本性问题。围绕着这个主题，慧能门下衍为南岳怀让、马祖道一和青原行思、石头希迁两大系的禅修方式，南岳一系倡导“触类是道”①，青原一系主张“即事而真”。

（一）触类是道

“触类”是指人平常生活的各种行为、表现，“道”是修行，佛道，佛理。“触类是道”是说禅修者在生活中的任何行为都是修行佛道，都是佛理的自然流露、表现。马祖道一禅师（709—788）是“触类是道”禅法的主要倡导者。道一原主坐禅，怀让特以磨砖不能成镜为喻说明成佛不必坐禅，使他顿然开悟。② 他继承慧能的思想，提倡“即心即佛”说，认为众生心性与佛性没有差别，人的自心即是佛心，自心就是佛。因此人的一切行为也都是佛道、佛性的表现，是一切皆

① 胡适说，马祖道一禅法的宗旨是“触类是道，任心为修”。见其所作《中国禅学的发展》，载北平《师大月刊》(18)，1935-04。

② 参见《五灯会元》卷三《南岳怀让禅师》：“开元中有沙门道一，在衡岳山常习坐禅。师知是法器，往问曰：‘大德坐禅图什么？’一曰：‘图作佛。’师乃取一砖，于彼庵前石上磨。一曰：‘磨作什么？’师曰：‘磨作镜。’一曰：‘磨砖岂得成镜邪？’师曰：‘磨砖既不成镜，坐禅岂得作佛？’一曰：‘如何即是？’”道一虚心向怀让请教，怀让给以开示，并作偈曰：“心地含诸种，遇泽悉皆萌。三昧华无相，何坏复何成？”言下道一开悟，心意超然。

真。马祖高第南泉普愿禅师说“平常心是道”，众生的平常心本来就是佛心，只是因为众生没有觉悟到这一点，随着名言，执著外物，以为实有，形成迷惑；若能一旦回光返照，停止向外追求，返本归源，那就全体都是佛心、佛道，没有别的什么东西；若能了解、觉悟本心就是佛心，那么大道只在目前。禅道触目皆是，行住坐卧、应机接物都合乎佛道，都是佛道的体现。马祖认为，修行成佛的关键在于悟得本心，只要小心护持本心（佛心），使其不受污染，那就不需要另外一些特别的修持，不需要有意识地去做从善止恶的事，只要“纵任心性”、任运自在就是了。如扬眉、动目、哈欠、咳嗽这些小动作，都是佛事。所以，马祖在接引前来禅修的学人时就采用奇特古怪的教学方法。他不用言语文字来讲佛理，而是用打耳光、口喝、脚踢等动作，刺激、诱导门人，教人去思索，返归本心，悟得本心，求得自我解脱。

马祖道一的禅学思想和禅修方式对后世禅宗的影响极大。黄檗希运继承道一的思想和风范，进一步主张“心即是佛，更无别佛。……即心是佛”（《黄檗山断际禅师传心法要》）。不仅如此，“此法即心，心外无法，此心即法，法外无心。……心即是法，法即是心”（同上）。心不是“见闻觉知”，而是“本源清净心，常自圆明遍照”（同上）。也就是宇宙万物的清净本体。希运排斥人们通常的感性和理性的活动，主张直指心源。希运弟子义玄又创立临济宗，形成峻烈的宗风。他提倡大机大用，棒喝齐施，把种种机用和一切言句都安措在剑刃口子上，逼人顿悟。临济宗是在禅宗各派中对修持方式作了最大变革的流派，影响也最大最久。马祖后形成的另一系是沩仰宗，创始人之一沩山灵祐，也主张“以思无思之妙，返思灵焰之无穷，思尽还源，性相常住。事理不二，真佛如如”（《五灯会元》卷九《仰山慧寂禅师》）。强调借寻思的方便以触发顿悟，重视事理并行，识心达本。

（二）即事而真

“即事”是不离开日常行事，“真”，真实，本性、道、理、空。“即事而真”是指在禅修时从个别的事象上体悟、显现出性、理、空来。这种禅法和境界是青原行思门下石头希迁（700—790）提出的。

相传希迁读僧肇《肇论》中“会万物为己者其唯圣人乎”句，深受启发，于是仿照道家《参同契》，也作《参同契》来发挥禅法。希迁所讲的“参”，指参差互殊的万物各不相犯；“同”是讲万物虽然殊异但又是互相渗透、统一的，是“名异体一”；“契”是说修禅者在日常行事中要体悟、契会万物既异又同的道理。这个理是众生本心所具有的，由此理也就是心、本心。理与事并不相同，理是本，事是末，是有区别的。理与事又不分开，是统一的，要互相联系起来看。修禅者在禅观时要善于从具体的事象上体证全体的理，会末归本，返归本源一心，也就达到“即事而真”的境界。希迁倡导的这种禅法，开辟了青原一系的宗风。希迁经药山惟俨再传云岩昙晟，又提出“宝镜三昧”法门，主张在禅观时观照万物应当像面临宝镜一样，镜外是形相，镜内是影子，形影对显，形怎样影也就怎样，镜里的影子就是镜外形相的显现，影即是形，这是通过具体事象以显现出理的形象比喻。昙晟用这个比喻来说明希迁倡导的由个别体现全体的境界。希迁禅法的流传，导致后来曹洞、云门和法眼三宗的成立，这些派系的禅法都是“即事而真”宗旨的阐扬。

“触类是道”和“即事而真”是慧能以后禅宗内部的两种禅法、两种宗风。“触类是道”侧重于从道、理着眼，主张理体现到个别的事象上，所见的事象也无不是道。“即事而真”则从客观的事象出发，强调从纷繁复杂的个别事象中看出全体理，所见的各种个别的事无不是理。从认识论来说，这两种禅法的实质是通过不同的途径，共同达到理事圆融的境界。这两种禅观涉及认识中的个别与一般、殊相与共相的关系，揭示了不同的认识途径，包含着辩证法因素。

三、四料简、四宾主与四照用

临济宗创始人义玄（？—867）继承道一、希运的“触类是道”的思想，进一步宣传一念心觉悟当下就是佛的主张，强调真正修禅人并不着意追求佛果，而是随缘任运，不为外物所拘。他接引学人就从这种根本宗旨出发，棒喝兼施，机锋峻烈，单刀直入，为学人解除所受外物的束缚，以证悟触类都是道的禅理。义玄确定了接受学人的原则、重点、方式、标准等一系列设施，以破除学人对“我”、“法”两种偏见的执著（“我执”、“法执”），其中比较典型的是“四料简”、“四宾主”和“四照用”。

（一）四料简

“料”，度量。“简”，简别。“四料简”，四种简别。这是根据修禅人的不同主观条件（“根器”）和迷悟情况，而采取的有针对性的教授方法。义玄说：“我有时夺人不夺境，有时夺境不夺人，有时人、境俱夺，有时人、境俱不夺。”（《人天眼目》卷一）“夺人”，指出人无真正实体，否定对人生的世俗见解，破除众生的“我执”。“夺境”，指出外界事物是空的，破除“法执”。根据学人“我执”和“法执”的情况，对于执著我见为实有的人，着重破除“我执”；对于执著外物为实有的人，着重破除“法执”；对于人生和外物都执著的人，两者都破；对于那种人生和外物都不执著的人，两者都不破。

（二）四宾主

“宾”，参学者。“主”，禅师。宾主，即师生，或者说是通禅理者和不通禅理者。“四宾主”是禅师和学人问答的四种情况和结局，区分参禅迷悟的四种类别。区分迷悟的标准是看对人生、外境是否执著，这也是是否体悟禅理的分界线，不执著是主，是悟，执著是宾，是迷。具体说，“宾看主”，禅师不懂禅理，学人懂得禅理；“主看宾”，禅师懂得禅理，学人不懂禅理；“主看主”，师生双方都懂禅理；“宾看宾”，师生双方都不懂禅理。四宾主全面地区分了师生答问的四种类型，是有意义的，但它以否定主客体的客观实在性为禅理，这不能不说是一种片面的、颠倒的主张。

（三）四照用

“照”，观照，指对客体的认识。“用”，功用，指对主体的认识。“四照用”就是针对学人对主客体的认识情况而采用的四种不同方式，以分别破除“我执”和“法执”，破除对主客体执为实有的观点。具体地说，“先照后用”，对于执著客体为实有的人，先破“法执”；“先用后照”，对于执著主体为实有的人，先破“我执”；“照用同时”，对于主客体都执著为实有的人，同时破我、法二执；“照用不同时”，对于主客体都不执著为实有的人，给予肯定，不用再破除了，这类人已经获得禅悟，应机接物，触类是道，只要注意修持就是了。

四料简、四宾主和四照用，都是临济宗人接引学人的说教模式，其中四料简和四照用是相近的，都是着重于对主体和客体执为实有的观点的破除。四宾主的区分也以是否破除对主体和客体执为实有为标准。这些做法的目的在于启示学人排除世俗见解，返归本心，见性成佛。这是唯心主义的认识论、心性论。但是，值得注意的是，这些具体方法因人而异，区别对待，带有鲜明的针对性、灵活性，反映了方法论上的某些规律性。此外，临济宗人的四分法思维模式，也在一定程度上反映了认识的类型、标准和方法的某种特征。

四、曹洞五位与云门三句

（一）曹洞五位

曹洞宗创始人良价（807—869）和本寂（840—901）继承石头希迁的“即事而真”的观点，吸取《周易》阴阳八卦组合的方法，从事（个别）理（全体）及其交涉关系出发，提出多种五位的说法来接引学人，通过事以显理来指导禅修。曹洞宗的这套说法，世称“曹洞五位”。“五位”，就是五种形式。曹洞五位包括功勋、正偏、君臣等五种形式，其中功勋五位“向、奉、功、共功、功功”，是用以判断禅修的深浅的，而正偏五位、君臣五位则是显示理事关系的，是正与偏、君与臣分别互相配合而构成的形式，也是五位中最为重要、最具有认识论意义的。

正偏五位和君臣五位是：

正中偏	君位
偏中正	臣位
正中来	君视臣
偏中至	臣向君
兼中到	君臣合

“正”，指体、空、真、理、净、黑；“偏”，指用、有（色）、俗、事、染、白；“兼”，指非正非偏，亦即中道。“君”与“臣”，是以封建等级称谓喻指正与偏，即君为正位，臣为偏位。正偏、君臣都是中国语

言，正、君和偏、臣分别代表事物的主次。从哲学上看，正、君是指世界万有的本体、本性，代表理，偏、臣是指世界千差万殊的现象，代表事。曹洞宗人认为宇宙万有的本原是理（真如、佛性），事（现象）是理的显现。他们根据这种理事关系，运用正偏、君臣互相配合而构成了五种认识形式和教学形式。教学时有敲有唱，要学人从中听出偏正、君臣的区别及相互关系。正偏五位和君臣五位的具体内容是：

“正中偏”，是正中之偏，正位的体具有偏位的用。体是能具，用是所具，能具的体定为君臣五位的君位。习禅者悟解体中的用，从体起用。

“偏中正”，是偏中之正，偏位的用具有正位的体。用是能具，体是所具，能具的用定为君臣五位的臣位。习禅者悟解用中的体，事中的理，觉知一切现象都是真如、空性，摄用归体。

“正中来”，是指一切现象如理随缘而起，是君臣五位的君视臣位。习禅者在此位是由体起用，按照理去修行。

“偏中至”，谓用全合乎体，从现象到本体，是君臣五位的臣向君位。习禅者于此位是终日修而远离修念，终日用而不见功用。

“兼中到”，非正非偏，体用兼到，理事并行，内外和合，是君臣五位的君臣合位，是习禅者的最高果位。

正偏五位和君臣五位是由理与事、本体与现象的回互交错关系而定的，前两位是禅修的初步阶段，三、四位是禅修的较高阶段，第五位是禅修的最高阶段。这也就是习禅者在修行上由浅入深的功勋五位。

正偏五位和君臣五位是对理事、体用关系的五种认识程序和认识模式，依次是体起用，理起事；用具体，事具理；用归体，事归理；用合体，事合理；体用双兼、俱泯，理事并行、同泯。前四种虽然逐渐深化，但都各有所偏。或偏于体、理，或偏于用、事，只有第五位体用兼带、理事圆融，才是最高认识境界和最高解脱境界。曹洞五位体现了曹洞宗人由事见理的认识论观念，第二位“偏中正”，第四位“偏中至”，第五位“兼中到”，都程度不同地反映了这种理事不离、即事而真的主张。

从理论思维来说，曹洞宗的五位说抓住了本体与现象的重大哲学问题，能从本末的角度探索其种种关系，并主张体用合一、理事圆融，这是有意义的，作为一种引导认识逐渐深化的教学方法也确有其独到的细密深刻之处。曹洞宗所说的本体是真如、理、空性、佛性，其内容比较复杂，但就其基本点来说，不是指众生和事物的内在的体，而是指人们头脑中虚构出来的观念，由此展开的理事关系的内涵，也不可能是符合客观实际的。

（二）云门三句

禅宗青原法系经数传又有文偃（864—949）创立云门宗。文偃上承石头希迁等人的“即事而真”的见解，创设了一套独特的教学方法，这就是文偃的法嗣德山缘密禅师所总结的著名的云门三句：

> 我有三句语示汝诸人：一句函盖乾坤，一句截断众流，一句随波逐流。作么生辨？若辨得出，有参学分；若辨不出，长安路上辊辊地。（《五灯会元》卷十五《云门宗·德山缘密禅师》）

“函盖乾坤”句，后有颂阐释说：“乾坤并万象，地狱及天堂，物物皆真现，头头总不伤。”（《人天眼目》卷二）“真”，真如，佛性。这是说，宇宙一切，包括地狱天堂，头头物物，都是真如妙体的显现，都有佛性。这也就是所谓“青青翠竹，尽是法身”（《云门匡真禅师广录》卷中），“一切现成”，不需任何改变。这是云门宗对宇宙万物的生成和本性的总看法。

“截断众流”句，是接引学人认识事物的方法。有颂阐释说：“堆山积岳来，一一尽尘埃。更拟论玄妙，冰消瓦解摧。”（同上）这是强调纤尘不立，用一句话或一个字回答学人的提问，使之蓦地截断转机，不容拟议，体会真理不可名说，无路可走，转而向内心领悟世间并没有任何东西可以成立，破除各种执著，径直地去体证真如。

“随波逐流”句，也是接引学人的教学方法，有颂阐释说：“辨口利词问，高低总不亏。还如应病药，诊候在临时。”（同上）是说对参学者要根据具体对象的不同情况灵活说法。

云门三句，又称“云门剑”、“吹毛剑”，喻其无比锋利，能斩尽一切妄念、执著，获得思想解脱。所以人称云门宗风是“孤危耸峻，人难凑泊”（《人天眼目》卷二），十分险峻而简洁高古。

云门三句，分别说明了对世界万物的看法和接引参禅者的方法（即所谓“机用”），可以说是世界观、认识论和方法论的统一。云门三句中贯穿着理事关系的思想。“函盖天地”，合天盖地，融摄一切，是真如，即理。“截断众流”，是一个断面，是事。理是全体，事是个别。通过“截断众流”，体证真如，就是“即事见真”。总之，所谓云门三句，实质上是通过极富特征的直观去体证宇宙本体，使主体返归本性、体悟宇宙本体，进而使主体与客体合一的学说和方法。

五、机锋与棒喝

上面我们介绍了慧能以后禅宗各派的独特的认识方式和教学方法，在这些认识方式和教学方法中，禅师普遍运用了“机锋”与“棒喝”的形式，这些形式在晚唐时更发展成为各派的主要教学方式。

（一）机锋

“机”，几微，动作之微妙，此指禅机。“锋”，锋利，尤喻语言的锐利。机锋是禅师和学人问答迅捷锐利，语言含蓄微妙，不落迹象，激人证悟的语句。禅师以锐利的语言开导学人，此种教学方法称为“机用”。禅师和学人用锐利语言表达的主题与境界，称为“机境”。禅师开导学人的一言一行都被认为含有“机要秘诀”，给人以启迪，令人触机生解，称为“禅机”。随着机锋的广泛运用，逐渐形成了固定的师徒答问句式，这些句式的原始记录，不加文字修饰，就成为“语录”。由于这些问答句式的每一条都可作为教学的典型事例，因此后来又有了“公案”。“公案”本来是指公府判断是非的案牍，禅宗认为前辈祖师的问答机缘、言行记录，是一种典型范例，可以用作判断是非迷悟的标准，所以也称之为“公案”，相当于现在的档案。禅宗传灯录编集这类公案达一千七百余条，称为“一千七百则公案”。

后期禅宗学者往往以“拈花微笑”的传说，作为机锋的典范和来源。相传佛祖释迦牟尼在灵山会上说法时，有大梵天王献上金色波罗花，佛祖当即拈花示众，听众默然不解其意，唯独摩诃迦叶破颜微笑。佛祖“拈花”示意，迦叶“微笑”以表领悟，师生心心相印。于是佛祖宣布，这个不立文字、教外别传的法门，付与迦叶。“拈花微笑”被禅宗奉为“以心传心”法门、运用机锋方法的根据，迦叶也被后期禅宗尊为始祖。

禅宗机锋涉及的范围十分广泛，提问和回答的内容也相当丰富，当时比较集中和广为流行的是两个意义相近的热门话题：“如何是祖师西来意”和“如何是佛法大意”。“祖师”指被奉为东土初祖的菩提达摩禅师。“如何是祖师西来意”是问菩提达摩自西天来中国传授禅法，其禅意究竟如何。如果能了解“西来大意”，也就了解佛祖的禅的本义，修禅也就入门了。所以通常禅宗师徒见面，学人首先问的是这个问题，“公案”里大量记载着这种提问，但回答却是五花八门，没有雷同的。如“庭前柏树子”、“好大灯笼”、“一寸龟毛重九斤”、“破草鞋”、“屎里蛆儿”、“山河大地”、“西来无意”，以及反问“只今是什么意”等，都是“如何是祖师西来意”的答案。

禅宗人修禅毕竟是为了成佛，所以“如何是佛”也是一个常被提及的问题。史载大梅山法常问马祖禅师：“如何是佛?”答：“即心即佛。”后来马祖又改说为“非心非佛”。法常指斥马祖“惑乱”人心，坚持“即心即佛”说。马祖得知后给予充分的肯定，说“梅子熟也”（见《五灯会元》卷第三《大梅法常禅师》）。又如长庆大安问百丈禅师：“学人欲求识佛，何者即是?”答曰：“大似骑牛觅牛。”（《五灯会元》卷四《长庆大安禅师》）意思是自心是佛，不必他求。后来禅宗语录有许多类似的“牧牛话”，如有的说死后要“作一头水牯牛”，有的还绘图拈颂，更有的还摩岩刻石，以广流传。

禅宗机锋语句的特点是含蓄、简短、形象，有的直接回答，多数并不正面回答，教人自己去体会、证悟。如对“西来意”的回答“庭前柏树子”，意在截断学人别觅禅法的思路，强调大道就在眼前，要在日常行事上用功。它重在启发、引导，重在问者内在的觉悟、体证，是一种颇有特色的方法。

（二）棒喝

“棒”，棒打。“喝”，口喝。棒喝是禅师接引学人的手段之一，是在机锋的基础上发展起来的教学形式。禅师对于初学者所问，不作正面的语言回答，或用棒打，或以口喝，以检验其根机是否锐利，并暗示使之开悟。据佛教史载马祖道一已运用棒喝的手段。当有学人向他提问“如何是西来意”时，他便打，还说：“我若不打汝，诸方笑我也。”（《五灯会元》卷三《江西马祖道一禅师》）史载他的喝曾使门人百丈怀海禅师“三日耳聋眼黑”，怀海门人希运听说后“不觉吐舌”。棒的广泛施用，通常说始于青原系德山宣鉴（782—865）和南岳系黄檗希运（？—约850）；喝的广泛施用，则始于黄檗门下临济义玄，所以有“德山棒，临济喝”之称。禅宗典籍常以雨棒雷喝、石火电光、棘句钩章、悬崖削壁来描述禅宗，尤其是其流派临济宗的权变莫测、生龙活虎的宗风。

德山宣鉴是青原下第四世，他用棒打的形式开导门人，史载：

> 小参示众曰：“今夜不答话，问话者三十棒。”时有僧出礼拜，师便打。僧曰：“某甲话也未问，和尚因什么打某甲？”师曰：“汝是什么处人？”曰：“新罗人。”师曰：“未跨船舷，好与三十棒。”（《五灯会元》卷七《德山宣鉴禅师》）

德山对门徒经常是“道得也三十棒，道不得也三十棒”（同上），是一位经常使用棒打形式的著名禅师。

黄檗希运也采用棒打的方法。史载义玄向黄檗希运请教“如何是佛法的大意”，义玄问声未绝，希运便打。如此问了三次，被打三次。后来义玄悟道：“黄檗佛法无多子。”“无多子”，没有什么了不起的意思。义玄领悟到黄檗的宗旨，即其所宗佛法极为平常。此后义玄去回复黄檗，并给黄檗一巴掌。黄檗说“这风颠汉来这里捋虎须”，义玄便喝。黄檗见义玄已经证悟，就特许他进堂参见住持（见《五灯会元》卷十一《临济义玄禅师》）。

义玄创立临济宗后，大力推行喝的方法，门人也都纷纷效法，“师应机多用喝，会下参徒亦学师喝”（同上）。下面是义玄师徒同喝的一个典型例子：

> 上堂，僧问："如何是佛法大意？"师竖起拂子，僧便喝，师便打。又僧问："如何是佛法大意？"师亦竖拂子，僧便喝，师亦喝。僧拟议，师便打。乃曰："大众！夫为法者，不避丧身失命。我于黄檗先师处，三度问佛法的大意，三度被打，如蒿枝拂相似。如今更思一顿，谁为下手？"时有僧出曰："某甲下手。"师度与拄杖，僧拟接，师便打。(《五灯会元》卷十一《临济义玄禅师》)

义玄师生这种师喝僧喝、师打僧喝的动作性答问，是禅宗不立文字的禅法的集中表现，影响深远。临济宗的机锋峻烈、单刀直入的宗风，是它久传的原因之一。

在禅宗的教学与修持上，棒喝确是一种能产生振聋发聩作用的强烈手段，它以迅雷不及掩耳的语句或手段，荡涤情识，使人中断和转变习惯性的思维方式，激发紧张的寻思，唤起内在的觉醒，迅速转向返求内心，形成异常的心理状态，进入神秘的精神境界。

六、超佛越祖与呵祖骂佛

禅宗提倡心净自悟，即心即佛，并运用机锋、棒喝等手段，以求"得意"，达到精神解脱。沿着这样的解脱之道前进，约在禅宗五家盛行的时代，一批禅宗大师逐渐形成了这样的一些看法，认为佛祖一旦成了偶像权威，就会起束缚作用，不利于解脱，必须破斥。佛教经典也如是，也可成为文字障，妨碍"得意"，影响成佛，也应当破斥。还形成了这样的一种气概、抱负和魄力，以为掌握了成佛的方法，集中寻思，明心见性，大彻大悟，觉悟成佛完全可能，不是可望而不可即的事，甚至认为自己的机用手段可以超越佛和祖师，从而产生"超佛越祖"之说。不止于此，一些禅宗大师不仅反对自卑怯弱，自认为自己的独立人格与佛祖并无区别，或已超越佛祖，而且更进一步，反对学人拾古人的牙慧，专去觅古人的足迹，强调自识本心，自求解脱，于是又产生了呵祖骂佛的教学方法和作风。

沩仰宗两位创始人沩山灵祐和仰山慧寂有这样的一段重要对话：

“师（沩山）问仰山：‘《涅槃经》四十卷，多少是佛说，多少是魔说？’仰曰：‘总是魔说。’”（《五灯会元》卷九《沩山灵祐禅师》）抨击佛教的文字经典是有害的魔说。临济宗创始人义玄是呵祖骂佛的突出代表人物，他说：“自达摩大师从西土来，只是觅个不受人惑底人。”（《五灯会元》卷十一《临济义玄禅师》）他重视做自由人，不受人迷惑，说自由人就是佛。他主张“不看经”，“不习禅”，“祖佛俱不礼”。他为了破除执著之心，主张“向里向外，逢著便杀，逢佛杀佛，逢祖杀祖，逢罗汉杀罗汉，逢父母杀父母，逢亲眷杀亲眷，始得解脱”（《古尊宿语录》卷四《临济语录》）。佛教史上还有这样的故事：“世尊初生下，一手指天，一手指地，周行七步，目顾四方。云：‘天上天下，唯我独尊。’”云门宗创始人文偃禅师在叙述这个故事后说：“我当时若见，一棒打杀与狗子吃，却贵图天下太平。”（《五灯会元》卷十五《云门文偃禅师》）这可以说是从根本上反对佛祖的言论。此外，如南岳系丹霞天然禅师也说：“佛之一字，永不喜闻。”（《景德传灯录》卷十四）他还强调泥塑木雕的佛像，并不真正代表佛，成佛也绝非从偶像崇拜中来。他曾手劈木佛像，烤火取暖，以示破除偶像崇拜。再如青原系德山宣鉴禅师呵祖骂佛也十分激烈，他说“佛是西天老比丘”，骂佛是“老胡”，骂达摩祖师是“老臊胡”，斥贬佛经是“拭疮疣纸”，他甚至主张棒杀天下衲子（僧人），可见其禅道极为严峻。

禅师们的超佛越祖和呵祖骂佛，以及遣荡经论教条的执著，是为了引导学人寻觅自己本来是佛的人，不必着意外求。这是中国佛教史上重视内在证悟、反对外在教导的最鲜明的史实。禅师们的这一套主张，当然不是真骂释迦牟尼，不是反对佛教，而是反对偶像崇拜，打破经典束缚，主张得意自悟，以成真佛。不过，它毕竟具有反对外在权威（佛、祖）、反对教条（佛典）和反对佛教传统（依教相传）的作用，是对传统佛教信仰的重大突破。禅师们主张突出自我人格，高扬自我意识，恢复人的主体性，发挥主观能动作用，这对于冲破神学迷信，重建人的尊严，都具有一定的解放思想的意义。

七、文字禅、看话禅与默照禅

禅宗思想发展到宋代，又发生显著的变化。此时一些知名禅师失去了原来禅居山林与平民接触而形成的朴实作风，转而经常与士大夫、官僚等上层人士交往、周旋，思想与风格日益与文人学士相合拍，并适应了统治者的需要。同时，禅宗的机锋、棒喝、呵祖骂佛等一套方法也已发展到登峰造极的地步，以往积累的大量“公案”，留下了足够人们揣摩、咀嚼、领会的大量思想资料。这一套方法不仅难以再有什么新的发展，而且由于这些方法的泛滥，相应地出现了“破坏”佛教的危机。因此，宋代临济宗、云门宗的一些大师又一改以往“不立文字”、“教外别传”的传统，不仅重参究，也重“教”，重言说，即又转向在文字上下功夫。这样，在唐代原有“语录”的基础上，又出现了大量的“灯录”，还有“颂古”、“评唱”等形式，由“内证禅”变成了“文字禅”。后来一些禅师又产生忧虑，认为文字禅和禅宗的精神背道而驰，他们主张只把“公案”的某些语句作为题目（“话头”）来参究，强调不从文字上去理解，而是从言外之意去领会，这就是所谓“看话禅”。与此同时，又有曹洞宗禅师反对看话禅，主张静坐看心，寂默静照，称为“默照禅”，这实际上又回复到慧能以前传统禅学的观法。

（一）文字禅

所谓文字禅是一种从文字上寻求禅意的观行法门。禅师用以往“公案”来教学人，但公案的语意含蓄，不落形迹，很难讲清楚。既不能直接点破公案语句的禅意，还要比原来语句明白易懂，这就需要用迂回曲折的方法绕着弯解说，也就是要求在文字言说上着力，下功夫，并采用传统的偈颂、诗歌、注释等文人喜闻乐见的体裁，以引人入胜，提高教学和宣传的效果，这就是“绕路说禅”的方法。

文字禅最早的形式是“颂古”。禅师以“古德”（禅宗德高的古人）所说的语句作为参禅的准则，称为“古则”。以“古则”为韵语发明其禅意的，称为“颂古”，实际上就是公案的颂。临济宗人汾阳善昭（947—1024）最早创颂古的形式，他收集古人的一百条公案，分别用偈颂来阐述，为《汾阳善昭颂古》。后来云门宗人雪窦重显（980—1052）也作《颂古百则》。此后临济宗杨岐派的圆悟克勤（1069—1135）更以雪窦的《颂古百则》为本，编成《碧岩录》。此书先在颂前加有“垂示”（提示），再在颂中加“着语”（夹注），介绍提出公案者的略历，再加“评唱”（注释），以发挥禅意。这是临济宗的主要典籍，也是禅宗史上的一个重大标志，即禅风发生了空前的变化，由讲公案发展到注释公案，由不立文字转为不离文字，并且影响很大，使一些有文化素养的禅师纷纷走上文字禅的道路，涌现出一批文词优美的禅宗著作，同时也产生了舞文弄墨的流弊。

（二）看话禅

大慧宗杲（1089—1163）是圆悟的门下，他反对师父的文字禅，担心后人“专尚语言以图口捷”，就将所藏《碧岩录》的刻版毁掉了，并且改变了运用公案的方向，不是直接去理解公案的文字，寻求禅师的禅意，而是以公案中的某些词句作为“话头”来参究，也就是参活句不参死句。他常常举“狗子还有佛性也无”一则话头，要学人反复参究“无”字，也就是要昼参夜参，行住坐卧，着衣吃饭，屙屎放尿，都守个“无”字，这样日久月深，就与“无”打成一片，蓦然心花顿发，瞬间悟得佛祖的禅机。这种参看话头的禅法，称为“看话禅”。

看话禅自宗杲盛唱以来，被临济宗人奉为圭臬，此后历经元、明、清，一直流传不绝。看话禅的特点是，用一则毫无意味和定见的话句，追问到底，使人大发疑情，如此疑来疑去，疑到山穷水尽，逼人返观自心，照破一切妄想杂念，探究本性，洞见自己的真面目。通常参究的话头是两个：“如何是父母未生前本来面目？”“念佛是谁？”这些话头是难以言说的，要靠内心的体察，作内省式的参究，以求省悟。参话头要善于怀疑，所谓“不疑不悟”，“小疑小悟”，“大疑大悟”，就是提倡怀疑，自由理解，随意联想。看话禅的思维实质是直觉的把握，是对自我本性的心理体究，对主观见解的自我肯定，是颇独特的运思方式。

（三）默照禅

曹洞宗的禅观法门回互细密，知见稳实，和临济宗不同。到了宋代，更由曹洞和临济相异的禅观，发展为曹洞宗天童正觉的默照禅和临济宗大慧宗杲看话禅的对立。天童正觉（1091—1157）认为心是成佛的根本，众生因被妄念蒙蔽，不得觉悟。如果静坐默究，去掉妄缘幻习，本性恢复清白圆明，那就能够事事无碍。所以他坚持默然静坐，摄心内观。他在所著《默照铭》中说："默默忘言，昭昭现前，鉴时廓尔，体处灵然。"（见《宏智禅师广录》卷八）又在《坐禅箴》中说："不触事而知，不对缘而照。"（同上）这种禅观法门是对所传菩提达摩"壁观"和神秀的长坐不卧、住心静观的禅法的继承，是佛教传统的禅定方法，是与慧能以来的禅法不同的。虽然宗杲和正觉的私人友谊很深，但是禅风的不同，引起了宗杲的反对，指斥正觉是邪师，抨击默照禅是只图省力不求妙悟。尽管默照禅受到宗杲的强烈批判，却也盛行不绝。

上述三种类型禅法几乎同时出现，是禅法中两大矛盾的反映。这两大矛盾，一是不立文字与不离文字的矛盾，一是不坐禅与坐禅的矛盾。这些矛盾实际上是慧能禅宗与以往禅学对立的新表现，是直觉思维不同形式的差异。

八、略评

上面我们从认知的宗旨、形式和教学方法的角度，对禅宗各派的禅悟作了简要的介绍。从学术观点来看，禅悟的思想重心在于彻悟心灵世界，以求人生境界的完满实现，由此展示出一系列实现这种理想目的的道路、方式、方法，其中包括禅师开示学人的禅机和学人主体自身的禅悟，为认识论、思维科学和心理学提供了丰富的思想资料。

禅宗各派禅悟的主张、方式、方法并不相同，有的甚至是对立的，但多数流派禅悟的基本轨迹是相近、相似乃至相同的。从总体来看，禅宗禅悟的实质是什么？有什么特点？禅师接引学人的禅机又有什么特点？禅悟所追求的境界蕴涵什么样的内涵？在哲学史上的意义怎样？这里我们试就此作一简略的评述。

禅悟的实质，可以从密切相关的几种角度去看。禅悟是一种内心体验、内信息活动，即一种关于人的本体性的特殊的神秘感受和意会。在这种感受和意会中，超脱现实功利观念，超越感性经验，身心净化，消除主客观的对立，形成主客观的融合，进而达到主客观的泯灭状态。由此彻悟心境，豁然开朗，转换心态，主体也就觉得升华到了另一个世界，发现新天地，进入新境界，获得新的信仰价值。禅师的内心体验，也是一种直觉反思。这是在内心突破语言文字和逻辑思维，超越自我经验、直感、情感、意志和思辨程序，依靠内心的非理性的直觉反思，既直接觉察本心的清净（佛性），又直接觉察万物的性空（真如），“以心观物”，心物交流，从而在瞬间克服主观与客观、主体与客体的对立，以及过去、现在和未来的时空界限，在内心中的物我、是非，完全打成一片，洞察万象，大彻大悟，获得佛教的“终极真理”。禅悟的瞬间成就，也就是灵感爆发状态。从思维科学来说，禅悟实际上是经验信息的积累与冥想，在某种主客观条件的引发下突然沟通而产生的突发性意识，是以直觉为接通媒介的思维活动，从一定意义上说，也就是灵感思维。直觉是洞察事物的一种特殊思维活动，灵感思维是一种具有突变性和突破性特征的思维创造活动。禅悟是以直觉为认识方法和认识形式的，禅宗的顿悟就是灵感获得创造性成果的表现，就是灵感的一种表现形态，所以禅宗的直觉、顿悟具有灵感的性质。禅宗人正是将直觉、经验夸大、膨胀、神化，说成是成佛的境界，从而陷入神秘主义的。

从认识论角度来看，禅悟的特点有四：

（1）自得性。禅悟的重心在于自我，在于内心的自得，即要觉悟自性本自清净，佛性本自具足，不要向外驰求。禅悟的基本途径在于打破心物界限，以心入物，用主体的直觉反思去渗透、把握宇宙人生的整个时空，悟入人生的一种最高境界。这也是立足于内心，从内心和外物的往返交流，融通合一，共同泯灭，从而达到对自我的超越。这种内心的自得性是禅悟的最重要特征之一。

（2）随机性。这是禅悟方法的本质性特征之一。禅修并不要求脱离日常实践经验，禅悟前往往有一个修持和思考的过程，后来由于突然受到某种因素的刺激、启示，以灵感的形式顿然彻悟。禅悟是个体感性经验的神秘飞跃。诱导禅悟的因素是偶然的，是与机遇相伴随的。机遇有启示性的，也有意外性的，是不定时空难以预料的。禅悟方法的随机性特征表现了偶然性在直觉思维活动中的地位和作用。

（3）突发性。从顿悟的发生看，是一种突发性的体验、感受，是非理性的直觉思维活动的瞬间高峰。在直觉反思活动中，由于某种偶然机遇的触发，顿然出现主体本性与万物本性的同一，有限（人）与无限（宇宙）的融合，瞬间（人）与永恒（宇宙）的冥符，突然彻悟人生和宇宙的真相，获得顿悟——心灵的解脱。这种突发性、瞬间性的顿悟，是禅宗人的一种特有感受，是禅悟形式的重要特征。

（4）意会性。禅悟的结果是一种体验、感受，体验、感受是一种内信息活动，不是一般的认识活动，是因人而异的；体验、感受是非理性思维活动，是瞬间突发、稍纵即逝的，所以只能意会，不能言传，难以用语言表达。如果有语言，也是一种不便于转换的内部理解语言。需要借用语言时，也不是循着语言的常识性、规则性去思维，而是打破语言的束缚，超越语言的限定，以把握言外之意、弦外之音。这样，禅宗既排斥逻辑思维的作用，也否定语言文字的作用，以为使用语言文字，只能是分割、限定事物，扭曲事物的真貌。但是，禅宗为了宣扬本宗义理，有时又不离开语言，而且特别重视和善于利用语言。

禅悟是主体的一种内在的直觉、体验、领会，禅师们在接引学人时，都重视运用禅机，令学人触机生解，从而在教学方法和认识方法上形成了富有特性的创造，其特点是：

（1）针对性。禅悟因人而异，禅师们非常重视从具体对象出发，有针对性、有区别地开导学人，并总结出多种模式，如上面所讲的或“夺人”，或“夺境”，或“照”，或“用”，等等，从方法论角度来看，体现了从实际出发、灵活多样的特性。

（2）重启示。禅宗认为悟道是个人的事，人人都具有佛性，都可以证悟。所以，禅师对学人都重启示，只教人自己去体会，从不轻易给人解说，从不说破。为了启发、暗示，禅师运用了各种生动活泼、丰富多样的手段和方式，通常采用的是两类做法：一是运用比较特殊乃至反常的语言，如隐语、比喻等，也就是相互矛盾、模糊不清以及无法理解的奥妙语言，许多话头与公案就是这方面的记录；二是特殊的非理性的动作，如棒喝等象征性的表现形式，近似活泼自在的形象教学与直观教学，这都是为了使人产生联想，引发自觉，顿生悟解。

（3）提倡怀疑。禅宗认为人们受常识、观念的束缚，迷信权威，盲从教条，所以不能觉悟，要觉悟就要怀疑，只有怀疑才能觉悟。禅宗教人相信自己，相信自己的判断力，鼓励怀疑，提倡怀疑。这是完全符合创造性思维的要求的。

（4）反对权威，反对教条。与提倡怀疑密切相联系着的是，禅宗认为悟道在于主体自身，众生自心就是佛，外在的佛祖和佛经并不能救助人成佛，甚至会成为个人成佛的桎梏，不必要也不应当依靠外在的权威，反对向外求佛的救助，由此更进而有呵祖骂佛、诋毁经典之举，其目的在于教人向内追寻，求得自心的解脱。

上述方法论特点的内容虽然是宗教性的，但是却包含了大量的合理内容，可以看作是启发性教学实践的创造，对于总结认识的方法、形式和过程也是富有启示意义的。

禅宗的禅修悟道、瞬间顿悟所达到的心灵境界包含了宗教、哲学、道德、美学等多层次的思想内涵。

顿悟作为内心的直观体验，是思想观念的巨大飞跃，这主要表现在两个方面。从主观方面说，是对自我本性的寻觅、把握，对人的本体的发现，对最高主体的确立；从客观方面说，是对万物的实相的寻觅、把握，对世界终极本原的发现，对宇宙最高真理的体认。同时，人与自然的本性一致的观念，使主客观相沟通，从有限中体察无限，从瞬间体察永恒，内在地体验到人与自然、主体与客体的统一，共存共亡，不可执著。这是在深层思想上把握人生宇宙“真实”的体验、感受，在宗教经验上是达到所谓即心即佛、自由快乐境界的体验、感受，由此进入“至真”境界，获得一种充实感和满足感。禅悟在对万有本原、宇宙终极的体认中，达到对社会、人生的超越，摆脱功利计较，形成淡远心境，进入“至善”境界，获得精神的欢乐和道德的愉悦。禅悟心态也是一种美感体验，由于瞬间洞照人生宇宙的奥秘，领悟大自然的和谐、有序，人与自然的融通、合一，从而使人的平凡生命、日常生活跃升为具有艺术、诗意色彩，使禅师进入“至美”境界，获得审美的愉悦和生命的快乐。总之，禅宗僧人在悟道中达到了宗教意义上的真、善、美三者统一的境界，获得了心灵的解脱、自由和满足。这是一种真实存在的特殊的宗教感受和宗教境界，至于对这种感受和境界的各种意义的评价则是另一个问题。

中国禅宗与印度佛教的静修沉思、般若直观有一定的思想渊源关系，但它主要是在与中国道家、儒家等传统认识论思想相结合的基础上进行思想重构的产物，是独创性的中国化宗派。中国传统哲学认识论的一般格局是认识活动、道德实践和审美过程的统一，是主体的知、意、性、情、欲对象化为真、善、美，通过直觉的方法，以追求主体与对象的直接合一。道家老子讲“为道”，不重经验，提倡“玄览”，即深刻观察，使主体直接冥会宇宙的规律、本体（“道”）。玄览就是直觉方法，老子是中国哲学史上直觉方法的创立者。庄子继续创立直觉法，主张主体通过“无己”、“坐忘”、“心斋”等方法，以达到最高的自由境界（“道”）。儒家创始人孔子提倡学思兼重，强调“一以贯之”，即追求根本原则，是与直觉方法相通的，至于他讲的“默而识之”，可以说就是直觉方法。继孔子之后的孟子，提倡“尽心、知性、知天”，以求人道与天道的同一。尽心又是一种直觉方法。在中国古代，体道和尽心是两种重要的直觉方法。中国禅宗正是在这种古代传统的直觉方法的基础上，结合印度佛教的宗教理想和形式，而形成顿悟的认识方法。禅宗与印度禅学的不同在于强调智慧、悟解、顿悟和对现实的某种肯定。禅悟作为一种侧重整体性、多向性的思考和以非逻辑性为思维操作步骤的特殊的认知方式，突出地运用了直观思维的形式和方法，阐发了非理性思维，显示了直觉顿悟对人类的内心活动、潜意识、无意识等方面的巨大作用，其在洞照事物的整体性、多极性等方面的特殊作用，丰富了思维科学的内容，弥补了理性思维的不足，缓和了语言概念的局限。在认识论、思维科学和心理学上是有贡献的，是值得总结的。但是，禅宗贬低、排斥逻辑思维和语言文字的作用又是偏颇的。禅悟的思维方法不以实证科学方法为基础，不按照逻辑规律推出新知识，加上它的偶然性、神秘性，都限制了它的认识功能。至于禅宗提倡的人生境界，一味向内追寻的禅修，以及强调一切现成等观念，其局限性也是十分明显的。

结　语

佛教哲学经历了漫长的历史演变，内容十分丰富庞杂。在即将结束论述时，我们拟就佛教哲学的重要内容和主要特质，以及佛教哲学发展的基本规律，作一简要的初步归纳和总结。

佛教哲学的重要思想内容，可以归纳为以下四点：

第一，缘起论是全部佛教哲学的理论基石。佛教缘起论有各种不同的具体形态。其立论有的侧重于人生现象，有的则兼重人生现象和宇宙现象；有的从心与物两方面来展开，有的则着重于从心方面来展开，这其中又有着眼于宇宙真心或个体心识的不同。这些不同形态缘起论的基本思想是共同的，即一致认为任何事物都是由因缘和合而生成的，都不是单一的独立的存在，而是和其他事物相依相待的。缘起论是佛教哲学的最根本的立足点和出发点，正是由此而发展出一系列重要的哲学命题和论断。从缘起理论加以推衍，就有"无常"的学说，这种学说认为，既然一切事物都是因缘和合的，那也就是刹那生灭、永远变化的，因此，世界上也就没有恒常不变、始终保持常态的东西。由于无常，对人来说，就不能自己主宰自己，就不自在，这就是"人无我"；就事物来说，时刻在变，永远在变，也就没有一定的自性、自体，这就是"法无我"。也就是说，人空，法空，一切皆空。总之，奠立在缘起论基础上的人无我和法无我是佛教区别于其他宗教派别和哲学流派的根本之点。

第二，善恶、净染、真假是佛教哲学的中心观念。佛教认为人生是痛苦的，并以引导众生解脱痛苦、追求来世幸福为宗旨。为了求得解脱，它强调对人生和宇宙的本质（真实）要有合乎佛理的了解和把握，强调心境要清净无欲，即心灵要净化，并把由痛苦到解脱的转变确立在个人的宗教道德观念和行为上面。它宣扬众生的一切善恶观念和行为，决定了众生能否了解和把握人生和宇宙的本质，能否清除杂念贪欲；宣扬众生的善恶观念和行为都会引起果报，凡为善的必然逐步上升，直至成佛，凡为恶的必然逐步下堕，直至进入地狱。在佛教学者看来，道德上的善恶和心境的染净以及人生、宇宙的本质的真假，完全一致。所谓善就是净，也就是真；所谓恶就是染，也就是假。所谓众生成佛，就是去恶从善，由染转净，由假返真的过程和结果。这里的善恶、净染、真假都有佛教的特定内涵，其中包含着一定的合理因素。在善恶、净染、真假的观念中，善恶是最重要的观念，善恶不仅直接贯穿于伦理学中，也直接体现于佛教哲学的宇宙观、认识论和方法论等全面领域，从而构成了充满宗教道德色彩的佛教哲学体系。也正因如此，佛教无论在印度或在中国，都高度重视心性道德学说，并在印度的大乘瑜伽行派和中国的天台宗、华严宗、禅宗的理论中，得到了最充分的阐扬。

第三，神秘直觉是佛教哲学的认识论基础。佛教奉行一套神学唯心主义哲学，强调从佛教的出世立场出发，对人生和宇宙的所谓真实本质进行认识，这样就必然要贬低、排斥通常的一般的思维活动，提倡所谓高于一般思维活动的认识，就是佛教的“智慧”，即“般若”。佛教认为，一切事物的实相是不可言说、不可名状的，人们不应对事物进行具体的分别，而应遵循佛教的高级智慧活动，直接把握事物的实相，体认本体，成就为佛。这实际上是提倡超越经验和逻辑思维的神秘直觉思维。只是大乘佛教后期瑜伽行派的有些学者才比较重视逻辑论证，但同时仍然坚持神秘直觉思维。与此相关，名言概念是实在的，还是虚假的，在认识过程中的功能、价值如何，也一直是困扰佛教学者的一大问题。小乘佛教中有的流派主张概念是实在的，也有的流派认为是虚假的，大乘中观学派主张概念是虚假的，瑜伽行派则认为是实在的。凡是认为概念是虚假的流派，都贬低、否定概念的作用，而瑜伽行派对概念的构成、性质和作用则多有阐发。如何调节佛教理论和世俗认识的关系，也是佛教认识论的一个十分尖锐的问题。大乘中观学派采取二谛说、中道说来调和二者的矛盾，由此又发展出三谛圆融、四重二谛等学说，形成了佛教的一整套认识论、真理论和方法论体系。

第四，追求解脱是佛教哲学的根本目的。佛教哲学理论从终极追求而言并不是探索人生和宇宙的客观规律，而是为了指导佛教徒的宗教实践。这种实践就是所谓求得解脱的修持活动。从哲学的视角来看，这种修持活动是着眼于解决主客观的矛盾。人类由个体和群体的行为积习构成生活环境，这种环境转而限制人类的活动，而受环境限制的人又要求改变环境，这样就形成了主客观的矛盾。佛教提倡净化人生的愿望和德行，以逐渐解决主客观的矛盾，并最终超越主客观的矛盾，进入涅槃境界而成为佛。佛教所作的理论分析、逻辑论证，都是为佛教解决主客观矛盾、修持成佛作论证的。佛教哲学是和修持活动相辅相成的，佛教学者强调只有通过修持活动才能真正把握、体验佛教哲学。在佛教那里，哲学最终归结为出世的学说。佛教哲学的出世性，正是它与一般哲学的根本区别所在。

佛教哲学有其独特的思维模式，其总体性的特质主要可以归结为以下三点：

第一，浑然性。佛教哲学结构的面貌，表现为人生观、宇宙观、认识论和伦理学四者的密切结合、高度统一、浑然一体的显著特色。佛教不同派别的哲学著作中，有的比较偏重于上述四者的某一个方面，但兼重四者的是多数，而且彼此的内容是相互错综、交参互涵的。早期佛教的经典比较偏重于人生观，在对人生的分析基础上奠立伦理学说。后来佛教的著作则日益涉及世界观方面，佛教伦理学也进一步奠立在宇宙要素论、生成论和本体论的基础上了。如早期佛教的四谛说是在对人生过程分析的基础上，论述人生痛苦的原因、解除痛苦的途径和达到的理想境界的，体现了人生观和伦理学的互融合一。大乘中观学派所讲的“实相”，不但是宇宙万物的真实本质，最究竟者，也是人生追求和把握的最高目标。所谓“显示实相”即是涅槃境界的说法，就是在分析事物实相的基础上体现了世界观、人生观、伦理学和认识论的统一。瑜伽行派宣传阿赖耶识是万物的本原，这是世界观问题，而“转识成智”的“转依”学说则又涉及伦理学了。应当指出，佛教的认识论始终是和人生观、宇宙观密切交织在一起的，如业感缘起、中道缘起和自性缘起都是人生观、世界观问题，同时又都是从认识论的角度立论的。认识论通过和人生观、世界观的结合，又和伦理学相联系。还应指出，佛教宇宙观结构的特色，就是宇宙要素论、宇宙结构论和宇宙生成论相互结合，不可分离。佛教的本体论学说比较丰富，如赖耶缘起、真如缘起、法界缘起和自心顿现等学说，都侧重于阐发各具特色的本体论。佛教的不同流派及其著作，对于宇宙生成论和本体论的论述虽有所偏重，但通常是杂糅在一起、难解难分的。如业感缘起论，以众生的业力为本原、动力，而对众生和山河大地的生成的描述，又有宇宙生成论的意味。又如真如缘起论，真如是本体，但真如随无明生起各类现象，又是宇宙生成论的内容。再如，天台宗的一念三千说，一念即一心是本原，而所言“三千”又包含宇宙结构论、宇宙生成论的内涵。

第二，变异性。纵观两千五百多年来佛教哲学的演变，可以看出，由于社会历史条件的作用、其他学说的影响和佛教哲学自身的逻辑脉络，决定了佛教哲学的鲜明的变异性。早期佛教讲“无我”说，部派佛教又出现“有我”说。至于大乘佛教与小乘佛教在哲学理论的精神气象方面的差别就更大了。大乘佛教不仅比小乘佛教更加神学化，而且因为力主“法空”而向更加唯心主义的轨迹发展。在大乘佛教中，中观学派宣扬“一切皆空”的客观唯心主义，瑜伽行派则宣传“唯识无境”的主观唯心主义。从“一切有”到“人空法有”，再到“人法二空”，后来到“毕竟空”和“识有境空”，表现了印度佛教哲学发展的基本历程。中国的天台宗、华严宗和禅宗的哲学也都发生了不同于印度佛教哲学的变异，特别是禅宗，由于大力提倡返本还源、明心见性，更和印度佛教哲学思想迥异其趣。佛教哲学的变异性，使其内容更加复杂，也表现了它的适应性功能，这也是佛教经久不绝、延绵至今的重要原因之一。

第三，出世性。从佛教哲学内容来看，鲜明的出世性是其主要特征之一。这表现为佛教对世间一切现实的原则否定，即对人类及其所处客观世界的自体和价值的原则否定。佛教贬低和抹杀人生的意义和价值，以虚构的佛来贬低人，同时又将人置于“六道”（众生）中的较高层次，后来，大乘佛教多数流派还宣扬人人皆可成佛的动听口号。这一切都能给人以精神的逼迫和道德的责任，也能给人以感情的依托和心灵的慰藉。这也是佛教在古代的印度和中国的苦难人民中得以广泛流传的思想基础。

佛教哲学的漫长发展过程表现出一定的规律性，考察这些规律性，大约可以总结为以下三项基本规律：

第一，佛教哲学的发展深受不同国度不同时期政治上各阶级各阶层盛衰兴替的制约，深受历代统治阶级兴佛或灭佛政策和措施的制约。凡获得统治阶级的支持，佛教哲学就繁荣，反之，就衰竭。

第二，佛教哲学所阐发的问题及其表现形态，是随着时代的发展而演变的。这种演变也和当时其他思想流派的影响有关，如印度的婆罗门教（后来演变为印度教）、中国的玄学和儒学等都分别给佛教哲学的变化以深刻的影响；同时，这种演变也表现出佛教哲学自身逻辑发展的内在作用。

第三，在佛教的发展过程中，佛教哲学思想性质也有一定的变化。大体说来，在印度，先是小乘某些流派的二元论，后是大乘中观学派的客观唯心论，继之是大乘瑜伽行派的主观唯心论。在中国，除玄奘、窥基法相唯识宗的主观唯心论以外，其他流派基本上是客观唯心论。可见，在佛教哲学中，唯心论始终占主导地位。佛教唯心论和我们通常所说的唯心论是既有联系又有区别的，它是以极度强调心在认识现象和修持实践中的作用为特征的。在印度和中国都存在某些具有唯物论因素的佛教流派，但是总的说来，并没有在佛教哲学内部形成唯物论和唯心论两军的对立。佛教哲学由于和外部其他唯物论、无神论流派发生思想分歧，从而构成了唯心论和唯物论的斗争。

［原由中国人民大学出版社 1991 年出版］

佛教“空”义述评

引言

“空”是佛教哲学的根本概念和核心范畴，也是佛教义理的最高范畴。“空”因适应佛教人生归宿学说解脱论的需要而成为佛教哲学的第一个关键词。谈空说有，亦即空与有、自性与空性、无常与有常、无我与有我等关系，成为佛教哲学探讨、论辩的中心问题。在佛教的长期发展演变过程中，“空”成为佛教徒从种种束缚、烦恼、痛苦乃至生死中解脱出来的主导观念。佛教因倡导以观照空理、证悟空性而趋入涅槃之门，号称“空门”。诸佛被尊为“空王”。众生归命佛法，皈依佛教，谓为遁入“空门”。入佛门出家者，被称为“空门子”。在大量的佛教经典里，不同派别对空的含义各有不同理解，彼此纷争，相互批判，反复论辩，致使“空”义的内涵极为复杂多样，产生了诸如我法俱有、人空法有、人空法空、假名性空、识有境空、非有非空、亦有亦空、真空妙有等论说，真可谓众说纷纭，群芳竞秀，形成了多姿多彩的“空”论体系。

面对人类和宇宙万物的客观存在，有人包括一些佛教学者对佛教各派各宗的“空”论，产生了种种理论疑难和困惑，例如：由各种原因、条件和合而成的真真切切、确确凿凿的事物为什么是假有，而不是真有？为什么说事物是性空，而不是性实？如果说人是空，那么轮回主体是否存在？轮回又有什么意义？否定了人的真实存在，怎么能肯定业力的作用？契入涅槃境界的主体又是什么？一切众生本性空寂，为什么又有“如来藏”、“佛性”？而且“如来藏”和“佛性”还是本有的呢？除此之外，佛教讲空，是否会否定人们追求现世福祉的努力呢？会不会由于说空而导致对邪恶认识不够，对善良肯定不足，并产生负面的作用呢？诸如此类，可以说，佛教最富思辨色彩的“空”义哲学，就是为了回答、消解这些矛盾、疑难而展开的。

佛教的“空”论，也不可避免地使一些人产生异议，被指斥为虚无主义。这种指斥虽有一定的根据，但实际上，“空”论是和佛教的理想归宿、修持方法等紧密联系着的，是有丰富的实质内容的。就“空”论的思想主流而言，既非实有主义，也非虚无主义，而是一种不能简单地以有或无论之的价值哲学理论。

佛教的“空”论是对人类通常的感性认识和理性认识的挑战与反动，这一方面使它陷入背离常识的片面、局限，乃至谬误，一方面也使它具有超越常识的见解、判断，乃至超凡的智慧。可以这么说，在佛教的“空”论体系中，交织着诡辩与真理、糟粕与精华、偏见与智慧，“空”论在人类思辨认识史上实是独具华彩的篇章。

为了全面地认识佛教“空”义的实质和特色，下面将依次就佛教“空”义的历史演变、类别与含义加以论述，并作出相应的评价。然笔者所论仅属一孔之见，尚祈有识者正之。

一、早期佛教的无我执观念

佛教创始人释迦牟尼在世时，印度盛行哲学玄思，渴慕人生解脱。围绕着这一人生的终极追求，当时主要形成两大思潮：一是婆罗门思潮，认为整个宇宙是神秘的实在，宇宙本体为创造的原理“梵”，也是产生宇宙万物的根本“因”。这种由单一的根本“因”或一种总的原因转化而成宇宙万象的说法，称为一因生多果说。根据这种说法，人是由“梵”的神格化“梵天”而来。因此人若能通过修持实践，体认宇宙的根本因，与万有根源“梵”相契合，就能获得解脱。二是非婆罗门思潮，它反对一因生多果说，认为每一事物都是由多因积聚而成，如人就由若干元素构成，这是多因生一果说。在非婆罗门学说影响下，有的人追求快乐，以快乐为人生的目的；有的人则主张苦行，以求人生的解脱。

释迦牟尼认为，上述两类学说都不符合宇宙人生的实相，他提出了缘起说，强调各种现象既不是一因而生，也不是多因而生，而是互为因果而生，也就是由于各种因缘互为条件、互相依持、互生作用，现象才得以产生和存在。这也就是“此有故彼有，此生故彼生”① 的“缘起”关系和因果规律。释迦牟尼还强调从缘起的现象上才能见到实相。他按照缘起说，把当前的人生现象，即从“无明”开始，直到“老死”这一过程，依照逻辑次序分析为十二部分，称为“十二有支”（“十二因缘”）②。根据人生的缘起现象，释迦牟尼又把人生的实相归结为四种真实，即“苦”、“集”、“灭”、“道”四谛。这也就是说，人生是苦，是忧患的挣扎过程；人生痛苦的原因是无知的见解和邪恶的欲望；人生的终极目的是永恒的寂静（涅槃）；排除人生的执著、消除人的恶的业力（习惯力）是达到寂静的道路。释迦牟尼宣扬涅槃，主张出世，实际上就是给现实世界以价值的否定——“空”。

早期佛教关于空和无我的直接论述，集中在《阿含经》中，《杂阿含经》卷十云：“一切行无常，一切法无我。”③ 这里所说的“我”既指“大我”（“梵”），也指“小我”（人的主宰体，即灵魂）。“无我”是既否定宇宙万物的主宰，也否定人身的主宰。《中阿含经》卷四十九讲“小空”和“大空”，并提出“三空”（内空、外空、内外空）的说法。④“内空”，内心空。“外空”，外境空。“内外空”，内心与外境均空。从该经所述内容来看，“三空”的“空”主要是要“住止一

① 《杂阿含经》卷10，《大正藏》，第2卷，67页上。

② “十二因缘”，具体指无明（无知）、行（意志）、识（认识）、名色（心身）、六入（眼、耳、鼻、舌、身、意六种认识机能）、触（接触）、受（感受）、爱（占有欲）、取（执著）、有（生命存在）、生（出生）、老死（衰老、死亡）。早期佛教以此十二个因果系列解释人生烦恼、痛苦的起源。

③ 《大正藏》，第2卷，66页中。

④ 详见《大正藏》，第1卷，738页中～739页上。

定”，“念（心）不移动”，以求心境“清澄”，符合“正知”。这也就是说，“空”与禅定相联系，是通过空观禅定达到“无我执”的境界。“行空者，彼比丘莫念村想，莫念人想”①，直至“一切行此真实空不颠倒”②。“村想”，粗俗之想。所谓修行空观，就是要不作粗俗之想，不作人我之想，乃至不作种种颠倒之想。总之，空观是要达到：“贪欲永尽，瞋恚永尽，愚痴永尽，一切诸烦恼永尽。”③ 由此看来，为了修持实践，释迦牟尼主张排除无知偏见、贪欲执著，从“我”的观念脱却开来，从“我执”中脱离开来，这也就是当时所说“空”和“无我”的基本意义。释迦牟尼的“无我执”观念，为尔后佛教进一步系统地否定实体的“我”的“无我”论和“空”论开辟了道路。

二、部派佛教空有论的歧义

相传释迦牟尼逝世百年后，印度早期佛教开始发生分裂，后来演变为 20 个派别。从教义层面看，主要是对人与世界现象的本质、本性看法不同。《成实论》作者诃梨跋摩把各部派的学说归结为十个问题④，其中前三个问题是，客观现象在过去、未来是否实在？一切现象是否都实有？中阴（人死到再投生的中间过渡状态）是有还是无？最后一个问题是人我（人的内在主宰者）是有还是无？前两个问题是就客观现象而言，后两个问题是就人的主体而言，都是探讨空有问题。我国华严宗创始人法藏以空有论为参照，对佛教各派教义作了分判，共为“十宗”，其中前六宗就是对部派佛教的分类，同时也揭示了部派佛教在空有问题上的歧义⑤，这“六宗”的空有论分别是：

“我法俱有”说。“我”，人我，“法”，法我。“我法俱有”是指主体的人和客体的法都有恒常的自性。犊子、正量等部派主张主观之我和客观之现象都是实有的存在。这种说法中最有代表性的是犊子部提

① 《中阿含经》卷 49，《大正藏》，第 1 卷，737 页上。
② 同上书，737 页下。
③ 《杂阿含经》卷 18，《大正藏》，第 2 卷，126 页中。
④ 详见《成实论》卷 2，《大正藏》，第 32 卷，253 页下。
⑤ 详见《化严一乘教义分齐章》卷 1，《大正藏》，第 45 卷，481 页下～482 页上。

出的“人我”（梵语音译为“补特伽罗”）主张。它认为“补特伽罗非即蕴离蕴”①，“蕴”，指五蕴（色、受、想、行、识五类元素），即人身。意谓“我”与身既非相即，也非相离，也就是说“我”与身不是一回事，也不是两回事。关于这个我与身是一是异的问题，早期佛教是避而不答，部派佛教中绝大多数派别也不承认有“人我”，而主张无“人我”。犊子部提出“人我”是出于道德和理论的责任感，强调个人造业个人受报，确立“人我”是承担业报的主体。“人我”也不是恒常不变的，而是随作业的善恶而变化的。

“法有我无”说。说一切有部等主张诸法（一切现象存在）实有，“人我”非实有。这是从形而上学的高度肯定法有实体，我无实体。《异部宗轮论》云：“说一切有部本宗同义者……过去未来，体亦实有。”② 说一切有部否定“人我”（补特伽罗），认为“人我”由五蕴组合而成，即由一些元素、材料结合起来的，人是假有，但构成人的五蕴成分则是实有的，而且是过去、现在、未来三世都是实有的。五蕴是构成人的存在乃至于客观环境的五种要素。说一切有部从肯定五蕴的实有得出一切法体有和三世均有的观点，构成了“一切有”的真正含义。

“法无去来”说。大众部等主张一切法的过去、未来无实体，唯有现在有实体，也就是一切法只是现在有体，过去未来均无体。

“现通假实”说。这不独说法的过去、未来无体，即使是现在法也是有假有实。如五蕴是实有的，而十二处③、十八界④则是所依法所缘法，属于积聚法，是假有不实。说假部等主张此说。

“俗妄真实”说。说出世部等认为，世俗万法都是虚妄不实的，唯有出世法，如说出世间真谛的佛教真理是实在不虚的。

---

① 《异部宗轮论》，见《大正藏》，第49卷，16页下。

② 同上书，16页上。

③ 十二处，指眼、耳、鼻、舌、身、意“六根”和色、声、香、味、触、法“六境”，为认识的十二个根据。

④ 十八界，指“六根”、“六境”和眼、耳、鼻、舌、身、意“六识”，为人的生命的十八个构成要素。

"诸法但名"说。一说部等认为，世间与出世间的一切诸法，都是仅有假名而没有实体。

以上六类学说，大体上反映了部派佛教关于空有问题的观点，其分歧所在，主要是对缘起说的理解、认识不同。

与早期佛教相比较，部派佛教在"空"义上的发展主要表现在两个方面：

第一是多数部派主张人空法有，"人无我"成为部派佛教空论的主流。早期佛教所说的"无我"是提倡远离"我执"，并没有明确提出"人无我"的主张。早期佛教也反对婆罗门教的人与梵天契合的学说，实质上倾向于否定人的灵魂不灭论，但也没有明确回答轮回流转和还灭解脱的承受者问题，以致后来终于导致分歧的产生。在多数部派主张"人无我"以外，也有犊子部等主张"人我"。"人我"说一方面因承认有我的实体而被视为附教外道，另一方面也因此说关涉佛教轮回还灭思想体系的根本问题，而一直在变化形态，流传不绝，影响深远。

第二是关于法的空有，有两种对立的看法：一是说一切有部认为，一切现象都是因缘和合而成，其构成要素是实有的，因此法都是实有的。另是部派佛教中也有人既讲人空又讲法空，后来更把空推向极端，堕入空见："更有佛法中方广道人，言一切法不生不灭，空无所有，譬如兔角龟毛常无。"① 这被反对者认为是附教外道的错误观点"恶趣空"，是否定因果、否定幻有、否定一切的虚无主义。

值得注意的是部派佛教区别空与有的理论和方法。著名佛经翻译家鸠摩罗什云："小乘论说众生空。所以者何？以阴入界和合假为众生，无有别实。"② 这是说，小乘佛教认为众生之所以是空，是由于众生是由阴（蕴）入（处）界和合而成，因此是假而非实，是空。而作为构成众生的要素阴入界则是实而非空。这是以构成万物的单一的元素为实（有），以由多种元素和合而成的事物为空。把元素与缘起

① 《大智度论》卷 1，《大正藏》，第 25 卷，61 页上～中。

② 《大乘大义章》卷下，《大正藏》，第 45 卷，136 页下。

事物区别开来：一者实，一者空。与这种理论相应，小乘佛教是通过对因缘和合事物的分解，把复合体分析、还原为元素的方法而论证事物的空。也有的部派佛教把时间分别为过去、现在、未来三世，进而或肯定诸法三世均有，或认为过去已非实有，未来尚未实有，唯有现在法是真正实有。与早期佛教侧重于从修行实践角度论说无我执相比较，部派佛教论证空的理论和方法都具有哲学意蕴，在哲学理论思维上前进了一步。

三、中观学派的假有性空说

大约在释迦牟尼逝世600年后，佛教内部逐渐出现一批以追求"无上菩提"、成就佛果为理想的修持者，其中包括不少居家修行的信徒。这些信众也称为"菩萨"。由此在佛教理论中又出现了迥异于小乘的另一系统"菩萨乘"。菩萨乘，亦即佛教大乘，它的理论和实践是以菩萨为主体进行设计和构建的，突出地宣扬不但自身要成就正果，而且要帮助他人觉悟成佛，普度众生。为此目的，大乘佛教还指出了众生从生死轮回的此岸到达涅槃寂静的彼岸必经的六种途径（"六度"）：布施、持戒、忍辱、精进、禅定、智慧。与小乘佛教偏重解脱不同，它强调佛教最究竟的境界当以菩提为目标。与小乘佛教修持比较，它相应地也更加重视布施和智慧。大乘佛教的"六度"实践，一方面要求更加关怀社会、关怀世间、关怀人生，另一方面最终要求超越社会、超越世间、超越人生，解脱成佛。大乘佛教在阐发这个关乎自身发展根本命运的社会性与宗教性、世俗性与神圣性的关系问题时，也是以空有的哲学原理为其全部学说的理论基石的。

义净《南海寄归内法传》卷一载："所云大乘无过二种，一则中观，二乃瑜伽。中观则俗有真空，体虚如幻；瑜伽则外无内有，事皆唯识。"① 大乘佛教的两大派系中观学派和瑜伽行派在论述诸法体性究竟为"空"或是"有"的问题时，都与缘起观联系起来，认为"空"是指事物不具有永远不变的主宰、实体之意。不仅主张"人

① 《大正藏》，第54卷，205页下。

空”，也主张“法空”，表现了与小乘佛教空有观的巨大差异。同时，中观学派着重真俗二谛说，认为万物缘起是有，本性是空，即“俗有真空”；瑜伽行派则本于心识染净活动，强调识有境无，即“外无内有”，表现了两派空有论说的不同。

中观学派继承和发挥般若经类的性空理论，进一步宣扬“假有性空”的核心思想，提出既不落于假与空两端，而又不离假与空两端的中观论。

《金刚般若波罗蜜经》云：“一切有为法，如梦幻泡影，如露亦如电，应作如是观。”① 这是说，所有因缘和合的“有为法”，即由种种条件积集而成的事物，都有如梦境、幻象、泡沤、虚影般虚空，如朝露般短暂，也如电光般迅逝，其本性是空寂的。《般若波罗蜜多心经》云：“色不异空，空不异色；色即是空，空即是色。受、想、行、识亦复如是。”② “色”，泛指物质现象。“空”，空性。“不异”与“即是”，都是不离的意思。这是说，一切物质现象都没有自性，都是性空的。五蕴中的受、想、行、识，也和色一样，都没有自性，都是性空的。般若经系的典型哲学命题“色即是空，空即是色”，其意蕴实有三层：第一，从存在层面看，现象与本质是不相离的。物质现象与其本质空性是不相离的。一切物质现象都是空的，而空也不离现象而存在。第二，从认识层面看，要透过物质现象看到其本质的空，了达物质现象当体即是空，又要看到空不是断灭，不是虚无，空是落实在物质现象上面的。第三，从境界层面看，“色即是空，空即是色”，是菩萨修持般若直观达到的最高境界，观照色与空的相即不离，照见色等五蕴皆空，从而度一切苦厄。可见“色即是空，空即是色”命题是着重从佛教修持实践意义上立论的，并不是说色与空在内容上相等相同。

上述的般若经思想，从根本上推倒了小乘佛教的“法有”学说的立论根据。小乘佛教以人是五蕴和合而成、无独立的实体而说“人

① 《大正藏》，第8卷，752页中。

② 同上书，848页下。

空”，同时又认为五蕴作为元素是实有自体的，是为“法有”。般若经认为，五蕴本身也是没有实体，是空性。所谓五蕴皆空，就是一切物质现象和各种精神现象都是因缘所生法，都无独立不变的本性，其本质为空，是为“法空”，而不是“法有”。《大乘大义章》卷下带总结性地说：“佛法中常用二门：一、无我门，二、空法门。无我门者，五阴、十二入、十八性、十二因缘，决定有法，但无有我。空法门者，五阴、十二入、十八性、十二因缘，从本以来无所有，毕竟空。若以无我门破微尘者，说色香味触为实法，微尘是四法和合所成，名之假名。所以者何？是中但说我空，不说法空故。若以法空者，微尘色等，皆无所有，不复分别是实是假。”① 引文中的“十八性”，即十八界。大小乘佛教在空有学说上的根本区别在于，五阴、十二入、十八界和十二因缘等这些被认为是构成“人”和“法”的单一性元素是否实有，小乘佛教认为是实有，大乘佛教则认为是无所有，由此而产生对“法”的是有或是空的对立看法。

从中观学派论证“法空”的理论机制来看，事物的自性（质的规定性）与空性是根本对立的，自性与因缘和合的事物及其构成元素是不相容的，一切事物均无自性成为中观学派“空”的学说的理论前提。那么，什么是自性呢？为什么自性与事物是不相容的呢？

关于自性，通常是指事物的本质属性，也就是决定事物自身存在的本质，一事物区别于其他事物的本性。说一切有部重要论书《阿毗昙心论》云：“诸法离他性，各自住己性，故说一切法，自性之所摄。”② “自性”，此处相当于“界”、“种”等义。又，题为龙树造，实属瑜伽行派一系的《十八空论》谓：“自性有两义：一、无始，二、因。”③ “无始”，不变。“因”，种子。在说一切有部和瑜伽行派看来，自性是决定不同事物的不变的类、种，事物有生灭变化，而作为事物

① 《大正藏》，第45卷，137页下。

② 《大正藏》，第28卷，810页中。

③ 《大正藏》，第31卷，862页上。

的种类、种子的“自性”是不变的。中观学派龙树在《中论·观有无品》中也对自性作了全面的界定：“性名为无作，不待异法成。”①“若法实有性，后则不应无；性若有异相，是事终不然。”②“若法有定性，非无则是常。”③这是说，自性是“无作”，不是作法，即不是因缘和合的有为法，也就是“不待异法成”的独立自有的；自性无“异相”，是无生住异灭的变异相的；自性是“定性”，是“非无”，也就是“常”，即恒常的。自有性、不变性、恒常性，可以说是龙树界定自性的基本含义。

中观学派反对说一切有部等派别的自性实有说，主张“无自性”说。它从宇宙万物生成（“缘起”）和宇宙真实本相（“实相”）两个角度来论证自性是不存在的、非实有的。

与说一切有部等派别的缘起有自性说不同，中观学派竭力强调自性与缘起是不相容的。自性作为独立、永恒的绝对性，是与任何因缘不发生关联、不互相依待的，《中论·观因缘品》云：“如诸法自性，不在于缘中；以无自性故，他性亦复无。”④一切众因缘和合的事物，都是无自性的，若说某一事物有自性，就不能说它是众因缘和合而生的。从一切事物是因缘和合而起的缘起论立场看，自性实有的命题是根本不能成立的。《十二门论》开宗明义第一偈也说：“众缘所生法，是即无自性；若无自性者，云何有是法。”⑤《中论》卷四也说：“未曾有一法，不从因缘生，是故一切法，无不是空者。”⑥一切事物都是因缘和合而生，既然是众缘所生，就是无自性的，就是空的。

说一切有部等一些教派通过讲六因、四缘⑦，来肯定从因缘而生的事物都是实有的。针对这种因缘实有的说法，龙树着力破四生（自生、他生、共生、无因生），他说：“诸法不自生，亦不从他生，不共

---

① 《大正藏》，第30卷，19页下。

②③ 同上书，20页中。

④ 同上书，2页中。

⑤ 同上书，159页下。

⑥ 同上书，33页中。

⑦ “六因”，指能作因、俱有因、同类因、相应因、遍行因和异熟因。“四缘”为因缘、等无间缘、所缘缘和增上缘。

不无因，是故知无生。”[①] 在龙树看来，“自生”是本来就有，不应再有生，说自生是自相矛盾的。“他生”相对于自生而言，有自生才有他生，自生既无，何谈他生。“共生”，是指自生和他生共合而生，然既无自生，又无他生，共生也是不能成立的。“无因生”也是错误的，无因则无果，无因有果是不可能的。一般说缘起是讲生，而龙树则讲无生，其理由何在呢？这里的关键是龙树认为四生的每一种生都是无自性的，破四生实是破自性生。四生均无自性，故说无生。

龙树还宣扬著名的“八不缘起”说，以否定自性。他说：“不生亦不灭，不常亦不断，不一亦不异，不来亦不出（去）。”[②] 他通过对产生与消灭、连续与中断、同一与差别、本原与变化八个范畴的否定，即生、灭、常、断、一、异、来、去八相的自性都不存在，八相俱非，来描述缘起法的实相。如对缘起自性因果的否定，龙树说：“因果是一者，是事终不然。因果若异者，是事亦不然。若因果是一，生及所生一。若因果是异，因则同非因。”[③] 龙树认为，因与果若是有自性的，则会因自性同一或自性相异而出现两种状况：绝对的同一或绝对的差异，但这又会处于两难境地：或者是因果是一而生因与所生果同一，或者是因果是异而生因成为非因，这种绝对的同一或绝对的差异都是不符合因果关系的。由此他推论，在缘起的因果关系中，既无具有自性的因在灭，也无具有自性的果在生。缘起法实是没有自性的因果在生灭，是为“不生不灭”。龙树又说：“虽空亦不断，虽有亦不常，业果报不失，是名佛所说。”[④] 这也是说业（因）是“不断不常”，业在未受报前相续存在，业必受果报，从而强调缘起性空说与因果报应说是统一的，性空说并不排斥果报说。

龙树还进一步明确地把缘起法的实相，归结为无自性的“空”。《中论》云：“众因缘生法，我说即是无（空）。”[⑤] “我说”，指佛说。

① 《中论》卷1，《大正藏》，第30卷，2页中。
② 同上书，1页下。
③ 同上书，27页中。
④ 同上书，22页下。
⑤ 同上书，33页中。

意思是缘起法，我佛说是空。也就是说，缘起与空，从认识意义上讲，第一，两者的外延方面是等同的；第二，两者在内涵上是相即不离的；第三，两者是现象与本质的统一关系。空是缘起的空，缘起也是空的缘起。缘起无自性，无自性即空，缘起即空，空即缘起。无缘起即无空，无空亦无缘起。正是在这个意义上，《中论》又说："以有空义故，一切法得成；若无空义者，一切则不成。"① 若是有自性，就应是一种独立自有的、恒常不变的本性，就不能和其他因缘和合而形成事物，空性则是成就因缘和合的事物的前提。

"众因缘生法，我说即是无（空）"，这里所讲的空，是指"性空"而言，是说佛所说的一切现象都没有实在的自性。但没有实在的自性不等于没有现象，现象是有的，但现象没有实在的自性，是一种"假有"，不是实有。故缘起法空，也就是"假有性空"。所谓假有，一是要有一定条件（因缘）才能产生，不是凭空出现的，虽非实有，但并非无有；二是"假名有"，是以施设名字、名称、名目来表示的现象，现象本身并无自性。对于因缘和合的一切事物，既要看到性空的一面，也要看到假有的一面，这是大乘佛教般若思想的基本要义，尤其是中观学派一再标示的基本观点。

中观学派为了反对部派佛教偏执一边的说法，在空观思想的基础上，进一步提出中观的方法论学说。《中论》卷四云："众因缘生法，我说即是无（空），亦为是假名，亦是中道义。"② 这是说，因缘和合的事物有两个方面，一是空，二是"假名"，两者是互相联系的，因"空"才是"假名"，也因"假名"而是"空"。这就要求修持者既不执著有（实有），也不执著空（虚无的空）；既观照空（空性），又观照有（假名），不只是观照一面，而是观照两面，这就是综合"空""假"而成立的中道观（中观）。这是中观学派看待、观照缘起事物的根本方法。

与中观方法论相呼应，中观学派还阐发了真俗二谛的真理论。部

① 《中论》卷1，《大正藏》，第30卷，33页上。

② 《大正藏》，第30卷，33页中。

派佛教认为，如果把缘起法看为空无自性，就会破坏佛说的因果，破坏佛说的一切，进而还会破坏世间法。龙树认为这是对空的误解。为了澄清这种误解，龙树进一步指出空的作用：一是显示佛说的殊胜真理，二是由于空而有种种施设，如因果、四谛、三宝等。由此又把佛的说法分为两个标准和层次：真谛和俗谛。真谛是就究极的超越的意义上说的真理，俗谛是就世俗的经验的意义上说的真理。《中论·观四谛品》云："世俗谛者，一切法性空，而世间颠倒故，生虚妄法，于世间是实；诸贤圣真知颠倒性故，知一切法皆空无生，于圣人是第一义谛，名为实。"① 这是说，缘起事物自性本空，而世人误为实有，是名俗谛；诸佛了知世人认识的颠倒，进而阐说缘起性空之理，并即此空理为真谛。中观学派认为，诸佛就是依此二谛而为众生说法的。

中观学派认为，体会、证悟缘起法的实相——性空，是排除颠倒分别、迷惑执著的根本，具备性空智慧是人生解脱的关键。同时又认为，"性空"与"世俗有"又不是绝对对立的，龙树说："若不依俗谛，不得第一义；不得第一义，则不得涅槃。"② 意思是，依俗谛有，才能悟得性空；体悟性空，才能进入涅槃。"无得亦无至，不断亦不常，不生亦不灭，是说名涅槃。"③ 所谓涅槃状态，就是一切法空，不断不常，不生不灭，也就是说，涅槃不需要断灭，也不离开缘起诸法。涅槃是与修持实践紧密联系的，是破除对生、灭、断、常的执著，进而又自然地破除对不生、不灭、不断、不常的执著，如此生与不生、灭与不灭等俱遣，就会得到一种空寂清灵的境界——超越的境界、出世间的境界。由此龙树又进一步总结说："涅槃与世间，无有少分别；世间与涅槃，亦无少分别。"④ "涅槃之实际，及与世间际，如是二际者，无毫厘差别。"⑤ 认为涅槃与世间、涅槃的实际（空性）与世间的实际（涅槃性）是平等一致的，世间的实际就等于涅槃。涅槃与世间绝不是截然分开的，离开涅槃就无所谓世间，离开世间也就

① 《大正藏》，第 30 卷，32 页下。
② 《中论·观四谛品》，《大正藏》，第 30 卷，33 页上。
③ 《中论》卷 4，《大正藏》，第 30 卷，34 页下。
④⑤ 同上书，36 页上。

无所谓涅槃。涅槃与世间实际是相待依存、彼此不异的。

中观学派的中观学说，在理论认识和实践方法上把俗谛与真谛、真谛与涅槃、八不与涅槃以及世间与涅槃都统一了起来，在佛教“空”义演变史上向前跃进一步，具有重大的理论意义与实践意义。

四、瑜伽行派的识有境无说

中观学派宣扬人空、法空，强调排除执著，以把握实相（性空）。就此有人会追问：人在未证得空以前所面对的世界是如何产生的？人们日常的和修持的意识活动为什么也是空的？既然一切法空，为什么人们又会执为实有？此被执为实有的假名世界如何可能？这其中有的问题也引起了瑜伽行派学者的关注。《成唯识论》卷三云：“有执大乘遣相空理为究竟者，依似比量拨无此识及一切法，彼特违害前所引经，智断证修，染净因果，皆执非实，成大邪见。外道毁谤染净因果，亦不谓全无，但执非实故。若一切法皆非实有，菩萨不应为舍生死精勤修集菩提资粮。谁有智者为除幻敌，求石女儿用为军旅？”① “比量”，推理。这段话是说，如果像中观学派那样把主体识和一切事物都认为空无所有，那么佛教的染净因果、修行证道就没意义了。这也就等于征用石女（不会生儿女的女人）的儿子去破幻想中的敌人一样，必然会落空的。瑜伽行派认为，一味从“空”上着眼，不免会陷于沉空滞寂的偏执。为此，该派针对龙树最早提出的“假名”这一范畴，强调指出，概念不是假的，概念是实在的，概念体现了主体意识的了别认识作用；一切法就是意识的了别表白的状态。由此，瑜伽行派继承、改造和发展了中观学派的思想，转变视角，开辟新思路，突出主体“识”在观察宇宙人生、修证解脱中的枢纽作用，把对“空”的认知体悟转向自心的修持体证，提出“唯识无境”和“三性”的观念，以“三性”说阐发唯识空观，为解释假名世界的现象论建立起一个新的理论架构，从而又把佛教“空”义推向了一个新的阶段。

瑜伽行派代表人物无著、世亲的视野，不限于人生现象，也不限于一般认识领域，而是扩展到对整个宇宙的观察，并从认识的构成、

① 《大正藏》，第31卷，16页上。

缘由、作用等方面来说明认识和宇宙现象的关系，也就是把宇宙现象视为是主体“识”的缘起方式的存在形态。“识”，认识主体的心识活动，瑜伽行派侧重于把它看作是与执著俱起的认识作用。此派还在眼、耳、鼻、舌、身、意六识之外，更立第七末那识、第八阿赖耶识，其中尤为重视“阿赖耶识”（根本的识，即潜意识、下意识），并且提出了极为重要的“唯识”理念，以说明宇宙现象的本质。“唯”，不离，仅有，属于的意思。唯识，是只有表象的意思，也就是说，宇宙的现象，世界的一切，都不外是由心识所映现出来的表象而已。换句话说，一切现象都离不开识，其终极性质归属于识，即以识为性（本质），是为唯识。唯识说的核心思想是，一切现象都是唯识所变，都由识所定。

瑜伽行派所讲的唯识所变，其实质是在阐扬阿赖耶识含藏名言的功能作用，也就是说，不同现象之间的区别，是由于认识上的原因，即名言（语言、概念）功能的自性不同的结果。而修行者为了理解、体认诸多现象的真实意义（实相），就要看表象形成的不同的具体情况，要看表象是否同本性符合以及本性价值意义如何等，这样错综复杂的内容，用真俗二谛标准难以说明。由此，瑜伽行派就组织结构“三性”说，也就是基于诸法不同自性缘起的原理，通过依名言区分而立的三性分疏，以求对诸法实相的理解。在瑜伽行派看来，了解三性说是理解诸法实相的关键，认识三性，也就能真正认识诸法实相。

“三性”是指遍计所执性、依他起性和圆成实性，实际上是把存在的一切现象分为三种形态或层次。据《成唯识论》卷八载，三性的具体含义是：

“周遍计度，故名遍计。……谓能遍计虚妄分别，即由彼彼虚妄分别，遍计种种所遍计物，谓所妄执蕴处界等若法若我自性差别，此所妄执自性差别，总名遍计所执自性。”① “计度”，以意识的作用思量、分别、执取种种事物。“遍计所执自性”，就是指以名言来表示种种因缘和合而生起的本无实体的存在，并执著为实有，而实际上，这

① 《大正藏》，第31卷，45页下。

是把无实体的执著为有实体的，这样所得的认识是不实在的、错误的。

“众缘所生心、心所体及相见分，有漏无漏，皆依他起；依他众缘而得起故。”① 这是说，遍计所执性也并非空穴来风，凭空而生，而是有所依恃的，即依各种因缘而起。一切因缘和合而起的精神现象和物质现象都是依赖他缘而生起，是为依他起性。

“二空所显圆满成就诸法实性名圆成实。……于彼依他起上常远离前遍计所执，二空所显真如为性。”② “二空”，人空，法空。圆成实性是指，于依他起的因缘所生法上，远离遍计所执，不执为有实体的存在，人空和法空就显现出真如空性。这也就是说，虽然安立在依他起性上的遍计所执性是不实在的，但是只要去掉遍计所执性就能得到诸法的真实性（实相空性），这样的认识是最完备圆满，也是最真实的。

瑜伽学派认为一切存在的自性有三，三性是密切相联系着的，其间依他起性又是遍计所执性与圆成实性的联系枢纽。遍计所执是染性，圆成实是净性，依他起本身是中性，非染非净，又可以是染或是净。若与遍计所执结合，是不真实的认识，是染性。若与圆成实相结合，则是真实的认识，是净性。三性是染性、中性、净性，瑜伽行派强调佛教的修持是由染转净，由此，从实践意义上说，三性也可以归结为染净二性。

瑜伽学派的三性说发展了中观学派的中道观。把“有”与“无”（“空”）的概念与三性联系起来看，遍计所执性是出于周遍计度的主观执著，是无体相的，也即无有、非有。依他起性既是遍计所执性生起的依据，又是遍计所执性安立的所在。从这个角度来看，依他起性是有，又不是实有，而是“假有”。至于圆成实性，显现真如空性，契合诸法实相，则是“实有”，也可说是“真空妙有”。瑜伽行派认为，遍计所执性是无（空），依他起性和圆成实性都是有，但前者是假有，后者是实有。三性说既对“有”与“无”的界限作了区分，又

①② 《大正藏》，第31卷，46页中。

对“有”的“假”“实”作了区分，瑜伽行派认为这是全面的无偏见的认识和观法，也称为“中道观”。瑜伽行派的中道观把三性统一起来认识，认为由无（空）到假有再到实有，是众生达到真理性认识的唯一的必由之路。为了说明这个道理，《摄大乘论本》卷中《入所知相分》载有一个比喻①，说有人夜间见到一条绳子，误认为是蛇；随后知道那不是蛇而是绳；再仔细看，那绳是条麻做的，实际上是麻。把绳误为蛇，实际上是绳，故是“无”，是遍计所执性；绳由因缘生起，是依他起而有，是“假有”；知道绳由麻做成，实是麻，这是圆成实，是“实有”。在瑜伽行派看来，三性说指明了一条由错误认识到相对正确认识再到绝对正确认识的路径，一条由世俗认识转变为佛教智慧的道路，一条由烦恼痛苦通往清净解脱的道路。

瑜伽行派的三性说也是对般若性空思想的具体展示。遍计所执性，是讲人们把缘起性空事物视为实有；依他起性，是讲缘起事物如幻如化，有而不实；圆成实性，是讲主观上获得了圆满的真理性认识，悟得宇宙实相空性。《成唯识论》卷八就三性说与空的关系说：“空有三者：一、无性空，性非有故；二、异性空，与妄所执自性异故；三、自性空，二空所显为自性故。”② 又说：“如空花等性相都无，一切皆名遍计所执；依他起上彼所妄执，我法俱空；此空所显识等真性名圆成实。”③ 这是说，空有三类，无性空、异性空、自性空，指出无性、异性和自性三性都是性空。三性说虽然强调“识”是“境”（客观外境）的本性、本质，但是同样认为境是无、是空，从把三性归结为性空可见，缘起性空是三性说立论的基础，三性说仍以般若空性理论为归宿。

在印度，瑜伽学派与中观学派的学说曾一度趋于统一，后来又归于中观学说。此后，印度大乘佛教的“空”义也就停滞不前了。

---

① 参见《大正藏》，第31卷，143页上。又见陈那《掌中论》（《大正藏》，第31卷，884页中～885页上）。

② 《大正藏》，第31卷，47页中。

③ 同上书，46页下。

五、“空”义的类别

在佛教“空”义演变的历史中，一些佛教学者对空的义理进行了不同的区分，有二空、三空、四空，直至十八空、十九空、二十空等多种分类，而其中以十八空最为著名，也最为重要。“十八空”初由大乘般若空宗的重要经典《摩诃般若波罗蜜经》提出①，后龙树的《大智度论》作了集中的诠释和发挥。② 空的义理是般若经系统的根本思想。十八空说是在佛教内部围绕空有问题的理论斗争中形成的，是对空的义理的系统分类和全面总结。下面，我们就以般若经系统的十八空说为中心来论述佛教空义的类别。

对于为什么讲十八空，龙树解释说：“若略说则事不周，若广说则事繁。譬如服药，少则病不除，多则增其患。应病投药，令不增加，则能愈病。空亦如是，若佛但说一空，则不能破种种邪见及诸烦恼；若随种种邪见说空，空则过多。人爱著空相，堕在断灭。说十八空，正得其中。……善恶之法皆有定数。……以十八种法中破著故，说有十八空。”③ 这是说，讲十八空，一是从法（对象）上讲，法的分位是有定数的，说十八空与法的定数相应；二是从对治众生的邪见上讲，说太少不好，说太多也不好，而说十八空，不简不繁，应病投药，适得其中。

十八空的具体内容是：

（1）内空。“内”指眼、耳、鼻、舌、身、意“内六处”，也称内法。内空即认识器官空无自性。

（2）外空。“外”指色、声、香、味、触、法“外六处”，也称外法。外空即认识对象（境界）空无自性。

（3）内外空。合内法空与外法空为内外空。

（4）空空。内外法空即一切法空，此空亦属假说名言，对此

---

① 详见《大正藏》，第8卷，224页上、250页上～251页上。

② 详见《大智度论》，第31卷，《大正藏》，第25卷，285页中～296页中。又，题为龙树造、真谛译的《十八空论》（《大正藏》，第31卷，861页上～867页上），并非龙树作，故此处论述不再涉及。

③ 《大智度论》，第31卷，《大正藏》，第25卷，285页中、下。

"空"概念也不应执著，应当空却。

(5) 大空。十方世界本无固定方位，是空，也即宇宙空间是空无自性的。

(6) 第一义空。"第一义"指诸法实相。诸法实相空无自性，不能执著，为第一义空。

(7) 有为空。种种因缘和合之法与因缘之法都无自性故空。

(8) 无为空。无为法无因缘，有为法与无为法相互依存，无为法是通过有为法的否定来实现的。由此有为法空，无为法亦空。此无为法指涅槃，无为空就是涅槃空。

(9) 毕竟空。有为空无为空，一切法毕竟无有遗余，皆不可得，名毕竟空。

(10) 无始空。一切法皆无有始，然无始也是假名，执著无始也是一种邪见，应当破除，是为无始空。此是破除对有始与无始的时间观念的执著。

(11) 散空。诸法由因缘条件和合而成，因缘条件离散，则空无所有。

(12) 性空。"性"，指自性，法性，是不待因缘而自有的，而诸法都从因缘生，是故自性不可得，法性不可得，为性空。

(13) 自相空。此指诸法的总相与别相均空。

(14) 诸法空。诸法既无自性，又无自相，也即一切法空。

(15) 不可得空。诸法因缘和合而成，无自性空，故实无可得，是为不可得空。

(16) 无法空。诸法终归灭无，无法可得，故为空。

(17) 有法空。诸法因缘和合而有，为有法；然有非实有，是名有法空。

(18) 无法有法空。无法与有法，两者俱空，故名。

以上所讲十八空，是大乘空宗从不同角度、不同侧面，反复地论述空的各种含义、形态，其间的组织排列既有交叉性，也有逻辑性。按顺序来说，"内空"、"外空"、"内外空"是破主体和客体的实有观，是以空破有。"空空"是破执著以上空的空见。前三种空是破因缘和合的有为法。“大空”是破空间的自性，破无为法。“第一义空”是破诸法的实相。随后是概括为“有为空”和“无为空”，并归结为“毕竟空”。七、八、九三种空都带有总括的性质。此后第十至第十五种空是从时间、生灭、自性、相状等视角去阐发空义，并总结为“诸法空”，“不可得空”。最后三种空是再次从生灭有无的角度，提出“无法空”和“有法空”，并合为“无法有法空”。可见大乘空宗对诸法实有自性的破除是全面的、系统的、彻底的。

十八空又可大别为两类：一类是破除众生主观执著而讲的空，有“空空”、“大空”、“无始空”；二类是破除诸法实有而讲的空，除了以上三种空，其他十五种空均可归于此类。大乘空宗破除诸法实有主要从内与外、性与相、有为与无为、生与灭（有与无）八个方面来进行，其中最重要的是性与相两个方面，性空与相空实可概括第二类所讲的各种空。性相相对，相由性摄，性空不仅可以统摄相空，也可统摄其他十三种空。由此又可说，诸法的十五种空都可归结为性空，性空是大乘空宗十八空说的核心。

六、“空”义的内涵

在论述佛教“空”义的演变与类别之后，我们还要进一步揭示佛教尤其是大乘空宗的“空”义的内涵。《中论》卷四《观四谛品》有颂云：“汝今实不能，知空空因缘，及知于空义，是故自生恼。”① 就是说，若不知道空的多重含义，就会产生疑难、苦恼。颂文所讲空的多重含义是：(1) 空的本身；(2) 空的因缘，即为什么要讲空，或者说讲空是为什么；(3) 空义，此指空的意义，包含两层意思，一是空的境界，二是空的用处。由此颂文“空”义的内涵可以扩展为四个层面：空性、空理、空境和空观，以下分述之。

（一）空性

在佛教史上，佛教各派对空的诠释各有不同，就其影响来说，最具代表性的是大乘空宗的“空”说。如上所述，大乘空宗有十八空之说，内容丰富复杂，而就其核心内容来说，“空”主要是指“空性”

① 《大正藏》，第30卷，32页下。

而言。所谓空性是说佛所说的一切法即一切现象都没有实在的自性，也就是既无主宰性（不自在），也无实体性（无实在不变的体性），现象当体即空。诸法无有自性的“空”，更切实地说诸法“空性”，被认为是诸法的共同实相、共同的真实、共同的本质，这也就涉及我们现在所说的世界的统一性问题，可以说在佛教尤其是中观学派看来，世界万物都统一于空性。

大乘空宗又强调，空绝不离开有，空并非虚无。诸法虽然自性空，但是由因缘条件产生的非实在的现象即“假有”（幻有）是存在的。性空与假有不能分离，两者是诸法的一体两面。如前所引《中论》的名句“众因缘生法，我说即是无（空），亦为是假名，亦是中道义”①。这既是对构成诸法的恒久的实体的否定，也是对由因缘条件和合而成的无常变化的非实在的假有现象的肯定。

空性说可以说是佛教的根本观念，包含了丰富的理论思维，其荦荦大者有：

关系论。佛教讲“众因缘生法”，“法不孤起”。认为任何事物都不是单一的、独立的存在，而是和其他事物互为因果、互相依待的。如人是“五蕴”和合而成，山河大地是“四大”和合而成。这是说，缘起论是一种关系论，认为人和万物都是不同因素组合而成的关系，并不是独自本有的实体，也就是说都是空的。

过程论。由因缘条件产生的人和万物，只要某一因素发生一点变化，与其相连的其他因素也就随之变化，即处在不断变化的过程中，如人的生老病死，世界的生住异灭。人与万物既然是一个“无常”的过程，也就说明是没有不变的自性存在，是空的。

本质论。缘起就是无任何实体。一切缘起法性空假有，也就是本质是性空，现象是有，是假有，这是一种性空的本质论。

价值论。佛教的空性说是为众生提供一种通过对共同的实相认识以了解事物对人生的意义的学说，它强调在因缘和合的无常的现象上去苦心寻求主观客观的恒常自在的实体是不可能的，因为这种实体并

① 《大正藏》，第30卷，33页中。

不存在。众生若要寻求和执著性空为实有，必定会带来无穷的迷惑、烦恼和痛苦。佛教要求众生空却对实体的执著，体认空性，归于寂静，获得解脱，求得自在，以达到人生理想的终极归宿。

（二）空理

如上所述，龙树认为，之所以要讲空，是在于显示佛教的真理、佛法的真义。佛教把佛说法分成不同层次，以便于了解佛教义理，其区分层次的标准称作“谛”。佛教通常以二谛为标准，以俗谛（世俗谛）说诸法是有，以真谛（胜义谛）说诸法皆空，也就是说，讲“空”是为了显示真谛。

显示真谛的“空”，是一种理，空这种理称为空理。一般说来，佛教真理称作“真如”，“如”，即如其本来状态的真实相，也即是无自性的实相。空是无自性的寂灭相。般若经系统将“如”立为“空”，认为空是一切因缘和合事物的本质状态，是事物的无自性、空寂性的理论概括。一切皆空的空理，是最高的绝对的真理。

作为区别于俗谛的真谛空理，排除一切分别，排除一切成见，排除一切定见，尤其是排除有见（常见）、无见（断见）。有见是偏执世间实有，实体不灭，常住不变。无见是否定因果相续之理，视一切法都会断灭，化成乌有。空理远离有与无、常与断二边，非有非无，非常非断，合乎中道。

从道理看，空作为最高的绝对的真理，只有般若智慧才能把握。这就要求对缘起事物进行直观休悟，当下证取对象的无自性之理。史载南唐中主李璟在与禅宗法眼宗开山祖清凉文益论禅道后，同观牡丹花，中主命作偈，文益即赋曰：“拥毳对芳丛，由来趣不同。发从今日白，花是去年红。艳冶随朝露，馨香逐晚风。何需待零落，然后始知空。”① 形象地表述了随时随地当下悟空的智慧诉求。

（二）空境

佛教大乘空宗的空义的另一重含义是指论对象、境界。此宗认为要了解众生生存世间的意义，必须分清自相与实相。世间的自相只是

① 《五灯会元》卷10《清凉文益禅师》，中册，565页，北京，中华书局，1984。

言说的构想，而众生执为实有，就会带来痛苦。但若通过表面的自相，深入实相，就能了解实际上世间是自性本寂的。这性寂（空）就是实相，就是众生证悟的对象，而证取了性寂，也就进入了空境——大解脱大自在的境界。

大乘空宗把世间的实相归宿为无自性的“空”，《中论》卷四《观涅槃品》云：“无得亦无至，不断亦不常，不生亦不灭，是说名涅槃。”① 无得无至，不断不常，不生不灭，就是涅槃状态、涅槃境界。也就是说，众生悟入一切法空的境界，就是进入涅槃境界，从而也就摆脱执著、束缚，获得精神解脱。

（四）空观

在大乘空宗看来，空的实际运用，一方面，是空掉不正确的看法，以便于佛法的安排。如有空，才能讲苦、集、灭、道“四谛”，讲佛、法、僧“三宝”等。如没有空，世间诸法都有自性，就不可能从空的方面讲四谛、讲三宝等佛法。另一方面，作为一种修证方法，观想世间诸法空寂无相，构成为空观。空观是佛教各派修持的重要法门，以下我们稍作论述。

佛教各派由于阐说“空”义之不同，随之而立的空观法门也有差异。总起来说，佛教空观法门有三：一是从缘起事物的彼此依存，即透过事物的空间关系去观空；二是从缘起事物的前后延续，即透过事物的时间变化去观空；三是从缘起事物的当体，即透过事物的现象直入本质去观空。这也就是横观彼此、竖观前后和直观当体的三种空观方法。

大乘空宗和中国天台、华严等宗都不赞成通过分析诸法而观空性的方法，重视从事物当体直观空性。如《般若波罗蜜多心经》云：“观自在菩萨行深波罗蜜多时，照见五蕴皆空，度一切苦厄。”② 就是说观自在菩萨在修持深入的般若直观时，当下观照五蕴皆空。中观学派在般若经系统空观的基础上，进一步主张中观。中观作为空观的补充、发展，强调不落于空与假有两个极端，以避免虚无主义与经验主

① 《大正藏》，第30卷，34页下。

② 《大正藏》，第8卷，848页下。

义，而又综合此空与假有两端，以臻于超越的中道境界。

天台宗人认为空观有多种，如析空观、体空观和偏空观（于假、中以外观空）等，但都不圆满，他们提出空、假、中三谛圆融论，《摩诃止观》卷一下云："若谓即空即假即中者，虽三而一，虽一而三，不相妨碍。"① 空、假、中三谛是相即互具、圆融无碍的。天台宗的三谛圆融论是对中观学派的中观论的发展。

华严宗人也重视空观，提出了"真空观法"，并展开为四种：会色归空观、明空即色观、空色无碍观和泯绝无寄观。前两种又各有四个观法，共为十个法门②，为空观提供了周密、具体的方法。

七、中国佛教对"空"义的发展

佛教传入中国后，在东晋十六国时代形成了一个解说"空"义的热潮。到了隋唐时代，佛教诸宗派则从三个向度对"空"义进行阐发：一是三论宗继承印度中观学派的思想，推进了对中观理论的发展；二是法相唯识宗继承印度瑜伽行派的学说，侧重从意识对外境的作用的角度，发展了识有境无的思想；三是天台、华严和禅诸宗，一方面是强调"空"与"有"的圆融，一方面又将众生的心性从诸法的法性中独立出来，宣扬与法性的空寂意义不同，心性不只是空寂的，而且是觉知的，从而把佛家对空性的体悟转向了实有的内在心性的修持、提升。

东晋初年，中国佛教学者在魏晋玄学思潮的影响下，纷纷著文立论，阐述对般若学"空"义的理解，形成了六家七宗的不同学说。其中最重要的有三家：一是本无说，认为无（空）为万化之始，万物之本；二是即色说，主张物质现象本身就是空的；三是心无说，强调主体心不能执著外物，外物不一定是空无的。后来，一位青年佛教哲学家僧肇撰写了《不真空论》③，评论了上述三家理论的是非得失，并以新命题"不真空"来解说般若学缘起性空思想。文章从事物现象的角度，论定诸法"假号不真"④，从事物本质的角度，论定诸法"有

① 《大正藏》，第46卷，7页中。

② 详见《华严发菩提心章》，《大正藏》，第45卷，652页中、下。

③ 见《肇论》，《大正藏》，第45卷，152页上～153页上。

④ 同上书，152页下。

非真生"①，自性是空，统合"不真"与"空"为"不真空"。僧肇也受中国固有儒、道的语言和思想的影响，如《不真空论》结尾的点睛之笔："道远乎哉？触事而真！圣远乎哉？体之即神！"② 就是吸取中国固有文化所提倡的真理在具体事物与日常生活中的思维方式和实践原则，以塑造中国式的佛教理想人格的理论创新，不仅发展了印度佛教的中观学说，而且可以说在总体上确立了中国化佛教宗派修持实践的基本走向。

三论宗继承印度佛教中观学派的缘起性空思想，吸取《维摩诘经》和《大智度论》等的"无所得"（"无得"）③ 理念，作为本宗学理的基本旨趣，着重阐扬法性本空，实不可得，以求心无所动，不存有得之念。特别是，法藏通过把二谛发展为四重，为"无所得"说提供了方法论和真理论的根据。④ 所谓四重二谛是：第一重有是俗谛，空是真谛；第二重有、空都是俗谛，非空非有是真谛；第三重有、空是二，非有非空是不二，二和不二都是俗谛，非二非不二是真谛；第四重是前三重的二、不二、非二非不二三种二谛都是俗谛，而言亡虑绝，心无所得，才是真谛。这其间包含了对有与空、常识与真理、相对真理与绝对真理的关系的辩证论述，触及了对有与空的认识逐渐深化的辩证过程，具有一定的理论意义，也是对佛教空有中观学说的发展。

慧沼《〈成唯识论〉了义灯》称，法相唯识宗奠基人之一玄奘，根据当时佛学界对认识主体与认识对象的关系的不同看法，提出了认识对象就其不同性质而言，可分为三类，称为"三类境"⑤。一是"性境"，指不以认识主体为转移的实有其性的境（认识对象）。如色、声、香、味、触，乃至山河大地，都是直觉的对象，其自身并不受人们主观心理状态的支配。二是"独影境"，指由认识主体的颠倒之见

① 见《肇论》，《大正藏》，第 45 卷，152 页下。
② 同上书，153 页上。
③ 见《大正藏》，第 14 卷，545 页上；《大正藏》，第 25 卷，197 页中。
④ 详见《大乘玄论》卷 1，《大正藏》，第 45 卷，15 页下。
⑤ 详见《大正藏》，第 43 卷，677 页上～678 页上。

而假现的影像，如第六意识所缘的龟毛兔角、空华石女等，是纯属虚幻的东西。三是“带质境”，指介于上述两者之间的，即既由客体引发又带主观色彩的对象，如精神错乱时出现的错觉，就是不能如实描述本质的现象。玄奘的三类境说，在唯识所变的思想框架内有限度地承认了外界存在的客观性、真实性，是对佛教空有学说的重要发展。

天台、华严和禅诸宗学者都淡化“空”的理论意义和“空”与“有”的对立。天台宗人智顗提出三谛圆融说①，认为每一认识对象都具有空、假（假名有）、中三个面相或三重意义；空、假、中三谛是相即互具、圆融无碍的。这是说，观照诸法实相不只是或着重是观照空相，而是要平等地观照空、假有和中三相，观照三谛互相圆融，同时成立，不分先后。华严宗人宣扬理事圆融观。②“理”，真理，指空理世界。“事”，事象，指差别世界，也即假有世界。理遍布于事，事在理中显现，相即相入，圆融无碍。禅宗人也宣扬理事不二说，如法眼宗人文益作《宗门十规论》，在评论禅宗内部各派的门风时就说：“大凡祖佛之宗，具理具事，事依理立，理假事明，理事相资，还同目足。若有事而无理，则滞泥不通；若有理而无事，则汗漫无归。欲其不二，贵在圆融。”③“目”，指双眼，“足”，指两脚。他认为历代禅宗的根本宗旨在于理事相资，理事不二，犹如双眼同视，两脚都走，贵在两者圆融无碍。华严宗和禅宗讲理事圆融，在一定意义上说，也就是提倡空有圆融，淡化了两者的对立。

天台、华严和禅诸宗在空有理论上的一个重大变化是，不仅认为人心自性空寂是指自心清净性而言，而且还强调众生的心性是觉知的，这种觉知又是本来实有的。天台宗人智顗提出“一念无明法性心”的概念④，认为心有两重性格：一念无明和法性，此法性是指相

① 详见《摩诃止观》卷1下，卷5上，《大正藏》，第46卷，6页～11页上，48页下～59页中。

② 详见《华严法界玄镜》卷上，《大正藏》，第45卷，672页下。

③ 《续藏经》，第1辑第2编第15套第5册，440页。

④ 详见《四念处》，《大正藏》，第46卷，578页上～下。

对于无明的“明”而言，也就是心中具有的真理、智慧。智顗说：“一念心即如来藏理。如故即空，藏故即假，理故即中。三智一心中具，不可思议。”① 在智顗看来，人心自性中含有如来藏理，即具有空、假、中的智慧。华严宗人法藏宣扬真心是“真如本觉”②，澄观强调“无住心体，灵知不昧”③，宗密更明确地说：“一切有情皆有本觉真心，无始以来，常住清净，昭昭不昧，了了常知。”④ 禅宗充分肯定人的主体性，认为自心、自性是成佛的根据。慧能《坛经》⑤说，世人“自有本觉性”，又说：“性在身心存，性去身心坏。”自性是独立于“身心”的实体。还说：“我心自有佛，自佛是真佛；自若无佛心，向何处求佛？”“见自本性，即得出世。”由此足以说明，上述三宗佛教学者都把人心自性视为非空实有，以强化众生成佛的理论机制，这是在心性论层面否定空义的重要学说，在佛教史上有着巨大的理论意义。

八、佛教“空”义学说的评价

综上所述，佛教“空”义经历了漫长的演变过程，内部不同教派对“空”理念的看法也很不一致，然就大乘佛教，尤其是大乘空宗来说，一切缘起事物空无自性，即“诸法皆空”的观点是对世界万物、人的构成和人生现象的本质的根本看法，并奉为最高的普遍真理。佛教“空”义是对人生和宇宙的事实判断，但主要是价值判断；是理性思辨，但主要是悟性直觉；是解脱论的理论需要，但主要是众生解脱的修持实践要求。“空”义关涉到人生和宇宙的有无、真假、虚实的根本理论问题和实践问题，在人类认识史上既留下理论误区，也留下辩证思维，在人类社会史上既带来了消极的作用，也发生了积极的作用。

（一）理论思辨的价值

从哲学思维的角度来说，佛教尤其是大乘空宗的“空”义，论及

① 详见《摩诃止观》卷1下，卷5上，《大正藏》，第46卷，10页中。

② 详见《修华严奥旨妄尽还源观》，《大正藏》，第45卷，637页中。

③ 《答顺宗心要法门》，《续藏经》，第1辑第2编第8套第4册，303页。

④ 《原人论》，《大正藏》，第45卷，710页上。

⑤ 《坛经》全称为《南宗顿教最上大乘摩诃般若波罗蜜经六祖惠能大师于韶州大梵寺施法坛经》，见《大正藏》，第48卷，337页上～345页中。以下引《坛经》文均见该书。

了事物的形成、变化、现象、本质等诸方面的关系：

空与缘起。空宗认为宇宙间纷然杂陈、形形色色的事物，都是由因缘生起，由此也是空的。这是承认世界上的事物存在着普遍联系，是矛盾的对立统一，同时又由此推论出事物无实体，无自性，即空的结论。

空与无常。佛教认为缘起事物是"刹那不住"的运动、"念念生灭"的变化，由此无恒常不变的自性，是空的。这里对一切事物不断变化的论断，是辩证思维的突出表现，但又由事物的无常变化片面地推导出事物是空的论断。

空与自性。空宗强调自性是自有、不变、恒常的，而世间不存在这样的自性。否定自性即是空，无自性即是空。一定意义上可以说，所谓诸法无自性，就是说事物的本质是空的。这种论说在哲学思维上具有一定的启迪意义。

空与假名。空宗认为因缘所生法，既是空，又是假名。假名指现象假有，空指现象的本性，假有与空是统一的，事物的本质与现象在空性的基础上得到统一。假名说揭示了名言与对象、名与实的差别。

空与诸法。如前所引，"以有空义故，一切法得成"。自性空而缘起有。强调空对成就一切法的作用，即为一切法的形成提供可能。这也逻辑地包含了空与诸法互不分离、互不排斥的思想。联系大乘佛教反对"顽空"（偏空）、"断灭空"的观点，也是在于肯定空与有的对立统一。

佛教提出"空"的否定性概念，阐发"空"义的否定原理，体现了对宇宙与人生的深刻认识和体悟：一切事物都是互相联系和运动变化的，都将走向自身的反面，由肯定走到否定。这种思维方式具有反常识、反常规、反世俗、反现实、反传统和反权威的意义。这是一种深邃的思想，也是一种生命的智慧。中国道家老子、庄子都重视"无"的作用，西方一些哲学家也强调"虚空"的意义，这都不是偶然的。至于由"空"发展为"非有非空"及空、假、中三谛圆融等论说，其间所包含的辩证思维合理因素，是更加值得注意的。

（二）一些疑点的理论思考

从纯学术立场来看，佛教"空"的义理有其合理的一面，也有其局限的一面，佛教“空”的思维，若果讲过了头，越过了度，就会引向极端，导致偏颇。这也就使得我们在反思“空”义的过程中，形成了一些疑点，值得进一步地深入思考。

在佛教的缘起性空命题中，包含了这样一个重要的理论预设：自性是自有的恒常的不变的本性，而这种自性是不存在的。万物都是缘起而有，不是自有。不是自有，就会引生无常变化，而人的生活又希望保持恒常，这就产生了人的恒常要求与事物的变化不居的矛盾，然而这个矛盾又是不可克服的，“无常故苦”。烦恼、痛苦意味着人不能主宰自己的生活和生命，这种不自在，就等于失去了“我”的意义，这就是“无我”，就是“空”。人是“空”，事物也是这样，也是在不断变化，没有自性，也是“空”。但是，在我们看来这里至少有两个问题：一是“自性”的恒常不变与缘起事物的变化不居是否截然对立呢？能否说在事物的变化中包含不变的成分呢？变中有不变，不变的也在变，这是否合乎事实、合乎道理呢？二是“空”原是佛教的价值判断，但实际上又扩展为事实判断，在我们看来，划清这两种判断的界限也是有重要意义的。

缘起事物的条件性与真实性是否绝对对立呢？这也是一个十分重要的理论问题。在我们看来，把事物的联系绝对化，进而否定事物的实体性，实质上易于割断因与果的联系，导致因与果的分离。

佛教的一个重大理论贡献是，寻求人生和宇宙的真实（真如实相），要求体悟不受思维和语言影响的、如其本来面目的真实相状。这种实相被归结为无差别的共相和无自性的空相（空性）。这就导致自相有与共相空的对立，也可说是现象有与本质空的对立，这是淡化甚至抹杀了两者统一的一面。

佛教深刻地揭示了语言文字与客观事物的区别以及语言文字的局限性，同时又过度强调认识主体与客观物自体（实相）的对立，认为人类认识的本性不可能把握客观事物的真实性和本质。凡被认识的对象，都是人们施设名相的结果，是虚幻的现象，是假有，其本质是空。而我们认为，名言概念作为人们表述思想的工具，凡是符实的名言概念，就是对客观事物的真实性和本质的反映，其认识意义是不能低估的。

在我们反复审视以上一些理论疑点时，发现正确认识和把握相对与绝对的相互关系，有重要的理论意义。相对指有条件的、暂时的、有限的；绝对指无条件的、永恒的、无限的。相对与绝对的差别是相对的，彼此的关系是辩证的。绝对的东西只存在于相对的东西之中，同样绝对真理也只存在于相对真理之中。如果这一理论得以确立，我们似乎可以说，相对与绝对是存在于同一事物之中，相对真理与绝对真理也是存在于同一真理之中，而不是分别存在于有的世界与空的世界、世俗的世界与出世俗的世界之中。由此又可以进一步说，一切因缘和合的事物，既由因缘生起而有，也由无常生灭而空，是有与空的统一。这个有是实有，事物是实有与空的统一。

（三）社会作用的两重性

佛教“空”义在社会历史上产生过两方面的作用，从其积极作用来看，主要有：一是有利于社会的和谐共处。“空”义由因缘和合推演出来，空就是缘起。佛教的互为因果的缘起论，要求人们“未成佛道，先结人缘”，“广结善缘”。也就是要重视因缘、珍惜因缘、感恩因缘，依照相依相存的因缘理论，处理好人与家庭、人与社会，乃至人与民族、人与国家的关系。这无疑有助于社会的和睦、互助和发展。二是有利于树立忘我观。按照缘起性空的理论，人生是一个变化无常的过程。这就要求人们以长远的终极的眼光客观而冷静地反思人生的历程，重视人生过程，珍惜人生过程，把握人生过程，审视人性弱点和自身缺陷，破除我执、我贪、我慢，不计一时的利害得失、成败荣辱。得意淡然，失意泰然，达观豁然，以缓解人生的痛苦，充实人生的意义，完善人生的品格。

从消极作用来看，一些人可能由于对“空”义的误解，而形成虚无主义的世界观和人生观，所谓看破红尘，消极悲观，无所作为，得过且过，这是无助于社会发展的。也有一些人以空破有，破而不立，同样也易于堕入消沉悲观的泥潭而无所建树。

［原载《宗教研究》，第1期，北京，
中国人民大学出版社，2003］

图书在版编目（CIP）数据

佛教哲学/方立天著．—北京：中国人民大学出版社，2012.5
（方立天文集；4）
ISBN 978-7-300-15773-3

Ⅰ.①佛… Ⅱ.①方… Ⅲ.①佛教哲学-研究-中国 Ⅳ.①B948

中国版本图书馆 CIP 数据核字（2012）第 090779 号

方立天文集　第四卷

佛教哲学

Fojiao Zhexue

出版发行	中国人民大学出版社		
社　　址	北京中关村大街 31 号	邮政编码	100080
电　　话	010－62511242（总编室）		010－62511770（质管部）
	010－82501766（邮购部）		010－62514148（门市部）
	010－62515195（发行公司）		010－62515275（盗版举报）
网　　址	http://www.crup.com.cn		
经　　销	新华书店		
印　　刷	涿州市星河印刷有限公司		
开　　本	720 mm×1000 mm　1/16	版　　次	2012 年 7 月第 1 版
印　　张	21.25 插页 4	印　　次	2024 年 10 月第 6 次印刷
字　　数	294 000	定　　价	68.00 元